TABLEAUX DE L'ÉCONOMIE FRANÇAISE

Édition 2008

INSEE

Coordination	Marie-Annick Bras, Olivier Pégaz-Blanc
Directeur de la publication	Jean-Philippe Cotis
Directeur de la collection	Geneviève Canceill
Rédaction	Monique Di Franco, Delphine Kocoglu, Françoise Martial
Composition	Imprimerie Louis-Jean (Sandrine Tourillon)
Couverture	**Coordination :** Françoise Danger **Conception et réalisation :** Ineiaki Global Design **Photo :** © MEEDDAT – G. Crossay
Éditeur	Institut national de la statistique et des études économiques 18, boulevard Adolphe Pinard 75675 PARIS CEDEX 14 www.insee.fr

Avertissement

Sauf mention contraire, les données nationales se réfèrent à la France métropolitaine et aux quatre départements d'outre-mer. Le terme République française concerne la France et les collectivités d'outre-mer.

Les comparaisons internationales s'appuient en général sur les sources d'organismes internationaux (Eurostat, OCDE...), qui peuvent diverger des sources Insee pour les données françaises.

Les données chiffrées sont parfois arrondies (selon les règles mathématiques). Le résultat arrondi d'une combinaison de données chiffrées (qui fait intervenir leurs valeurs réelles) peut être de fait légèrement différent de celui que donnerait la combinaison de leurs valeurs arrondies.

Signes conventionnels utilisés

...	Résultat non disponible
///	Absence de résultat due à la nature des choses
e	Estimation
p	Nombre provisoire
r	Résultat révisé par rapport à l'édition précédente
≁	Séries non comparables de part et d'autre de ce signe
n.s.	Résultat non significatif
€	Euro
K	Millier
M	Million
Md	Milliard

Le logo @ indique que le tableau ou l'illustration est mis à jour sur le site www.insee.fr.

Édition 2008

Tableaux de l'économie française

Territoire - Population

Emploi - Revenus

Conditions de vie - Société

Économie - Finances

Système productif

Annexes

TERRITOIRE POPULATION

Territoire

Environnement

Population

1.1 Pays du monde

En 2007, la **population mondiale** est estimée à plus de 6,6 milliards de personnes. Les sept pays les plus peuplés (Chine, Inde, États-Unis, Indonésie, Brésil, Pakistan et Bangladesh) totalisent près de 3,5 milliards d'habitants soit plus de la moitié de la population mondiale. Avec un total de quatre milliards d'habitants, l'Asie est le continent le plus peuplé. Plus de 61 % de la population asiatique se trouve en Chine ou en Inde. L'ensemble de l'Europe, dont le moteur de croissance démographique est principalement l'immigration, représente seulement 11 % de la population mondiale. Comme sur le continent américain ou en Océanie, près des trois quarts de la population européenne vivent en milieu urbain contre 40 % de la population africaine ou asiatique.

Selon les **projections de population** du **Population reference bureau (PRB)**, la population mondiale devrait atteindre plus de neuf milliards de personnes en 2050 et déjà près de huit milliards en 2025. La Chine et l'Inde seraient respectivement peuplées, à cette date, d'environ 1,5 et 1,4 milliard d'habitants. Alors que les États-Unis devraient totaliser 350 millions d'habitants, la population totale de l'Union européenne à 27 dépasserait, quant à elle, les 500 millions d'habitants.

Pendant les cinquante dernières années, la baisse de fécondité de par le monde et l'augmentation concurrente de l'espérance de vie ont provoqué un vieillissement graduel de la population mondiale. Depuis 1950, la proportion de personnes âgées de 65 ans ou plus a augmenté de 5 à 7 % dans le monde. L'Europe et le Japon ont montré la voie, avec l'Amérique du Nord, l'Australie et la Nouvelle-Zélande non loin derrière. Toutefois, les personnes âgées de plus de 65 ans représentent maintenant plus de 5 % des habitants dans de nombreux pays en voie de développement et d'ici à 2050, elles devraient représenter 19 % de la population de l'Amérique latine et 18 % de celle de l'Asie.

Avec 41 % de sa population âgée de moins de 15 ans en 2007, l'Afrique est le continent le plus jeune, particulièrement au sein de l'Afrique sub-saharienne. En Asie, en Amérique latine et aux Caraïbes, quelque 30 % de la population a moins de 15 ans, alors qu'en Europe, ce pourcentage atteint à peine 16 %.

Selon les Nations Unies, d'ici 2030, près de cinq milliards d'habitants vivront en milieu urbain. Cette croissance sera, au cours des décennies à venir, d'une ampleur sans précédent dans le monde en développement. Le phénomène sera particulièrement frappant en Afrique et en Asie où la **population urbaine** doublera de 2000 à 2030. En d'autres termes, la croissance démographique enregistrée dans ces deux continents depuis le début des temps historiques se répètera en l'espace d'une génération. D'ici 2030, les villes du monde en développement, grandes et petites, abriteront 81 % de la population urbaine de la planète. ■

Définitions

Population mondiale : voir rubrique « Pour comprendre ».

Population reference bureau (PRB) : organisme indépendant à but non lucratif, il est situé à Washington. Voir rubrique « Pour comprendre ».

Population urbaine : population vivant dans les zones considérées comme « urbaines » par le pays en question. Généralement la population des agglomérations d'au moins 2 000 habitants, des capitales provinciales ou nationales est considérée comme « urbaine ».

Projections de population : fondées sur des hypothèses raisonnables quant à l'évolution de la fécondité, de la mortalité et de la migration, elles proviennent des projections officielles des pays, des séries publiées par l'ONU et le Bureau du Recensement Américain ou des projections du PRB.

Pour en savoir plus

- « Les migrations internationales en Europe : vers l'harmonisation des statistiques », *Population et Sociétés* n° 442, Ined, février 2008.
- « Tous les pays du monde », *Population et Sociétés* n° 436, Ined, juillet-août 2007.
- « La population jeune en Afrique : risque ou opportunité », *Bridge*, Population Reference Bureau, octobre 2007.
- « État de la population mondiale 2007 : libérer le potentiel de la croissance urbaine », Rapport des Nations Unies, 2007.

@ Population, densité et part de la population urbaine des principaux pays du monde en 2007

Pays	Population en millions	Densité moyenne en hab./km²	Population urbaine en %
Europe	**733,0**	**32**	**72**
dont : Allemagne	*82,3*	*230*	*75*
Autriche	*8,3*	*99*	*67*
Belgique	*10,6*	*348*	*97*
Biélorussie	*9,7*	*47*	*73*
Bulgarie	*7,7*	*69*	*71*
Croatie	*4,4*	*79*	*56*
Danemark	*5,5*	*127*	*72*
Espagne	*45,3*	*90*	*77*
Estonie	*1,3*	*30*	*69*
Finlande	*5,3*	*16*	*62*
France métropolitaine	***61,7***	***112***	***77***
Grèce	*11,2*	*85*	*59*
Hongrie	*10,1*	*108*	*65*
Irlande	*4,4*	*62*	*60*
Italie	*59,3*	*197*	*68*
Lettonie	*2,3*	*35*	*68*
Lituanie	*3,4*	*52*	*67*
Luxembourg	*0,5*	*180*	*83*
Malte	*0,4*	*1 288*	*95*
Moldavie	*4,0*	*118*	*45*
Norvège	*4,7*	*12*	*78*
Pays-Bas	*16,4*	*394*	*65*
Pologne	*38,1*	*122*	*62*
Portugal	*10,7*	*116*	*55*
République tchèque	*10,3*	*131*	*74*
Roumanie	*21,6*	*90*	*55*
Royaume-Uni	*61,0*	*251*	*90*
Russie	*141,7*	*8*	*73*
Serbie	*9,5*	*108*	*52*
Slovaquie	*5,4*	*110*	*56*
Slovénie	*2,0*	*99*	*49*
Suède	*9,1*	*20*	*84*
Suisse	*7,5*	*182*	*68*
Ukraine	*46,5*	*77*	*68*
Afrique	**944,0**	**31**	**37**
dont : Afrique du Sud	*47,9*	*39*	*53*
Algérie	*34,1*	*14*	*58*
Angola	*16,3*	*13*	*40*
Burkina Faso	*14,8*	*54*	*16*
Cameroun	*18,1*	*38*	*53*
Côte-d'Ivoire	*20,2*	*63*	*47*
Égypte	*73,4*	*73*	*43*
Éthiopie	*77,1*	*70*	*16*
Ghana	*23,0*	*96*	*44*
Kenya	*36,9*	*64*	*19*
Madagascar	*18,3*	*31*	*26*
Mali	*12,3*	*10*	*31*
Maroc	*31,7*	*71*	*55*
Mozambique	*20,4*	*25*	*35*
Niger	*14,2*	*11*	*17*
Nigeria	*144,4*	*156*	*44*
Ouganda	*28,5*	*118*	*12*
Rép. dém. du Congo	*62,6*	*27*	*32*
Soudan	*38,6*	*15*	*41*
Tanzanie	*38,7*	*41*	*23*
Zimbabwe	*13,3*	*34*	*36*
Amérique du Nord	**335,1**	**15**	**79**
dont : Canada	*32,9*	*3*	*81*
États-Unis	*302,2*	*31*	*79*
Amérique latine, Caraïbes	**569,0**	**28**	**76**
dont : Argentine	*39,4*	*14*	*89*
Brésil	*189,3*	*22*	*81*
Chili	*16,6*	*22*	*88*
Colombie	*46,2*	*41*	*72*
Cuba	*11,2*	*101*	*76*
Equateur	*13,5*	*48*	*62*
Guatemala	*13,4*	*123*	*47*
Mexique	*106,5*	*54*	*75*
Pérou	*27,9*	*22*	*73*
Venezuela	*27,5*	*30*	*88*
Asie	**4 010,0**	**126**	**41**
dont : Afghanistan	*31,9*	*49*	*20*
Arabie Saoudite	*27,6*	*13*	*81*
Bangladesh	*149,0*	*1 035*	*23*
Chine (y c. Hong Kong et Macao)	*1 325,4*	*(1) 138*	*(2) 44*
Chypre	*1,0*	*111*	*62*
Corée du Nord	*23,3*	*193*	*60*
Corée du Sud	*48,5*	*487*	*82*
Inde	*1 131,9*	*344*	*28*
Indonésie	*231,6*	*122*	*42*
Irak	*29,0*	*66*	*67*
Iran	*71,2*	*43*	*67*
Japon	*127,7*	*338*	*79*
Malaisie	*27,2*	*82*	*62*
Myanmar (Birmanie)	*49,8*	*74*	*29*
Népal	*27,8*	*189*	*14*
Ouzbékistan	*26,5*	*59*	*36*
Pakistan	*169,3*	*213*	*34*
Philippines	*88,7*	*296*	*48*
Sri Lanka (Ceylan)	*20,1*	*306*	*15*
Syrie	*19,9*	*108*	*50*
Taïwan	*22,9*	*636*	*78*
Thaïlande	*65,7*	*128*	*33*
Turquie	*74,0*	*94*	*66*
Vietnam	*85,1*	*257*	*27*
Yémen	*22,4*	*42*	*26*
Océanie	**35,0**	**4**	**72**
dont : Australie	*21,0*	*3*	*91*
Nouvelle-Zélande	*4,2*	*15*	*86*
Papouasie-Nouvelle-Guinée	*6,3*	*14*	*13*
Monde	**6 625,0**	**49**	**49**

1. Chine uniquement (Hong Kong : 6 308 ; Macao : 20 346). 2. Chine uniquement (Hong Kong : 100 % ; Macao : 100 %).
Source : Population reference bureau.

Projections de population en 2025

Rang	Pays	Population en millions
1	Chine (y.c. Hong Kong et Macao)	1 485
2	Inde	1 391
3	États-Unis	349
4	Indonésie	271
5	Brésil	229
6	Pakistan	229
7	Nigeria	205
8	Bangladesh	190
9	Russie	129
10	Mexique	125
11	Philippines	120
12	Japon	119
13	Éthiopie	109
14	Rép. dém. du Congo	108
15	Viêt Nam	104
16	Égypte	96
17	Iran	88
18	Turquie	88
19	Allemagne	80
20	Thaïlande	70
21	**France**	**68**
22	Royaume-Uni	66
	Union européenne à 27	**501**
	Monde	**7 965**

Source : Population reference bureau.

1.2 Union européenne

Au 1er janvier 2008, l'**Union européenne** compte plus de 497 millions d'habitants. Reflet de la géographie et de l'histoire, la population est très inégalement répartie sur le territoire. En dehors des grandes métropoles, elle se concentre dans un croissant allant de l'Angleterre au nord de l'Italie, en passant par le bassin rhénan, ainsi qu'au sud de la Pologne. Les territoires les moins peuplés se situent essentiellement dans les pays scandinaves, en Irlande, dans le centre de la France et de l'Espagne, et en Grèce. Pays le plus petit d'Europe, Malte est aussi le plus densément peuplé, avec 1 368 habitants au km^2.

La faible croissance démographique de l'Union européenne est marquée par un important clivage entre l'ouest et l'est, qui reflète en partie la dynamique des flux migratoires. En cinq ans, l'Irlande (mais également Chypre, à son opposé géographique) a ainsi vu sa population augmenter de 11,4 %, suivie par l'Espagne (8,6 %) et le Luxembourg (7,6 %). Viennent ensuite l'Italie (3,9 %), Malte (3,3 %), la France et le Royaume-Uni (3,1 %). Pour la plupart de ces pays, le solde migratoire est à l'origine de plus des deux tiers de la croissance démographique. La France fait exception avec un accroissement naturel qui contribue aux trois quarts de sa croissance démographique. En revanche, le nombre d'habitants a reculé sur les cinq dernières années en Allemagne, en Pologne, en Hongrie, dans les trois États baltes, en Roumanie et en Bulgarie. Pour presque tous ces pays, le solde migratoire est négatif, cet excès de sorties sur les entrées se cumulant à un accroissement naturel également négatif, ou presque nul.

Entre 2006 et 2007, le taux de chômage moyen dans l'UE est redescendu de 8,1 % à 7,1 % et seule la Slovaquie affiche encore en 2007 un taux à deux chiffres (11,1 %). Le Danemark et les Pays-Bas, souvent présentés comme des références en matière de « flexisécurité », sont tous les deux à moins de 4 %. L'Allemagne, la France et l'Espagne connaissent toujours des taux supérieurs à la moyenne européenne, même si la baisse du taux de chômage entre 2006 et 2007 a été importante pour les deux premiers.

Parmi les pays en tête en termes de PIB par habitant (mesuré en **standards de pouvoir d'achat**), figurent en 2007 comme en 2006, le Luxembourg, l'Irlande, les Pays-Bas, l'Autriche, le Danemark et la Suède. Allemagne, France et Italie ont connu une élévation rapide de leur niveau de vie jusqu'au milieu des années quatre-vingt, mais depuis leur position relative tend à s'effriter, tandis que le Royaume-Uni a vu sa croissance repartir à la hausse. Le groupe des accédants récents reste en retrait, avec un PIB par habitant qui s'échelonne entre 9 400 et 22 400 **SPA**.

La France a connu de 2004 à 2007 une inflation de 1,8 % en moyenne par an, légèrement plus faible que celle de l'Union européenne (2,2 %). Seuls certains pays du nord (Finlande, Suède, Danemark, Pays-Bas) ont fait moins. À l'inverse, la hausse des prix a été plus soutenue dans les nouveaux États membres avec plus de 5 % en Lituanie, Bulgarie, Roumanie, Estonie et Hongrie, et dans une moindre mesure en Grèce, Espagne et Luxembourg (plus de 3 %). ■

Définitions

Association européenne de libre-échange (AELE) : la convention de Stockholm, le 20 novembre 1959, a donné naissance à l'Association européenne de libre-échange. Voir rubrique « Pour comprendre ».

Espace économique européen (EEE) : regroupe les 27 états membres de l'Union européenne et trois des quatre états membres de l'Association européenne de libre échange (AELE). Voir rubrique « Pour comprendre ».

Union européenne : créée le 1er janvier 1993 par l'application du Traité de Maastricht. Aujourd'hui, les pays de l'Union européenne sont au nombre de 27. Voir rubrique « Pour comprendre ».

Standard de pouvoir d'achat (SPA) : monnaie commune qui élimine les différences de niveaux de prix entre les pays, permettant des comparaisons significatives, destinée aux comparaisons internationales plutôt qu'aux comparaisons temporelles.

Zone euro : ensemble géographique des 15 pays de l'Union européenne qui ont adopté l'euro comme monnaie nationale. Au 1er janvier 2008, Chypre et Malte ont rejoint les 13 précédents pays de la zone euro. Voir rubrique « Pour comprendre ».

Pour en savoir plus

- « La France dans l'Union européenne », Insee, juillet 2008.
- « L'Europe en chiffres », *Annuaire 2008*, Eurostat, juin 2008.

Les 27 pays membres de l'Union européenne en 2007

	Année d'entrée dans l'Union européenne	Population au 1er janvier en millions	Part de la population ayant moins de 15 ans en %	Part de la population ayant plus de 65 ans en %	Taux d'emploi des 15 à 64 ans en %	Taux de chômage en %	PIB par habitant en SPA[2]	Variation annuelle des prix à la consommation[3] en %
Allemagne (DE)[1]	1958	82,3	13,9	19,8	69,4	8,4	28 400	2,3
Autriche (AT)	1995	8,3	15,6	16,9	71,4	4,4	(e) 31 800	2,2
Belgique (BE)	1958	10,6	17,0	17,1	62,0	7,5	29 600	1,8
Bulgarie (BG)	2007	7,7	13,4	17,3	61,7	6,9	9 400	7,6
Chypre (CY)	2004	0,8	17,9	12,3	71,0	3,9	22 800	2,2
Danemark (DK)	1973	5,4	18,6	15,3	77,1	3,8	30 900	1,7
Espagne (ES)	1986	44,5	14,5	16,7	65,6	8,3	25 900	2,8
Estonie (EE)	2004	1,3	14,9	17,1	69,4	4,7	17 800	6,7
Finlande (FI)	1995	5,3	17,1	16,5	70,3	6,9	29 400	1,6
France (FR)	**1958**	**63,4**	**18,6**	**16,2**	**64,6**	**8,3**	**27 500**	**1,6**
Grèce (GR)	1981	(p) 11,2	14,3	18,6	61,4	8,3	24 500	3,0
Hongrie (HU)	2004	10,1	15,2	15,9	57,3	7,4	16 000	7,9
Irlande (IE)	1973	(p) 4,3	20,3	11,1	69,1	4,6	(e) 36 300	2,9
Italie (IT)	1958	59,1	14,1	19,9	58,7	6,1	25 200	2,0
Lettonie (LV)	2004	2,3	14,0	17,1	68,3	6,0	14 400	10,1
Lituanie (LT)	2004	3,4	15,9	15,6	64,9	4,3	14 900	5,8
Luxembourg (LU)	1958	0,5	18,3	14,0	63,6	4,7	69 500	2,7
Malte (MT)	2004	0,4	16,7	13,8	55,7	6,4	19 300	0,7
Pays-Bas (NL)	1958	16,4	18,1	14,5	76,0	3,2	32 600	1,6
Pologne (PL)	2004	38,1	15,8	13,4	57,0	9,6	13 500	2,6
Portugal (PT)	1986	(p) 10,6	15,5	17,3	67,8	8,0	18 300	2,4
République tchèque (CZ)	2004	10,3	14,4	14,4	66,1	5,3	(e) 20 200	3,0
Roumanie (RO)	2007	21,6	15,4	14,9	58,8	6,4	(e) 10 000	4,9
Royaume-Uni (UK)	1973	(p) 60,8	17,6	16,0	71,3	5,2	29 300	2,3
Slovaquie (SK)	2004	5,4	16,1	11,9	60,7	11,1	17 000	1,9
Slovénie (SI)	2004	2,0	14,0	15,9	67,8	4,8	22 400	3,8
Suède (SE)	1995	9,1	17,0	17,4	74,2	6,1	30 700	1,7

1. Entrée en 1990 pour l'ex-RDA. 2. SPA : Standard de Pouvoir d'Achat. 3. Taux de variation annuel moyen de l'IPCH global.
Source : Eurostat.

Les différents espaces de coopération en Europe

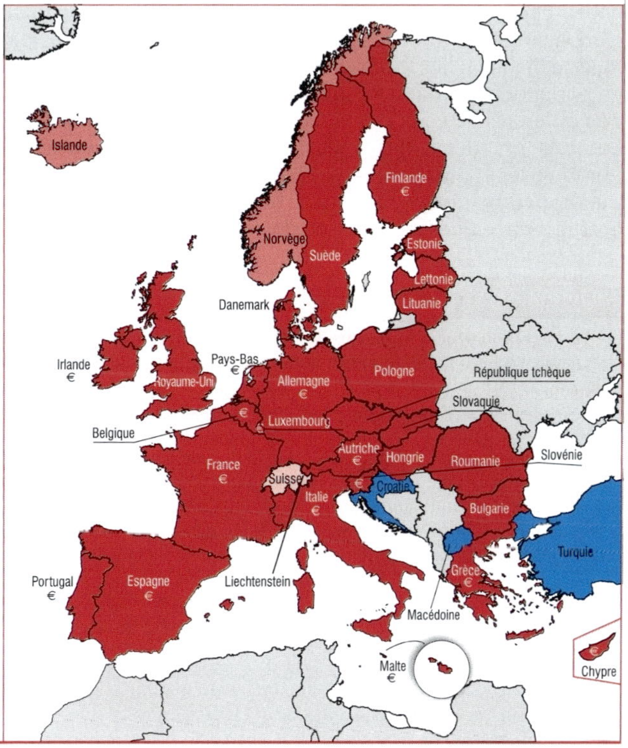

Union européenne à 27

Autres pays de l'Espace économique européen (EEE)

Autres pays de l'Association européenne de libre-échange (AELE)

Pays candidats

€ Pays membres de la zone euro

Source : Eurostat.

1.3 Villes du monde

Les villes rassemblent désormais la moitié de l'humanité. La planète compte aujourd'hui 3,3 milliards de citadins, soit quatre fois et demie plus qu'en 1950. La proportion de gens vivant en ville devrait être de 60 % en 2030. Depuis cinquante ans, la **population urbaine** s'accroît bien plus vite dans les pays pauvres que dans les pays riches (4,3 % par an en moyenne en Afrique, 1,2 % en Europe). C'est aussi dans les pays en développement que se trouvent quinze des vingt plus grandes **agglomérations** du monde aujourd'hui. Alors que l'urbanisation est historiquement un des moteurs du progrès économique et social, la forte croissance urbaine actuelle dans les pays du Sud, avec les difficultés de logement, d'emploi ou de transport qu'elle engendre, semble au contraire ralentir leur développement. Si l'Afrique et l'Asie comptent encore une majorité de ruraux, la croissance des villes y est rapide, et les urbains devraient devenir majoritaires d'ici 2030. L'Asie, où habitent trois cinquièmes des hommes, abrite un citadin du monde sur deux. L'Afrique se caractérise par un taux d'urbanisation relativement faible et une forte croissance urbaine. Mais une partie des villes africaines ne sont plus en mesure de satisfaire les besoins des natifs et de nouveaux venus issus de la campagne. Les difficultés éprouvées pour se loger dans les villes font que se développent en périphérie des habitats sommaires, parfois peu différents de ceux des villages.

Les très grandes villes sont toujours plus nombreuses et plus peuplées. En 2005, la population urbaine se répartit à peu près à égalité entre villes de plus et de moins de 500 000 habitants. Alors que trois agglomérations seulement comptaient plus de 10 millions d'habitants en 1975 (Tokyo, New-York et Mexico), elles sont près de vingt en 2005. Tokyo est la plus grande métropole du monde avec plus de 35 millions d'habitants, loin devant Mexico et New-York qui avoisinent les 19 millions et São Paulo (18 millions). L'Inde compte trois des vingt plus grandes agglomérations mondiales avec Bombay, Delhi et Calcutta, et la Chine deux, Shanghaï et Pékin. Les deux premières agglomérations européennes sont Moscou et Paris (10 millions), respectivement aux 18ème et 19ème rangs. Ce sont Kinshasa (Congo), Lagos (Nigéria) et deux agglomérations du Bangladesh, Chittagong et Dacca, qui ont connu le plus fort taux d'accroissement entre 2000 et 2005 (entre 4 et 5 % par an), alors que Saint-Pétersbourg (Russie) et Séoul (Corée du Sud) en ont perdu.

Au sein de l'Union européenne, Paris devance Londres et Madrid parmi les 31 agglomérations qui dépassent un million d'habitants. C'est Madrid et Helsinki qui ont connu le plus fort taux d'accroissement entre 2000 et 2005 (+ 1,4 %), devant Barcelone. Certaines agglomérations de l'UE à 27 ont perdu de la population durant cette période : Budapest (plus de 1 % par an), et plus modérément Bucarest, Glasgow, Sofia, Milan, Manchester, Rome, Turin et Prague. En France, trois agglomérations dépassent le million d'habitants : Paris bien sûr, Lyon et Marseille- Aix-en-Provence quasiment à égalité avec 1,4 million d'habitants chacune, loin derrière Paris. ■

Définitions

Agglomération urbaine : au sens des Nations Unies, territoire contigu habité au-delà de seuils de densité urbaine, sans respect des frontières administratives. Il intègre généralement la ville et les zones de banlieue extérieures, mais adjacentes aux frontières de la ville.

Au sens Insee, l'unité urbaine est une commune ou un ensemble de communes qui comporte sur son territoire une zone bâtie d'au moins 2 000 habitants où aucune habitation n'est séparée de la plus proche de plus de 200 mètres. En outre, chaque commune concernée possède plus de la moitié de sa population dans cette zone bâtie.

Si l'unité urbaine s'étend sur plusieurs communes, l'ensemble de ces communes forme une agglomération multicommunale ou agglomération urbaine. Si l'unité urbaine s'étend sur une seule commune, elle est dénommée ville isolée.

Population urbaine : population vivant dans des zones classées comme urbaines selon les critères utilisés par chaque pays. Les données se réfèrent au 1er juillet de l'année indiquée.

Pour en savoir plus

- « World urbanization prospects – the 2007 révision », Nations Unies, février 2008.
- « Urban agglomerations 2007 », Nations Unies (www.unpopulation.org).
- « État de la population mondiale 2007 », UNFPA, 2007.
- « La moitié de la population mondiale vit en ville », *Population et Sociétés* n° 435, Ined, juin 2007.

Agglomérations urbaines de l'Union européenne de plus d'un million d'habitants

Agglomération	Population en millions 1975	Population en millions 2005	Taux d'évolution annuel en % 2000-2005	Poids dans la population du pays en % 2005
1 Paris (France)	**8,6**	**9,9**	**0,3**	**16,2**
2 Londres (Royaume-Uni)	7,5	8,5	0,7	14,1
3 Madrid (Espagne)	3,9	5,4	1,4	12,5
4 Barcelone (Espagne)	3,7	4,8	1,1	11,1
5 Berlin (Allemagne)	3,1	3,4	0,0	4,1
6 Rome (Italie)	3,3	3,3	– 0,2	5,7
7 Athènes (Grèce)	2,7	3,2	0,3	29,1
8 Milan (Italie)	3,1	3,0	– 0,2	5,0
9 Lisbonne (Portugal)	2,1	2,8	0,9	26,2
10 Birmingham (Royaume-Uni)	2,4	2,3	0,0	3,8
11 Vienne (Autriche)	2,1	2,3	1,0	27,3
12 Naples (Italie)	2,1	2,2	0,1	3,8
13 Manchester (Royaume-Uni)	2,4	2,2	– 0,1	3,7
14 Bucarest (Roumanie)	1,7	1,9	– 0,1	9,0
15 Hambourg (Allemagne)	1,7	1,7	0,3	2,1
16 Budapest (Hongrie)	2,0	1,7	– 1,1	16,8
17 Varsovie (Pologne)	1,4	1,7	0,3	4,4
18 Turin (Italie)	1,8	1,7	– 0,4	2,8
19 Leeds (Royaume-Uni)	1,6	1,5	0,3	2,5
20 Lyon (France)	**1,2**	**1,4**	**0,7**	**2,3**
21 Marseille-Aix-en-Provence (France)	**1,3**	**1,4**	**0,4**	**2,3**
22 Porto (Portugal)	1,0	1,3	0,9	12,4
23 Munich (Allemagne)	1,3	1,3	0,9	1,5
24 Stockholm (Suède)	1,0	1,2	0,7	13,8
25 Sofia (Bulgarie)	1,0	1,2	– 0,7	15,1
26 Helsinki (Finlande)	0,6	1,2	1,4	20,9
27 Prague (Rép. tchèque)	1,1	1,2	– 0,1	11,4
28 Glasgow (Royaume-Uni)	1,6	1,2	– 0,2	1,9
29 Copenhague (Danemark)	1,2	1,1	0,1	20,0
30 Amsterdam (Pays-Bas)	1,0	1,0	0,4	6,3
31 Rotterdam (Pays-Bas)	1,0	1,0	0,2	6,1

Source : ONU.

Population des principales agglomérations urbaines du monde

Agglomération	Population en millions 1975	Population en millions 2005	Taux d'évolution annuel en % 2000-2005
1 Tokyo (Japon)	26,6	35,3	0,5
2 New York (USA)	15,9	18,7	1,0
3 Mexico (Mexique)	10,7	18,7	0,8
4 São Paulo (Brésil)	9,6	18,3	1,4
5 Bombay (Inde)	7,1	18,2	2,5
6 Delhi (Inde)	4,4	15,0	3,8
7 Shanghaï (Chine)	7,3	14,5	1,8
8 Calcutta (Inde)	7,9	14,3	1,8
9 Dacca (Bangladesh)	2,2	12,6	4,0
10 Buenos Aires (Argentine)	8,7	12,6	1,2
11 Los Angeles (USA)	8,9	12,3	0,8
12 Karachi (Pakistan)	4,0	11,6	2,9
13 Le Caire (Egypte)	6,5	11,5	1,7
14 Rio de Janeiro (Brésil)	7,6	11,5	1,2
15 Osaka (Japon)	9,8	11,3	0,2
16 Manille (Philippines)	5,0	10,8	1,6
17 Pékin (Chine)	6,0	10,7	1,8
18 Moscou (Russie)	7,6	10,4	0,8
19 Paris (France)	**8,6**	**9,9**	**0,3**
20 Séoul (Corée du Sud)	6,8	9,8	– 0,2
21 Istanbul (Turquie)	3,6	9,7	2,1
22 Chicago (USA)	7,2	8,8	1,1
23 Jakarta (Indonésie)	4,8	8,8	1,1
24 Lagos (Nigéria)	1,9	8,8	3,9
25 Londres (Royaume-Uni)	7,5	8,5	0,7
26 Guangzhou, Guangdong (Chine)	2,7	8,4	2,6
27 Téhéran (Iran)	4,3	7,7	1,4
28 Lima (Pérou)	3,7	7,7	1,7
29 Bogota (Colombie)	3,0	7,3	2,9
30 Shenzhen (Chine)	0,3	7,2	3,5
31 Hong Kong (Chine)	3,9	7,1	1,4
32 Wuhan (Chine)	2,7	7,1	1,3
33 Kinshasa (Rép. Dém. du Congo)	1,5	7,1	5,2
38 Tianjin (Chine)	4,9	7,0	0,9
39 Lahore (Pakistan)	2,4	6,3	2,8
40 Hyderabad (Inde)	2,1	6,1	2,3
41 Santiago (Chili)	3,1	5,6	1,2
42 Miami (USA)	2,6	5,4	1,9
43 Madrid (Espagne)	3,9	5,4	1,4
44 Philadelphie (USA)	4,5	5,4	0,9
45 Belo Horizonte (Brésil)	1,9	5,3	2,6
46 Bagdad (Irak)	2,6	5,3	0,5
47 Ahmadabad (Inde)	2,1	5,1	2,9
48 Ho chi minh (Viêt-Nam)	2,8	5,1	1,9
49 Toronto (Canada)	2,8	5,0	1,8
50 Barcelone (Espagne)	3,7	4,8	1,1
51 Shenyang (Chine)	3,7	4,7	0,5
52 Dallas (USA)	2,2	4,7	2,2
53 Saint-Pétersbourg (Russie)	4,3	4,6	– 0,6
54 Khartoum (Soudan)	0,9	4,5	2,7
55 Pune (Inde)	1,3	4,4	3,8
56 Boston (USA)	3,2	4,4	1,5
57 Sydney (Australie)	3,0	4,3	0,9
58 Singapour (Malaisie)	2,3	4,3	1,5
59 Houston (USA)	2,0	4,3	2,3
60 Dongguan, Guangdong (Chine)	0,9	4,3	2,7
61 Atlanta (USA)	1,4	4,3	3,9
62 Washington (USA)	2,6	4,2	1,4
63 Chittagong (Bangladesh)	1,0	4,2	4,7
64 Riyad (Arabie saoudite)	0,7	4,2	3,2
65 Hanoï (Viêt-Nam)	1,9	4,2	2,1
66 Guadalajara (Mexique)	1,9	4,1	1,8
67 Chengdu (Chine)	1,9	4,1	0,7
68 Detroit (USA)	3,9	4,0	0,6
69 Rangoon (Birmanie)	2,2	3,9	2,0
70 Bandung (Indonésie)	1,3	2,3	1,5

Source : ONU.

1.4 Régions - Départements

Au 1er janvier 2008, la population de la France est estimée à 63,8 millions d'habitants, dont 61,9 millions en métropole. La population a ainsi augmenté d'environ 360 000 habitants en un an soit une progression de + 0,6 %. La croissance tient en 2007 pour les quatre cinquièmes à l'excédent des naissances sur les décès et pour un cinquième à l'excédent migratoire. Ce dernier, différence entre les entrées et les sorties de migrants, est estimé à environ 70 000 personnes, soit un peu moins qu'en 2006. Le **solde naturel** élevé, le plus fort depuis 30 ans après celui de l'année 2006, n'empêche pas la poursuite du vieillissement de la population en France métropolitaine et dans les départements d'outre-mer. Le nombre de personnes âgées de 60 ans ou plus dans la population augmente rapidement depuis deux ans avec l'arrivée à cet âge des générations nombreuses du baby-boom d'après-guerre.
Au 1er janvier 2007, la France se maintient au deuxième rang des pays les plus peuplés de l'Union européenne à 27, derrière l'Allemagne (82,3 millions d'habitants) et devant le Royaume-Uni et l'Italie (respectivement 60,9 et 59,1 millions d'habitants). La population de la France métropolitaine et des départements d'outre-mer représente ainsi un peu moins de 13 % de la population de l'Union européenne.
Les régions du Sud de la France restent attractives et conservent les premiers rangs de l'accroissement démographique en France métropolitaine. Malgré un solde naturel quasi-nul, les régions Languedoc-Roussillon, Midi-Pyrénées et Corse affichent des taux de croissance supérieurs ou égaux à 1,0 % en moyenne annuelle depuis 1999. Avec les Alpes-de-Haute-Provence, les départements de Haute-Garonne et de l'Hérault affichent les plus fortes croissances départementales avec respectivement + 1,6 % et + 1,5 % de hausse en moyenne annuelle entre 1999 et 2006. Le Languedoc-Roussillon est d'ailleurs la seule région de France métropolitaine à passer le seuil des 10 % d'accroissement démographique depuis 1999.
En Île-de-France, l'excédent des naissances sur les décès est très fort. Mais parallèlement, les arrivées sont moins nombreuses que les départs vers les autres régions métropolitaines et le déficit migratoire avec le reste de la France s'est accentué ces dernières années. Quant à la région Champagne-Ardenne, elle reste la seule région de France à avoir une population plus faible en 2007 qu'en 1999. Si elle a enregistré plus de naissances que de décès durant cette période, son solde naturel ne lui permet pas de compenser le déficit du **solde apparent des entrées et des sorties**. La Haute-Marne est d'ailleurs le département français qui accuse la plus forte baisse de population entre 1999 et 2006 (– 0,7 % par an en moyenne). Parmi les départements métropolitains les moins peuplés, la Lozère, la Corse-du-Sud et les Hautes-Alpes connaissent des progressions de population non négligeables, alors que la Creuse voit sa population diminuer. ■

Définitions

Estimations de population : voir rubrique « Pour comprendre ».

Recensement de la population : le recensement de la population a pour objectifs le dénombrement des logements et de la population résidant en France et la connaissance de leurs principales caractéristiques. Voir rubrique « Pour comprendre ».

Solde apparent des entrées et des sorties : différence entre la variation totale de la population et le solde naturel. Cela permet d'évaluer le solde migratoire.

Solde naturel : différence entre le nombre de naissances et le nombre de décès enregistrés au cours d'une période. Les mots « excédent » ou « accroissement » sont justifiés par le fait qu'en général le nombre de naissances est supérieur à celui des décès. Mais l'inverse peut se produire, et l'excédent naturel est alors négatif.

Pour en savoir plus

- « La population de la France en 2007 », *Population et sociétés* n° 443, Ined, mars 2008.
- « Bilan démographique 2007 : des naissances toujours très nombreuses », *Insee Première* n° 1170, janvier 2008.
- « Premières estimations démographiques pour 2007 », *Données en bref* n° 3, Population et conditions sociales, Eurostat, 2008.

Évolution de la population par région de 1999 à 2007

Régions	Estimation de population au 1er janvier 2007	Densité de population en hab./km²	Taux de variation annuel moyen 1999-200 en %		
			Total	Dû au solde naturel	Dû au solde apparent des entrées et des sorties
Alsace	1 829 000	220,9	0,7	0,5	0,2
Aquitaine	3 123 000	75,6	0,9	0,1	0,8
Auvergne	1 337 000	51,4	0,3	– 0,1	0,3
Basse-Normandie	1 453 000	82,6	0,3	0,3	0,0
Bourgogne	1 626 000	51,5	0,1	0,0	0,1
Bretagne	3 103 000	114,1	0,8	0,2	0,6
Centre	2 515 000	64,2	0,4	0,2	0,2
Champagne-Ardenne	1 337 000	52,2	– 0,1	0,3	– 0,4
Corse	281 000	32,4	1,0	0,0	0,9
Franche-Comté	1 151 000	71,0	0,4	0,4	0,0
Haute-Normandie	1 815 000	147,4	0,2	0,4	– 0,2
Île-de-France	11 577 000	963,8	0,7	0,9	– 0,2
Languedoc-Roussillon	2 548 000	93,1	1,3	0,1	1,2
Limousin	727 000	42,9	0,3	– 0,3	0,6

Régions	Estimation de population au 1er janvier 2007	Densité de population en hab./km²	Taux de variation annuel moyen 1999-2007 en %		
			Total	Dû au solde naturel	Dû au solde apparent des entrées et des sorties
Lorraine	2 343 000	99,5	0,2	0,3	– 0,1
Midi-Pyrénées	2 782 000	61,4	1,1	0,1	1,0
Nord-Pas-de-Calais	4 048 000	326,1	0,2	0,5	– 0,3
Pays de la Loire	3 455 000	107,7	0,9	0,5	0,4
Picardie	1 890 000	97,4	0,2	0,4	– 0,2
Poitou-Charentes	1 722 000	66,7	0,6	0,0	0,6
Provence-Alpes-Côte d'Azur	4 818 000	153,4	0,9	0,2	0,6
Rhône-Alpes	6 058 000	138,6	0,9	0,5	0,4
Métropole	**61 538 000**	**113,1**	**0,6**	**0,4**	**0,2**
Guadeloupe	451 000	264,9	0,9	1,1	– 0,2
Guyane	209 000	2,5	3,7	2,8	1,0
Martinique	401 000	355,5	0,7	0,7	– 0,1
La Réunion	793 000	316,7	1,5	1,4	0,1
Métropole et DOM	**63 392 000**	**100,2**	**0,7**	**0,4**	**0,2**

Source : Insee, recensement de 1999, état civil, estimations de population au 1er janvier 2007.

@ Évolution de la population par département métropolitain de 1999 à 2006

Départements	Estimations de population au 1er janvier 2006 en milliers	Taux d'évolution annuel moyen 1999-2006 en %
01 Ain	565	1,3
02 Aisne	537	0,0
03 Allier	342	– 0,1
04 Alpes-de-Hte-Pce	155	1,5
05 Alpes (Hautes-)	133	1,3
06 Alpes-Maritimes	1 070	0,8
07 Ardèche	304	0,9
08 Ardennes	287	– 0,2
09 Ariège	147	1,0
10 Aube	300	0,3
11 Aude	340	1,3
12 Aveyron	272	0,4
13 Bouches-du-Rhône	1 917	0,6
14 Calvados	667	0,4
15 Cantal	151	0,0
16 Charente	345	0,2
17 Charente-Maritime	596	1,0
18 Cher	315	0,0
19 Corrèze	238	0,3
2A Corse-du-Sud	129	1,2
2B Haute-Corse	150	0,8
21 Côte-d'Or	514	0,2
22 Côtes d'Armor	570	0,7
23 Creuse	123	– 0,2
24 Dordogne	403	0,5
25 Doubs	516	0,5
26 Drôme	467	0,9
27 Eure	566	0,6
28 Eure-et-Loir	419	0,4
29 Finistère	880	0,4
30 Gard	685	1,4
31 Garonne (Haute-)	1 170	1,6
32 Gers	180	0,6
33 Gironde	1 387	1,1
34 Hérault	993	1,5
35 Ille-et-Vilaine	939	1,2
36 Indre	232	0,0
37 Indre-et-Loire	572	0,5
38 Isère	1 172	1,0
39 Jura	256	0,3
40 Landes	360	1,4
41 Loir-et-Cher	323	0,4
42 Loire	733	0,1
43 Loire (Haute-)	218	0,6
44 Loire-Atlantique	1 220	1,1
45 Loiret	645	0,6
46 Lot	169	0,7
47 Lot-et-Garonne	319	0,6
48 Lozère	78	0,7
49 Maine-et-Loire	759	0,5
50 Manche	490	0,2
51 Marne	567	0,0
52 Marne (Haute-)	187	– 0,7
53 Mayenne	300	0,7
54 Meurthe-et-Moselle	724	0,2
55 Meuse	193	0,0
56 Morbihan	694	1,1
57 Moselle	1 040	0,2
58 Nièvre	222	– 0,3
59 Nord	2 584	0,2
60 Oise	790	0,4
61 Orne	293	0,0
62 Pas-de-Calais	1 460	0,2
63 Puy-de-Dôme	623	0,4
64 Pyrénées-Atlantiques	631	0,7
65 Pyrénées (Hautes-)	231	0,5
66 Pyrénées-Orientales	426	1,2
67 Rhin (Bas-)	1 077	0,7
68 Rhin (Haut-)	740	0,6
69 Rhône	1 668	0,8
70 Saône (Haute-)	235	0,3
71 Saône-et-Loire	546	0,0
72 Sarthe	555	0,7
73 Savoie	404	1,1
74 Savoie (Haute-)	694	1,4
75 Paris	2 168	0,3
76 Seine-Maritime	1 246	0,1
77 Seine-et-Marne	1 268	0,9
78 Yvelines	1 399	0,5
79 Sèvres (Deux-)	354	0,4
80 Somme	560	0,1
81 Tarn	365	0,9
82 Tarn-et-Garonne	223	1,1
83 Var	974	1,2
84 Vaucluse	533	0,9
85 Vendée	593	1,4
86 Vienne	419	0,7
87 Vienne (Haute-)	365	0,4
88 Vosges	383	0,1
89 Yonne	343	0,4
90 Belfort (Territoire de)	140	0,3
91 Essonne	1 194	0,7
92 Hauts-de-Seine	1 532	1,0
93 Seine-Saint-Denis	1 485	1,0
94 Val-de-Marne	1 293	0,8
95 Val-d'Oise	1 154	0,6

Source : Insee, estimations de population au 1er janvier 2006 ; état civil.

1.5 Départements et collectivités d'outre-mer

Pour une superficie de 112 684 km², l'ensemble de l'**outre-mer** français compte environ plus de deux millions et demi de personnes, soit une densité de 22 habitants au kilomètre carré. Près des trois quarts habitent dans les départements d'outre-mer (DOM). Environ 467 000 personnes résident dans les collectivités d'outre-mer. S'y ajoute la **Nouvelle-Calédonie** qui compte près de 231 000 habitants au 31 août 2004.

La population des trois départements Antilles-Guyane, au 1er janvier 2007, n'évolue pas de la même façon. La population de la Guyane reste jeune, son augmentation est due en majeure partie au solde naturel, largement positif, et dans une moindre mesure au solde migratoire, lui aussi positif. Petit à petit les populations de la Guadeloupe et de la Martinique vieillissent. La baisse de la natalité et les départs des jeunes adultes expliquent ce vieillissement.

La population active des DOM n'augmente que très légèrement entre 2006 et 2007 et le taux d'activité est stable : 53 % de la population de 15 ans ou plus est en emploi ou au chômage.

Pour l'ensemble des quatre DOM, le taux de chômage a baissé de 3 points en un an et se situe à 22,8 % en mai 2007. Néanmoins, il est toujours environ trois fois plus élevé qu'en métropole. Les femmes et les jeunes restent les populations les plus touchées par le chômage. Le taux de chômage des femmes atteint 24,9 %, soit 4 points de plus que celui des hommes. Chez les jeunes de moins de 25 ans, il monte à 49 %.

En 2006-2007, l'ensemble de l'enseignement public et privé des DOM compte près de 550 500 élèves et étudiants. La hausse des effectifs en un an est de 0,3 % avec 1 500 élèves et étudiants de plus.

Dans les DOM, les effectifs du premier degré continuent d'augmenter : le préélémentaire baisse et l'élémentaire augmente pour la deuxième année consécutive. Dans le second degré, les effectifs sont presque stables avec une légère baisse contre une forte baisse en métropole. Les effectifs du premier cycle du second degré baissent plus fortement qu'à la rentrée précédente. Le second cycle général et technologique connaît une hausse dans les DOM alors qu'il baisse en métropole. Le second cycle professionnel, comme aux cinq rentrées précédentes et à la différence de l'évolution constatée en métropole, augmente. Le nombre d'élèves suivant un enseignement agricole continue d'être à la hausse. Les effectifs de l'enseignement supérieur dans les DOM, tous enseignements confondus, qui étaient en hausse depuis 1998, connaissent cette année une légère baisse, beaucoup moins forte qu'en métropole. Mais les évolutions sont contrastées suivant les filières comme en métropole. Ce sont les disciplines générales à l'université qui sont particulièrement touchées.

De manière générale, le taux d'admission des diplômes de l'enseignement professionnel est inférieur à celui de la métropole. Les écarts qui avaient tendance à se réduire ces dernières années, se maintiennent en 2006 comme en 2005. Le nombre de candidats reçus à la session 2006 du baccalauréat est en hausse par rapport à la session 2005. La part des bacheliers généraux parmi l'ensemble des bacheliers est moins importante en 2006 et est plus faible qu'en métropole.

Le tourisme est en baisse, en 2007, dans les départements d'outre-mer, sauf en Guadeloupe où les arrivées de touristes sont en augmentation et en Guyane où elles se stabilisent. À La Réunion, le chiffre des arrivées en 2007, encore en baisse, est au niveau le plus bas enregistré depuis 1995. ■

Définitions

Nouvelle-Calédonie : constitue une collectivité *sui generis* depuis la constitution du 28 mars 2003 (autonomie).

Outre-mer : la République française comprend les départements et régions d'outre-mer (Dom-Rom), les collectivités d'outre-mer (Com) et les territoires d'outre-mer (Tom). Voir rubrique « Pour comprendre ».

Pour en savoir plus

- « Le recensement de la population à Saint-Pierre-et-Miquelon en 2006 », *Insee première* n° 1178, février 2008.
- « Points forts de la Polynésie Française – Résultats du recensement de la population 2007 », n° 2, ISPF, 2008.
- « *Premiers Résultats* », Insee Antilles-Guyane.
- « Recensement Général de la Population de Mayotte : 186 452 habitants au 31 juillet 2007 », *Insee infos* n° 32, novembre 2007.

Population des DOM-COM et de Nouvelle-Calédonie en 2007

	Superficie en km²	Population en milliers	Densité en hab./km²
Départements			
Guadeloupe	1 702	451	265
Guyane	83 534	209	3
Martinique	1 128	401	355
La Réunion	2 504	793	317
Collectivités			
Mayotte	374	186	497
Polynésie française	4 000	260	65
Saint-Pierre-et-Miquelon[1]	242	6	25
Wallis-et-Futuna[2]	142	15	105
Autres			
Nouvelle-Calédonie[3]	19 058	231	12

1. Données en 2006. 2. Données en 2003. 3. Données en 2004.
Sources : Insee ; ISEE ; ISPF.

Taux d'admission en 2006 pour les diplômes de l'enseignement technologique et professionnel

en %

	Guadeloupe	Martinique	Guyane	La Réunion	**Total DOM**
Niveau V					
CAP	61,5	64,9	77,3	72,2	**69,0**
BEP	57,4	57,2	51,2	62,1	**58,5**
Niveau IV					
Brevet professionnel (BP)	46,8	50,3	22,9	60,2	**53,2**
Niveau III					
BTS	38,1	37,1	38,5	64,2	**47,5**

Source : Depp.

Élèves et étudiants dans les DOM

en milliers

	1980-1981	1990-1991	2000-2001	2006-2007
Premier degré	272,0	248,5	(e) 271,0	(e) 271,0
Second degré	170,6	186,6	219,5	229,9
Second degré agricole[1]	1,3	2,6	2,5	3,3
Centres de formation d'apprentis	2,6	5,0	7,0	8,2
Spécial santé scolarisés	1,5	1,4	1,6	1,5
Supérieur	6,3	15,0	32,3	36,6
dont universités[2]	*5,3*	*10,9*	*21,1*	*21,8*
Total général	**454,3**	**459,1**	**534,0**	**550,5**

1. Hors doubles comptes avec le ministère de l'Éducation nationale.
2. Hors IUT et formations d'ingénieurs.
Champ : secteurs public et privé.
Source : Depp.

Taux de réussite au baccalauréat en 2006

en %

	Guadeloupe	Martinique	Guyane	La Réunion	**Total DOM**
Général	75,7	78,3	75,0	82,6	**79,2**
Technologique	70,8	65,5	63,8	78,5	**71,8**
Professionnel	72,2	61,6	65,0	77,1	**70,3**
Total	**73,4**	**69,7**	**68,8**	**80,2**	**74,8**

Source : Depp.

Démographie dans les DOM en 2006

	Population totale par âge au 1er janvier 2007 en %			Taux brut de natalité pour 1 000 hab.	Nombre moyen d'enfants par femme	Part des naissances hors mariage en %	Mortalité infantile pour 1 000 enfants nés vivants	Espérance de vie à la naissance en années	
	Moins de 20 ans	De 20 à 59 ans	60 ans ou plus					Hommes	Femmes
Guadeloupe	31,6	52,5	15,9	16,0	2,4	73,2	9,0	74,8	81,9
Guyane	45,2	49,1	5,7	30,5	3,9	87,1	12,6	74,0	79,7
Martinique	29,0	52,7	18,3	13,4	2,0	71,8	8,2	75,8	83,4
La Réunion[1]	35,4	54,1	10,6	18,7	2,5	66,9	7,0	72,4	80,0

1. Données en 2005.
Champ : données provisoires.
Source : Insee.

Population active et chômage dans les DOM

	Population active en milliers		Taux d'activité en %		Nombre de chômeurs en milliers		Taux de chômage en %	
	2006 (r)	2007	2006 (r)	2007	2006 (r)	2007	2006 (r)	2007
Guadeloupe	163,3	167,3	52,3	54,3	41,1	38,0	25,1	22,7
Guyane	62,3	62,2	54,5	52,3	17,2	12,8	27,6	20,6
Martinique	160,2	162,6	50,7	51,3	36,9	34,5	23,0	21,2
La Réunion	315,1	313,1	53,4	52,5	86,7	75,9	27,5	24,2
Total DOM	**701,0**	**705,1**	**52,6**	**52,6**	**181,9**	**161,1**	**25,9**	**22,8**

Champ : enquête Emploi DOM au 2ème trimestre, hors îles du Nord de Guadeloupe et Guyane intérieure.
Source : Insee, enquêtes Emploi DOM.

Tourisme dans les DOM en 2007

	Guadeloupe	Guyane	Martinique	La Réunion
Arrivées de touristes (en milliers)	654	139	379	347
dont étrangers	*145*	*16*	*21*	*28*
Durée moyenne du séjour (en jours)	3,5	2,5	5,0	2,3
Taux d'occupation moyen des hôtels (en %)	56,6	53,7	59,4	58,4

Source : Insee.

1.6 Villes de France

Au milieu du siècle dernier commençait un vaste mouvement d'urbanisation qui s'est intensifié ces cinquante dernières années. Entre 1936 et 1999, la population des villes françaises a doublé, passant de 22 à 44 millions d'habitants, alors que l'ensemble de la population n'augmentait que de 40 %. Désormais, les trois quarts des Français vivent dans les **unités urbaines**, qui occupent 18 % du territoire. La tendance à l'étalement urbain, amorcée depuis les années 60, s'est poursuivie par l'inclusion dans les zones urbanisées de **communes** auparavant **rurales**. Entre 1990 et 1999, la population urbaine s'est accrue de 2,3 millions de personnes. À l'inverse, la population rurale a diminué de 400 000 personnes. La population augmente le plus autour des **pôles urbains**, dans les **couronnes périurbaines**. Cet espace périurbain abrite 12,3 millions de personnes ; depuis 25 ans, il a gagné plus de 3 millions d'habitants. Dans le même temps, les pôles urbains n'en ont gagné que 2 millions, alors qu'ils étaient trois fois plus peuplés.

La régularité de la disposition des villes moyennes (**aires urbaines** entre 30 000 et 200 000 habitants selon la **DIACT**) vient de l'Antiquité, alors qu'un réseau routier cohérent et serré irriguait l'Empire, et se poursuit au Moyen-Âge, époque de floraisons de villes qui échangeaient au loin. De ce fait, 53 des 96 chefs-lieux des départements actuels sont des villes moyennes et leur place dans le maillage français est toujours majeure. Ce semis régulier légué par l'histoire constitue une chance, car il garantit entre autres une certaine équité dans l'accès aux services à la population, et une exception à l'échelle européenne. Ces villes moyennes ont largement absorbé l'exode rural et régulé « la vague urbaine » pendant le *baby-boom* en servant de relais à la migration des jeunes actifs partis des campagnes vers les grandes villes. Depuis, les villes moyennes sont passées de villes d'accueil des populations rurales à des villes inscrites dans des flux beaucoup plus complexes avec leur environnement régional. Le solde de ces flux montre une atttractivité plus importante, entre 1982 et 1999, que celle des très grandes villes.

En France, 39 communes dépassent les 100 000 habitants au 1er juillet 2005. Avec 2,2 millions d'habitants, Paris est évidemment la commune la plus peuplée de France, loin devant Marseille (830 000 habitants) et Lyon (470 000 habitants). Saint-Denis de La Réunion avec 139 000 habitants est la plus grande commune des départements d'outre-mer ; aucun des trois autres départements d'outre-mer n'a une ville de plus de 75 000 habitants.

Le niveau d'accession à la propriété des ménages est relativement disparate dans les principales villes de France métropolitaine. Ainsi près d'un ménage sur deux est propriétaire de sa résidence principale à Nice, au 1er juillet 2005, alors qu'ils ne sont qu'un sur quatre, dans cette situation, à Strasbourg ou encore à Reims. ■

Définitions

Aire urbaine : ensemble de communes, d'un seul tenant et sans enclave, constitué par un pôle urbain, et par des communes rurales ou **unité urbaine** (couronne périurbaine) dont au moins 40 % de la population résidante ayant un emploi travaille dans le pôle ou dans des communes attirées par celui-ci.

Commune urbaine, commune rurale : une commune urbaine est une commune appartenant à une unité urbaine. Les autres communes sont dites rurales.

Couronne périurbaine : ensemble des communes de l'aire urbaine à l'exclusion de son pôle urbain.

DIACT : délégation interministérielle à l'aménagement et à la compétitivité des territoires.

Pôle urbain : unité urbaine offrant au moins 5 000 emplois et qui n'est pas située dans la couronne périurbaine d'un autre pôle urbain.

Recensement de la population : le recensement de la population a pour objectifs le dénombrement des logements et de la population résidant en France et la connaissance de leurs principales caractéristiques : sexe, âge, activité, professions exercées, caractéristiques des ménages, taille et type de logement, modes de transport, déplacements quotidiens. Voir rubrique « Pour comprendre ».

Pour en savoir plus

- « Les déplacements domicile-travail amplifiés par la périurbanisation », *Insee Première* n° 1129, mars 2007.
- « Enquêtes annuelles de recensement de 2004 à 2006 – Les départements du Sud et du littoral atlantique gagnants au jeu des migrations internes», *Insee Première* n° 1116, janvier 2007.
- « Les villes moyennes françaises, enjeux et perspectives », *Travaux*, Diact, 2007.
- « La France et ses régions », *Insee – Références*, édition 2006.

Les 60 plus grandes communes de France

Rang	Communes	Estimations de population au 1er juillet 2005	Rang	Communes	Estimations de population au 1er juillet 2005	Rang	Communes	Estimations de population au 1er juillet 2005
1	Paris	2 166 200	21	Le Mans	143 800	41	Roubaix	97 600
2	Marseille	826 700	22	Aix-en-Provence	141 200	42	Saint-Denis	96 600
3	Lyon	467 400	23	Clermont-Ferrand	139 300	43	Tourcoing	92 200
4	Toulouse	437 100	24	Saint-Denis (La Réunion)	138 600	44	Avignon[1]	90 800
5	Nice	346 900	25	Amiens	136 600	45	Poitiers	89 200
6	Nantes	281 800	26	Tours	136 400	46	Créteil	89 000
7	Strasbourg	272 500	27	Limoges	135 100	47	Nanterre	87 800
8	Montpellier	248 000	28	Villeurbanne	134 800	48	Versailles	87 100
9	Bordeaux	229 500	29	Metz	124 200	49	Courbevoie	84 000
10	Lille	224 900	30	Besançon	116 100	50	Pau	83 000
11	Rennes	210 500	31	Perpignan	115 000	51	Asnières-sur-Seine	82 800
12	Reims[1]	184 800	32	Orléans	113 200	52	Vitry-sur-Seine	82 500
13	Le Havre	183 600	33	Mulhouse	110 900	53	Colombes	81 400
14	Saint-Étienne	175 500	34	Boulogne-Billancourt	110 300	54	Aulnay-sous-Bois	81 200
15	Toulon	167 400	35	Caen	108 900	55	Rueil-Malmaison	77 800
16	Grenoble	155 100	36	Rouen	108 300	56	La Rochelle	77 300
17	Angers	153 000	37	Nancy	106 300	57	Saint-Pierre	75 500
18	Dijon	150 800	38	Argenteuil	102 400	58	Saint-Maur-des-Fossés	75 200
19	Brest	145 100	39	Montreuil[2]	100 600	59	Antibes	75 000
20	Nîmes	144 000	40	Saint-Paul (La Réunion)	99 300	60	Champigny-sur-Marne	74 900

1. Estimation au 1er janvier 2005 calculée à partir des enquêtes de recensement 2004, 2005 et 2006.
2. L'estimation est basée sur les seules enquêtes de recensement 2005, 2006 et 2007.
Source : Insee, enquêtes annuelles de recensement de 2004 à 2007.

Caractéristiques des ménages des principales villes de France métropolitaine

	Part en % de la population des ménages ayant				Nombre moyen de personnes par ménage		Part en % des ménages propriétaires de leur résidence principale	
	1999		Au 1er juillet 2005		1999	Au 1er juillet 2005	1999	Au 1er juillet 2005
	0 à 19 ans	60 ans ou plus	0 à 19 ans	60 ans ou plus				
Aix-en-Provence	22	20	22	21	2,1	2,0	36	37
Amiens	26	16	27	16	2,3	2,1	35	34
Angers	24	18	25	18	2,0	1,9	29	30
Besançon	23	17	24	18	2,1	1,9	31	34
Bordeaux	19	19	21	18	1,8	1,8	30	31
Boulogne-Billancourt	20	20	21	20	2,0	2,0	38	42
Brest	23	19	24	19	2,1	1,9	43	46
Caen	22	19	22	20	2,0	1,8	29	31
Clermont-Ferrand	20	19	22	19	2,0	1,9	31	32
Dijon	21	19	21	20	2,0	1,9	41	43
Grenoble	20	20	21	19	2,0	1,9	36	37
Le Havre	27	20	26	20	2,3	2,2	39	40
Le Mans	23	22	23	23	2,1	2,0	44	46
Lille	24	14	24	12	2,1	1,9	28	28
Limoges	19	22	21	22	2,0	1,9	37	38
Lyon	21	19	22	18	2,0	1,9	32	34
Marseille	23	23	25	22	2,2	2,2	44	45
Metz	25	16	24	16	2,2	2,1	29	31
Montpellier	21	18	24	17	1,9	1,9	31	33
Mulhouse	26	18	27	17	2,3	2,2	33	35
Nantes	23	18	24	17	2,0	1,9	36	37
Nice	20	29	22	27	2,0	2,0	46	48
Nîmes	24	23	25	23	2,1	2,1	40	41
Orléans	25	17	25	17	2,1	2,0	34	36
Paris	18	20	20	19	1,9	1,9	30	33
Perpignan	21	28	24	26	2,0	2,0	43	44
Reims[1]	24	16	25	17	2,2	2,0	25	26
Rennes	21	16	22	16	2,0	1,9	34	35
Rouen	21	18	23	17	1,9	1,8	27	27
Saint-Étienne	23	24	23	24	2,2	2,0	39	42
Strasbourg	24	16	25	16	2,2	2,1	24	26
Toulon	22	27	22	27	2,1	2,0	44	45
Toulouse	19	18	21	16	1,9	1,8	31	32
Tours	20	21	22	21	1,9	1,8	31	33
Villeurbanne	24	19	24	18	2,2	2,1	38	40

1. Au 1er janvier 2005.
Sources : Insee, recensement de la population de 1999 - exploitation principale et enquêtes annuelles de recensement de 2004 à 2007.

2.1 Développement durable

L'agriculture occupe 32 des 55 millions d'hectares du territoire métropolitain français, les bois et forêts plus du quart. Le reste, appelé territoire non agricole, en couvre le huitième. Il concerne les sols bâtis, revêtus ou stabilisés artificiellement, et les espaces naturels (fleuves, lacs, glaciers, etc.).

Depuis 1970, le territoire non agricole accentue son extension. Sa partie « naturelle » est assez stable. En revanche, sa partie « artificielle » (sols bâtis, revêtus etc.) qui progresse de manière continue traduisant la poussée de l'urbanisation, en représente près des trois quarts. La progression des superficies boisées s'est ralentie. La forêt contribue à la lutte contre le changement climatique grâce à sa capacité de séquestration du carbone atmosphérique. La croissance des arbres permet d'éliminer de l'atmosphère 11 % de l'ensemble des émissions françaises de gaz à effet de serre.

Les espaces naturels les plus vulnérables ou remarquables bénéficient de mesures de protection. C'est le cas des **parcs nationaux**, des **réserves naturelles** et des réserves biologiques. Ces espaces ne se sont pas ou peu artificialisés entre 1990 et 2000. Les espaces protégés les plus concernés par l'artificialisation sont les sites **Ramsar** et les PNR, territoires plus grands, aux enjeux mixtes de développement et de conservation, englobant des zones urbanisées. Le taux d'artificialisation de leur territoire en dix ans reste néanmoins deux fois moins fort que celui observé au niveau national.

Par sa position géographique et l'étendue de son territoire, la France bénéficie de potentiels éoliens, solaire et hydraulique parmi les meilleurs d'Europe. Elle est, en valeur absolue, le premier producteur européen d'**énergies renouvelables**, grâce principalement au bois et à l'hydroélectricité. En matière d'électricité, malgré le fort développement de la production d'électricité éolienne, il lui reste encore du chemin à parcourir pour atteindre ses objectifs à l'horizon 2010. Les deux tiers de la production française d'énergie primaire d'origine renouvelable sont thermiques (bois, incinération des déchets urbains, biocarburants). L'autre tiers est de l'électricité dont l'essentiel provient de l'hydraulique et une plus faible part de la biomasse et de l'éolien. Ce dernier reste encore marginal, mais sa production progresse de plus de 40 % par an depuis 2003.

En 2006, le total des **dépenses de protection de l'environnement** s'élève à 36,2 milliards d'euros, soit 2,0 % du PIB. Son financement est assuré à parts voisines par les entreprises, les administrations et les ménages. Les deux tiers des dépenses sont consacrés à la gestion des eaux usées et des déchets.

Dans l'environnement et les activités qui lui sont proches, on comptabilisait près de 376 000 emplois en 2006. La croissance était forte dans le secteur de la récupération, du fait de l'apparition de nouvelles filières de valorisation des produits en fin de vie et de tensions sur le marché des matières premières. ■

Définitions

Convention de Ramsar : la Convention sur les zones humides, signée à Ramsar, en Iran, en 1971, est un traité intergouvernemental qui sert de cadre à l'action nationale et à la coopération internationale pour la conservation et l'utilisation rationnelle des zones humides et de leurs ressources.

Dépense de protection de l'environnement : effort financier que consacrent les différents agents à la prévention, la réduction ou la suppression des dégradations de l'environnement.

Énergies renouvelables : n'utilisent pas le stock de ressources naturelles épuisables. Voir rubrique « Pour comprendre ».

Parc national : territoire classé. Voir rubrique « Pour comprendre ».

Réserve naturelle : territoire classé. Voir rubrique « Pour comprendre ».

Pour en savoir plus

- « L'économie de l'environnement en 2006 », *Les synthèses*, Ifen, juillet 2008.
- « Les déchets des grands établissements commerciaux en 2006 », *Insee Première* n° 1200, juillet 2008.
- « Graph'agri 2008», *Agreste*, Scees, juillet 2008.
- « Le bilan des énergies renouvelables en 2007», Observatoire de l'énergie, juin 2008.
- « Changements modérés de l'occupation des sols dans les espaces naturels protégés », *le 4 pages* n° 119, Ifen, octobre 2007.
- « Dossier spécial Environnement », *Le Courrier des statistiques* n° 120, Insee, juillet 2007.

@ Occupation physique du territoire

en milliers d'hectares

	2005	2006	2006/05 en %
Cultures annuelles	17 060	17 109	0,3
Forêts	14 876	14 853	– 0,2
Prairies permanentes	9 993	9 812	– 1,8
Landes, maquis, garrigues, alpages	2 792	2 818	0,9
Bosquets, haies, peupleraies	2 125	2 138	0,6
Roches et eaux	1 719	1 795	4,5
Routes et parkings	2 084	2 050	– 1,6
Pelouses, chantiers, autres sols nus	2 078	2 154	3,6
Cultures permanentes	1 275	1 273	– 0,2
Sols artificiels bâtis	762	789	3,6
Zones interdites	156	128	– 18,1
Total	**54 919**	**54 919**	///

Sources : Ifen ; Scees, enquête Teruti-Lucas.

Espaces protégés et gérés en France en 2007

Types d'espace	Nombre		Surface (en km²)	
	Métropole	DOM	Métropole	DOM
Zones humides au titre de la Convention de Ramsar	21	3	7 260	2 417
Réserves de biosphère	8	1	…	…
Zones de protection spéciale (ZPS) au titre de la directive « Oiseaux »[1]	371	///	46 086	///
dont surfaces maritimes			*3 297*	///
Propositions de Sites d'intérêt communautaire (SIC) au titre de la directive « Habitats »[1]	1 334	///	52 188	///
dont surfaces maritimes			*6 043*	///
Parcs nationaux	6	3	12 626	36 079
dont zones centrales			*3 534*	*21 462*
Réserves naturelles nationales et de Corse	146	11	2 472	3 113
dont surfaces maritimes			*1 029*	*248*
Réserves naturelles régionales[2]	150	3	173	25
Réserves nationales de chasse et de faune sauvage	8	///	287	///
Réserves biologiques domaniales ou forestières	195	9	292	1 267
Parcs naturels régionaux (PNR)	43	2	68 913	2 860
Parc naturel marin	1	///	3 433	///

1. Données en juin 2007.
2. Données en décembre 2007.
Sources : Muséum national d'histoire naturelle ; Réserves Naturelles de France.

Production d'énergie d'origine renouvelable en 2007

	Production	
	électrique en GWh	thermique[1] en ktep
Hydraulique	59 899	///
Éolien	4 106	///
Solaire	38	58
Géothermie	95	130
Pompes à chaleur	///	585
Déchets urbains solides	1 680	313
Bois énergie	1 430	8 400
Résidus de récoltes	541	276
Biogaz	542	53
Biocarburants	///	1 174
Total	**68 331**	**11 068**
Total en ktep[2]	**5 950**	**11 068**

1. Production thermique sous forme de chaleur ou de force motrice.
2. La conversion des kWh électriques se fait selon 1 GWh = 0,086 ktep excepté pour la géothermie où l'équivalence est 1 GWh = 0,86 ktep.
Source : Observatoire de l'énergie.

Forêts et autres surfaces boisées

en milliers d'hectares

	2006
Feuillus	9 028
Résineux	3 286
Mixtes	2 539
Forêts	**14 853**
Bosquets et arbres épars	952
Peupliers	185
Haies	1 001
Surfaces boisées hors forêt	**2 138**
Total des sols boisés	**16 991**

Source : Agreste, Teruti, Teruti-Lucas.

@ Récupération de papier-carton, de verre et de plastique

en % de la production

	1995	2000	2005	2006
Papier-carton récupéré[1]	38,5	46,6	61,2	64,1
Verre recyclé[2]	39,5	49,7	59,7	…
Plastique[2]	5,1	11,2	19,0	…

1. Production intérieure et importations hors exportations.
2. Emballages recyclés par rapport à la production d'emballages.
Champ : France métropolitaine.
Sources : Copacel ; Ademe.

Ressources naturelles dans l'Union européenne

	Part des abattages dans l'accroissement net annuel de la forêt en %		Part des énergies renouvelables dans la consommation intérieure totale d'énergie en %		Prélèvement annuel d'eau douce par habitant en m³	
	2000	2005	2000	2005	2000	2005
Allemagne	40,0	49,8	2,8	(p) 4,8	(1) 462,0	…
Autriche	60,1	…	23,2	20,5	(2) 459,5	…
Belgique	66,7	84,6	1,3	3,5	736,2	…
Bulgarie	27,7	40,8	4,2	5,6	748,7	775,2
Chypre	42,1	16,0	1,8	2,0	263,4	296,1
Danemark	43,3	35,5	10,8	16,2	136,2	(3) 126,0
Espagne	62,8	…	5,7	6,1	925,6	(3) 901,1
Estonie	112,2	52,0	10,8	11,2	1072,1	…
Finlande	84,6	69,5	23,9	23,2	(2) 451,2	…
France	**64,7**	**55,3**	**7,0**	**6,0**	**540,6**	**…**
Grèce	…	…	5,0	5,2	…	…
Hongrie	62,2	55,6	2,1	4,2	1 846,9	(3) 2 046,0
Irlande	…	…	1,8	2,7	…	194,4
Italie	33,2	26,4	5,2	6,5	…	…
Lettonie	70,1	68,4	34,3	36,3	119,0	103,1
Lituanie	70,7	73,2	9,2	8,8	1 018,8	690,4
Luxembourg	47,1	38,3	1,6	1,6	(2) 142,2	…
Malte	…	…	…	…	48,9	34,7
Pays-Bas	58,9	69,6	2,4	3,5	(1) 557,6	633,3
Pologne	…	55,0	4,2	4,8	(2) 316,7	…
Portugal	82,1	…	15,4	13,4	…	103,2
Rép. tchèque	80,1	83,9	1,5	4,1	186,6	190,7
Roumanie	41,3	46,0	10,9	12,8	363,7	244,8
Royaume-Uni	45,4	47,8	1,1	1,7	…	…
Slovaquie	56,9	74,8	2,8	4,3	217,0	…
Slovénie	39,3	44,0	12,3	10,6	153,2	…
Suède	81,7	85,5	31,4	29,8	303,3	(3) 298,1
UE à 27	**61,7**	**59,3**	**5,8**	**(p) 6,7**	**…**	**…**

1. Données 2001. 2. Données 1999. 3. Données 2004.
Source : Eurostat.

2.2 Pollution

L'Europe est dotée d'un programme d'action 2002-2012 pour l'environnement, assorti d'objectifs à atteindre dans plusieurs domaines : réduction des **émissions de gaz à effet de serre,** développement des énergies renouvelables, constitution d'un réseau écologique européen, respect des normes de pollution de l'air pour la protection de la santé, stabilisation de la production de **déchets municipaux**, etc. La France progresse sur la voie des objectifs visés mais sa position en Europe varie suivant les différentes réglementations.

En 2006, les émissions agrégées des six principaux gaz à effet de serre de la France se situaient à 4 % en dessous de celles de 1990. Les transports demeurent le premier contributeur avec 26 % des émissions. Alors que les émissions des autres secteurs sont en baisse, celles du résidentiel-tertiaire et des transports augmentent respectivement de 14 % et 20 %. La mise en œuvre du plan Climat, adopté en 2004 et actualisé en 2006, doit permettre à la France de respecter son objectif dans le cadre du **protocole de Kyoto** : stabiliser ses émissions sur la période 2008-2012 par rapport au niveau de 1990.

Les liens entre la pollution atmosphérique urbaine et les effets sur la santé sont de plus en plus clairement établis. Les polluants les plus préoccupants aujourd'hui en termes de santé publique sont l'ozone, le dioxide d'azote et les particules. En 2006, la plus grande part des stations de mesure ont connu au moins un dépassement du seuil de protection de la santé humaine. Plus de la moitié des stations de mesure ont connu plus de 25 jours de dépassement. La qualité de l'air des villes de France s'améliore en 2005 et 2006. La concentration de dioxyde de soufre a diminué de moitié ; cependant l'ozone est en hausse du fait de conditions météorologiques particulières. La directive « Ozone » prévoit qu'à l'horizon 2010 le nombre de jours de dépassement du seuil ne devra pas excéder 25 par an.

Les émissions de gaz à effet de serre de l'UE à 27 ont diminué de 8 % entre 1990 et 2005. Les États membres respecteraient leurs engagements de Kyoto, à l'exception de l'Espagne, du Danemark et de l'Italie. Les nouveaux États membres, qui doivent réaliser des objectifs individuels de réduction à l'exception de Chypre et Malte, respecteraient largement leurs engagements. En attendant la conclusion d'un accord international pour après 2012, l'UE s'est engagée en 2007 à réduire ses émissions d'au moins 20 % d'ici 2020 par rapport à 1990.

Les quantités de déchets collectés par les municipalités continuent d'augmenter (34 millions de tonnes en 2006). En 2006, la moitié des emballages provenant des ménages et des entreprises ont été recyclés. Le recyclage est moins performant pour les plastiques que pour les autres matériaux. À l'échelle européenne, la France se situait en 2004 au 11ème rang pour ce taux de recyclage. En moyenne, chaque citoyen européen produisait 460 kg de déchets municipaux en 1995. En 2006, ce chiffre s'élève à 517 kg par personne. Cette augmentation constante du volume des déchets est essentiellement due à une croissance de la consommation finale privée et au maintien de l'évolution actuelle des habitudes de consommation. ■

Définitions

Déchets municipaux : ensemble des déchets dont l'élimination relève de la compétence de la collectivité. Voir rubrique « Pour comprendre ».

Effet de serre : échauffement des couches inférieures de l'atmosphère dû à l'absorption du rayonnement infrarouge émis par le sol sous l'effet des rayons solaires. Voir rubrique « Pour comprendre ».

Protocole de Kyoto : en décembre 1997, le protocole de Kyoto a fixé un objectif de réduction pour les émissions agrégées de six gaz à effet de serre. Voir rubrique « Pour comprendre ».

Tonne d'équivalent CO_2 : voir rubrique « Pour comprendre ».

Pour en savoir plus

- « La France face à ses objectifs environnementaux européens », *le 4 pages* n° 124, Ifen, juin 2008.
- « Les enjeux de la gestion des déchets ménagers et assimilés en France en 2008 », *avis et rapports* du Conseil Économique et Social, 2008.
- « Les indicateurs globaux d'environnement et de développement durable », *les dossiers* n° 11, Ifen, janvier 2008.
- « Pollution atmosphérique par les particules – quelle réponse pour demain ? » (www.atmo-france.org).
- « Bilan de la qualité de l'air en France en 2006 et principales tendances observées au cours de la période 1999-2006. », direction de la prévention des Pollutions et des Risques.

@ Accidents technologiques et industriels selon le type de conséquence

Types de conséquence[1]	1994	2000 (r)	2006 (r)	2007 (p)
Accidents mortels	23	35	17	21
Accidents avec blessés	151	193	229	250
Pollution de l'air	83	111	134	122
Pollution des eaux de surface	239	334	132	132
Pollution des sols	84	80	67	73
Atteintes à la faune	55	67	26	18
Atteintes à la flore	11	10	9	5

1. Un même accident peut entraîner plusieurs conséquences.
Source : Ifen.

@ Émissions de gaz à effet de serre

en millions de tonnes équivalent CO_2

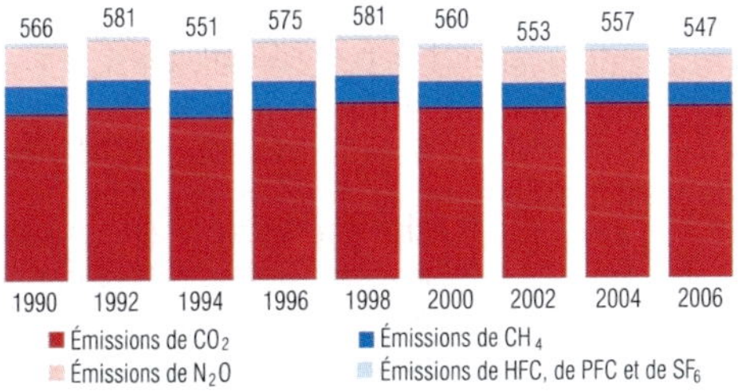

Champ : hors utilisation des terres, leur changement et la forêt. Les émissions du trafic maritime et aérien international sont exclues.
Source : Citepa.

Qualité de l'air dans les 20 plus grandes communes de France en 2007

en % de jours dans l'année

	Très bonne à bonne	Moyenne à médiocre	Mauvaise à très mauvaise
Paris	74,8	23,6	1,6
Marseille	54,8	44,7	0,5
Lyon	62,7	35,3	1,9
Toulouse	75,3	24,7	0,0
Nice	53,4	46,6	0,0
Nantes	82,5	17,0	0,5
Strasbourg	61,9	36,7	1,4
Montpellier	61,5	38,5	0,0
Bordeaux	79,5	20,5	0,0
Lille	69,6	27,9	2,5
Rennes	83,0	17,0	0,0
Reims	76,2	22,5	1,4
Le Havre	80,5	17,3	2,2
Saint-Étienne	73,7	26,0	0,3
Toulon	42,5	56,4	1,1
Grenoble	57,8	40,8	1,4
Angers	78,6	20,8	0,5
Dijon	80,5	19,5	0,0
Brest	86,6	13,2	0,3
Nîmes	61,3	38,7	0,0

Source : Ademe.

Déchets et pollution de l'air dans l'Union européenne

	Déchets municipaux collectés en kg par habitant		Exposition de la population urbaine à la pollution de l'air par l'ozone en microgrammes par m^3 et par jour		Émissions de gaz à effet de serre en millions de tonnes d'équivalent CO_2		Proportion d'arbres forestiers touchés par la défoliation en %	
	2000	2006	2000	2005	2000	2005	2000	2006
Allemagne	(e) 643	(e) 566	2 832	3 323	1 020	1 001	22,9	27,6
Autriche	581	(e) 617	6 896	5 730	81	93	4,6	12,2
Belgique	(e) 474	(e) 475	1 987	2 688	148	144	22,3	23,9
Bulgarie	516	446	...	...	67	70	48,6	36,9
Chypre	680	745	...	...	(e) 9	(e) 10	...	20,0
Danemark	665	(e) 737	...	1 472	68	64	15,3	7,2
Espagne	662	(e) 583	3 563	4 089	384	441	13,9	21,7
Estonie	440	(e) 466	...	1 328	20	21	7,4	6,2
Finlande	503	488	1 345	1 692	70	69	11,7	9,5
France	**516**	**(e) 553**	**3 003**	**4 245**	**560**	**553**	**18,3**	**35,6**
Grèce	408	443	6 994	9 625	132	139	21,7	...
Hongrie	445	468	...	5 091	79	81	18,1	14,4
Irlande	603	(e) 804	...	...	69	70	14,5	7,4
Italie	509	(e) 548	6 636	7 748	554	582	34,4	30,5
Lettonie	(e) 270	411	...	307	10	11	20,1	14,5
Lituanie	363	390	...	5 047	19	23	11,4	11,6
Luxembourg	658	(e) 702	...	...	10	13	27,1	41,7
Malte	535	652	...	...	(e) 3	(e) 3	...	...
Pays-Bas	616	625	1 275	1 490	214	212	19,3	19,1
Pologne	316	259	3 712	4 022	405	399	34,1	20,1
Portugal	472	(e) 435	2 211	3 894	82	86	10,3	31,0
Rép. tchèque	334	296	4 880	5 531	149	146	42,4	51,1
Roumanie	363	(e) 385	...	...	139	154	36,5	21,3
Royaume-Uni	578	588	781	1 250	674	657	22,4	30,5
Slovaquie	254	301	6 694	7 430	48	49	25,8	31,1
Slovénie	(e) 513	432	6 861	6 053	19	20	24,8	29,5
Suède	428	497	1 612	2 851	68	67	14,0	18,9
UE à 27	**524**	**517**	**...**	**...**	**5 100**	**5 177**	**21,7**	**22,9**

Source : Eurostat.

3.1 Accroissement de la population

Au 1er janvier 2008, la population de la France est estimée à 63,8 millions d'habitants, soit 61,9 en métropole et 1,9 dans les **départements d'outre-mer**. À cette date, les **collectivités d'outre-mer** et la Nouvelle-Calédonie comptent environ 720 000 habitants. La population totale de la République française atteint donc 64,5 millions de personnes.

La France (métropole et DOM) se maintient au deuxième rang des pays les plus peuplés de l'Union européenne à 27, derrière l'Allemagne (82,2 millions d'habitants) et devant le Royaume-Uni et l'Italie (respectivement 61,3 et 59,6 millions d'habitants). La population de la France représente ainsi un peu moins de 13 % de la population de l'Union européenne.

En 2007, le **solde naturel** s'élève à + 290 000 personnes, niveau le plus fort depuis 30 ans après celui de l'année 2006. Cependant, ce solde élevé n'empêche pas la poursuite du vieillissement de la population. Le nombre de personnes de 60 à 64 ans croît de 9 % en 2007 et la proportion des moins de 20 ans diminue très légèrement et passe sous la barre des 25 % pour la première fois. Le **solde migratoire** est estimé à + 71 000 personnes, en retrait par rapport aux années précédentes où il évoluait plutôt autour de + 100 000 personnes (+ 91 000 en 2006). Ainsi, la population a augmenté de 361 000 personnes sur un an, soit + 0,6 %. L'**accroissement de la population** française tient pour les quatre cinquièmes à l'excédent des naissances sur les décès et pour un cinquième à l'excédent migratoire.

Dans la majorité des pays européens, la situation est inverse : lorsqu'il y a croissance de population, celle-ci est principalement due aux migrations.

Au 1er janvier 2008, selon les premières estimations de l'Office statistique des Communautés européennes (Eurostat), la population de l'Union européenne à 27 pays membres devrait avoir atteint 497,2 millions d'habitants, soit une hausse de 2,1 millions de personnes en un an. La croissance démographique serait donc de 4,2 ‰, en ralentissement comparé à l'année précédente (4,4 ‰ en 2006). Presque tous les pays voient leur population augmenter, sauf l'Allemagne, la Bulgarie, la Hongrie, la Pologne, la Roumanie et les pays baltes. L'Irlande enregistre la plus forte hausse (+ 24,8 ‰) suivie par l'Espagne et Chypre (respectivement + 16,0 ‰ et + 15,9 ‰). Les flux migratoires contribuent pour 75 % à l'accroissement de la population. Seule l'Irlande dépasse largement la France pour le **taux d'accroissement naturel** (+ 8,6 ‰ contre + 4,8 ‰), qui précède elle-même Chypre et le Royaume-Uni. La France est l'un des rares pays où la hausse de population imputable au solde naturel est élevée.

Au milieu de l'année 2007, le PRB estime la population mondiale à plus de 6,6 milliards de personnes alors qu'elle n'était que de 6,1 milliards en 2000. Selon les projections démographiques, avec un taux d'accroissement évalué à 1,2 % en 2007, qui est bien plus important dans les pays moins développés (1,8 %) que dans les pays développés, la population mondiale atteindrait près de 8 milliards en 2025 et 9 milliards en 2050. ■

Définitions

Accroissement total de population : variation de l'effectif d'une population au cours de l'année. C'est la somme de l'accroissement naturel, du solde migratoire et parfois d'un ajustement destiné à rétablir la cohérence entre les différentes sources statistiques.

Départements et collectivités d'outre-mer : voir 1.5.

Projections de population : voir rubrique « Pour comprendre ».

Solde migratoire : différence entre le nombre de personnes qui sont entrées sur le territoire et le nombre de personnes qui en sont sorties au cours de l'année. Ce concept est indépendant de la nationalité des personnes.

Solde naturel : différence entre le nombre de naissances et le nombre de décès enregistrés au cours d'une période.

Taux d'accroissement naturel : rapport du solde naturel pendant une période à la population moyenne de cette période. Il est aussi égal à la différence entre taux de natalité et taux de mortalité. Le terme « d'accroissement » naturel est justifié par le fait qu'en général le solde naturel est positif, le nombre de naissances étant souvent supérieur à celui des décès. Mais l'inverse peut se produire et l'excédent naturel est alors négatif.

Pour en savoir plus

- « Bilan démographique 2007 : des naissances toujours très nombreuses », *Insee Première* n° 1170, janvier 2008.
- « Premières estimations démographiques pour 2007 », *Données en bref* n° 3 Population et conditions sociales, Eurostat, 2008.
- « France, portrait social», *Insee – Références*, édition 2007.
- « L'évolution démographique récente en France », *Conjoncture démographique*, Ined, 2007.
- « 2007 world population data sheet », Population reference bureau (www.prb.org).

Taux d'accroissement annuel de la population dans l'Union européenne

pour 1 000 habitants

	Solde naturel		Solde migratoire		Accroissement total	
	2000	2006 (p)	2000	2006 (p)	2000	2006 (p)
Allemagne	– 0,9	– 1,8	2,0	0,3	1,2	– 1,5
Autriche	0,2	0,4	2,2	3,5	2,3	4,0
Belgique	1,0	1,9	1,4	5,1	2,4	6,9
Bulgarie[1]	– 5,5	– 5,3	– 26,7	– 4,4	– 32,2	– 9,7
Chypre	4,5	4,7	5,7	11,2	10,2	15,9
Danemark	1,7	1,7	1,9	1,9	3,6	3,6
Espagne	0,9	2,5	9,7	13,7	10,6	16,2
Estonie	– 3,9	– 1,8	0,2	0,1	– 3,7	– 1,7
Finlande	1,4	2,0	0,5	2,0	1,9	4,1
France	**4,4**	**4,8**	**2,6**	**1,4**	**7,0**	**6,2**
Grèce	– 0,2	0,6	2,7	3,6	2,5	4,2
Hongrie	– 3,7	– 3,2	1,6	2,1	– 2,1	– 1,0
Irlande	6,1	8,6	8,4	16,2	14,5	24,8
Italie	– 0,2	0,0	0,9	6,4	0,7	6,4
Lettonie	– 5,0	– 4,7	– 2,3	– 1,1	– 7,4	– 5,8
Lituanie	– 1,4	– 4,0	– 5,8	– 1,4	– 7,2	– 5,4
Luxembourg	4,5	3,7	7,9	11,3	12,4	15,0
Malte	3,8	1,6	25,3	5,3	29,1	6,9
Pays-Bas	4,2	3,0	3,6	– 1,6	7,7	1,5
Pologne	0,3	0,1	– 10,7	– 0,9	– 10,4	– 0,8
Portugal	1,4	0,3	4,6	2,5	6,0	2,8
Rép. tchèque	– 1,8	0,1	0,6	3,4	– 1,1	3,5
Roumanie	– 0,9	– 1,8	– 0,2	– 0,3	– 1,1	– 2,1
Royaume-Uni	1,2	4,1	2,4	3,5	3,6	7,6
Slovaquie	0,5	0,1	– 4,1	0,7	– 3,7	0,8
Slovénie	– 0,2	0,4	1,4	3,1	1,2	3,5
Suède	– 0,3	1,6	2,7	5,6	2,4	7,2
UE à 27	**0,6**	**1,1**	**1,5**	**3,3**	**2,1**	**4,4**

1. Données 2001 et 2007.
Source : Eurostat.

Taux d'évolution annuel moyen de la population entre 1999 et 2007

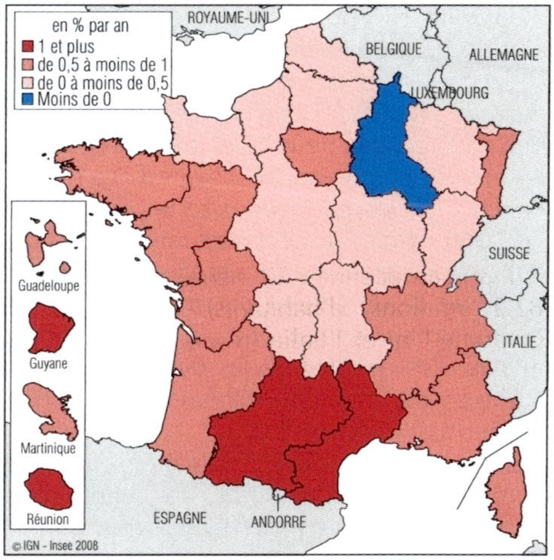

Source : Insee, recensement de 1999 et estimations de population au 1er janvier 2007.

@ Évolution de la population

en milliers

	Population en milieu d'année	Naissances vivantes	Décès	Solde naturel	Solde migratoire évalué
1985	56 600	796,5	560,5	+ 236	+ 42
1990	58 171	793,9	534,5	+ 259	+ 77
1995	59 419	759,7	540,4	+ 219	+ 42
2000	60 751	808,2	540,7	+ 268	+ 71
2005	62 818	807,8	538,2	+ 270	+ 92
2006 (r)	63 195	830,3	527,0	+ 303	+ 90
2007 (p)	63 753	816,5	526,5	+ 290	+ 71

Source : Insee, bilan démographique 2007.

Accroissement de la population mondiale

en %

	Taux d'accroissement[1] dû au solde		Projections de population	
	naturel	migratoire	2025/2007	2050/2007
Europe	**– 0,1**	**0,2**	**– 2**	**– 9**
Allemagne	– 0,2	0,0	– 3	– 13
Autriche	0,0	0,4	6	8
Belgique	0,1	0,3	2	3
Bulgarie	– 0,5	0,0	– 14	– 35
Danemark	0,2	0,2	2	1
Espagne	0,3	0,7	2	– 3
Finlande	0,2	0,2	6	9
France métropolitaine	**0,4**	**0,2**	**7**	**13**
Grèce	0,0	0,4	1	– 4
Hongrie	– 0,3	0,2	– 5	– 11
Irlande	0,9	1,6	11	16
Italie	0,0	0,4	– 1	– 6
Norvège	0,4	0,5	11	24
Pays-Bas	0,3	– 0,2	3	3
Pologne	0,0	– 0,1	– 4	– 20
Portugal	0,0	0,5	– 3	– 13
République tchèque	0,0	0,3	– 1	– 8
Roumanie	– 0,2	0,0	– 9	– 21
Royaume-Uni	0,3	0,4	8	13
Russie	– 0,5	0,2	– 9	– 23
Slovaquie	0,0	0,1	– 4	– 12
Suède	0,2	0,6	9	15
Suisse	0,2	0,5	8	7

	Taux d'accroissement[1] dû au solde		Projections de population	
	naturel	migratoire	2025/2007	2050/2007
Afrique	**2,4**	**0,0**	**44**	**107**
Égypte	2,1	– 0,2	31	61
Éthiopie	2,5	0,0	41	89
Nigéria	2,5	0,0	42	95
Rép. démocratique du Congo	3,0	– 0,1	72	198
Amérique du Nord	**0,6**	**0,4**	**16**	**38**
Canada	0,3	0,7	14	26
États-Unis	0,6	0,4	16	39
Amérique latine, Caraïbes	**1,5**	**– 0,2**	**21**	**38**
Argentine	1,2	– 0,1	18	36
Brésil	1,4	0,0	21	37
Colombie	1,5	– 0,1	20	34
Mexique	1,7	– 0,6	17	24
Asie	**1,2**	**0,0**	**19**	**34**
Bangladesh	1,9	– 0,1	28	55
Chine	0,5	0,0	12	9
Inde	1,6	0,0	23	54
Indonésie	1,4	– 0,1	17	28
Japon	0,0	0,0	– 7	– 26
Pakistan	2,3	– 0,1	35	74
Turquie	1,2	0,0	19	20
Yemen	3,2	– 0,1	63	159
Océanie	**1,0**	**0,5**	**20**	**41**
Monde	**1,2**	**0,0**	**20**	**40**

1. Les données datent de 2005– 2006. Elles sont parfois antérieures pour les pays les moins développés. *Source : Population Reference Bureau, estimations.*

3.2 Mariages - Divorces

En 2007, 266 500 mariages ont été célébrés en France dont 6 500 dans les départements d'outre-mer. Depuis le pic de l'an 2000 avec plus de 300 000 mariages, le nombre d'unions se replie d'année en année. Le premier mariage a lieu toujours plus tardivement : l'âge moyen augmente pour les époux comme pour les épouses. En revanche, l'écart d'âge moyen de deux ans entre les époux reste constant.

En 2006, la part des couples mixtes, couples dont un des époux est de nationalité étrangère, continue de diminuer : un mariage sur sept, contre un sur six en 2003 à son plus haut niveau. Les couples où les deux époux sont étrangers représentent 3 % des mariages, proportion stable depuis 2003.

Les mariages entre deux célibataires sont moins nombreux en 2006 (71 % de l'ensemble) : comme les années précédentes, leur part se réduit dans l'ensemble des mariages au profit des remariages qui concernent un mariage sur cinq.

En 2006, 136 000 **divorces** ont été prononcés en France métropolitaine. Après la hausse exceptionnelle en 2005, expliquée par la mise en œuvre d'une procédure simplifiée de divorce, le nombre de ruptures redevient proche de celui de 2004. Le **taux de divorce** est maximal après quatre ans de mariage. De ce fait, le nombre de divorces connaît un pic entre 34 et 38 ans pour les femmes et entre 39 et 42 ans pour les hommes.

Créé en novembre 1999, le **pacte civil de solidarité** (pacs) attire de plus en plus de couples : au total, plus de 350 000 pacs ont été conclus depuis cette date. En 2007, 102 012 pacs ont été signés ; la progression se poursuit ainsi au même rythme que l'année précédente (+ 25 % par an). Avec près de quatre pacs conclus pour dix mariages en 2007, on se rappoche d'un pacs pour deux mariages. Depuis 1999, plus de 38 000 pacs ont été dissous, ce qui représente globalement un septième de l'ensemble des pacs conclus.

Les pacs entre personnes de même sexe ont beau avoir augmenté de près de 50 %, la hausse vient surtout de l'essor des pacs entre personnes de sexe différent. La part des couples de même sexe parmi les signataires d'un pacs devient très minoritaire : de 25 % en 2002, elle est réduite à 7 % en 2006. Au cours de l'année 2007, 90 000 pacs ont été conclus par des couples de sexe différent, soit l'équivalent d'un mariage sur trois.

Les deux types d'union se sont beaucoup rapprochés ces dernières années. L'âge moyen des nouveaux pacsés de sexe différent, 30,4 ans pour les femmes en 2005 et 32,4 ans pour les hommes, est proche de celui des personnes se mariant pour la première fois. La fréquence des ruptures est également voisine : près d'un pacs entre personnes de sexe différent sur cinq est rompu au bout de six ans, contre près d'un mariage sur sept. Le nombre total de nouvelles unions (mariage ou pacs) entre personnes de sexe différent croît régulièrement depuis le milieu des années 1990, la diminution des mariages depuis 2000 étant plus que compensée par la montée des pacs. ■

Définitions

Divorce : rupture légale du mariage. Il existe plusieurs formes de divorce : le divorce par consentement mutuel (sur requête conjointe ou demande acceptée), pour rupture de la vie commune (après 6 ans de séparation) ou pour faute. Voir rubrique « Pour comprendre ».

Pacte civil de solidarité (pacs) : contrat entre deux personnes majeures, de sexe différent ou de même sexe, pour organiser leur vie commune. Voir rubrique « Pour comprendre ».

Taux de divorce : rapport du nombre de divorces prononcés dans l'année à la population totale moyenne de l'année.

Taux de divorce par durée du mariage : nombre de divorces prononcés chaque année pour un effectif initial de 1 000 mariages. Ainsi, en 2006, pour mille mariages célébrés en 2004, 16 se sont terminés par un divorce au cours de la deuxième année d'union.

Taux de nuptialité : rapport du nombre de mariages de l'année à la population totale moyenne de l'année.

Pour en savoir plus

- « La population de la France en 2007 », *Population & Sociétés* n° 443, Ined, mars 2008.
- « Femmes et Hommes – Regards sur la parité », *Insee – Références*, édition 2008.
- « Bilan démographique 2007 : des naissances toujours très nombreuses », *Insee Première* n° 1170, janvier 2008.
- « Statistiques d'état civil sur les mariages en 2006 », *Insee Résultats* n° 75 Société, janvier 2008.
- « Le pacte civil de solidarité : une forme d'union qui se banalise », *Infostat* n° 97, ministère de la Justice, octobre 2007.

@ Mariages et taux de nuptialité

	Mariages en milliers	Taux de nuptialité pour 1 000 hab.	Âge moyen au premier mariage en années Hommes	Femmes
France métropolitaine				
1960	319,9	7,0	25,7	23,1
1970	393,7	7,8	24,7	22,6
1980	334,4	6,2	25,1	23,0
1990	287,1	5,1	27,6	25,6
2000	297,9	5,0	30,2	28,0
2006 (r)	267,3	4,4	31,3	29,3
2007 (p)	260,0	4,2	...	...
France métropolitaine et DOM				
2000	305,4	5,0	30,2	28,1
2006 (r)	274,1	4,3	31,3	29,3
2007 (p)	266,5	4,2	...	...

Source : Insee, bilan démographique 2007.

Divorces

Année du jugement	Divorces prononcés en milliers	Divorces pour 1 000 couples mariés
1960	30,2	2,9
1970	38,9	3,3
1980	81,2	6,3
1990	105,8	8,4
1995	119,2	9,6
2000	114,0	9,4
2005	152,0	12,6
2006	135,9	11,4

Champ : France métropolitaine.
Source : ministère de la Justice.

@ Nuptialité et divortialité dans l'UE

pour 1 000 habitants

	Taux de nuptialité 1980	Taux de nuptialité 2006 (p)	Taux de divorce 1980	Taux de divorce 2006 (p)
Allemagne	6,3	4,5	1,8	2,3
Autriche	6,2	4,5	1,8	2,5
Belgique	6,7	4,3	1,5	2,8
Bulgarie	7,9	4,3	1,5	1,9
Chypre	9,5	6,8	0,3	2,3
Danemark	5,2	6,7	2,7	2,6
Espagne[1]	5,9	4,6	///	(2) 1,7
Estonie	8,8	5,2	4,1	2,8
Finlande	6,2	5,4	2,0	2,5
France métropolitaine	**6,2**	**4,4**	**1,5**	**2,2**
Grèce	6,5	5,2	0,7	1,3
Hongrie	7,5	4,4	2,6	2,5
Irlande[1]	6,4	5,1	///	(2) 0,8
Italie	5,7	4,1	0,2	(2) 0,8
Lettonie	9,8	6,4	5,0	3,2
Lituanie	9,2	6,3	3,2	3,3
Luxembourg	5,9	4,2	1,6	2,5
Malte[1]	8,8	6,3	///	///
Pays-Bas	6,4	4,4	1,8	1,9
Pologne	8,6	5,9	1,1	1,9
Portugal	7,4	4,5	0,6	2,3
République tchèque	7,6	5,2	2,6	3,1
Roumanie	8,2	6,8	1,5	1,5
Royaume-Uni	7,4	(2) 5,2	2,6	(2) 2,6
Slovaquie	8,0	4,8	1,3	2,4
Slovénie	6,5	3,2	1,2	1,2
Suède	4,5	5,0	2,4	2,2
Union européenne à 27	**6,8**	**(2) 4,9**	**1,5**	**(2) 2,0**

1. Le divorce n'est pas autorisé à Malte. Il est autorisé en Espagne depuis 1981 et en Irlande depuis 1995. 2. Données en 2005.
Source : Eurostat.

@ Taux de divorce selon la durée du mariage et l'année du divorce

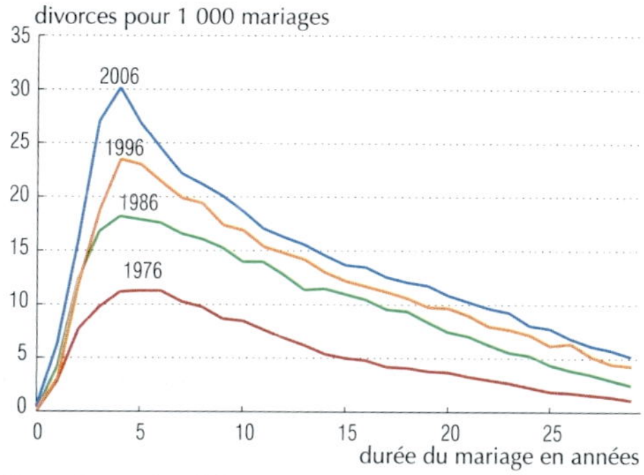

Champ : France métropolitaine.
Sources : ministère de la Justice ; Insee.

Femmes déjà mariées à divers âges par génération

en %

Génération	20 ans	22 ans	24 ans	26 ans	28 ans	30 ans	35 ans	40 ans	50 ans
1937	25,4	51,7	70,9	80,7	85,5	88,0	90,7	91,8	92,5
1947	32,4	57,4	73,1	80,9	84,9	87,2	89,8	90,8	91,8
1957	30,3	49,6	61,7	69,1	73,6	76,5	80,8	83,1	85,4
1962	19,6	35,1	46,6	55,4	61,9	66,2	72,5	76,0	///
1967	8,2	18,9	31,4	42,0	49,8	55,9	64,5	69,0	///
1972	4,0	9,9	19,4	31,0	41,2	48,4	58,1	///	///
1977	2,5	6,8	15,8	26,5	35,8	42,8	///	///	///
1979	1,9	6,2	14,0	23,7	32,3	///	///	///	///
1981	2,0	5,9	12,7	21,2	///	///	///	///	///
1983	2,1	5,4	11,2	///	///	///	///	///	///
1985	1,9	4,8	///	///	///	///	///	///	///
1987	1,5	///	///	///	///	///	///	///	///

Âge atteint à la fin de l'année du mariage.

Lecture : 25,4 % des femmes nées en 1937 étaient déjà mariées à l'âge de 20 ans.
Champ : France métropolitaine.
Source : Insee, bilan démographique 2007.

Naissances hors mariage dans l'Union européenne en 2006

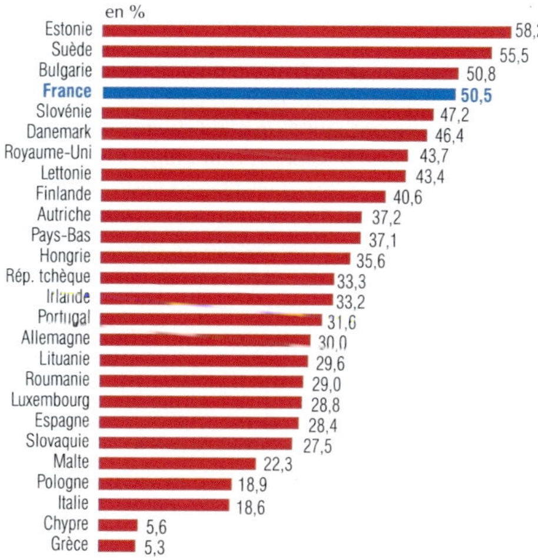

Source : Eurostat.

3.3 Ménages - Familles

Mi-2005, 61,5 millions de personnes se répartissent dans 26,4 millions de résidences principales constituant autant de **ménages**. Le nombre moyen d'occupants d'un logement s'élève à 2,3 personnes. La taille moyenne des ménages métropolitains continue de diminuer, dans le prolongement d'une tendance entamée depuis les années soixante : 3,1 personnes par ménage en 1962, 2,7 en 1982, 2,4 en 1999. Cette diminution résulte de deux phénomènes. D'une part, la proportion des ménages d'au moins trois personnes a d'autant plus diminué que le nombre de personnes qu'ils comportent était élevé. D'autre part, la proportion de ménages d'une ou deux personnes s'est fortement accrue : en 1968, 20 % seulement des logements étaient occupés par une personne seule et 27 % par deux personnes. Aujourd'hui un tiers des ménages est constitué d'une seule personne et un autre tiers de deux personnes.

En France métropolitaine, 14 % de la population vit seule. 44 % des personnes seules ont 60 ans ou plus et les trois quarts d'entre elles sont des femmes. 80 % des ménages de deux personnes sont constitués d'un **couple** sans enfant, marié ou non. Parallèlement, 14 % des ménages de deux personnes réunissent un adulte et son enfant (ou un de ses enfants) ; trois fois sur dix, ce dernier est âgé de plus de 25 ans. Les 6 % restants regroupent deux personnes sans lien de filiation directe. Le nombre de **familles nombreuses**, après avoir baissé entre 1990 et 1999, s'est stabilisé début 2005 à 8,7 millions de familles, réunissant 16 millions de jeunes de moins de 25 ans qui cohabitent avec au moins un de leur parent. Les **familles** qui comprennent au moins un enfant de moins de 25 ans ont en moyenne 1,8 enfant au domicile ; elles en avaient en moyenne 1,9 en 1990 et 2,3 en 1975.

Depuis quarante ans, le nombre de **familles monoparentales** métropolitaines ne cesse de croître. Elles sont aujourd'hui 2,5 fois plus nombreuses qu'en 1968. En 2005, 17,7 % des enfants de moins de 25 ans vivent dans une famille monoparentale, soit 2,84 millions d'enfants (7,7 % en 1968). Les ruptures d'unions plus fréquentes sont à l'origine de cette croissance. Auparavant, c'était surtout le décès d'un des parents, le plus souvent du père. Les enfants en très bas âge sont moins fréquents dans les familles monoparentales : 10,3 % des enfants de moins de trois ans, contre 17,7 % pour l'ensemble des moins de 25 ans. Les familles monoparentales ont par ailleurs moins d'enfants vivant au domicile que les couples : 1,6 enfant en moyenne, contre 1,9. De fait, la rupture d'union écourte la période pendant laquelle le couple aurait pu avoir des enfants. En outre, les enfants vivant en famille monoparentale partent s'installer plus tôt dans un autre logement. Ainsi, plus d'une famille monoparentale sur deux est uniquement composée d'un adulte et d'un enfant, et seulement une sur sept a trois enfants ou plus. Les pères à la tête d'une famille monoparentale sont relativement peu nombreux. Ils le sont davantage lorsque les enfants sont grands : 10 % des enfants de 0 à 6 ans en famille monoparentale vivent avec leur père ; ils sont 18 % parmi les enfants de 17 à 24 ans. Les pères sont également à la tête de familles monoparentales plus petites : dans 63 % des cas, il n'y a qu'un seul enfant. ■

Définitions

Couple : couple de fait, marié ou non, de deux personnes de sexe différent.

Famille : partie d'un ménage comprenant au moins deux personnes et constituée, soit d'un couple marié ou non, avec ou sans enfant, soit d'un adulte avec un ou plusieurs enfants. Les seuls enfants pris en compte dans les familles sont les enfants célibataires et sans enfant vivant avec eux.

Famille monoparentale : une famille est dite monoparentale lorsqu'elle comprend un parent isolé et un ou plusieurs enfants célibataires (n'ayant pas d'enfant).

Famille nombreuse : une famille est dite nombreuse lorsqu'elle comprend trois enfants ou plus.

Ménage : ensemble des occupants d'une résidence principale, qu'ils aient ou non des liens de parenté. Voir rubrique « Pour comprendre ».

Recensement de la population : voir rubrique « Pour comprendre ».

Pour en savoir plus

- « Les relations des parents séparés avec leurs enfants adultes », *Insee Première* n° 1196, juin 2008.
- « Les familles monoparentales : des difficultés à travailler et à se loger », *Insee Première* n° 1195, juin 2008.
- « Enquêtes annuelles de recensement de 2004 à 2006 : seul un tiers des ménages compte plus de deux personnes », *Insee Première* n° 1153, juillet 2007.
- Le recensement de la population (www.insee.fr).

Les enfants dans les différents types de familles

	Couples avec enfants	Familles monoparentales		
		Mères seules avec enfants	Pères seuls avec enfants	Total
Nombre de familles (en milliers)	**7 014**	**1 486**	**272**	**1 758**
Nombre d'enfants (en milliers)	**13 185**	**2 436**	**408**	**2 844**
Nombre moyen d'enfants par famille	1,9	1,6	1,5	1,6
Répartition selon le nombre d'enfants par famille (en %)				
1 enfant	39	55	63	56
2 enfants	41	31	28	30
3 enfants	15	10	7	10
4 enfants ou plus	5	4	2	4
Total des familles	**100**	**100**	**100**	**100**
Répartition des enfants selon leur âge (en %)				
0 à 2 ans	15	8	4	8
3 à 6 ans	19	16	11	15
7 à 16 ans	45	49	49	49
17 à 24 ans	21	27	36	28
Total des enfants	**100**	**100**	**100**	**100**

Champ : France métropolitaine, ménages ordinaires, familles avec enfants de moins de 25 ans en années révolues.
Source : Insee, enquêtes annuelles de recensement de 2004 à 2007.

État matrimonial des personnes de 15 ans ou plus

en %

	1999	01/07/2005
Célibataire	34,8	35,2
Marié	51,0	50,2
Veuf	8,0	7,5
Divorcé	6,3	7,0

Champ : population des ménages en France métropolitaine.
Source : Insee, recensement de la population 1999 - exploitation principale, enquêtes annuelles de recensement de 2004 à 2007.

Taille des ménages

en %

	1999	01/07/2005
Ménages d'une personne	30,8	32,7
Ménages de deux personnes	30,9	32,5
Ménages de trois ou quatre personnes	30,1	27,9
Ménages de cinq personnes ou plus	8,2	6,9
Nombre de ménages (en milliers)	**24 347**	**26 534**
Nombre moyen de personnes par ménage	2,4	2,3

Champ : population des ménages en France métropolitaine.
Source : Insee, recensement de la population 1999 - exploitation principale, enquêtes annuelles de recensement de 2004 à 2007.

Personnes seules dans leur logement

	1999	01/07/2005
Personnes vivant seules (en milliers)	**7 495**	**8 686**
parmi les 20 à 29 ans (en %)	16,3	18,3
parmi les 30 à 49 ans (en %)	10,7	12,0
parmi les 50 ans ou plus (en %)	22,7	24,2

Champ : population des ménages.
Source : Insee, recensement de la population 1999 - exploitation principale, enquêtes annuelles de recensement de 2004 à 2007.

Âge des jeunes quittant le domicile parental dans l'Union européenne

	Âge médian des jeunes ayant quitté le domicile parental[1]				Jeunes de 25 à 29 ans vivant chez leurs parents en 2005 en %	
	Femmes		Hommes			
	1995	2005	1995	2005	Femmes	Hommes
Allemagne	22	21	24	23	12	25
Autriche	23	23	25	24	20	38
Belgique	23	23	25	26	19	36
Bulgarie	...	25	...	31	38	70
Chypre[2]	23	24	25	25	27	39
Danemark	...	20	...	21	...	5
Espagne	27	27	29	29	49	62
Estonie[3]	22	24	24	24	...	...
Finlande	...	20	...	21	5	16
France	**21**	**22**	**24**	**24**	**11**	**23**
Grèce	25	27	29	30	47	68
Hongrie[2]	24	25	26	28	37	55
Irlande	23	...	26	...	...	...
Italie	26	27	29	30	53	71
Lettonie	...	24	...	30	39	58
Lituanie	...	24	...	29	40	63
Luxembourg[4]	23	25	26	27	...	...
Malte[2]	25	28	26	28	55	75
Pays-Bas	21	21	23	24	8	20
Portugal	26	26	28	28	44	60
Rép. tchèque[3]	23	25	26	27	31	52
Roumanie[3]	25	24	29	29	31	60
Royaume-Uni	20	20	23	24	14	24
Slovaquie[3]	25	27	29	30	51	69
Slovénie[2]	27	27	29	30	47	69

1. Âge auquel 50 % de la population ne réside plus au domicile parental.
2. Âge médian en 2000 au lieu de 1995.
3. Âge médian en 1998 au lieu de 1995.
4. Âge médian en 2004 au lieu de 2005.
Source : Eurostat.

3.4 Natalité - Fécondité

En 2007, 816 500 **naissances** ont été enregistrées en France métropolitaine et dans les départements d'outre-mer. Malgré un repli par rapport à l'année 2006, le nombre des naissances demeure supérieur à celui des 25 dernières années. L'**indicateur conjoncturel de fécondité** est de 198 enfants pour 100 femmes. Bien qu'en légère diminution, il reste très supérieur à son niveau des années quatre-vingt dix.

L'âge moyen à la maternité atteint quasiment 30 ans. Il a augmenté d'une année en treize ans. Le nombre de naissances continue de progresser parmi les mères de 35 ans ou plus, alors que le nombre de femmes âgées de 20 à 40 ans diminue : 172 650 naissances soit 2 300 bébés supplémentaires par rapport à 2006. La part de ces nouveau-nés représente 21,1 % de l'ensemble des naissances (15,5 % il y a dix ans). En Europe, l'âge moyen à la maternité est généralement supérieur ou égal à 30 ans dans les pays où la fécondité est élevée (Danemark, Suède, Irlande ou Finlande). Malgré une fécondité élevée, le Royaume-Uni fait figure d'exception avec un âge moyen des mères plus bas qu'ailleurs (29 ans).

Les femmes qui ont achevé leur vie féconde ont eu en moyenne plus de deux enfants. En 2007, la **descendance finale** s'établit à 2,14 enfants par femme pour celles nées en 1957. À 35 ans, ces femmes avaient déjà eu 1,95 enfant. Aujourd'hui les femmes de 35 ans (nées en 1972) ont eu en moyenne 1,68 enfant. Malgré leur retard par rapport aux **générations** antérieures, elles devraient atteindre deux enfants au terme de leur vie féconde.

En 2006, les naissances hors mariage poursuivent leur progression et deviennent majoritaires pour la première fois : elles représentent 50,5 % de l'ensemble des naissances. Il y a dix ans, cette proportion ne dépassait pas 40 %. Concernant la nationalité des parents, la proportion de nouveau-nés dont les deux parents sont français reste stable et représente près de 81 % des naissances en 2006. Au cours de la dernière décennie, la part des enfants nés de mère de nationalité étrangère a progressé de près de trois points.

En 2007, le **taux de natalité** reste stable en Europe avec 10 naissances pour 1 000 habitants. Ce taux est plus faible en Allemagne (8 ‰) alors que la natalité reste dynamique en France (13 ‰), en Irlande (15 ‰) ou encore au Danemark et au Royaume-Uni (12 ‰). Dans beaucoup de pays européens, la fécondité plus basse qu'en France remonte légèrement depuis le début des années 2000. Quelques pays font exception comme l'Allemagne où la **fécondité** reste stable à 1,3 enfant en moyenne par femme. Dans l'ensemble, la fécondité est plus élevée en Europe du Nord, autour de 1,8 enfant par femme, et plus faible dans le Sud et à l'Est (autour de 1,4 enfant). ■

Définitions

Descendance finale : nombre moyen d'enfants mis au monde par une génération de femmes donnée tout au long de leur vie féconde, en ne tenant pas compte de leur mortalité. C'est la somme des taux de fécondité par âge d'une génération.

Génération : ensemble des personnes nées la même année civile. Exemple : «la génération 1946».

Indicateur conjoncturel de fécondité : somme des taux de fécondité par âge observés une année donnée. Voir rubrique « Pour comprendre ».

Naissance : toute naissance survenue sur le territoire français fait l'objet d'une déclaration à l'état civil. Voir rubrique « Pour comprendre ».

Taux de fécondité : le taux de fécondité à un âge donné (ou pour une tranche d'âge) est le nombre d'enfants nés vivants des femmes de cet âge au cours de l'année, rapporté à la population moyenne de l'année des femmes de même âge. Par extension, le taux de fécondité est le rapport du nombre de naissances vivantes de l'année à l'ensemble de la population féminine en âge de procréer (nombre moyen des femmes de 15 à 50 ans sur l'année). L'évolution du taux de fécondité dépend en partie de l'évolution de la structure par âge des femmes âgées de 15 à 50 ans.

Taux de natalité : rapport du nombre de naissances vivantes de l'année à la population totale moyenne de l'année.

Pour en savoir plus

- « La population de la France en 2007 », *Population & Sociétés* n° 443, Ined, mars 2008.
- « Bilan démographique 2007 : des naissances toujours très nombreuses », *Insee Première* n° 1170, janvier 2008.
- « Statistiques d'état civil sur les naissances en 2006 », *Insee Résultats – Société* n° 74, janvier 2008.
- « La natalité porte la croissance démographique », France, portrait social édition 2007, *Insee – Références*, novembre 2007.
- « 2007 world population data sheet », Population reference bureau (www.prb.org).

Naissances, taux de natalité, fécondité

	Naissances vivantes en milliers	*dont enfants nés hors mariages* en %	Taux de natalité en %	Indicateur conjoncturel de fécondité pour 100 femmes
France métropolitaine				
1950	862,3	7,0	20,6	294,7
1980	800,4	*11,4*	14,9	194,5
1990	762,4	*30,1*	13,4	177,8
2000	774,8	*42,6*	13,1	187,3
2006	796,9	*49,5*	13,0	198,4
2007 (p)	783,5	...	12,7	195,6
France métropolitaine et DOM				
2000	808,2	*43,6*	13,3	189,3
2006	830,3	*50,5*	13,1	200,4
2007 (p)	816,5	...	12,8	197,5

Source : Insee, bilan démographique 2007.

@ Naissances depuis 1900

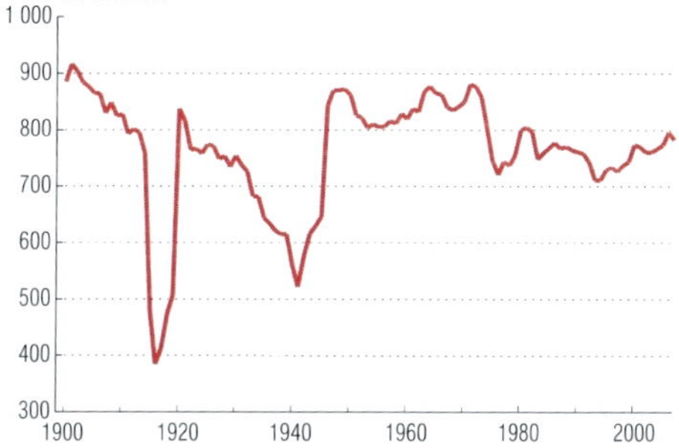

Champ : enfants nés vivants en France métropolitaine.
Source : Insee, état civil.

Nombre moyen d'enfants à divers âges par génération

pour 100 femmes

Génération	Âge atteint à la fin de l'année				
	20 ans	24 ans	30 ans	40 ans	50 ans
1937	19,9	91,3	196,0	250,2	252,1
1947	25,0	93,5	171,2	210,8	213,1
1957	21,2	74,3	156,6	210,2	213,6
1967	10,1	44,0	124,3	196,8	///
1972	7,8	32,8	112,3	///	///
1977	6,4	30,6	110,3	///	///
1979	6,5	31,0	///	///	///
1981	7,2	31,6	///	///	///
1983	7,3	31,5	///	///	///
1985	7,1	///	///	///	///
1987	6,9	///	///	///	///

Lecture : 100 femmes nées en 1937 avaient déjà donné naissance à 19,9 enfants à la fin de l'année 1957.
Champ : France métropolitaine.
Source : Insee, bilan démographique 2007.

Naissances selon la nationalité des parents

en %

	2000	2005	2006
Deux parents français	84,7	81,2	80,9
Un parent français, un parent étranger	8,8	11,7	12,1
Les deux parents étrangers	6,5	7,1	7,0
Ensemble des naissances (en milliers)	**808,2**	**807,8**	**830,3**

Source : Insee, état civil.

@ Taux de fécondité selon l'âge de la mère

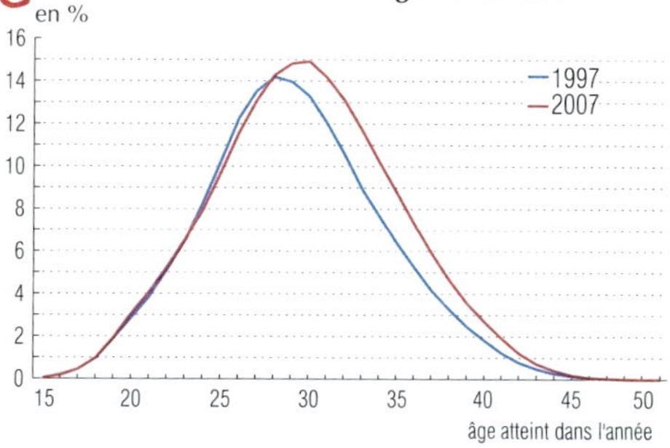

Lecture : 14,9 % des femmes de 30 ans ont mis au monde un enfant en 2007 ; dix ans plus tôt, cette proportion atteignait 13,3 %.
Champ : France métropolitaine.
Source : Insee, bilan démographique 2007.

Fécondité selon l'âge

	Indicateur conjoncturel de fécondité pour 100 femmes	*dont part du groupe*				Âge moyen des mères
	Total	*15-24 ans*	*25-29 ans*	*30-34 ans*	*35 ans ou plus*	
2000	189,3	*33,3*	*66,6*	*58,4*	*31,0*	29,3
2002	188,0	*33,0*	*64,8*	*58,1*	*32,1*	29,4
2004	191,6	*32,7*	*64,7*	*60,4*	*33,8*	29,6
2006	200,4	*33,1*	*65,4*	*64,6*	*37,3*	29,7
2007 (p)	197,5	*31,7*	*63,6*	*64,3*	*38,0*	29,8

Source : Insee, bilan démographique 2007.

@ Natalité et fécondité dans divers pays du monde en 2007

	Taux de natalité pour 1 000 hab.	Indicateur conjoncturel de fécondité	% de femmes en couple utilisant un moyen de contraception
Allemagne	8	1,3	(1) 75
Danemark	12	1,9	...
Espagne	11	1,4	(1) 56
Finlande	11	1,8	(1) 79
France métropolitaine	**13**	**2,0**	**(1) 75**
Grèce	10	1,3	...
Irlande	15	1,9	...
Italie	10	1,4	(1) 60
Pays-Bas	11	1,7	(1) 79
Pologne	10	1,3	(1) 49
République tchèque	10	1,3	(1) 67
Royaume-Uni	12	1,8	84
Russie	10	1,3	(1) 67
Slovaquie	10	1,3	(1) 74
Europe	**10**	**1,5**	**67**
Bangladesh	27	3,0	58
Brésil	21	2,3	(1) 76
Chine	12	1,6	87
États-Unis	14	2,1	73
Inde	24	2,9	56
Indonésie	21	2,4	60
Japon	9	1,3	56
Mexique	21	2,4	(1) 68
Niger	48	7,1	11
Nigeria	43	5,9	12
Pakistan	31	4,1	30
Rép. démocratique du Congo	50	6,7	31
Monde	**21**	**2,7**	**62**

(1) Données antérieures à 2001.
Source : Population reference bureau 2007.

3.5 Espérance de vie - Mortalité

En 2007, 526 500 personnes sont décédées en France métropolitaine ou dans les départements d'outre-mer. Le nombre de décès est stable par rapport à l'année précédente, pour les hommes comme pour les femmes. Alors que le nombre de naissances demeure très élevé, cette stabilité des décès permet le maintien d'une forte croissance naturelle. Comme l'année précédente, le **taux de mortalité** s'établit à 8,3 ‰ en 2007.

L'**espérance de vie à la naissance**, quel que soit le sexe, n'a quasiment pas cessé d'augmenter en France depuis le début des années 1950. Cette progression est de 3 mois en 2007 pour les hommes comme pour les femmes. Dans les conditions de mortalité à chaque âge observées actuellement, un garçon né en 2007 vivrait 77,5 ans et une fille 84,4 ans. En dix ans, les gains d'espérance de vie sont de trois années pour les hommes et de deux années pour les femmes. L'écart entre les deux sexes continue à se réduire ; il s'élève à 6,9 ans contre 7,8 ans dix ans auparavant.

Le nombre de personnes âgées de 60 ans ou plus dans la population augmente rapidement depuis deux ans avec l'arrivée à cet âge des générations nombreuses du baby-boom d'après-guerre. En 2007, une femme âgée de 60 ans a encore une espérance de vie de presque 27 ans alors que l'espérance de vie pour un homme du même âge ne dépasse pas les 22 ans.

Les Françaises sont en tête au sein des pays européens pour l'espérance de vie avec les Italiennes et les Suissesses. La situation des hommes est un peu moins favorable. L'espérance de vie à la naissance des Français se situe au niveau de la moyenne de l'ancienne Europe des 15. Les Suédois et les Suisses ont la plus longue longévité en Europe ainsi que les Japonais dans le reste du monde (79 ans). Les Japonaises ont également l'espérance de vie à la naissance la plus longue (86 ans). À l'opposé, en Afrique, la durée moyenne de vie des hommes et des femmes n'atteint pas 55 ans. Elle est inférieure à 40 ans, pour les hommes comme pour les femmes, dans plusieurs pays africains et cette espérance de vie n'excède même pas les 35 ans au Botswana ou encore au Swaziland.

En France, le **taux de mortalité infantile** est estimé à 3,8 décès d'enfants de moins d'un an pour mille naissances vivantes en 2007, comme les deux années précédentes. La France occupe une place moyenne en Europe. Ce taux varie de 3 ‰ dans les pays scandinaves à 10 ‰ en Bulgarie et 14 ‰ en Roumanie. En Afrique, la mortalité infantile reste très importante avec un taux moyen de 86 ‰. Ce taux dépasse même les 100 ‰ dans de nombreux pays africains (141 ‰ en Angola et 158 ‰ en Sierra Leone). L'Afghanistan a la mortalité infantile la plus élevée au monde : sur mille nouveau-nés, 166 meurent avant d'atteindre leur premier anniversaire. ■

Définitions

Espérance de vie à la naissance : l'espérance de vie à la naissance (ou à l'âge 0) représente la durée de vie moyenne, autrement dit l'âge moyen au décès, d'une génération fictive soumise aux conditions de mortalité de l'année. Elle caractérise la mortalité indépendamment de la structure par âge. Elle est un cas particulier de l'espérance de vie à l'âge x. Cette espérance représente, pour une année donnée, l'âge moyen au décès des individus d'une génération fictive d'âge x qui auraient, à chaque âge, la probabilité de décéder observée cette année-là au même âge. Autrement dit, elle est le nombre moyen d'années restant à vivre au-delà de cet âge x, dans les conditions de mortalité par âge de l'année considérée.

État civil : depuis la Révolution, un cadre législatif régit l'enregistrement des naissances, mariages, décès, de même que les autres faits relatifs à l'état des personnes (divorces, reconnaissances, légitimations, adoptions). C'est sur cette base que s'est élaboré le recueil de données pour l'établissement des statistiques de l'état civil.

Taux de mortalité : rapport du nombre de décès de l'année à la population totale moyenne de l'année.

Taux de mortalité infantile : rapport entre le nombre d'enfants décédés à moins d'un an et l'ensemble des enfants nés vivants.

Pour en savoir plus

- « Statistiques d'état civil sur les décès en 2006 », *Insee Résultats* n° 78 Société, mars 2008.
- « Bilan démographique 2007 : des naissances toujours très nombreuses », *Insee Première* n° 1170, janvier 2008.
- « Les personnes en couple vivent plus longtemps », *Insee Première* n° 1155, août 2007.
- « Mortalité aux grands âges : encore des écarts selon le diplôme et la catégorie sociale », *Insee Première* n° 1122, février 2007.
- « 2007 world population data sheet », Population reference bureau (www.prb.org).

Décès et taux de mortalité

	Décès en milliers	Taux de mortalité en ‰	Taux de mortalité infantile en ‰
1985	560,5	9,9	...
1990	534,5	9,2	...
1995	540,4	9,1	5,0
2000	540,7	8,9	4,5
2001	541,2	8,8	4,6
2002	545,4	8,9	4,2
2003	562,6	9,1	4,2
2004	519,6	8,3	4,0
2005	538,2	8,6	3,8
2006	527,0	8,3	3,8
2007 (p)	526,5	8,3	3,8

Source : Insee, bilan démographique 2007.

Décès annuels en France métropolitaine

Champ : France métropolitaine.
Source : Insee, état civil, bilan démographique 2007.

@ Espérance de vie à la naissance et taux de mortalité infantile

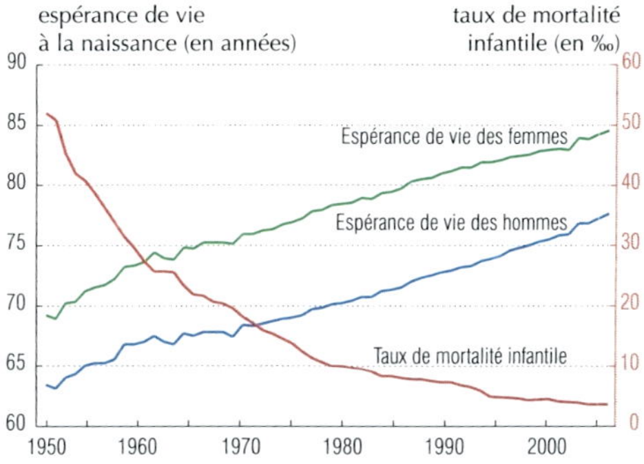

Champ : France métropolitaine.
Source : Insee, bilan démographique 2007.

Espérance de vie à divers âges

en années

	Hommes		Femmes	
	1997	2007 (p)	1997	2007 (p)
0 an	74,5	77,5	82,3	84,4
1 an	73,9	76,8	81,6	83,7
20 ans	55,3	58,1	62,9	64,8
40 ans	36,7	39,1	43,5	45,3
60 ans	19,9	22,0	25,2	26,9

Source : Insee, bilan démographique 2007.

@ Espérance de vie, taux de mortalité et taux de mortalité infantile dans le monde en 2007

	Espérance de vie à la naissance		Taux de mortalité	Taux de mortalité infantile
	Hommes en années	Femmes en années	en ‰	en ‰
Europe	**71**	**79**	**11**	**6**
Allemagne	76	82	10	4
Autriche	77	83	9	4
Belgique	76	82	10	4
Bulgarie	69	76	15	10
Danemark	76	80	10	4
Espagne	77	83	8	4
Estonie	67	78	13	4
Finlande	76	83	9	3
France métropolitaine	**77**	**84**	**9**	**4**
Grèce	77	81	9	4
Hongrie	69	77	13	6
Irlande	75	80	7	4
Italie	78	84	9	4
Lettonie	66	77	14	8
Lituanie	65	77	13	7
Norvège	78	83	9	3
Pays-Bas	78	82	8	4
Pologne	71	79	10	6
Portugal	75	81	10	4
République tchèque	73	79	10	3
Roumanie	68	75	12	14
Royaume-Uni	77	81	10	5
Russie	59	72	15	10
Slovaquie	70	78	10	7
Suède	79	83	10	3
Suisse	79	84	8	4

	Espérance de vie à la naissance		Taux de mortalité	Taux de mortalité infantile
	Hommes en années	Femmes en années	en ‰	en ‰
Afrique	**52**	**54**	**14**	**86**
Angola	39	43	22	141
Égypte	68	73	6	33
Éthiopie	48	50	15	77
Mozambique	42	44	20	108
Nigeria	46	47	18	100
Rép. Dém. du Congo	44	46	19	120
Zambie	38	37	22	100
Amérique du Nord	**75**	**81**	**8**	**6**
Canada	78	83	7	5
États-Unis	75	80	8	7
Amérique latine, Caraïbes	**70**	**76**	**6**	**24**
Argentine	71	79	8	14
Brésil	68	76	6	27
Colombie	69	76	6	19
Mexique	73	78	5	21
Asie	**67**	**70**	**7**	**48**
Bangladesh	62	63	8	65
Chine	71	74	7	27
Inde	63	64	8	58
Indonésie	67	71	7	34
Japon	79	86	9	3
Pakistan	61	63	8	78
Turquie	69	74	6	23
Yemen	59	62	9	75
Océanie	**73**	**78**	**7**	**27**
Monde	**66**	**70**	**9**	**52**

Source : Population Reference Bureau, estimations.

3.6 Population par âge

Au 1er janvier 2008, la France compte 10,4 millions de personnes âgées de 65 ans ou plus, soit une personne sur six. Le nombre de personnes âgées de 60 ans ou plus dans la population augmente rapidement depuis deux ans avec l'arrivée à cet âge des **générations** nombreuses du baby-boom d'après-guerre. Ainsi, le nombre de personnes de 60 ans à 64 ans a crû de 9 % en un an. Depuis le début des années 2000, le nombre de jeunes de moins de 20 ans, soit 15,9 millions de jeunes en 2007, continue de progresser. Néanmoins, la proportion des moins de 20 ans passe pour la première fois sous la barre des 25 %. Elle était de 33 % en 1970.

En 2050, selon les **projections de population**, si les tendances démographiques se maintiennent, la France métropolitaine compterait 70 millions d'habitants, soit 9,3 millions de plus qu'en 2005. La population augmenterait sur toute la période, mais à un rythme de moins en moins rapide. Ce ralentissement est lié à l'augmentation du nombre de décès, conséquence du vieillissement. En effet, durant cette période, la population continuera de vieillir inéluctablement. Dès 2014, la proportion de personnes âgées de plus de 60 ans dépasserait celle des moins de 20 ans. En 2050, une personne sur trois aurait 60 ans ou plus, alors qu'une sur cinq seulement aurait moins de 20 ans.

Dans l'Union européenne à 27, plus de 78 millions de jeunes sont âgés de moins 15 ans en 2007, les 15 à 24 ans dépassent les 62 millions de personnes, alors que 21 millions de personnes ont 80 ans ou plus. La proportion des moins de 15 ans la plus importante se trouve en Irlande (20 %). L'Italie est le pays où le pourcentage de la population ayant plus de 65 ans est le plus élevé (20 %). Selon les projections d'Eurostat, la part des moins de 25 ans devrait diminuer dans tous les états membres pour s'établir à 23 % en 2050 (29 % en 2007). Les pourcentages les plus élevés s'observeraient au Luxembourg, au Danemark, aux Pays-Bas et en Suède (28 %) et la France métropolitaine (27 %). La part des jeunes dans la population totale serait la plus faible en Italie, en Bulgarie et en Espagne (20 %).

En 2007, le nombre de personnes âgées de 60 ans ou plus dans le monde dépasse les 700 millions, dont 495 millions de plus de 65 ans et 94 millions de plus de 80 ans. Depuis 1950 la proportion de personnes âgées de 60 ans ou plus ne cesse de croître, passant de 8 % en 1950 à 11 % en 2007, pour atteindre 22 % en 2050 selon les projections des Nations Unies. Les plus de 60 ans représentent plus d'un cinquième de la population des régions développées et le douzième de celles en développement. La population des personnes âgées elle-même vieillit. Ainsi le nombre des personnes âgées de 80 ans ou plus augmente actuellement au rythme de 3,9 % par an. En 2050, environ deux personnes âgées sur dix pourraient avoir au moins 80 ans. ■

Définitions

Génération : ensemble des personnes nées la même année civile. Exemple : « la génération 1946 ».

Projections de population : voir rubrique « Pour comprendre ».

Pyramide des âges : répartition par sexe et âge de la population à un instant donné. Elle est constituée de deux histogrammes, un pour chaque sexe (par convention, les hommes à gauche et les femmes à droite), où les effectifs sont portés horizontalement et les âges verticalement. Les effectifs par sexe et âge dépendent des interactions passées de la fécondité, de la mortalité et des migrations. Mais la forme de la pyramide et les variations de celles-ci avec les années sont avant tout tributaires des variations de la fécondité.

Pour en savoir plus

- « Bilan démographique 2007 : Des naissances toujours très nombreuses », *Insee Première* n° 1170, 2008.
- « 2007 world population data sheet », Population reference bureau (www.prb.org).
- « World population ageing 2007», Economic & Social Affairs Population, Nations Unies.
- « Projections de population pour la France métropolitaine à l'horizon 2050 : la population continue de croître et le vieillissement se poursuit », *Insee Première* n° 1089, 2006.
- « Les jeunes européens vus à travers les chiffres », *communiqué de presse* n° 44, Eurostat, 2007.

Pyramide des âges au 1er janvier 2008

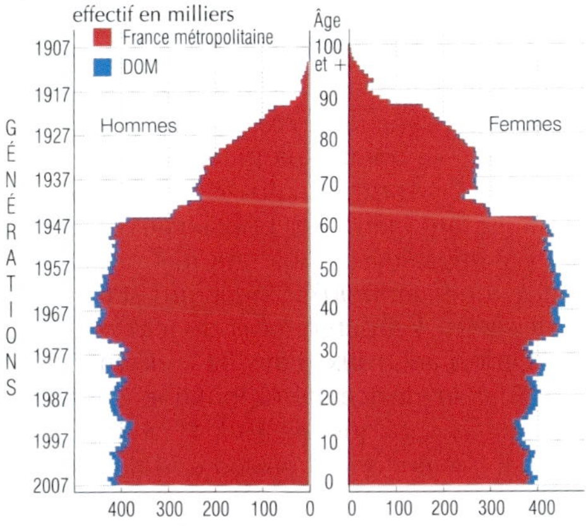

Source : Insee, bilan démographique 2007.

Pyramide des âges en 2050

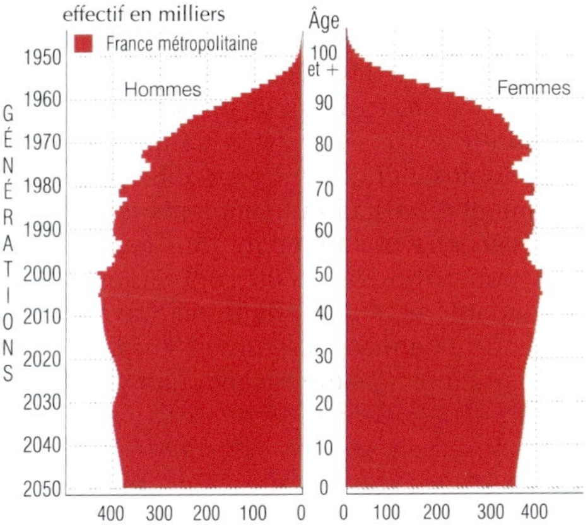

Source : Insee, projections de population.

@ Population par groupe d'âge au 1er janvier

en %

	Âge moyen en années	Âge médian en années	Moins de 20 ans	20 ans à 59 ans	60 ans ou plus	*dont 75 ans ou plus*
France métropolitaine						
1901	32,4	29	34,3	53,0	12,7	*2,5*
1910	32,6	30	33,6	53,7	12,7	*2,5*
1920	34,4	32	31,3	54,9	13,8	*2,8*
1930	34,1	31	30,1	55,7	14,2	*2,9*
1946	35,6	35	29,5	54,5	16,0	*3,4*
1950	35,3	34	30,2	53,6	16,2	*3,8*
1960	34,9	32	32,3	51,0	16,7	*4,3*
1970	34,8	32	33,2	48,8	18,0	*4,7*
1980	35,7	32	30,6	52,4	17,0	*5,7*
1990	36,9	34	27,8	53,2	19,0	*6,8*
2000	38,7	37	25,6	53,8	20,6	*7,2*
2008 (p)	39,9	39	24,6	53,6	21,8	*8,6*
France						
2008 (p)	39,7	39	24,9	53,6	21,6	*8,5*

Source : Insee, bilan démographique 2007.

Projection de population à l'horizon 2050 et structure par âge

en %

	Population au 1er janvier en millions	Moins de 20 ans	20 ans à 59 ans	60 ans à 74 ans	75 ans ou plus
2015	63,7	24,0	51,4	15,5	9,1
2020	65,0	23,7	50,1	17,1	9,1
2025	66,1	23,1	49,0	17,4	10,5
2030	67,2	22,6	48,1	17,3	12,0
2035	68,2	22,2	47,2	17,3	13,3
2040	69,0	22,1	46,9	16,7	14,3
2045	69,6	22,0	46,4	16,6	15,0
2050	70,0	21,9	46,2	16,3	15,6

Champ : France métropolitaine.
Source : Insee, projections de population 2005-2050.

@ Population par groupe d'âge dans quelques pays du monde en 2007

en %

	Moins de 15 ans	65 ans ou plus
Europe	**16**	**16**
Allemagne	14	19
Autriche	16	17
Belgique	17	17
Bulgarie	13	17
Espagne	14	17
France métropolitaine	**18**	**16**
Grèce	14	19
Hongrie	15	16
Irlande	20	11
Italie	14	20
Pays-Bas	18	14
Pologne	16	13
Portugal	16	17
République tchèque	15	14
Roumanie	16	15
Royaume-Uni	18	16
Russie	15	14
Suède	17	17
Suisse	16	16
Afrique	**41**	**3**
Égypte	33	5
Nigeria	45	3
Rép. démocratique du Congo	47	3
Amérique du Nord	**20**	**12**
Canada	18	13
États-Unis	20	12
Amérique latine, Caraïbes	**30**	**6**
Brésil	28	6
Mexique	32	6
Asie	**28**	**6**
Bangladesh	33	4
Chine	20	8
Inde	33	5
Indonésie	28	6
Japon	14	21
Pakistan	40	4
Turquie	28	6
Océanie	**25**	**10**
Monde	**28**	**7**

Source : Population reference bureau, estimations.

3.7 Catégories sociales

En 2007 en France métropolitaine, 44,4 % de la population de 15 ans ou plus est sans activité professionnelle. Parmi ces inactifs, le poids des inactifs ayant déjà travaillé est important et augmente régulièrement : ils représentent près d'une personne de 15 ans ou plus sur trois.

En 2007, une personne de 15 ans ou plus sur six est un employé, près d'une sur sept est un ouvrier, une sur huit occupe une profession intermédiaire, et une sur douze est un cadre-profession intellectuelle supérieure. La part des agriculteurs exploitants continue de s'effriter au fil des années (1,1 % en 2007 contre 1,3 % en 2003) ; à l'inverse, celle des employés a augmenté d'un point en cinq ans ; celle des cadres et des professions intellectuelles poursuit sa croissance en passant de 8,0 % en 2003 à 8,4 % en 2007.

La féminisation amorcée dans les années soixante se poursuit. Les **catégories socioprofessionnelles** les plus féminisées sont les employés (plus de trois employés sur quatre sont des femmes) et les professions intermédiaires (près de la moitié).

La proportion de femmes au sein des employés des services directs aux particuliers et des employés administratifs des entreprises avoisine les 85 %.

Les professeurs et les professions intermédiaires (de la santé et du travail social, de la fonction publique et des entreprises) sont majoritairement des femmes.

Quelques catégories sont peu ou très peu féminisées : ouvriers, cadres, professions intellectuelles supérieures, artisans, commerçants, chefs d'entreprise. Toutefois, certaines de ces catégories s'ouvrent de plus en plus aux femmes depuis quelques années. Entre 2003 et 2007, les progressions les plus fortes se constatent dans la catégorie des ouvriers agricoles (+ 6 points), parmi les chefs d'entreprise de 10 salariés ou plus (de une sur sept à une sur cinq), parmi les policiers et militaires (on y compte désormais une femme sur six, contre une femme sur neuf en 2003). On trouve aussi beaucoup plus de femmes chez les cadres administratifs et commerciaux d'entreprise (de 36 % à 42 %) et les cadres de la fonction publique (de 40 à 45 %).

Le changement que représente le départ à la retraite semble avoir été bien vécu par une majorité des retraités. Deux retraités sur trois estiment qu'ils sont partis au bon moment et un sur dix serait même bien parti plus tôt. Quitter la vie professionnelle définitivement n'empêche pas les retraités de se trouver une nouvelle place dans la société. L'identification à la vie professionnelle disparaît pour une majorité d'entre eux. Être retraité a un sens propre suffisant pour que sept retraités sur dix se sentent retraités, tout simplement, les trois quarts d'entre eux ne citant plus leur profession pour dire ce qu'ils sont aujourd'hui. Cependant, le fait qu'ils aient travaillé en moyenne 36 années de leur vie leur donne un lien particulier avec le travail, qui explique en partie que les retraités ne pensent pas constituer une classe sociale : lorsqu'on parle de classe sociale, les retraités font référence à leur métier, comme les actifs occupés. ■

Définitions

Enquête emploi : l'enquête Emploi en continu est une enquête auprès des ménages, portant sur toutes les personnes de 15 ans ou plus vivant en France métropolitaine. C'est une enquête trimestrielle dont la collecte a lieu en continu sur toutes les semaines de chaque trimestre. Environ 38 000 ménages ordinaires répondent chaque trimestre (c'est-à-dire les habitants de 38 000 logements, à l'exception des communautés : foyers, cités universitaires, hôpitaux, prisons), soit autour de 72 000 personnes de 15 ans ou plus. Cet échantillon est partiellement renouvelé chaque trimestre. L'enquête en continu est prolongée par une enquête postale auprès des non-répondants, dont les résultats sont disponibles plus tardivement. Environ 1 500 ménages répondent à cette enquête. Voir rubrique « Pour comprendre ».

Nomenclature des professions et des catégories socioprofessionnelles (PCS) : elle classe la population selon une synthèse de la profession (ou de l'ancienne profession), de la position hiérarchique et du statut (salarié ou non). Voir rubrique « Pour comprendre ».

Pour en savoir plus

- « Enquête emploi en continu 2006 » *Insee Résultats* n° 81 Société, mai 2008.
- « Assiste-t-on à une transformation uniforme des carrières professionnelles vers plus de mobilité ?» *Travail et emploi* n° 113, Dares, janvier-avril 2008.
- « Regards sur la parité » *Insee - Références*, édition 2008.
- « France, portrait social » *Insee - Références*, édition 2007.
- « Être retraité : quelle identité après le travail ? » *Économie et Statistique* n° 393-394, Insee, novembre 2006.

Répartition de la population de 15 ans ou plus selon la catégorie socioprofessionnelle

	2006			2007			
	Hommes	Femmes	Total	Hommes	Femmes	Total	Part des femmes en %
Agriculteurs exploitants	**1,9**	**0,7**	**1,3**	**1,6**	**0,6**	**1,1**	**29,7**
Agriculteurs sur petite exploitation	1,0	0,4	**0,7**	0,9	0,4	**0,6**	32,0
Agriculteurs sur moyenne exploitation	0,4	0,1	**0,3**	0,3	0,1	**0,2**	26,1
Agriculteurs sur grande exploitation	0,5	0,2	**0,3**	0,4	0,1	**0,3**	27,3
Artisans, commerçants, chefs d'entreprise	**4,9**	**1,9**	**3,3**	**4,9**	**1,8**	**3,3**	**28,8**
Artisans	2,4	0,7	**1,5**	2,4	0,6	**1,5**	20,7
Commerçants et assimilés	2,0	1,1	**1,6**	2,1	1,2	**1,6**	37,8
Chefs d'entreprise de 10 salariés ou plus	0,4	0,1	**0,2**	0,4	0,1	**0,3**	20,4
Cadres, professions intellectuelles supérieures	**10,7**	**5,9**	**8,2**	**10,9**	**6,1**	**8,4**	**37,7**
Professions libérales	1,0	0,6	**0,7**	1,0	0,6	**0,8**	38,7
Cadres de la fonction publique	0,9	0,6	**0,8**	0,9	0,7	**0,8**	43,6
Professeurs, professions scientifiques	1,5	1,6	**1,5**	1,5	1,6	**1,5**	54,3
Professions de l'information, des arts et des spectacles	0,6	0,4	**0,5**	0,6	0,4	**0,5**	44,0
Cadres administratifs et commerciaux d'entreprise	2,9	1,9	**2,4**	3,0	2,0	**2,5**	41,6
Ingénieurs et cadres techniques d'entreprise	3,8	0,8	**2,2**	3,8	0,8	**2,3**	18,0
Professions intermédiaires	**13,3**	**12,1**	**12,7**	**13,4**	**12,2**	**12,8**	**49,6**
Professeurs des écoles, instituteurs et assimilés	1,3	2,4	**1,8**	1,2	2,3	**1,8**	67,3
Professions intermédiaires de la santé et du travail social	1,1	3,7	**2,4**	1,2	3,8	**2,5**	77,9
Clergé, religieux	0,0	0,0	**0,0**	0,0	0,0	**0,0**	8,5
Professions intermédiaires administratives de la fonction publique	0,8	1,1	**0,9**	0,9	1,1	**1,0**	56,9
Professions intermédiaires administratives et commerciales des entreprises	3,8	4,0	**3,9**	3,7	4,1	**4,0**	54,4
Techniciens	4,1	0,6	**2,3**	4,1	0,6	**2,3**	14,1
Contremaîtres, agents de maîtrise	2,2	0,3	**1,2**	2,3	0,3	**1,2**	12,2
Employés	**8,0**	**24,5**	**16,6**	**7,9**	**25,0**	**16,8**	**77,3**
Employés civils et agents de service de la fonction publique	2,0	7,1	**4,7**	1,9	7,2	**4,7**	80,2
Policiers et militaires	2,0	0,2	**1,1**	2,1	0,4	**1,2**	16,6
Employés administratifs d'entreprise	1,3	6,5	**4,0**	1,4	6,6	**4,1**	83,6
Employés de commerce	1,3	3,8	**2,6**	1,3	4,0	**2,7**	77,3
Personnels des services directs aux particuliers	1,2	6,8	**4,1**	1,3	6,8	**4,1**	85,5
Ouvriers (y compris agricoles)	**22,4**	**4,8**	**13,3**	**22,4**	**4,7**	**13,2**	**18,4**
Ouvriers qualifiés de type industriel	5,1	0,9	**2,9**	5,0	1,0	**2,9**	17,2
Ouvriers qualifiés de type artisanal	6,1	0,6	**3,2**	6,1	0,5	**3,2**	8,9
Chauffeurs	2,7	0,2	**1,4**	2,7	0,2	**1,4**	7,9
Ouvriers qualifiés de la manutention, du magasinage et du transport	1,8	0,2	**1,0**	1,9	0,2	**1,0**	10,5
Ouvriers non qualifiés de type industriel	3,7	1,8	**2,7**	3,6	1,6	**2,6**	32,6
Ouvriers non qualifiés de type artisanal	2,4	0,8	**1,6**	2,3	0,8	**1,5**	26,7
Ouvriers agricoles	0,7	0,3	**0,5**	0,8	0,4	**0,6**	31,9
Inactifs ayant déjà travaillé	**27,2**	**33,3**	**30,4**	**27,4**	**33,3**	**30,4**	**56,8**
Anciens agriculteurs exploitants	1,9	2,2	**2,1**	1,8	2,0	**1,9**	54,7
Anciens artisans, commerçants, chefs d'entreprises	2,8	2,2	**2,5**	2,9	2,1	**2,5**	43,9
Anciens cadres	4,1	2,0	**3,0**	4,3	2,0	**3,1**	33,3
Anciennes professions intermédiaires	5,5	5,1	**5,3**	5,7	5,3	**5,5**	49,9
Anciens employés	2,7	15,2	**9,2**	2,7	15,5	**9,3**	86,1
Anciens ouvriers (y compris agricoles)	10,1	6,7	**8,3**	10,0	6,4	**8,1**	41,1
Autres sans activité professionnelle	**11,6**	**16,8**	**14,3**	**11,4**	**16,3**	**14,0**	**60,6**
Chômeurs n'ayant jamais travaillé	0,8	0,8	**0,8**	0,8	0,7	**0,7**	50,6
Élèves ou étudiants	9,7	9,5	**9,6**	9,6	9,3	**9,5**	51,2
Personnes diverses sans activité professionnelle de moins de 60 ans	0,8	2,7	**1,8**	0,8	2,6	**1,8**	77,9
Personnes diverses sans activité professionnelle de 60 ans ou plus	0,2	3,7	**2,0**	0,3	3,6	**2,0**	93,4
Total	**100,0**	**100,0**	**100,0**	**100,0**	**100,0**	**100,0**	**51,9**

Champ : résultats en moyenne annuelle en France métropolitaine.
Source : Insee, enquête Emploi.

3.8 Parité hommes - femmes

Au 1er janvier 2008, la population française (y compris Dom) compte 63,8 millions de personnes dont 51,4 % de femmes. La population masculine est majoritaire jusqu'à 35 ans, au-delà les femmes sont plus nombreuses, en particulier aux âges élevés. En une année, la population métropolitaine s'est accrue de 337 000 personnes dont 170 000 femmes.

Les femmes ont de meilleurs résultats scolaires que les hommes, mais leur situation sur le marché du travail est moins favorable. La situation familiale influence beaucoup plus la présence des femmes sur le marché du travail que celle des hommes. En 2005, à l'inverse des hommes, les femmes seules sont les plus actives et les femmes avec des enfants sont les moins actives. Le **taux d'activité** est nettement plus faible pour les mères de famille nombreuse, surtout si l'un des enfants a trois ans ou moins. Les mères les moins diplômées sont les moins présentes sur le marché du travail. Les écarts de taux d'activité entre les plus diplômées et les moins diplômées ont tendance à s'accroître avec le nombre d'enfants présents au domicile.

En 2005, les **revenus salariaux** des femmes sont davantage dispersés que ceux des hommes, du fait de la plus grande hétérogénéité des situations d'emploi des femmes. Cette plus forte dispersion est particulièrement marquée dans le bas de la distribution : pour les femmes, le premier **décile** de revenu salarial est 10 fois plus faible que le revenu salarial médian, contre un peu moins de 8 fois pour les hommes. Cependant, les rémunérations très faibles proviennent de périodes d'emploi très courtes sur l'année, qui peuvent être dues, par exemple, à une reprise d'activité en fin d'année ou à un arrêt en début d'année et ne sont pas nécessairement le signe d'une forte précarité.

Dans l'Union européenne, les femmes consacrent beaucoup plus de temps que les hommes aux tâches domestiques dans tous les pays, mais autant de temps aux activités sociales. Plus d'hommes que de femmes utilisent quotidiennement l'informatique, et plus internet. Les hommes possèdent davantage de compétences informatiques que les femmes.

Bien que la participation des femmes à la vie économique et politique ait augmenté de façon significative au cours du temps, leur représentation au niveau des postes clés en matière de pouvoir et d'influence reste encore bien en deçà de celle des hommes. Les femmes sont en petite minorité au Parlement européen : un membre sur trois est une femme. Il y a moins de femmes que d'hommes parmi les membres de tous les parlements nationaux européens et, dans la plupart des cas, ce nombre est fortement inférieur. En dehors des scrutins contraints par la loi et pour lesquels la parité est quasi atteinte, la France continue à faire figure de mauvais élève, avec à peine 11 % de conseillères générales, 14 % de femmes maires, 17 % parmi les sénateurs, et 19 % parmi les députés. En 2008, le Rwanda et la Suède sont les deux pays où les femmes représentent près de la moitié des membres du parlement national. Elles ne sont pas 10 % en Algérie, Brésil, Inde, Japon, Malte et Turquie. ■

Définitions

Décile : voir rubrique « Pour comprendre ».

Revenu salarial : le concept de revenu salarial se situe à mi-chemin entre le prix du travail (le salaire horaire) et le niveau de vie des personnes. Voir rubrique « Pour comprendre ».

Taux d'activité : rapport entre le nombre d'actifs (actifs occupés et chômeurs) et la population totale correspondante.

Temps partiel : temps de travail inférieur à la durée légale du travail, ou à la durée conventionnelle si celle-ci est inférieure. Il doit obligatoirement faire l'objet d'un contrat de travail écrit. Le travail à temps partiel peut être mis en place à l'initiative de l'employeur ou du salarié.

Pour en savoir plus

- « Élections municipales et cantonales 2008 : les partis politiques résistent encore à la parité », dossier de presse, Observatoire de la parité, avril 2008.
- « Filles et garçons à l'école, sur les chemins de l'égalité », Depp, mars 2008.
- « Regards sur la parité », *Insee – Références*, édition 2008.
- « La vie des femmes et des hommes en Europe », Eurostat, édition 2008.
- « Un tiers des dirigeants et cadres d'entreprises sont des femmes », *communiqué de presse* n° 32, Eurostat, mars 2008.

Activité et emploi selon le nombre d'enfants du couple en 2007

en %

	Taux d'activité		Temps complet		Temps partiel	
	Femmes	Hommes	Femmes	Hommes	Femmes	Hommes
Sans enfant	76,7	84,9	53,3	76,6	17,9	3,8
1 enfant de moins de 3 ans	80,6	97,7	53,6	88,0	19,1	3,9
2 enfants dont au moins 1 de moins de 3 ans	61,3	96,8	31,7	88,5	25,1	3,3
3 enfants ou plus dont au moins 1 de moins de 3 ans	39,0	96,6	17,3	87,7	19,1	3,7
1 enfant âgé de 3 ans ou plus	82,3	92,3	54,5	85,8	22,6	2,7
2 enfants âgés de 3 ans ou plus	85,0	95,8	50,7	90,7	29,9	2,1
3 enfants ou plus âgés de 3 ans ou plus	70,3	95,0	33,1	86,6	30,2	3,3
Ensemble des couples	**77,4**	**91,8**	**48,7**	**84,5**	**23,3**	**3,1**

Champ : données en moyenne annuelle pour les personnes âgées de 15 à 59 ans vivant en couple en France métropolitaine.
Source : Insee, enquête Emploi.

Distribution du revenu salarial annuel par sexe en 2005

en euros courants

Décile	Hommes	Femmes
1er décile (D1)	2 094	1 320
2ème décile (D2)	6 277	3 885
3ème décile (D3)	11 491	7 415
4ème décile (D4)	14 314	10 885
Médiane (D5)	**16 430**	**13 382**
6ème décile (D6)	18 725	15 526
7ème décile (D7)	21 686	18 039
8ème décile (D8)	26 252	21 356
9ème décile (D9)	35 230	26 785
Rapport interdécile (D9/D1)	**16,8**	**20,3**

Champ : tous salariés.
Source : Insee, DADS et fichiers de paie des agents de l'État.

Participation des femmes à la vie politique française

part des femmes en %

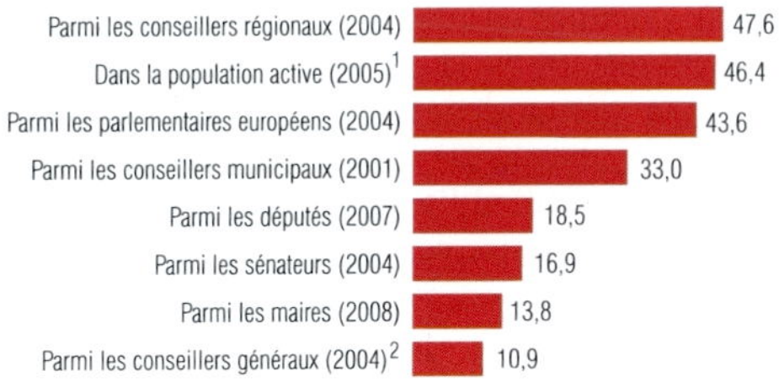

1. France métropolitaine.
2. Ensemble des cantons soumis à renouvellement.
Sources : ministère de l'Intérieur ; Insee.

Compétence informatique et utilisation d'internet dans l'UE en 2006

en %

	Part des 25-54 ans ayant une compétence élevée en informatique		Part des 25-54 ans consultant Internet au moins une fois par semaine	
	Hommes	Femmes	Hommes	Femmes
Allemagne	42	21	73	65
Autriche	48	20	68	57
Belgique	32	17	70	64
Bulgarie	8	5	24	25
Chypre	24	15	36	27
Danemark	57	28	88	85
Espagne	33	20	49	40
Estonie	30	21	61	67
Finlande	44	25	80	84
France	**35**	**19**	**50**	**45**
Grèce	21	15	32	21
Hongrie	31	23	46	47
Irlande	26	18	51	46
Italie	28	13	43	31
Lettonie	14	8	47	52
Lituanie	17	11	36	42
Luxembourg	56	22	81	61
Pays-Bas	54	23	89	82
Pologne	14	7	35	34
Portugal	26	17	38	31
Rép. tchèque	19	10	41	38
Royaume-Uni	40	22	74	59
Slovaquie	26	10	49	44
Slovénie	37	21	56	52
Suède	50	20	91	86

Source : Eurostat.

Proportion de femmes élues au Parlement dans quelques pays du monde

en %

Pays	1995	2008	Pays	1995	2008	Pays	1995	2008
Afrique du Sud	25	33	Espagne	16	37	Pays-Bas	31	39
Algérie	7	8	États-Unis	11	17	Pologne	13	20
Allemagne	26	32	Finlande	34	42	Portugal	9	28
Argentine	22	40	**France**	**6**	**18**	République tchèque	10	16
Australie	10	27	Grèce	6	15	Royaume-Uni	10	20
Autriche	24	33	Hongrie	11	11	Russie	13	14
Belgique	12	35	Inde	8	9	Rwanda	4	49
Brésil	7	9	Irlande	13	13	Sénégal	12	22
Cameroun	12	14	Italie	15	17	Suède	40	47
Canada	18	21	Japon	3	9	Suisse	18	29
Chine	21	21	Lituanie	7	23	Tunisie	7	23
Corée du Sud	2	14	Luxembourg	20	23	Turquie	2	9
Cuba	23	43	Malte	2	9	Viêt Nam	19	26
Danemark	33	38	Mexique	14	23	**Monde**	**12**	**18**

Champ : proportion de femmes élues en chambre unique ou basse.
Source : Union interparlementaire.

3.9 Étrangers - Immigrés

Au 1er janvier 2005, 3,5 millions d'**étrangers** vivaient en France métropolitaine. Leur poids dans la population totale est de 5,7 %.

Parmi les 5 millions d'**immigrés**, quatre sur dix ont acquis la **nationalité** française par **naturalisation** ou par mariage. Les femmes immigrées sont désormais légèrement plus nombreuses que les hommes, alors que jusqu'en 1999 c'était l'inverse. Ceci s'explique par l'arrêt de l'immigration du travail qui, avant 1974, attirait surtout les hommes, au profit du regroupement familial qui concerne davantage les femmes.

Globalement, malgré la forte croissance de l'immigration en provenance des pays de l'Europe orientale, la part des immigrés originaires de l'Union européenne à 15 est en baisse. Plus de 42 % des immigrés en France métropolitaine sont nés dans un pays africain, soit plus de 2,1 millions d'individus, dont presque les trois quarts sont originaires du Maghreb, et 15 % d'anciens pays sous administration française : Sénégal, Mali, Côte d'Ivoire, Cameroun ou Congo. Près de 14 % sont originaires d'Asie : parmi eux, un tiers est né en Turquie, un quart dans la péninsule indochinoise et un onzième en Chine. L'immigration africaine est majoritairement masculine et l'européenne majoritairement féminine. L'immigration asiatique est équilibrée entre hommes et femmes.

Le chômage touche plus durement la population immigrée : 15 % des hommes immigrés sont au chômage contre 8 % parmi les non-immigrés et 22 % des immigrées contre 10 % des femmes non immigrées. Bien que le niveau d'études des immigrés progresse, ceux-ci restent en moyenne moins formés que les non-immigrés, et occupent de ce fait plus souvent des postes d'ouvriers ou d'employés.

120 000 personnes ont bénéficié en 2006 d'un nouveau titre de séjour d'au moins un an en France. Cette population se compose essentiellement d'étrangers arrivés au titre de conjoints de Français, dans le cadre de regroupement familial, de réfugiés et de personnes régularisées pour résidence de plus de dix ans en France ou pour liens personnels et familiaux. Ce sont des migrants jeunes, arrivés directement en France, en provenance du Maghreb pour près de la moitié. Leur accès à l'emploi est facilité par la maîtrise du français, l'expérience professionnelle et le réseau relationnel.

En 2006, le nombre de demandes d'asile au sein de l'Union européenne est en régression depuis les cinq dernières années, puisqu'il a diminué pendant cette période de plus de moitié. Ce nombre a diminué dans la plupart des États membres, sauf en Lituanie, Suède, Grèce et Hongrie où il a augmenté de plus de 30 %. La plupart des demandeurs vient de l'Irak, la Russie, la Serbie et le Monténégro, l'Afghanistan et la Turquie. Avec près de 27 900 demandes introduites, la Grande-Bretagne devance la France (26 300), la Suède (24 300) et l'Allemagne (21 000). ■

Définitions

Étranger : un étranger est une personne qui réside en France et ne possède pas la nationalité française, soit qu'elle possède une autre nationalité (à titre exclusif), soit qu'elle n'en ait aucune (c'est le cas des personnes apatrides). Voir rubrique « Pour comprendre ».

Immigré : selon la définition adoptée par le Haut Conseil à l'Intégration, un immigré est une personne née étrangère à l'étranger et résidant en France. Les personnes nées françaises à l'étranger et vivant en France ne sont donc pas comptabilisées. À l'inverse, certains immigrés ont pu devenir français, les autres restant étrangers. Voir rubrique « Pour comprendre ».

Nationalité : la nationalité est le lien juridique qui relie un individu à un État déterminé. Voir rubrique « Pour comprendre ».

Naturalisation : naturaliser français un étranger, c'est lui accorder la condition de citoyen français à part entière. Une naturalisation, par décision de l'autorité publique, ne peut être accordée qu'à l'étranger justifiant d'une résidence habituelle en France pendant les cinq années qui précèdent le dépôt de sa demande (sauf cas de réduction ou de suppression du stage de cinq ans prévus par le code civil).

Pour en savoir plus

- « Qui sont les nouveaux bénéficiaires d'un titre de séjour en France », *études et résultats* n° 612, Drees, décembre 2007.
- « France, portrait social », *Insee – Références*, édition 2007.
- « Demandes d'asile dans l'Union européenne », *Statistiques en bref* n° 110, Eurostat, août 2007.
- « Rapport d'activité de l'accueil des étrangers et des migrations, années 2005-2006 », ANAEM, août 2007.

Acquisitions de la nationalité française

	2000		2003		2004		2005	
		en %		en %		en %		en %
Acquisitions par décret	77 478	54,8	77 102	55,1	99 368	60,2	101 785	67,0
par naturalisation	68 750	48,6	67 326	48,1	87 497	53,0	89 100	58,7
par réintégration	8 728	6,2	9 776	7,0	11 871	7,2	12 685	8,4
Acquisitions par déclaration anticipée	35 883	25,4	29 419	21,0	29 872	18,1	27 258	17,9
Acquisitions par mariage	26 056	18,4	30 922	22,1	34 440	20,9	21 527	14,2
Autres déclarations d'acquisition et de réintégration	2 038	1,4	2 487	1,8	1 441	0,9	1 291	0,9
Ensemble des acquisitions	**141 455**	**100,0**	**139 930**	**100,0**	**165 121**	**100,0**	**151 861**	**100,0**

Source : SDSED.

Étrangers actifs selon la catégorie socioprofessionnelle

	2006	2007	
	Effectifs en milliers	Effectifs en milliers	Part d'étrangers dans la CSP en %
Agriculteurs exploitants	n.s.	n.s.	n.s.
Artisans, commerçants et chefs d'entreprise (10 salariés et +)	107,3	110,1	6,7
Cadres et professions intellectuelles supérieures	116,0	134,2	3,2
Professions intermédiaires	163,6	170,0	2,7
Employés	458,5	487,0	5,9
Ouvriers	523,4	547,1	8,4
Chômeurs n'ayant jamais travaillé	40,1	44,8	12,1
Total[1]	**1 416,8**	**1 498,5**	**5,4**
dont salariés	*1 053,4*	*1 116,4*	*4,9*

1. Hors catégorie socioprofessionnelle non déclarée.
Champ : France métropolitaine, population des ménages, personnes de 15 ans ou plus.
Source : Insee, enquêtes emploi.

Populations étrangère et immigrée au 1er janvier 2005

en %

	Étrangers	Immigrés
Part des hommes	52	50
Part des actifs	55	57
Part de la population ayant :		
0 à 19 ans	21	8
20 à 39 ans	32	33
40 à 64 ans	35	43
65 ans ou plus	12	16
Nombre (en millions)	**3 501**	**4 959**
Poids dans la population totale	**5,7**	**8,1**

Champ : populations en France métropolitaine.
Sources : Insee, enquêtes annuelles de recensement 2004 à 2006 - exploitation principale.

Les immigrés selon leur pays de naissance

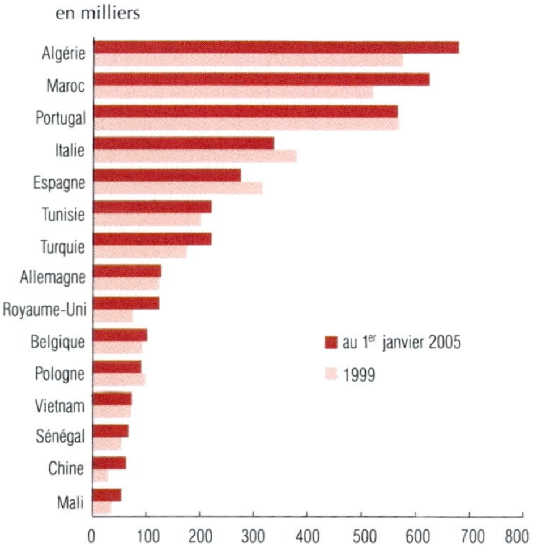

Champ : France métropolitaine.
Source : Insee, recensement de la population de 1999, enquêtes annuelles de recensement 2004 à 2006 - Exploitation principale.

Population étrangère dans quelques pays de l'Union européenne en 2007

	Population totale		Population active	
	Étrangers en milliers	Part en %	Étrangers en milliers	Part en %
Autriche	813	9,9	454	10,8
Belgique	871	8,2	407	8,6
Chypre	93	12,4	57	14,5
Danemark	262	4,8	127	4,4
Espagne	4 640	10,4	3 171	14,3
Estonie	215	16,1	119	17,3
Finlande	83	1,6	48	1,8
France	**3 011**	**5,0**	**1 487**	**5,3**
Grèce	602	5,6	345	7,0
Hongrie	55	0,6	31	0,7
Italie	2 840	4,8	1 638	6,6
Lettonie	35	1,5	16	1,3
Lituanie	22	0,7	…	…
Luxembourg	193	41,5	101	47,8
Malte	10	2,4	5	2,7
Pologne	55	0,1	31	0,2
Portugal	334	3,1	222	3,9
République tchèque	76	0,7	55	1,1
Roumanie	38	0,2	18	0,2
Royaume-Uni	3 812	6,5	2 206	7,3
Slovaquie	6	0,1	…	…
Slovénie	15	0,8	…	…

Source : Eurostat, enquête communautaire sur les forces de travail.

EMPLOI
REVENUS

Travail - Emploi

Revenus - Salaires

4.1 Population active

En 2007, la population active est estimée à 27,8 millions de personnes en moyenne annuelle selon l'**enquête Emploi**. La population active occupée compte 25,6 millions d'individus dont 13 millions de femmes.

En 2007, le **taux d'activité** des 15 à 64 ans s'établit à 69,9 %. Le taux d'activité des hommes continue de baisser. Cette baisse s'explique par l'arrivée à l'âge de la retraite des générations nombreuses du *baby-boom* ; en effet, l'espérance de vie active des hommes, qui permet de neutraliser ces effets démographiques, est la même depuis 2004, à près de 37 années. À l'inverse, le taux d'activité et l'espérance de vie active des femmes poursuivent leur hausse tendancielle : en 2007, le taux d'activité des femmes de 15 à 64 ans s'établit à 65,3 %. Leur espérance de vie active reste cependant inférieure de 5 ans à celle des hommes.

Si, depuis 1975, les taux d'activité sont restés très élevés parmi les hommes d'âge médian (de l'ordre de 95 %), ils ont en fait fortement diminué chez ceux de moins de 25 ans et chez ceux de 50 ans ou plus. Cette baisse des taux d'activité, déjà engagée au début des années 1970, s'est arrêtée au début des années 1990 pour les seniors et à la fin de ces années 1990 pour les jeunes, en lien, pour ces derniers, avec la stabilisation de la durée des études.

Le développement de l'activité féminine est le principal moteur de la hausse du taux d'activité depuis 30 ans. Le taux d'activité des femmes de 25-49 ans est ainsi passé de 60 % en 1975 à environ 83 % en 2007. Chez les femmes de 55-64 ans, le développement de l'activité, génération après génération, a compensé la tendance à la baisse de celle observée en général chez les seniors. Leur taux d'activité en 2007 est au même niveau qu'au début des années 1970, autour de 50 %. Enfin, le taux d'activité des femmes de moins de 25 ans a, comme celui des hommes du même âge, baissé jusqu'à la fin des années 1990.

La situation familiale influence beaucoup plus la présence des femmes sur le marché du travail que celle des hommes. À l'inverse des hommes, les femmes seules sont les plus actives et les femmes avec des enfants sont les moins actives. Le taux d'activité est nettement plus faible pour les mères de famille nombreuse, surtout si l'un des enfants a trois ans ou moins. Les mères les moins diplômées sont les moins présentes sur le marché du travail. Les écarts de taux d'activité entre les plus diplômées et les moins diplômées ont tendance à s'accroître avec le nombre d'enfants présents au domicile.

Selon la **projection tendancielle de population active**, qui prolonge les tendances passées en matière d'activité, de fécondité, de mortalité et de migrations, en s'affranchissant des variations conjoncturelles, le nombre d'actifs continuerait de croître jusqu'en 2015 mais de moins en moins vite. Il se maintiendrait ensuite entre 28,2 et 28,5 millions. Les gains en activité viendraient de la poursuite de la généralisation de l'activité féminine et de seniors, plus souvent actifs du fait d'études plus longues et de la nouvelle législation des retraites. Néanmoins, en raison de la croissance de la population âgée, en 2050 il n'y aurait plus que 1,4 actif pour un inactif de plus de 60 ans, contre 2,2 en 2005. ■

Définitions

BIT : voir rubrique « Pour comprendre ».

Enquête Emploi : voir rubrique « Pour comprendre ».

Population active au sens du BIT : la population active au sens du BIT regroupe la population active occupée au sens du BIT (personnes ayant un emploi) et les chômeurs au sens du BIT.

Population active occupée au sens du BIT : voir rubrique « Pour comprendre ».

Projection de population active : voir rubrique « Pour comprendre ».

Taux d'activité : le taux d'activité est le rapport entre le nombre d'actifs (actifs occupés et chômeurs) et la population totale correspondante.

Taux d'emploi : rapport entre le nombre d'individus de la classe ayant un emploi et le nombre total d'individus dans la classe. Voir rubrique « Pour comprendre ».

Pour en savoir plus

- « Marché du travail, séries longues », *Insee Résultats* n° 82 Société, mai 2008.
- « Enquête emploi en continu 2006 », *Insee Résultats* n° 81 Société, mai 2008.
- « Dossier projections de population », *Économie et statistique* n° 408-409, mai 2008.
- « Enquêtes annuelles de recensement 2004 à 2007 : l'activité des femmes est toujours sensible au nombre d'enfants », *Insee Première* n° 1171, janvier 2008.
- « Personnes hors du marché du travail : la tendance à la baisse se poursuit », *Statistique en bref* n° 122 Population et conditions sociales, Eurostat, 2007.

Taux d'activité selon le sexe et l'âge

en %

	1990	2005	2006	2007
Hommes de 15 à 64 ans	**76,3**	**74,5**	**74,8**	**74,6**
15 à 24 ans	44,6	37,3	38,0	38,0
25 à 29 ans	95,4	90,9	92,4	92,6
30 à 54 ans	95,7	94,3	94,5	94,5
55 à 59 ans	67,8	66,1	66,1	66,3
60 à 64 ans	22,8	18,5	19,9	21,0
Femmes de 15 à 64 ans	**59,0**	**63,8**	**64,8**	**65,3**
15 à 24 ans	37,8	29,9	30,7	31,7
25 à 29 ans	79,3	78,0	81,1	80,9
30 à 54 ans	72,9	81,2	81,9	82,8
55 à 59 ans	45,3	56,0	57,9	58,3
60 à 64 ans	17,0	16,7	17,8	19,1
Population de 15 à 64 ans	**67,6**	**69,1**	**69,7**	**69,9**

Champ : données en moyenne annuelle ; France métropolitaine, population des ménages, personnes de 15 ans ou plus ; âges au 31 décembre de l'année.
Source : Insee, enquêtes Emploi.

Projection de population active

	Observé	Projeté		
	2005	2015	2030	2050
Nombre d'actifs (en millions)	27,6	28,3	28,2	28,5
Part des femmes (en %)	46,4	46,7	46,2	45,9
Part des 15-24 ans (en %)	9,5	9,0	9,5	9,3
Part des 25-54 ans (en %)	79,1	77,1	75,7	75,9
Part des 55 ans ou plus (en %)	11,3	13,9	14,8	14,8
Taux d'activité des 15-64 ans (en %)	69,1	69,6	69,6	70,5
Nombre d'actifs rapporté au nombre d'inactifs de 60 ans ou plus	2,2	1,9	1,5	1,4

Champ : France métropolitaine, scénario tendanciel.
Sources : Insee, enquêtes Emploi, projections de population active 2006-2050.

Actifs occupés selon la catégorie socioprofessionnelle

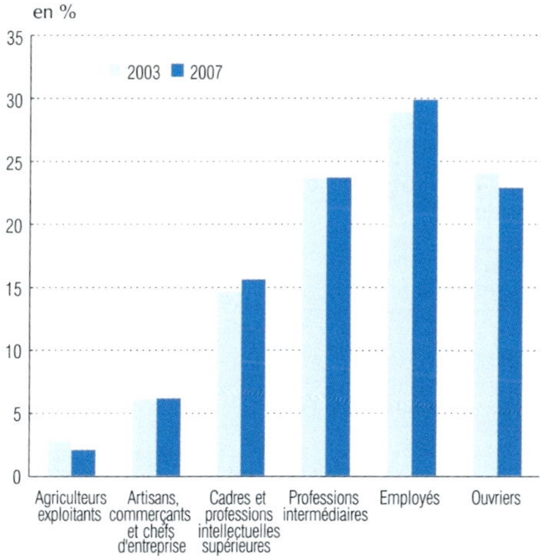

Champ : population des ménages, personnes de 15 à 64 ans ayant un emploi en France métropolitaine.
Source : Insee, enquêtes Emploi.

Poids des salariés étrangers selon l'activité économique

en %

	2006	2007
Agriculture, sylviculture, pêche	n.s.	n.s.
Industrie	3,4	3,4
Construction	11,4	12,1
Tertiaire	4,4	4,6
Commerce et réparation	4,5	4,3
Transports	4,6	4,0
Activités financières et immobilières	4,8	4,9
Services aux entreprises	6,3	6,6
Services aux particuliers	11,2	11,7
Éducation, santé, action sociale	2,3	2,6
Administrations	1,2	1,7
Activité indéterminée	n.s.	n.s.
Total	**4,7**	**4,9**

Source : Insee, enquêtes Emploi.

Population active et population active occupée

	2005	2006	2007
Population active (en millions)	27,4	27,6	27,8
Population active occupée (en millions)	25,0	25,2	25,6
dont femmes (en %)	*46,3*	*45,6*	*46,9*
dont non salariés (en %)	*10,9*	*11,2*	*10,8*

Champ : données en moyenne annuelle ; France métropolitaine, population des ménages, personnes de 15 ans ou plus.
Source : Insee, enquêtes Emploi.

Population active et taux d'emploi dans l'Union européenne en 2007

	Population active	Taux d'emploi des 15-64 ans en %			Taux d'emploi des 55-64 ans
	en millions	Hommes	Femmes	Ensemble	en %
Allemagne	41,8	74,7	64,0	69,4	51,5
Autriche	4,2	78,4	64,4	71,4	38,6
Belgique	4,7	68,7	55,3	62,0	34,4
Bulgarie	3,5	66,0	57,6	61,7	42,6
Chypre	0,4	80,0	62,4	71,0	55,9
Danemark	2,9	81,0	73,2	77,1	58,6
Espagne	22,2	76,2	54,7	65,6	44,6
Estonie	0,7	73,2	65,9	69,4	60,0
Finlande	2,7	72,1	68,5	70,3	55,0
France	**28,0**	**69,3**	**60,0**	**64,6**	**38,3**
Grèce	4,9	74,9	47,9	61,4	42,4
Hongrie	4,2	64,0	50,9	57,3	33,1
Irlande	2,2	77,4	60,6	69,1	53,8
Italie	24,7	70,7	46,6	58,7	33,8
Lettonie	1,2	72,5	64,4	68,3	57,7
Lituanie	1,6	67,9	62,2	64,9	53,4
Luxembourg	0,2	71,9	55,0	63,6	32,9
Malte	0,2	74,2	36,9	55,7	28,3
Pays-Bas	8,7	82,2	69,6	76,0	50,9
Pologne	16,9	63,6	50,6	57,0	29,7
Portugal	5,6	73,8	61,9	67,8	50,9
Rép. tchèque	5,2	74,8	57,3	66,1	46,0
Roumanie	10,0	64,8	52,8	58,8	41,4
Royaume-Uni	30,1	77,3	65,5	71,3	57,4
Slovaquie	2,7	68,4	53,0	60,7	35,6
Slovénie	1,0	72,7	62,6	67,8	33,5
Suède	4,8	76,5	71,8	74,2	70,0
UE à 27	**235,4**	**72,5**	**58,3**	**65,4**	**44,7**

Note : l'âge retenu par Eurostat (âge courant) diffère de l'âge retenu par l'Insee (âge au 31 décembre).
Champ : données en moyenne annuelle.
Source : Eurostat.

4.2 Chômage

Le **taux de chômage** a fortement baissé en 2007, en lien avec de nombreuses créations d'emploi : il est descendu à 7,4 % pour la France métropolitaine en moyenne au dernier trimestre de 2007, soit 2,1 millions de personnes, contre 8,4 % un an plus tôt. Il est de 7,8 % en incluant les départements d'outre-mer. Cette estimation du taux de chômage au sens du BIT est désormais établie de façon trimestrielle à partir de la seule enquête Emploi, et s'appuie sur la définition du chômage identique à celle utilisée par l'office de statistique européen Eurostat.

De 1997 à 2001, le taux de chômage au sens du BIT baisse continûment en France métropolitaine, passant de 10,9 % mi-1997 à 7,7 % fin 2001. Après une période de hausse entamée au début de l'année 2002, le taux de chômage a diminué régulièrement depuis début 2006.

La baisse du chômage concerne toutes les catégories. Son ampleur est plus grande pour les jeunes de 15 à 24 ans, plus sensibles que leurs aînés aux variations conjoncturelles. En moyenne au dernier trimestre de 2007, il était de 17,8 %, ce qui signifie qu'un jeune actif sur cinq était au chômage. Comme les jeunes sont nombreux à poursuivre des études sans occuper un emploi, la part des chômeurs dans la population totale des 15-24 ans est nettement plus faible : 6,7 % des jeunes en moyenne en 2007.

Les femmes ont également profité du mouvement de baisse du chômage. S'il est toujours resté supérieur à celui des hommes, leur taux de chômage a perdu 2,2 points depuis début 2006 contre 1,2 point pour les hommes. L'écart de taux de chômage entre les hommes et les femmes est ainsi en 2007 à son plus bas niveau historique.

Le **chômage de longue durée** (CLD) a enregistré une diminution plus tardive. En effet, l'embellie profite d'abord aux personnes qui sont au chômage depuis peu de temps car elles sont encore relativement proches de l'emploi. Durant cette première phase, les chômeurs de longue durée bénéficient moins que les autres de la création d'emplois. À ce stade, l'ancienneté moyenne au chômage tend à augmenter. La part des CLD dans le total s'accroît également : ce phénomène a également été observé en 2005 et 2006. En 2007, l'orientation favorable du marché de l'emploi a également profité aux chômeurs ayant une ancienneté plus longue, si bien que la part des CLD a perdu 1,8 point en moyenne par rapport à 2006, pour atteindre 40,4 %.

Le taux de chômage a baissé pour toutes les catégories socioprofessionnelles et quel que soit le niveau de diplôme.

Le nombre de personnes sans emploi qui souhaitaient travailler mais non considérées comme des chômeurs au sens du BIT (« halo » du chômage) représentait 1,5 % de la population en âge de travailler en moyenne au dernier trimestre de 2007. Cette part atteignait son plus bas niveau depuis mi-2003.

Dans l'Union européenne, les nouveaux États membres contribuent à la diminution du chômage en Europe. La France se situe au niveau de l'Allemagne, l'Espagne, la Grèce et le Portugal. ■

Définitions

Chômage au sens du BIT : en application de la définition internationale adoptée en 1982 par le Bureau international du travail (BIT), un chômeur est une personne en âge de travailler (15 ans ou plus) qui répond simultanément à trois conditions :

- être sans emploi, c'est-à-dire ne pas avoir travaillé, ne serait-ce qu'une heure, durant une semaine de référence ;
- être disponible pour prendre un emploi dans les 15 jours ;
- avoir cherché activement un emploi dans le mois précédent ou en avoir trouvé un qui commence dans moins de trois mois.

Un chômeur au sens du BIT n'est pas forcément inscrit à l'ANPE (et inversement).

Chômage de longue durée : un chômeur de longue durée est un actif au chômage depuis plus d'un an.

Enquête Emploi : voir rubrique « Pour comprendre ».

Taux de chômage : pourcentage de chômeurs dans la population active (actifs occupés + chômeurs). On peut calculer un taux de chômage par âge en mettant en rapport les chômeurs d'une classe d'âge avec les actifs de cette classe d'âge. De la même manière se calculent des taux de chômage par sexe, par PCS, ...

Pour en savoir plus

- « Emploi, chômage, population active : un bilan des évolutions 2005-2007 », *Premières Synthèses* n° 26.1, Dares, juin 2008.
- « Enquête emploi en continu 2006 », *Insee Résultats* n° 81 Société, mai 2008.
- « Indemnisation et accompagnement des chômeurs : une articulation à reconsidérer », *Connaissance de l'emploi* n° 51, Centre d'études de l'emploi, février 2008.

Durée et circonstances du chômage

	Moyenne 2006	Moyenne 2007
Ancienneté moyenne de chômage (en mois)		
Ensemble	**14,2**	**13,9**
Hommes	14,6	14,1
Femmes	13,8	13,7
Personnes au chômage depuis un an ou plus[1] (en %)		
Ensemble	**42,2**	**40,4**
15 à 24 ans	25,7	24,9
25 à 49 ans	43,4	40,4
50 ans ou plus	61,1	60,5
Hommes	**42,8**	**40,6**
Femmes	**41,7**	**40,1**
Circonstance de la recherche d'emploi (en %)		
Fin d'emploi à durée limitée	41,3	41,0
Licenciement	23,2	23,4
Démission	10,4	10,9
Autres circonstances	25,1	24,6

1. Proportion calculée sur l'ensemble des chômeurs pour lesquels on sait calculer l'ancienneté. On fait l'hypothèse que les chômeurs dont l'ancienneté est inconnue ont des anciennetés de chômage comparables aux autres.
Champ : France métropolitaine, population des ménages, personnes de 15 ans ou plus.
Source : Insee, enquêtes Emploi.

Taux de chômage par sexe et âge

en %

	Moyenne 1990 (r)	Moyenne 1995 (r)	Moyenne 2006	Moyenne 2007
Hommes	**6,2**	**8,5**	**8,1**	**7,4**
15 à 29 ans	13,1	17,2	20,9	18,6
30 à 49 ans	5,2	7,8	7,0	6,6
50 ans ou plus	4,7	6,4	5,8	5,2
Femmes	**10,2**	**11,9**	**9,6**	**8,5**
15 à 29 ans	18,3	24,7	23,9	20,2
30 à 49 ans	9,4	11,3	9,0	8,1
50 ans ou plus	6,8	6,9	6,2	5,6
Total	**7,9**	**10,1**	**8,8**	**8,0**
15 à 29 ans	**15,4**	**20,6**	**22,2**	**19,3**
30 à 49 ans	**7,0**	**9,4**	**7,9**	**7,3**
50 ans ou plus	**5,6**	**6,6**	**6,0**	**5,4**

Note : âge atteint au 31 décembre de l'année d'enquête.
Champ : France métropolitaine, population des ménages, personnes de 15 ans ou plus.
Source : Insee, enquêtes Emploi.

Taux de chômage depuis 1985

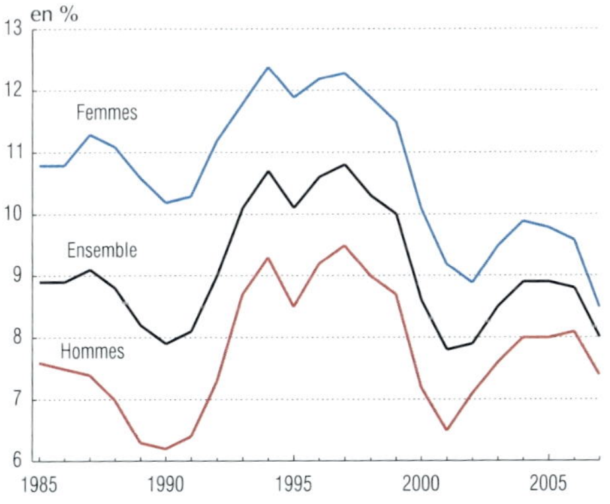

Champ : France métropolitaine, population des ménages, personnes de 15 ans ou plus.
Source : Insee, enquêtes Emploi.

Nombre de chômeurs

en milliers

	Moyenne 1990	Moyenne 1995	Moyenne 2005	Moyenne 2006	Moyenne 2007
Hommes	869	1 196	1 171	1 184	1 094
Femmes	1 122	1 384	1 258	1 248	1 121
Total	**1 991**	**2 580**	**2 429**	**2 432**	**2 215**

Champ : France métropolitaine, population des ménages, personnes de 15 ans ou plus.
Source : Insee, enquêtes Emploi.

Taux de chômage selon la catégorie socioprofessionnelle et le diplôme

en %

	Moyenne 1990	Moyenne 2000	Moyenne 2006	Moyenne 2007
Catégories socioprofessionnelles				
Cadres	3,3	4,1	4,0	3,3
Professions intermédiaires	3,7	4,8	4,8	4,5
Employés	9,1	9,6	9,2	8,1
Ouvriers	10,0	10,0	11,5	10,7
Diplôme				
Sans diplôme ou CEP	10,9	13,1	13,9	13,2
BEPC, CAP, BEP	7,6	8,3	8,6	7,8
Baccalauréat	5,6	7,2	8,5	7,1
Bac + 2	3,5	4,5	5,6	5,2
Diplôme supérieur	3,7	5,8	6,0	5,6
Ensemble	**7,9**	**8,6**	**8,8**	**8,0**

Champ : France métropolitaine, population des ménages, personnes de 15 ans ou plus.
Source : Insee, enquêtes Emploi.

@ Chômage dans l'Union européenne en 2007

	Nombre total de chômeurs en milliers	Taux de chômage		
		Ensemble en %	Hommes en %	Femmes en %
Allemagne	3 601,9	8,4	8,4	8,3
Autriche	185,5	4,4	3,9	5,0
Belgique	353,0	7,5	6,7	8,4
Bulgarie	240,2	6,9	6,5	7,3
Chypre	15,4	3,9	3,4	4,6
Danemark	110,5	3,8	3,5	4,2
Espagne	1 833,9	8,3	6,4	10,9
Estonie	32,0	4,7	5,4	3,9
Finlande	183,4	6,9	6,5	7,2
France	**2 373,7**	**8,3**	**7,8**	**8,9**
Grèce	406,9	8,3	5,2	12,8
Hongrie	312,0	7,4	7,1	7,7
Irlande	102,6	4,6	4,9	4,2
Italie	1 506,0	6,1	4,9	7,9
Lettonie	71,3	6,0	6,4	5,6
Lituanie	69,0	4,3	4,3	4,3
Luxembourg	9,5	4,7	4,0	5,7
Malte	10,6	6,4	5,8	7,6
Pays-Bas	277,9	3,2	2,8	3,6
Pologne	1 618,8	9,6	9,0	10,3
Portugal	448,6	8,0	6,6	9,6
Rép. tchèque	276,6	5,3	4,2	6,7
Roumanie	640,9	6,4	7,2	5,4
Royaume-Uni	1 575,7	5,2	5,5	4,9
Slovaquie	295,7	11,1	9,9	12,7
Slovénie	49,9	4,8	4,0	5,8
Suède	296,2	6,1	5,8	6,4
UE à 27	**16 897,6**	**7,1**	**6,6**	**7,8**

Champ : données harmonisées non désaisonnalisées, en moyenne annuelle.
Source : Eurostat.

4.3 Politiques d'emploi

Les dispositifs spécifiques de la politique de l'emploi prennent la forme d'aides à l'emploi, de **stages de formation professionnelle** ou de mesures de **retrait d'activité** anticipé.

En 2007, ces dispositifs spécifiques ont eu un effet négatif en termes de flux sur l'emploi, notamment dans le secteur non marchand aidé. En effet, les 364 000 entrées en emplois aidés non marchands (Contrats d'accompagnement dans l'emploi et Contrats d'avenir), en léger retrait par rapport à 2006, n'ont pas permis de compenser l'extinction des anciens dispositifs (Contrats emploi solidarité, Contrats emploi consolidé et Emplois Jeunes) et les sorties importantes de contrats précédemment conclus. Mis en place en 2005 avec le Plan de cohésion sociale, les Contrats d'avenir, contrats à durée déterminée à temps partiel destinés aux allocataires de minima sociaux (bénéficiaires du RMI, de l'ASS, de l'API..), et les Contrats d'accompagnement dans l'emploi, contrats à durée déterminée destinés à faciliter l'insertion professionnelle des personnes sans emploi rencontrant des difficultés particulières d'accès à l'emploi, ont succédé aux Contrats emploi solidarité et Contrats emploi consolidé. Dans le secteur marchand, les entrées en Contrats initiative emploi, qui visent à favoriser le retour à l'emploi durable des chômeurs de longue durée, ont continûment ralenti en 2007 ; en revanche, le dynamisme des **contrats en alternance** (**apprentissage** et **contrats de professionnalisation**) et du dispositif Soutien à l'emploi des jeunes en entreprise a contribué à la progression des entrées dans le secteur marchand de 7 % par rapport à 2006. Ce dispositif vise à favoriser l'embauche, en CDI, des jeunes de 16 à 25 ans éloignés de l'emploi.

Au total, en 2007, plus de 1 811 000 personnes sont entrées dans les dispositifs spécifiques de la politique d'emploi, soit une hausse de 3 % par rapport à l'année 2006. Le nombre de bénéficiaires présents dans les dispositifs spécifiques de la politique de l'emploi a diminué de 2 %, soit un repli de 47 000 personnes en 2007.

En 2006, la dépense pour l'emploi atteint 57,0 milliards d'euros. Les dépenses d'indemnisation du chômage représentent 49 % de cette dépense. Elles fléchissent en 2006, tandis que progressent les dépenses dites «actives», en particulier les aides à l'emploi dans le secteur non marchand (Plan de cohésion sociale). Si l'on inclut les allègements généraux de cotisations sociales, en hausse en 2006, l'effort global en faveur de l'emploi atteint 76,4 milliards d'euros soit 4,23 points de PIB.

En 2006, les pays de l'UE à 15 consacrent en moyenne 2,00 % de leur PIB aux interventions sur le marché du travail en faveur des chômeurs et autres groupes défavorisés. Avec 2,32 % du PIB de dépenses consacrées aux politiques du marché du travail, la France se situe au 6ème rang, derrière l'Allemagne (2,97 %), la Belgique, les Pays-Bas, la Finlande et la Suède. ■

Définitions

Contrat ou emploi aidé : voir rubrique « Pour comprendre ».

Contrat en alternance : Contrat d'apprentissage qui permet à des 16-25 ans de travailler et de suivre un enseignement en alternance conduisant à l'obtention d'un diplôme ou d'un titre à finalité professionnelle ; **Contrat de professionnalisation** qui vise à permettre l'acquisition, par les 16-25 ans et demandeurs d'emploi de 26 ans et plus, d'une qualification professionnelle en relation avec les besoins identifiés par les branches professionnelles.

Dépense pour l'emploi : voir rubrique « Pour comprendre ».

Formation professionnelle des demandeurs d'emploi : stages de formation organisés par l'AFPA ou les Conseils régionaux, stages financés dans le cadre du plan d'aide au retour à l'emploi (PARE).

Retrait d'activité : Allocation spéciale du Fonds National de l'Emploi, Allocation de remplacement pour l'emploi, Cessation anticipée d'activité pour certains travailleurs salariés.

Pour en savoir plus

- « Le coût des politiques d'emploi en 2006 », *Premières informations* n° 30.1, Dares, juillet 2008.
- « Les contrats d'aide à l'emploi du plan de cohésion sociale dans les zones urbaines sensibles en 2006 », *Premières informations* n° 20.1, Dares, mai 2008.
- « L'apprentissage en 2006 », *Premières informations* n° 15.1, Dares, avril 2008.
- « Le contrat de professionnalisation en 2006 », *Premières informations* n° 15.2, Dares, avril 2008.
- « Les contrats d'aide à l'emploi du plan de cohésion sociale en 2006 : forte hausse des embauches », *Premières informations* n° 47.1, Dares, octobre 2007.

@ Principaux dispositifs spécifiques de politique d'emploi

en milliers

	Entrées en dispositif		Stocks de bénéficiaires en fin d'année	
	2006 (r)	2007	2006 (r)	2007
Emploi marchand aidé	**738**	**790**	**1 111**	**1 139**
dont : exonérations et primes à l'embauche de jeunes	*78*	*93*	*119*	*136*
exonérations et primes à l'embauche de CLD[1]	*102*	*67*	*174*	*95*
aide à la création d'entreprises	*81*	*111*	*84*	*114*
contrats en alternance	*412*	*444*	*576*	*620*
accompagnement des restructurations	*5*	*4*	*29*	*19*
Emploi non marchand aidé	**374**	**364**	**291**	**249**
dont : Contrat Emploi Consolidé	*19*	*1*	*20*	*2*
Contrat Emploi Jeunes	*4*	*2*	*28*	*9*
Contrat d'Avenir	*94*	*113*	*75*	*88*
Contrat d'Accompagnement dans l'Emploi	*257*	*247*	*166*	*150*
Formation des demandeurs d'emploi	**541**	**555**	**238**	**240**
dont : stages de formation	*487*	*509*	*224*	*228*
prévention du chômage de longue durée	*54*	*46*	*14*	*11*
Retraits d'activité	**108**	**101**	**454**	**418**
Préretraites totales	6	4	48	35
Dispenses de recherche d'emploi	101	97	406	383
Total	**1 760**	**1 811**	**2 093**	**2 046**

1. Chômeurs de longue durée.
Champ : France métropolitaine.
Source : Dares.

Effets sur l'emploi et le chômage des dispositifs ciblés de politique d'emploi

en milliers de bénéficiaires

	2005	2006	2007
Effets des dispositifs spécifiques			
Sur l'emploi	**– 3**	**27**	**– 24**
dont : marchand aidé	*6*	*4*	*6*
non marchand aidé	*– 8*	*23*	*– 30*
Sur le chômage	**37**	**– 8**	**54**
dont : marchand aidé	*– 4*	*– 2*	*– 5*
non marchand aidé	6	– 19	24
formation des demandeurs d'emploi	26	– 4	– 2
retraits d'activité	9	17	36

Champ : France métropolitaine.
Sources : Anpe ; Unédic ; Cnasea ; Insee ; Dares ; Dgefp.

Emploi, chômage et politiques d'emploi ciblées

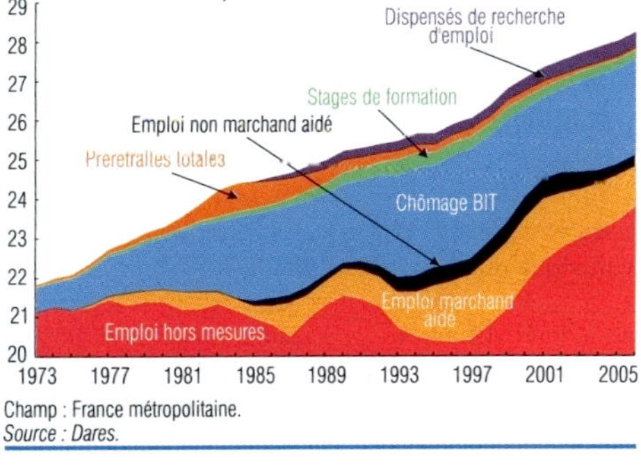

Champ : France métropolitaine.
Source : Dares.

Bénéficiaires des principaux dispositifs de politique d'emploi en 2006 selon le sexe et l'âge

en %

	Sexe		Âge		
	Hommes	Femmes	Jeunes	Adultes	
			de moins de 26 ans	de moins de 50 ans	de 50 ans ou plus
Emploi aidé dans le secteur marchand	**64,1**	**35,9**	**73,6**	**21,9**	**4,6**
Abaissement de coûts salariaux	**64,7**	**35,3**	**51,8**	**36,2**	**12,1**
Soutien à l'emploi des jeunes en entreprise	69,7	30,3	100,0	0,0	0,0
Contrat initiative emploi	55,6	44,4	16,1	61,0	22,9
Contrat d'insertion-revenu minimum d'activité	80,8	19,2	11,1	73,7	15,1
Formation en alternance	**63,1**	**36,9**	**96,0**	**4,0**	**0,0**
Contrat d'apprentissage	68,6	31,4	100,0	0,0	0,0
Contrat de professionnalisation	52,5	47,5	88,3	11,6	0,1
Aide à la création d'emploi et d'activités	**67,7**	**32,3**	**7,8**	**81,3**	**10,9**
Emploi aidé dans le secteur non marchand	**36,8**	**63,2**	**28,6**	**57,2**	**14,2**
Contrat d'accompagnement dans l'emploi	35,4	64,6	36,3	48,9	14,8
Contrat d'avenir	40,6	59,4	7,4	79,9	12,7
Ensemble	**54,7**	**45,3**	**58,2**	**34,0**	**7,9**

Champ : France métropolitaine.
Source : Dares.

@ Dépense pour l'emploi

en millions d'euros

	2000	2005	2006
Dépenses "passives"			
Indemnisation du chômage	20 659,7	29 817,2	27 779,5
Incitation au retrait d'activité	3 859,8	1 517,3	1 324,2
Dépenses "actives"			
Formation professionnelle	12 697,5	13 569,1	14 362,7
Promotion de l'emploi et exonérations non compensées	11 178,8	8 884,5	9 557,9
Autres[1]	2 650,6	3 912,7	3 927,7
Total de la dépense pour l'emploi	**51 046,3**	**57 700,9**	**56 952,0**
En % du PIB	**3,54**	**3,34**	**3,15**
Réductions dégressives bas salaires (entreprises à 39 heures)	5 274,7	0,0	0,0
ARTT (Loi Robien du 11 juin 1996)	554,1	16,6	7,6
Loi Aubry 1 (13 juin 1998)	2 073,3	258,4	29,9
Loi Aubry 2 (19 janvier 2000)	3 674,0	0,0	0,0
Allègements Fillon (Loi du 17 janvier 2003)	///	16 918,4	19 452,8
Total des allégements généraux[2]	**11 576,1**	**17 193,4**	**19 490,4**
En % du PIB	**0,80**	**1,00**	**1,08**
Total dépense pour l'emploi et allégements généraux	**62 622,4**	**74 894,3**	**76 442,3**
En % du PIB	**4,34**	**4,34**	**4,23**

1. Maintien de l'emploi, incitation à l'activité, fonctionnement du marché du travail.
2. Pour les allégements généraux, ruptures de série : les dépenses sont présentées en "encaissements/décaissements" (dépenses au cours de l'année) jusqu'en 2000 ainsi qu'en 2004-2005 ; en "droits constatés" (dépenses au titre de l'année) de 2001 à 2003, source FOREC, puis à partir de 2006, source Acoss.
Source : Dares.

4.4 Durée et conditions de travail

En 2005, la part des salariés à **temps partiel** a plus que doublé par rapport au début des années quatre-vingt : 18 % contre 8 %. L'emploi à temps partiel est très majoritairement féminin et particulièrement développé dans le secteur des services, notamment chez les particuliers employeurs, ainsi que dans les collectivités locales. Les statuts restent en moyenne plus précaires que ceux des salariés à temps complet pour des emplois moins qualifiés.

Par ailleurs, durant la dernière période, la **durée du travail** des salariés à temps complet a légèrement augmenté : elle s'établit à 39 h 10 en 2007 contre 38 heures 45 en 2003.

En 2005, le tiers des salariés déclarent avoir reçu soit une information, soit une formation sur les risques que leur travail fait courir à leur santé : le cinquième dans les PME de moins de 50 salariés, deux fois plus dans les très grandes entreprises de plus de 1 000 salariés.

L'encadrement et le médecin sont les principales sources d'information des salariés. 83 % des salariés ont passé une visite médicale avec un médecin du travail au cours des deux années précédant l'enquête. Toutefois, les salariés à temps contrat précaire ou à **temps partiel** sont moins souvent vus par le médecin du travail. Les femmes semblent moins bénéficier des mesures de prévention des risques professionnels que les hommes.

Un salarié sur six déclarait en 2003 être l'objet d'un comportement hostile de la part d'une ou plusieurs personnes dans le travail ; les salariés peu qualifiés sont plus concernés par ce type de comportement que les autres, alors que les salariés aux âges intermédiaires et dans les petits établissements le sont moins. Cependant, ces comportements hostiles surviennent surtout quand les contraintes hiérarchiques sont fortes et le rythme de travail intense.

Dans l'Union européenne, un salarié sur sept occupe un emploi à durée déterminée en 2005. Une bonne partie d'entre eux ont accepté un contrat à durée déterminée (CDD) parce qu'ils ne pouvaient pas trouver d'emploi permanent. Presqu'un tiers de salariés de moins de 30 ans avait un CDD, et environ 40 % d'entre eux involontairement. Ces CDD sont le plus souvent dans l'agriculture et les employés des ménages privés. La proportion est plus élevée dans les professions non qualifiées. Environ 43 % des femmes et 48 % des hommes qui travaillent involontairement à durée déterminée ont des contrats de moins de six mois.

Selon l'enquête communautaire sur les forces de travail dans 18 États membres, trois quarts des salariés de 25 à 49 ans européens ont des horaires fixes ou décalés chaque semaine. Seulement un quart bénéficie d'une certaine flexibilité dans les heures de travail effectuées. Les aménagements du temps de travail ne semblent pas être d'une grande aide pour les parents dans la majorité de ces pays. En effet les salariés qui ont des enfants semblent être moins nombreux à bénéficier d'horaires flexibles que ceux qui n'en ont pas et non le contraire. La flexibilité est plus fréquente dans les emplois hautement qualifiés et les postes de direction. ■

Définitions

Contrat ou emploi aidé : voir rubrique « Pour comprendre ».

Durée du travail : voir rubrique « Pour comprendre ».

Enquête Ecmoss : voir rubrique « Pour comprendre ».

Emploi à durée limitée : contrats à durée déterminée (CDD), emplois intérimaires, stages et contrats aidés, apprentissage.

Temps partiel : temps de travail inférieur à la durée légale du travail, ou à la durée conventionnelle si celle-ci est inférieure. Il doit obligatoirement faire l'objet d'un contrat de travail écrit. Le travail à temps partiel peut-être mis en place à l'initiative de l'employeur ou du salarié.

Sous-emploi : voir rubrique « Pour comprendre ».

Pour en savoir plus

- « La prévention des risques professionnels vue par les salariés », *Premières synthèses* n° 05.1, Dares, janvier 2008.
- « Pénibilité du travail et sortie précoce de l'emploi », *Premières synthèses* n° 03.1, Dares, janvier 2008.
- « De plus en plus d'emplois à temps partiel au cours de vingt-cinq dernières années », *Premières synthèses* n° 39.3, Dares, septembre 2007.
- « Hommes et femmes employés involontairement en contrats à durée déterminée », *Statistiques en bref* n° 98 Population et conditions sociales, Eurostat, août 2007.
- « Flexibilité dans l'aménagement du temps de travail pour les femmes et les hommes », *Statistiques en bref* n° 96 Population et conditions sociales, Eurostat, juillet 2007.

Sous-emploi et temps partiel

en moyenne annuelle

	2006		2007	
	Effectifs en milliers	Taux en % 1	Effectifs en milliers	Taux en % 1
Actifs en sous-emploi	**1 327**	**5,3**	**1 419**	**5,5**
Hommes	326	2,4	336	2,5
Femmes	1 001	8,6	1 083	9,0
Actifs à temps partiel	**4 322**	**17,2**	**4 411**	**17,2**
dont temps partiel subi	*1 249*	*5,0*	*1 341*	*5,2*
Hommes	781	5,8	778	5,7
dont temps partiel subi	*269*	*2,0*	*281*	*2,1*
Femmes	3 541	30,2	3 633	30,2
dont temps partiel subi	*980*	*8,4*	*1 060*	*8,8*

1. Par rapport à l'ensemble des actifs occupés.
Source : Insee, enquêtes Emploi.

Durée annuelle rémunérée du travail et forfait en jours selon la taille de l'entreprise en 2006

	Durée annuelle rémunérée des salariés[1] en heures	Part des salariés à temps complet au forfait en jours en %	Durée moyenne des salariés[1] au forfait en jours
10 à 19 salariés	1 878	2	215
20 à 49 salariés	1 866	4	217
50 à 99 salariés	1 845	6	216
100 à 249 salariés	1 837	9	215
250 à 499 salariés	1 831	13	215
500 salariés ou plus	1 833	11	213
Ensemble	**1 845**	**8**	**214**

1. Salariés à temps complet hors forfait en jours (en équivalent année pleine).
Champ : entreprises de 10 salariés ou plus du secteur marchand non agricole.
Sources : Insee, enquête Ecmoss ; Dares.

Durée annuelle du travail des salariés par branche

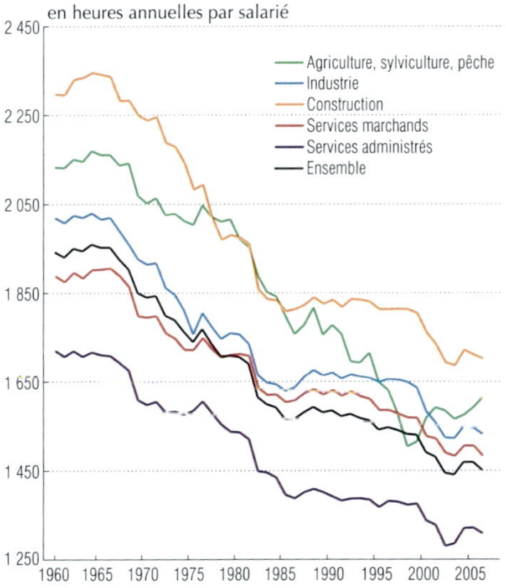

Source : Insee, comptes nationaux - base 2000.

Durée hebdomadaire moyenne de travail selon la profession

	2003	2006	2007
Cadres et prof. intellect. sup.	42 h 30	42 h 55	43 h 20
Professions intermédiaires	38 h 25	38 h 45	38 h 55
Employés	38 h 10	38 h 15	38 h 10
Ouvriers	37 h 40	37 h 45	37 h 50
Ensemble	**38 h 45**	**39 h 05**	**39 h 10**

Champ : salariés à temps complet en France métropolitaine.
Source : Insee, enquêtes Emploi.

Emplois à durée limitée

en milliers

	2005	2006	2007
Intérimaires	524	544	547
Apprentis	329	331	353
Contrats à durée déterminée (y compris stagiaires et contrats aidés)	2 084	2 105	2 156
Total	**2 937**	**2 980**	**3 056**
Part dans l'ensemble des salariés (en %)	*13,2*	*13,3*	*13,4*

Champ : salariés en France métropolitaine ; données en moyenne annuelle.
Source : Insee, enquêtes Emploi.

@ Durée du travail hebdomadaire et temps partiel dans l'Union européenne en 2007

	Durée hebdomadaire[1]	Travailleurs à temps partiel en % de l'emploi total		
	en heures	Hommes en %	Femmes en %	Ensemble en %
Allemagne	41,7	9,4	45,8	26,0
Autriche	44,3	7,2	41,2	22,6
Belgique	41,2	7,5	40,6	22,1
Bulgarie	41,9	1,3	2,1	1,7
Chypre	41,7	4,4	10,9	7,3
Danemark	40,4	13,5	36,2	24,1
Espagne	42,0	4,1	22,8	11,8
Estonie	41,2	4,3	12,1	8,2
Finlande	40,3	9,3	19,3	14,1
France	**41,0**	**5,7**	**30,2**	**17,2**
Grèce	43,8	2,7	10,1	5,6
Hongrie	40,9	2,8	5,8	4,1
Irlande[2]	40,2	6,1	31,5	16,8
Italie	41,1	5,0	26,9	13,6
Lettonie	42,0	4,9	8,0	6,4
Lituanie	40,0	7,0	10,2	8,6
Luxembourg	39,9	2,6	38,6	18,0
Malte	41,2	4,4	24,9	11,1
Pays-Bas	40,9	23,6	75,0	46,8
Pologne	42,9	6,6	12,5	9,2
Portugal	41,6	8,0	16,9	12,1
Rép. tchèque	42,8	2,3	8,5	5,0
Roumanie	41,0	9,2	10,4	9,7
Royaume-Uni	43,0	10,9	42,3	25,5
Slovaquie	41,6	1,1	4,5	2,6
Slovénie	42,5	7,7	11,3	9,3
Suède	41,0	11,8	40,0	25,0
UE à 27	**41,8**	**7,7**	**31,2**	**18,2**

1. Y compris les heures supplémentaires de l'ensemble des personnes en emploi à temps plein.
2. Données 2004 pour les travailleurs à temps partiel.
Source : Eurostat.

4.5 Emploi de la fonction publique

Les trois **fonctions publiques** emploient 5,2 millions de personnes hors emplois aidés au 31 décembre 2005, soit un salarié sur cinq. Près de la moitié appartient à la fonction publique de l'État (FPE), le tiers à la fonction publique territoriale (FPT) et le cinquième à la fonction publique hospitalière (FPH). S'ajoutent à ces effectifs un peu plus de 100 000 emplois aidés. La croissance de l'emploi public, en ralentissement en 2005, est toujours tirée par la FPT. Les effectifs des trois fonctions publiques (hors **emplois aidés**) ont augmenté de 61 000 personnes (+ 1,2 %).

En 2005, la stabilité des effectifs de la FPE, 2,5 millions d'agents, résulte d'une part de la baisse des effectifs dans les ministères (– 0,7 %) et d'autre part de la hausse dans les établissements publics (+ 7,8 %). Par ailleurs, et pour la troisième année consécutive, les recrutements dans la FPE sont en baisse (– 5,5 %).

La fonction publique territoriale, 1,6 millions d'agents en 2005, a absorbé depuis 10 ans à elle seule la moitié des créations d'emploi public. Toujours dynamique, sa croissance ralentit néanmoins : + 2,5 % en 2005. Les trois quarts des agents travaillent dans les régions, départements et communes, un quart dans les établissements publics administratifs locaux. Les communes restent toujours les premiers employeurs avec 62 % du total des agents en 2005. En un an, les effectifs des établissements publics administratifs locaux augmentent de 5 % alors que l'ensemble de la FPT progresse de moitié moins.

Les effectifs de la fonction publique hospitalière s'élèvent, hors emplois aidés, à 1 million de personnes fin 2005 : 94 % travaillent dans les hôpitaux publics et 6 % dans les établissements autonomes pour personnes âgées. Depuis 1994, les effectifs ont augmenté de 21 % ; en un an la progression, tirée par celle des non-titulaires, s'établit à + 2,2 %.

En 2005, parmi les agents (hors emplois aidés) ayant un emploi principal dans la fonction publique, huit sur dix sont **titulaires** ou militaires. L'emploi des **non-titulaires** évolue au même rythme que l'emploi public depuis 1994. La qualification des emplois est plus élevée dans la FPE, en raison du poids des enseignants. Près de la moitié des agents sont de catégorie C ; dans la FPT, ils représentent 78 % des agents. La catégorie A compte pour près du tiers des effectifs. Enfin le cinquième des agents est de catégorie B. La fonction publique est majoritairement féminine, sauf dans les emplois de direction. Les femmes n'occupent encore que 13 % des emplois supérieurs, alors qu'elles comptent pour 59 % de l'emploi total et pour 55 % des cadres A.

En 2005, la part des 50 ans ou plus atteint 28 % dans le secteur public contre 21 % dans le secteur privé. En 2006, 61 700 départs à la retraite ont été constatés chez les agents titulaires civils de l'État (+ 9 % par rapport à 2005). Dans les fonctions publiques territoriale et hospitalière, 62 000 agents sont partis à la retraite, soit 22 % de plus qu'en 2005. La fonction publique devrait connaître de nombreux départs à la retraite d'ici à 2015 : 29 % des fonctionnaires civils de l'État devraient quitter leur fonction, 22 % dans la FPT et 26 % dans la FPH. ■

Définitions

Fonction publique : voir rubrique « Pour comprendre ».

Contrat ou emploi aidé : voir rubrique « Pour comprendre ».

Titulaires, non-titulaires : la fonction publique emploi des personnels titulaires et des personnels non-titulaires. Les titulaires sont fonctionnaires civils, militaires ou magistrats. Ils appartiennent à des corps regroupés en catégorie d'après leur niveau de concours de recrutement :

- catégorie A, assure des fonctions d'études générales, de conception et de direction ;
- catégorie B, chargée des fonctions d'application ;
- catégorie C, assure des tâches d'exécution.

Les non-titulaires sont essentiellement les personnels de l'enseignement sous contrat payés par l'État, les contractuels, auxiliaires, vacataires, collaborateurs extérieurs. Pour la DGAFP, les agents non-titulaires ne comprennent pas les ouvriers d'État, les assistantes maternelles, les médecins, et les emplois aidés.

Pour en savoir plus

- « L'emploi dans les collectivités territoriales au 31 décembre 2003, 2004 et 2005 », *Insee Résultats* n° 79 Société, avril 2008.
- « Les collectivités locales en chiffres 2008 », direction générale des Collectivités locales, mars 2008.
- « Rapport annuel sur l'état de la fonction publique : faits et chiffres 2006-2007 », *La documentation française*, 2007.

Effectifs de la fonction publique d'État, territoriale et hospitalière

en milliers

	1994	2000	2003	2004	2005
Fonction publique d'État	**2 366,3**	**2 472,1**	**2 543,2**	**2 543,1**	**2 543,0**
Ministères[1]	2 202,5	2 276,5	2 313,4	2 319,8	2 302,7
Établissements publics administratifs nationaux à recrutement de droit public	163,8	195,6	229,8	223,3	240,3
Fonction publique territoriale	**1 231,7**	**1 371,9**	**1 521,6**	**1 574,3**	**1 613,2**
Collectivités territoriales	1 003,6	1 091,1	1 161,9	1 189,0	1 210,6
Établissements publics administratifs locaux à recrutement de droit public	228,2	280,8	359,6	385,2	402,6
Fonction publique hospitalière[2]	**840,5**	**899,4**	**964,6**	**1 001,7**	**1 023,7**
Total	**4 438,6**	**4 743,4**	**5 029,3**	**5 119,0**	**5 179,9**

1. Les volontaires militaires sont comptabilisés dans les effectifs de l'État à partir de 2004.
2. Y compris non-titulaires sur crédits de remplacement.
Champ : effectifs au 31 décembre, hors emplois aidés.
Sources : Insee ; Drees ; DHOS.

Effectifs de la fonction publique de l'État

en milliers

	2004	2005
Ministères	**2 319,8**	**2 302,7**
Titulaires	1 750,8	1 750,2
Non-titulaires	164,4	150,8
Ouvriers d'État	55,6	50,9
Militaires hors volontaires	330,5	333,6
Volontaires militaires	18,5	17,2
Établissements publics administratifs nationaux à recrutement de droit public[1]	**223,3**	**240,3**
Titulaires	84,4	85,7
Non-titulaires	137,9	153,7
Ouvriers d'État	1,0	0,9
Total de la fonction publique de l'État	**2 543,1**	**2 543,0**

1. ANPE, CNRS, CROUS, établissements d'enseignement du second degré ou supérieur, etc.
Champ : effectifs au 31 décembre. Emplois principaux, hors bénéficiaires d'emplois aidés.
Sources : DGAFP ; Insee.

@ Répartition des effectifs de la fonction publique par catégorie statutaire fin 2005

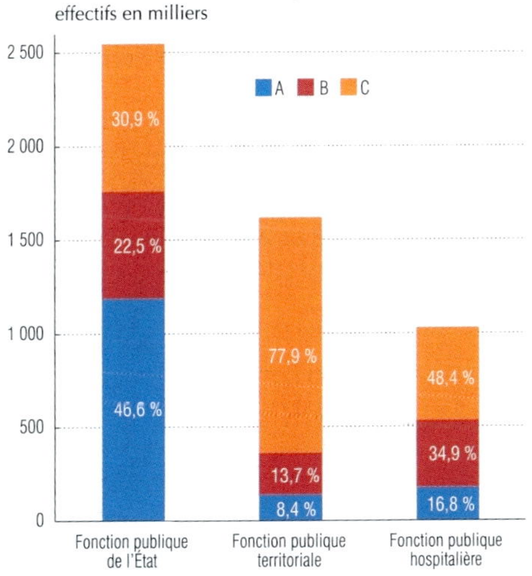

Champ : emplois principaux, hors bénéficiaires d'emplois aidés.
Sources : DGAFP ; DHOS ; Drees ; Insee.

Effectifs de la fonction publique hospitalière en 2005

	en milliers	*dont femmes en %*	*dont titulaires en %*
Hôpitaux	960,6	*75,0*	*76,3*
Médecins[1]	107,1	*39,7*	*///*
Personnel non médical	853,5	*79,4*	*85,9*
Établissements d'hébergement pour personnes âgées	63,1	*85,4*	*73,8*
Total	**1 023,7**	***75,6***	***76,2***

1. Y compris internes et résidents, hors praticiens hospitalo-universitaires.
Champ : effectifs au 31 décembre hors emplois aidés, y compris non-titulaires sur crédits de remplacement.
Sources : Drees ; DHOS ; Insee.

Effectifs de la fonction publique territoriale en 2005

	Effectifs au 31 décembre en milliers	Évolution 2004-2005 en %
Collectivités territoriales	**1 210,6**	**2**
Communes	993,9	2
Titulaires	781,7	2
Non-titulaires	197,9	1
Assistantes maternelles	14,3	0
Départements	201,6	2
Titulaires	140,8	3
Non-titulaires	24,4	0
Assistantes maternelles	36,5	0
Régions	15,1	8
Titulaires	11,5	9
Non-titulaires	3,6	4
Étab. publics à caractère administratif (EPA)	**402,6**	**5**
Établissements communaux	110,0	3
Titulaires	68,2	5
Non-titulaires	37,8	0
Assistantes maternelles	4,0	– 1
Établissements intercommunaux[1]	183,1	8
Titulaires	137,5	9
Non-titulaires	44,7	7
Assistantes maternelles	0,9	14
Établissements départementaux	89,7	2
Titulaires	76,5	3
Non-titulaires	12,9	– 4
Assistantes maternelles	0,3	– 5
Autres Epa locaux[2]	19,8	– 4
Titulaires	16,1	– 4
Non-titulaires	3,8	– 6
Total fonction publique territoriale	**1 613,2**	**2**

1. Établissements à fiscalité propre, Sivom, Sivu,...
2. Caisses de crédit municipal, offices publics de HLM, Epa de type services marchands.
Champ : emplois principaux, hors bénéficiaires d'emplois aidés.
Sources : DGAFP ; Insee.

4.6 Emploi des jeunes

Le **taux de chômage au sens du BIT** est désormais établi de façon trimestrielle à partir de l'enquête Emploi, et s'appuie sur la définition du chômage identique à la définition utilisée par l'office de statistique européen Eurostat. Le taux de chômage baisse continûment depuis début 2006, après une légère augmentation en 2005. L'ampleur de la baisse du taux de chômage est plus grande pour les jeunes de 15 à 24 ans, plus sensibles aux variations conjoncturelles. En moyenne au dernier trimestre de 2007, il était de 17,8 %, ce qui signifie qu'un jeune actif sur cinq était au chômage. Comme les jeunes sont nombreux à poursuivre des études sans occuper un emploi, la part des chômeurs dans la population totale des 15-24 ans est nettement plus faible : 6,7 % des jeunes en moyenne en 2007.

En 2007, les **emplois aidés** restent une voie privilégiée d'insertion des jeunes sur le marché du travail. Sur l'ensemble des actifs occupés de moins de 26 ans, plus d'une personne sur quatre occupe un emploi aidé. L'alternance emploi-formation (apprentissage, contrats de professionnalisation) représente un emploi sur sept occupé par des jeunes.

Depuis juillet 2002, le **contrat jeunes en entreprise** (CJE) subventionne l'embauche de jeunes peu qualifiés dans le secteur marchand. Ces emplois subventionnés sont à durée indéterminée ; cependant, deux jeunes sur trois embauchés en 2003 et 2004 quittent le dispositif avant la fin des trois années de versement de l'aide de l'État à leur employeur. Après le CJE, la mobilité professionnelle reste forte. Dans les six premiers mois suivant la sortie du dispositif, un tiers des jeunes ont occupé au moins deux emplois différents.

Le taux de chômage des 15-24 ans a baissé dans l'Union européenne à 27 au cours des dernières années, passant de 18,5 % en 2005 à 15,4 % en 2007. Il dépasse les 20 % en Grèce, Pologne, Italie, Roumanie et Slovaquie, alors qu'aux Pays-Bas il ne dépasse pas les 6 %.

Le **taux d'emploi** des jeunes âgés de 15-24 ans, qui est naturellement plus bas que celui de la population totale puisqu'un grand nombre de jeunes sont encore dans le système éducatif et n'ont pas de travail, est de 37 % dans l'Union (64 % pour les 15-64 ans). Les États membres ayant le taux d'emploi de jeunes le plus élevé sont les Pays-Bas, le Danemark, l'Autriche, le Royaume-Uni, tandis que les taux les plus bas sont observés en Hongrie, Bulgarie, Pologne et Lituanie. ■

Définitions

Chômage au sens du BIT : en application de la définition internationale adoptée en 1982 par le Bureau international du travail (BIT), un chômeur est une personne en âge de travailler (15 ans ou plus) qui répond simultanément à trois conditions :

- être sans emploi, c'est-à-dire ne pas avoir travaillé, ne serait-ce qu'une heure, durant une semaine de référence ;
- être disponible pour prendre un emploi dans les 15 jours ;
- avoir cherché activement un emploi dans le mois précédent ou en avoir trouvé un qui commence dans moins de trois mois.

Un chômeur au sens du BIT n'est pas forcément inscrit à l'ANPE (et inversement).

Contrat aidé ou emploi aidé : voir rubrique « Pour comprendre ».

Contrat jeunes en entreprise (CJE) : voir rubrique « Pour comprendre ».

Enquête Emploi : voir rubrique « Pour comprendre ».

Taux de chômage : pourcentage de chômeurs dans la population active (actifs occupés + chômeurs). On peut calculer un taux de chômage par âge en mettant en rapport les chômeurs d'une classe d'âge avec les actifs de cette classe d'âge.

Taux d'emploi : rapport entre le nombre d'individus de la classe ayant un emploi et le nombre total d'individus dans la classe. Voir rubrique « Pour comprendre ».

Pour en savoir plus

- « Emploi, chômage, population active : un bilan des évolutions 2005-2007 », *Premières synthèses* n° 26.1, Dares, juin 2008.
- « Résultats de l'enquête Emploi : le chômage baisse depuis début 2006 », *Insee Première* n° 1164, novembre 2007.
- « Le contrat jeunes en entreprise », *Premières synthèses* n° 46.2, Dares, novembre 2007.
- « L'indépendance des jeunes adultes : chômeurs et inactifs cumulent les difficultés », *Insee Première* n° 1156, septembre 2007.
- « Les jeunes européens vus à travers les chiffres », *communiqué de presse* n°44, Eurostat, mars 2007.

@ Statut des emplois des jeunes de 15 à 29 ans

en %

	2006		2007	
	Actifs de 15 à 29 ans	Ensemble des actifs	Actifs de 15 à 29 ans	Ensemble des actifs
Non salariés	**3,7**	**11,2**	**3,7**	**10,8**
Salariés	**96,3**	**88,8**	**96,3**	**89,2**
Intérimaires	5,0	2,2	5,1	2,1
Apprentis	6,6	1,3	6,9	1,4
Contrats à durée déterminée[1]	20,5	8,4	20,0	8,4
Contrats à durée indéterminée[2]	64,3	77,0	64,3	77,3
Total	**100,0**	**100,0**	**100,0**	**100,0**
Emploi total (en milliers)	**4 986**	**25 175**	**5 119**	**25 628**

1. Y compris stages et contrats aidés.
2. Y compris élèves fonctionnaires, stagiaires et les personnes sans contrat.
Source : Insee, enquêtes Emploi.

@ Jeunes de moins de 26 ans dans les différents dispositifs de politique de l'emploi

effectifs en milliers

	2000	2006 (r)	2007 (p)
Alternance	**579**	**556**	**590**
Apprentissage	359	402	417
Contrats de qualification, d'orientation et d'adaptation	220	4	0
Contrats de professionnalisation	0	150	173
Emploi marchand hors alternance	**77**	**137**	**143**
Contrats initiative emploi	36	18	6
Soutien à l'emploi des jeunes en entreprise	0	119	136
Autres mesures	41	0	0
Emploi non marchand	**163**	**65**	**52**
Contrats emploi-solidarité	36	0	0
Emplois jeunes	118	6	1
Contrats emploi-consolidé	10	1	0
Contrats d'accompagnement vers l'emploi	0	54	47
Contrats d'avenir	0	4	4
Total	**820**	**758**	**784**
Part des emplois aidés parmi les emplois occupés par les jeunes (en %)	*30,0*	*27,5*	*27,2*

Champ : situation au 31 décembre en France métropolitaine ; jeunes de moins de 26 ans dans un dispositif de politique de l'emploi ; hors abattement temps partiel, aide à la création et à la reprise d'une entreprise (Accre) et insertion par l'activité économique.
Sources : Dares ; Insee.

Taux de chômage des jeunes de 15 à 24 ans

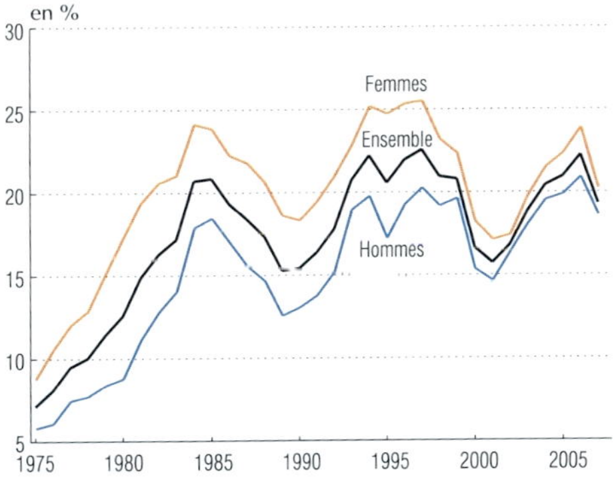

Champ : France métropolitaine, population des ménages, personnes de 15 ans ou plus.
Source : Insee, enquêtes Emploi.

Taux de chômage selon le diplôme de 1 à 4 ans après la fin des études

en %

	2003	2004	2005	2006	2007
Non diplômés	38,3	41,4	42,5	49,0	46,6
BEPC, CAP ou BEP	20,2	22,2	25,2	27,3	24,8
Baccalauréat	12,7	16,0	15,2	14,2	14,0
Dipl. supérieur au bac.	10,0	10,1	9,7	10,1	8,9
Ensemble	**15,7**	**16,9**	**16,9**	**17,8**	**16,2**

Champ : France métropolitaine, population des ménages, personnes de 15 ans ou plus.
Source : Insee, enquêtes Emploi.

Situation des jeunes de 15 à 29 ans

en %

	Moyenne 1990	Moyenne 1995	Moyenne 2006	Moyenne 2007
Taux d'emploi[1]	**49,7**	**44,3**	**43,9**	**45,0**
Hommes	55,3	49,2	47,7	48,6
Femmes	44,1	39,3	40,0	41,3
Part du chômage[2]	**7,0**	**8,4**	**8,2**	**7,6**
Hommes	6,2	7,6	8,5	7,9
Femmes	7,9	9,3	7,9	7,4
Taux de scolarité[3]	**41,0**	**45,8**	**48,1**	**47,6**
Hommes	40,3	44,8	47,1	46,8
Femmes	41,8	46,9	49,1	48,5

1. Non compris contingent. En moyenne annuelle.
2. Proportion de chômeurs dans la population totale des 15-29 ans en moyenne annuelle.
3. Non compris les scolaires actifs. Les taux de scolarité sont calculés en mars pour 1990 et 1995 et en moyenne annuelle pour 2006 et 2007.
Champ : France métropolitaine, population des ménages, personnes de 15 ans ou plus ; âge atteint au 31 décembre.
Source : Insee, enquêtes Emploi.

@ Taux d'emploi et chômage des jeunes de 15 à 24 ans dans l'Union européenne en 2007

en %

	Taux d'emploi	Taux de chômage	Proportion de jeunes au chômage
Allemagne	45,3	11,1	6,1
Autriche	55,5	8,6	5,3
Belgique	27,5	18,8	6,4
Bulgarie	24,5	15,1	4,4
Chypre	37,4	9,8	4,2
Danemark	65,3	7,9	5,6
Espagne	39,1	18,2	8,7
Estonie	34,5	10,0	3,8
Finlande	44,6	16,5	8,8
France	**31,5**	**19,4**	**7,3**
Grèce	24,0	22,9	7,1
Hongrie	21,0	18,0	4,6
Irlande	49,9	9,3	5,0
Italie	24,7	20,3	6,3
Lettonie	38,4	10,7	4,6
Lituanie	25,2	8,2	2,2
Luxembourg	22,0	17,5	4,1
Malte	46,0	13,1	7,1
Pays-Bas	68,4	5,9	4,3
Pologne	25,8	21,7	7,1
Portugal	34,9	16,6	6,9
République tchèque	28,5	10,7	3,4
Roumanie	24,4	20,1	6,1
Royaume-Uni	52,1	14,4	8,8
Slovénie	37,6	10,1	4,2
Slovaquie	27,6	20,3	7,0
Suède	42,2	19,1	10,1
UE à 27	**37,2**	**15,4**	**6,8**

Note : l'âge retenu par Eurostat (âge courant) diffère de l'âge retenu par l'Insee (âge au 31 décembre).
Source : Eurostat.

4.7 Emploi par activité

En 2007, 25,7 millions de personnes ont occupé un emploi dans l'économie française, à temps plein ou à temps partiel, soit une création de 339 000 emplois en termes de personnes physiques après la création de 241 000 emplois en 2006. Cela représente 25,3 millions **équivalents temps plein**. La croissance de l'**emploi salarié** en 2007 s'est sensiblement raffermie par rapport à 2006 (+ 1,4 % après + 0,8 %) quand l'emploi non-salarié a augmenté au même rythme qu'en 2006 (+ 1,1 %).

La progression de l'emploi en 2007 tient en grande partie à l'accélération de l'emploi dans les **activités marchandes**. Comme au cours des années précédentes, les **branches** les plus créatrices d'emploi sont les services, aux entreprises comme aux particuliers, ainsi que la construction, alors que la contraction se poursuit dans l'agriculture et dans l'industrie. La seule branche industrielle dont les effectifs n'ont pas baissé est celle des biens d'équipement. La branche la plus dynamique a une nouvelle fois été celle de la construction : + 4,4 % en 2007. Depuis 2002, l'emploi y a progressé de 15,7 %. Confronté à un manque chronique de personnel qualifié, la construction a intensifié son recours aux intérimaires, dont la proportion a doublé en dix ans, pour atteindre 8 % des salariés, soit le quart des emplois intérimaires de l'ensemble de l'économie. La branche immobilière a connu sur cette période une croissance également très soutenue, + 12,9 % sur cinq ans, mais plus irrégulière. La croissance des **services principalement marchands** a été plus ferme en 2007 (+ 2,2 % après + 0,9 %). La progression de l'emploi est en revanche restée modérée dans les services principalement non marchands (+ 1,0 % après + 1,3 %) du fait de la diminution du nombre d'**emplois aidés**. En 2006, les emplois aidés avaient exceptionnellement contribué à la création d'emplois mais en 2007 leur apport est à nouveau négatif car le dynamisme du **contrat d'avenir** n'arrive plus à compenser les sorties des autres contrats. Excepté les biens d'équipement, la baisse de l'emploi dans l'industrie concerne toutes les branches, et en particulier celle de l'automobile avec – 4,3 % et celle des biens de consommation avec – 2,9 %.

Dans l'Union européenne, plus de deux emplois sur trois en moyenne sont dans les services, un sur quatre dans l'industrie. Pays-Bas, Belgique, Luxembourg, Danemark, Chypre, Suède et France ont dépassé les trois quarts d'emplois dans les services et le Royaume-Uni est le premier pays à franchir la barre de 80 %. Les pays récemment entrés dans l'UE ont un fort taux d'emploi industriel : ainsi l'Estonie, la Hongrie, la Slovaquie et la Slovénie ont plus d'un emploi sur trois dans l'industrie, et la République tchèque atteint même 38 %. Quant à la Roumanie, elle offre encore un emploi sur trois dans l'agriculture, et presqu'autant dans l'industrie. ■

Définitions

Activités marchandes : voir rubrique « Pour comprendre ».

Branche ou branche d'activité : voir rubrique « Pour comprendre ».

Contrat d'avenir : le contrat d'avenir est un contrat qui s'adresse aux allocataires de minima sociaux. Il s'agit d'un contrat de travail à durée déterminée et à temps partiel. Voir rubrique « Pour comprendre ».

Emploi aidé ou contrat aidé : voir rubrique « Pour comprendre ».

Emploi au sens de la comptabilité nationale : ensemble des personnes, salariés et travailleurs indépendants, exerçant une activité rentrant dans le domaine de la production.

Emploi en équivalent temps plein ou emploi en nombre de personnes : voir rubrique « Pour comprendre ».

Emploi intérieur : qui comprend toutes les personnes physiques qui travaillent sur le territoire français, sans y résider nécessairement, quel que soit leur statut (salarié, indépendant,...).

Emploi salarié : par salariés, il faut entendre toutes les personnes qui travaillent, aux termes d'un contrat, pour une autre unité institutionnelle résidente en échange d'un salaire ou d'une rétribution équivalente. Les non salariés sont les personnes qui travaillent mais sont rémunérées sous une autre forme qu'un salaire.

Services administrés ou non marchands : voir rubrique « Pour comprendre ».

Services marchands : voir rubrique « Pour comprendre ».

Pour en savoir plus

- « L'Économie française », *Insee – Références*, édition 2008.
- « Emploi, chômage, population active : un bilan des évolutions 2005-2006 », *Premières Synthèses* n° 26.1, Dares, juin 2008.
- « Les salariés des particuliers-employeurs en 2006 », *Insee Première* n° 1173, janvier 2008.
- Notes de conjoncture et comptes nationaux (www.insee.fr).

Emploi intérieur total par branche d'activité

en milliers de personnes en équivalent temps plein

	2007	Évolution annuelle en %			
		2004 (r)	2005 (r)	2006 (r)	2007
Agriculture, sylviculture, pêche	**1 020,2**	**– 2,0**	**– 1,4**	**– 1,4**	**– 2,3**
Industrie	**3 435,8**	**– 3,4**	**– 1,9**	**– 1,8**	**– 1,1**
Industries agricoles et alimentaires	550,3	– 2,9	– 0,1	– 0,2	0,0
Biens de consommation	539,3	– 5,5	– 3,3	– 4,3	– 2,5
Industrie automobile	203,4	– 3,4	0,3	– 4,2	– 4,2
Biens d'équipement	728,5	– 3,8	– 1,5	0,2	0,2
Biens intermédiaires	1 225,8	– 2,9	– 2,7	– 2,4	– 1,3
Énergie	188,6	0,2	– 0,7	– 0,2	– 0,5
Construction	**1 903,9**	**1,9**	**3,3**	**4,5**	**4,5**
Services marchands	**11 997,2**	**0,9**	**1,1**	**0,9**	**2,2**
Commerce	3 331,9	0,5	0,0	– 0,4	1,3
Transports	1 119,6	0,3	– 1,9	0,7	1,4
Activités financières	776,1	0,0	0,4	0,6	1,6
Activités immobilières	299,2	2,0	7,6	1,9	3,1
Services aux entreprises	4 194,3	1,5	1,8	1,6	2,9
Services aux particuliers	2 276,2	1,1	2,4	1,7	2,6
Services administrés	**6 958,6**	**0,6**	**0,8**	**1,3**	**1,0**
Éducation, santé, action sociale	4 659,5	1,5	0,9	2,1	1,3
Administration	2 299,1	– 1,0	0,5	– 0,3	0,3
Total	**25 315,8**	**0,1**	**0,6**	**0,8**	**1,4**

Source : Insee, comptes nationaux - base 2000.

Emploi intérieur salarié par branche d'activité

en milliers de personnes en équivalent temps plein

	2007	Évolution annuelle en %			
		2004 (r)	2005 (r)	2006 (r)	2007
Agriculture, sylviculture, pêche	**386,8**	**– 0,4**	**1,1**	**1,1**	**– 1,6**
Industrie	**3 254,2**	**– 3,5**	**– 2,0**	**– 2,0**	**– 1,3**
Industries agricoles et alimentaires	478,3	– 3,1	– 0,3	– 0,6	– 0,3
Biens de consommation	486,4	– 5,9	– 3,6	– 4,8	– 2,9
Industrie automobile	202,2	– 3,5	0,3	– 4,2	– 4,3
Biens d'équipement	706,8	– 3,9	– 1,6	0,1	0,2
Biens intermédiaires	1 192,7	– 2,9	– 2,8	– 2,5	– 1,4
Énergie	187,7	0,2	– 0,7	– 0,2	– 0,5
Construction	**1 563,0**	**1,8**	**3,1**	**4,2**	**4,4**
Services marchands	**10 897,2**	**0,8**	**1,0**	**0,9**	**2,2**
Commerce	2 959,7	0,4	– 0,1	– 0,4	1,3
Transports	1 056,1	0,1	– 2,1	0,6	1,4
Activités financières	744,0	– 0,1	0,3	0,5	1,6
Activités immobilières	270,0	1,8	8,2	1,8	3,2
Services aux entreprises	3 937,9	1,4	1,7	1,6	2,9
Services aux particuliers	1 929,6	0,7	2,3	1,6	2,8
Services administrés	**6 635,5**	**0,5**	**0,7**	**1,3**	**1,0**
Éducation, santé, action sociale	4 341,0	1,4	0,8	2,1	1,3
Administration	2 294,5	– 1,0	0,5	– 0,3	0,3
Total	**22 736,7**	**0,0**	**0,5**	**0,8**	**1,4**

Source : Insee, comptes nationaux - base 2000.

Structure de l'emploi intérieur total par branche d'activité

nombre de personnes en %

	1980	1990	2000	2007
Agriculture, sylviculture, pêche	**8,5**	**5,7**	**3,9**	**3,3**
Industrie	**24,0**	**19,5**	**15,9**	**13,3**
Industries agricoles et alimentaires	2,5	2,4	2,3	2,2
Biens de consommation	4,9	3,9	2,7	2,0
Industrie automobile	1,5	1,1	0,9	0,8
Biens d'équipement	4,8	3,9	3,3	2,8
Biens intermédiaires	9,0	7,1	5,8	4,7
Énergie	1,2	1,1	0,9	0,8
Construction	**8,9**	**7,4**	**6,0**	**6,9**
Services marchands	**35,8**	**40,7**	**44,9**	**47,5**
Commerce	13,3	13,5	13,1	13,4
Transports	4,0	4,1	4,3	4,3
Activités financières	3,1	3,3	3,0	3,1
Activités immobilières	0,8	1,2	1,0	1,1
Services aux entreprises	8,8	11,8	15,4	16,4
Services aux particuliers	5,8	6,8	8,1	9,1
Services administrés	**22,8**	**26,7**	**29,2**	**29,0**
Éducation, santé, action sociale	14,2	17,0	19,0	19,3
Administration	8,5	9,6	10,3	9,7
Total (en milliers)	**22 202**	**22 863**	**24 332**	**25 696**

Source : Insee, comptes nationaux - base 2000.

Évolution de l'emploi par branche

en millions de personnes

	1960	1980	2000	2007
Agriculture, sylviculture, pêche	4,2	1,9	1,0	0,9
Industrie	5,1	5,3	3,9	3,4
Construction	1,6	2,0	1,5	1,8
Services	9,1	13,0	18,0	19,7
Total	**20,0**	**22,2**	**24,3**	**25,7**

Source : Insee, comptes nationaux - base 2000.

@ Emploi total par grand secteur dans l'Union européenne en 2007

	Répartition par grand secteur en %			**Emploi total**
	Agriculture	Industrie	Services	**en milliers**
Allemagne	2,1	25,4	72,4	**39 737**
Autriche	12,1	22,1	65,8	**4 320**
Belgique[1]	2,0	20,3	77,7	**(p) 4 337**
Bulgarie	19,7	28,3	52,0	**3 714**
Chypre	4,5	20,3	75,1	**385**
Danemark	2,9	20,8	76,3	**2 858**
Espagne	4,5	28,7	66,8	**20 614**
Estonie	4,7	34,6	60,7	**641**
Finlande	4,8	25,9	69,3	**2 494**
France	**3,3**	**20,3**	**76,4**	**25 593**
Grèce	11,3	19,7	68,9	**4 705**
Hongrie	4,6	32,6	62,8	**3 899**
Irlande	5,6	27,2	67,3	**2 116**
Italie	4,0	28,5	67,5	**25 165**
Lettonie	9,9	28,2	62,0	**1 111**
Lituanie	10,8	30,2	59,0	**1 515**
Luxembourg[1]	1,4	21,7	76,9	**(p) 332**
Malte	...	...	...	**158**
Pays-Bas[1]	3,2	17,3	79,6	**(p) 8 548**
Pologne[1]	19,2	26,9	53,9	**(e) 15 218**
Portugal[2]	11,9	29,3	58,8	**(p) 5 150**
Rép. tchèque	3,5	38,0	58,4	**5 172**
Roumanie[2]	33,3	29,8	36,9	**(p) 9 643**
Royaume-Uni	1,4	17,7	80,8	**31 547**
Slovaquie	3,6	34,3	62,1	**2 177**
Slovénie	9,0	34,7	56,2	**960**
Suède	2,2	22,7	75,1	**4 521**
UE à 27	**6,2**	**24,8**	**68,9**	**223 448**

1. Structure de l'emploi en 2006.
2. Structure de l'emploi en 2005.
Source : Eurostat.

5.1 Salaires dans les entreprises

En 2006, dans les entreprises du secteur privé, le **salaire** mensuel moyen pour un poste à temps complet s'élève à 2 583 euros en brut et 1 941 nets de tous prélèvements à la source. Compte tenu de la hausse des prix à la consommation de 1,6 % en 2006, le salaire **brut** moyen a augmenté de 1 % entre 2005 et 2006 en euros constants et le salaire net de 0,3 %. Cette augmentation modérée du salaire net succède à une croissance qui était plus affirmée en 2005 (+ 1 %) mais reste néanmoins plus forte qu'entre 2003 et 2004, où les salaires nets avaient stagné.

En 2006, la croissance économique de la France s'améliore légèrement : le produit intérieur brut (PIB) augmente de 2,2 % en volume après + 1,9 % en 2005. Parallèlement, l'emploi salarié augmente avec 229 000 emplois créés en 2006 dans le secteur concurrentiel. Cette croissance est portée essentiellement par la construction et les services, alors que l'emploi continue de baisser dans l'industrie.

Malgré ce contexte relativement favorable, le salaire net moyen des ouvriers a légèrement diminué après prise en compte de la hausse des prix à la consommation (– 0,2 %) et celui des employés stagne. Pour ces deux catégories de salariés, c'est dans le secteur des services opérationnels, notamment l'intérim, les activités de nettoyage et de surveillance que les évolutions ont été les plus faibles. En 2006, le **Smic** net a en effet augmenté plus modérément que l'année précédente : + 2,4 % en euros constants contre 3,5 % entre 2004 et 2005.

En revanche, les cadres et les professions intermédiaires bénéficient d'évolutions de salaires plus favorables (+ 0,5 % en euros constants pour le salaire net). Pour les cadres, c'est dans le secteur de la finance et de la construction que les progressions sont les plus fortes. Les professions intermédiaires bénéficient de hausses substantielles dans les activités des transports et de la construction.

En 2006, 10 % des salariés à temps complet ont gagné un salaire net annuel inférieur à 12 718 euros. À l'autre bout de l'échelle, 10 % disposent de plus de 36 941 euros par mois. La médiane, qui partage les salariés à temps complet en deux groupes d'effectifs égaux, s'établit à 18 631 euros par mois. Par rapport à 2005, cet éventail des salaires est stable avec un rapport de 2,9 entre le premier et le neuvième **décile**. Chacun des déciles connaît une faible hausse, entre 0,1 % et 0,4 % en euros constants. C'est le deuxième décile, le niveau en dessous duquel se situent 20 % des salaires les plus bas, qui connaît la plus forte hausse (+ 0,4 %).

L'écart salarial entre hommes et femmes reste inchangé : une salariée à temps complet gagne en moyenne 18,9 % de moins qu'un homme dans le même cas. Le salaire net des femmes augmente légèrement plus que celui des hommes (+ 0,6 % contre + 0,3 % en euros constants), mais pas suffisamment pour réduire l'écart. ■

Définitions

Déciles et rapport interdécile : si on ordonne une distribution de salaires, de revenus, de chiffre d'affaires..., les déciles sont les valeurs qui partagent cette distribution en dix parties égales. Voir rubrique « Pour comprendre ».

Déclaration annuelle de données sociales (DADS) : formalité déclarative que doit accomplir toute entreprise employant des salariés. Voir rubrique « Pour comprendre ».

Salaire brut ou net : le salaire est le paiement du travail convenu entre un salarié et son employeur. Le salaire brut correspond à l'intégralité des sommes perçues par le salarié au titre de son contrat de travail, avant toute déduction de cotisations obligatoires. Il intègre les participations. Voir rubrique « Pour comprendre ».

Salaire minimum interprofessionnel de croissance (Smic) : salaire horaire minimum légal en France métropolitaine ainsi que dans les départements d'outre-mer et dans la collectivité territoriale de Saint-Pierre-et-Miquelon. Voir rubrique « Pour comprendre ».

Pour en savoir plus

- « Les salaires dans les entreprises en 2006 : une hausse modérée », *Insee Première* n° 1174, janvier 2008.
- « Les pratiques salariales des entreprises : plus de diversification, davantage de primes de performance », *Premières Synthèses* n° 37.1, Dares, septembre 2007.
- « Les salaires en France », *Insee – Références*, édition 2007.
- « La hiérarchie des salaires entre 1996 et 2004 : l'éventail se resserre légèrement pour les salariés à temps complet du secteur privé », *Premières Synthèses* n° 39.2, Dares, septembre 2007.

Salaires annuels moyens nets de tous prélèvements selon le sexe et la catégorie socioprofessionnelle en 2006

	Montants annuels en euros courants				Évolution 2006/05 en euros constants en %		
	Hommes	Femmes	Ensemble	F/H en %	Hommes	Femmes	Ensemble
Cadres[1]	49 304	37 917	46 221	– 23,1	0,6	0,1	0,4
Professions intermédiaires	24 782	21 787	23 582	– 12,1	0,5	0,4	0,5
Employés	16 983	16 019	16 327	– 5,7	– 0,3	0,1	0,0
Ouvriers	17 480	14 529	17 064	– 16,9	– 0,1	– 0,9	– 0,2
Ensemble	**24 902**	**20 201**	**23 261**	**– 18,9**	**0,2**	**0,4**	**0,3**

1. Y compris les chefs d'entreprise salariés.
Source : Insee, DADS.

Évolution en euros constants des salaires moyens à structure constante

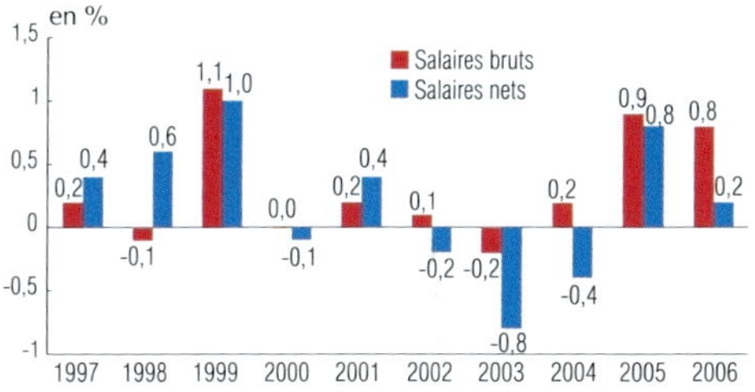

Champ : salariés à temps complet.
Source : Insee, DADS.

Écart de salaire entre les hommes et les femmes

en euros

	1996	2000	2005	2006
Ensemble	**18 836**	**20 398**	**22 842**	**23 261**
Hommes	20 271	21 894	24 446	24 902
Femmes	16 037	17 511	19 818	20 201
Différentiel F/H en %	– 20,9	– 20,0	– 18,9	– 18,9

Source : Insee, DADS.

@ Salaires horaires nets par sexe et par catégorie socioprofessionnelle

en euros courants

	2005	2006	2006/05[1] en %
Salariés à temps complet	**12,39**	**12,65**	**0,5**
Hommes	13,16	13,43	0,4
Femmes	10,89	11,14	0,7
Cadres[2]	24,11	24,61	0,5
Professions intermédiaires	12,53	12,78	0,5
Employés	8,82	8,97	0,1
Ouvriers	9,15	9,31	0,1
SMIC (151,67 heures)	**6,15**	**6,40**	**2,4**
Salariés à temps non complet	**10,28**	**10,56**	**1,1**
Hommes	11,82	12,34	2,8
Femmes	9,52	9,78	1,1
Cadres[2]	21,38	21,47	– 1,2
Professions intermédiaires	12,02	12,32	0,8
Employés	7,98	8,16	0,6
Ouvriers	8,42	8,56	0,0

1. En euros constants. 2. Y compris chefs d'entreprise salariés.
Champ : salariés du secteur privé et semi-public.
Source : Insee, DADS.

Salaires mensuels moyens bruts selon le secteur d'activité en 2006

Secteur d'activité	2006 en euros	2006/05[1] en %
Industries agroalimentaires	2 221	2,6
Industrie des biens de consommation	2 822	3,3
Industrie automobile	2 833	2,9
Industries des biens d'équipement	2 958	2,7
Industries des biens intermédiaires	2 562	3,1
Énergie	3 533	4,8
Construction	2 262	3,7
Commerce	2 380	2,6
Transports	2 447	3,2
Activités financières	3 883	4,4
Activités immobilières	2 703	1,9
Services aux entreprises	2 766	1,2
Services aux particuliers	2 123	2,8
Éducation, santé, action sociale	2 148	1,5
Activités associatives	2 435	3,6
Ensemble	**2 583**	**2,7**

1. En moyenne annuelle et en euros courants.
Champ : salariés à temps complet des entreprises du secteur marchand non agricole.
Source : Insee, DADS.

Distribution des salaires annuels nets de tous prélèvements en 2006

en euros courants

Déciles	Hommes	Femmes	Ensemble	F/H en %
D1	13 181	12 075	12 718	– 8,4
D2	14 776	13 431	14 219	– 9,1
D3	16 209	14 531	15 545	– 10,4
D4	17 729	[illegible]	[illegible]	11,4
Médiane (D5)	**19 466**	**17 141**	**18 631**	11,9
D6	21 657	18 924	20 685	– 12,6
D7	24 734	21 300	23 430	– 13,9
D8	29 787	24 590	27 826	– 17,4
D9	40 305	30 962	36 941	– 23,2
D9/D1	**3,1**	**2,6**	**2,9**	///

Lecture : en 2006, 10 % des salariés à temps complet du secteur privé et semi-public gagnent un salaire annuel net inférieur à 12 718 euros.
Source : Insee, DADS.

Salaires annuels bruts moyens dans quelques pays de l'Union européenne en 2006

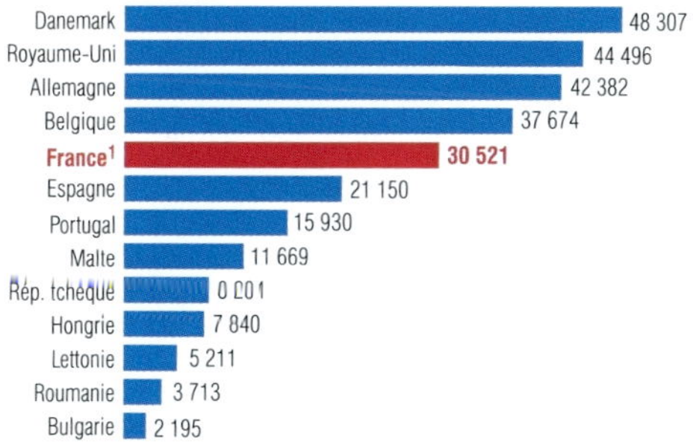

1. Données 2005.
Champ : salariés à temps plein des entreprises industrielles ou des services, de 10 salariés ou plus.
Source : Eurostat.

5.2 Salaires dans la fonction publique

Dans la fonction publique de l'État en 2005, un agent titulaire ou non titulaire des services civils qui travaille en métropole a perçu en moyenne un **salaire brut** de 2 540 euros par mois, dont 14,7 % sous forme de primes et de rémunérations annexes. Déduction faite des prélèvements sociaux, en hausse sensible en 2005, le **salaire net** moyen était de 2 127 euros par mois.

Entre 2004 et 2005 le salaire brut a augmenté de 1,6 % en euros courants contre 0,9 % pour le salaire net. Compte tenu d'une hausse des prix de 1,8 % en moyenne annuelle en 2005, le salaire brut moyen a diminué de 0,2 % en euros constants et le net de 0,9 %.

La moitié des agents de l'État ont perçu un salaire mensuel net de prélèvements inférieur à 1 947 euros. En bas de l'échelle, 10 % ont gagné moins de 1 287 euros alors qu'à l'autre extrémité 10 % des agents ont disposé de plus de 3 114 euros, soit 2,4 fois plus. Ce **rapport interdécile** est stable depuis plusieurs années.

Les cadres, titulaires et non titulaires, qui représentent 56,5 % de l'ensemble des agents de l'État, ont perçu un salaire mensuel net moyen de 2 465 euros, supérieur de 15,9 % à celui de l'ensemble des agents. Cet écart s'est encore resserré par rapport aux années précédentes (17,3 % en 2004, 18,8 % en 2003). En effet, c'est le salaire net moyen des cadres qui a le plus diminué (– 2 % en euros constants).

Les employés et ouvriers gagnent toujours près d'un quart de moins que l'ensemble des agents de l'État (1 600 euros en moyenne).

Les salaires masculins restent en moyenne supérieurs de 15,9 % aux salaires féminins. L'éventail des salaires des hommes est plus étendu que celui des femmes (respectivement 2,6 et 2,2), sauf pour les professions intermédiaires.

Dans la fonction publique territoriale, le salaire mensuel net moyen d'un agent travaillant à temps complet s'élevait à 1 623 euros en 2005. Suivant le type de collectivité, ce salaire moyen variait entre 1 416 euros pour les agents des CCAS et 2 249 euros pour ceux des conseils régionaux.

En 2005, la croissance du salaire brut moyen des salariés à temps complet s'accélère avec une hausse de 3,2 % en euros courants contre 1,3 % en 2004. Compte tenu de l'inflation, le salaire brut moyen a crû de 1,4 % en euros constants.

En raison de la hausse des cotisations sociales, le salaire net moyen a moins augmenté que le salaire brut : il a progressé de 2,3 % en euros courants, soit + 0,5 % en euros constants, après une baisse de 0,7 % l'année précédente. Cette évolution résulte notamment de la hausse de la valeur du point (+ 0,85 % en moyenne en 2005 en euros courants) et de celle de l'indice minimum de la fonction publique (+ 4,6 % en juillet 2005). Cette dernière mesure concerne essentiellement les employés ou ouvriers qui représentent environ 69 % de l'emploi de la fonction publique territoriale dont le salaire moyen a augmenté de 1,0 % en euros constants. La rémunération des cadres, qui était restée stable en 2004, progresse également : + 1,4 %. À l'inverse, celle des professions intermédiaires diminue de 0,4 %. ■

Définitions

Décile et rapport interdécile : voir rubrique « Pour comprendre ».

Déclaration annuelle de données sociales (DADS) : voir rubrique « Pour comprendre ».

Effet de carrière : il mesure la contribution à l'évolution du salaire moyen des avancements et promotions des personnes en place. Il inclut l'impact des mesures statutaires.

Effet de structure : il mesure l'effet des modifications de la répartition de la population entre les différents corps, grades et échelons. Il résulte de l'effet de carrière et de l'effet des départs et des embauches.

Évolution du salaire à structure constante : elle est calculée en figeant la structure des effectifs par corps, grade et échelon au niveau atteint l'année (n-1). Elle retrace la moyenne des évolutions de salaires propres à chaque échelon dans chaque grade de chaque corps.

Prix courants, prix constants : voir rubrique « Pour comprendre ».

Salaire brut ou net : voir rubrique « Pour comprendre ».

Traitement indiciaire brut : voir rubrique « Pour comprendre ».

Pour en savoir plus

- « Les salaires des agents de la fonction publique territoriale », *Insee Première*, n° 1182, mars 2008.
- « Les salaires des agents de l'État », *Insee Première*, n° 1151, juillet 2007.
- « Les salaires en France », *Insee – Références*, édition 2007.
- « Rapport annuel sur l'état de la Fonction publique : faits et chiffres 2006-2007 », *La Documentation française*, 2007.

Éléments du salaire annuel moyen net des agents des services civils de l'État

	Niveau moyen en euros 2004	Niveau moyen en euros 2005[1]	2005/2004 en euros constants en %
Traitement brut	25 094	25 417	– 0,5
Indemnité de résidence[2]	244	248	– 0,2
Supplément familial[2]	316	321	– 0,2
Primes et rémunérations annexes	4 344	4 493	1,6
dont nouvelle bonification indiciaire[2]	*107*	*106*	*– 2,7*
Salaire brut	**29 998**	**30 479**	**– 0,2**
– Cotisations sociales « salariés »[3]	2 436	2 595	4,6
– Contributions sociales[4]	2 272	2 359	2,0
= Salaire net de prélèvements	**25 290**	**25 525**	**– 0,9**

1. Données semi-définitives. 2. Rapportés à l'effectif total et non à celui des seuls bénéficiaires. 3. Cotisations vieillesse, maladie, solidarité "chômage".
4. CSG et CRDS.
Source : Insee, fichiers de paie des agents de l'État.

Évolution du salaire moyen des agents des services civils de l'État

en %

	Évolution annuelle moyenne 2000-05 en euros courants	Évolution annuelle moyenne 2000-05 en euros constants	Évolution 2005/2004 en euros courants	Évolution 2005/2004 en euros constants
Salaire moyen				
Traitement indiciaire brut	1,5	– 0,4	1,3	– 0,5
Salaire brut	1,9	– 0,1	1,6	– 0,2
Salaire net de prélèvements	1,8	– 0,1	0,9	– 0,9
dont effet de structure	*0,4*	*0,4*	*0,8*	*0,8*
Salaire à structure constante				
Traitement indiciaire brut	1,1	– 0,8	0,6	– 1,2
Salaire brut	1,4	– 0,5	0,8	– 1,0
Salaire net de prélèvements	1,3	– 0,6	0,1	– 1,6
Salaire net des personnes en place	**3,7**	**1,8**	**2,3**	**0,4**
dont effet de carrière	*2,1*	*2,1*	*1,8*	*1,8*
Indice des prix à la consommation	**1,9**	///	**1,8**	///

Champ : données 2005 semi-définitives.
Source : Insee, fichiers de paie des agents de l'État.

Salaires nets mensuels moyens dans la fonction publique territoriale

	2005 en euros	2005/2004 en % en euros courants	2005/2004 en % en euros constants
Ensemble	**1 623**	**2,3**	**0,5**
Catégorie d'emploi			
Cadres	2 893	3,3	1,4
Professions intermédiaires	1 780	1,4	– 0,4
Employés et ouvriers	1 417	2,8	1,0
Type de collectivité			
Communes et communautés de communes	1 559	2,1	0,3
CCAS[1] et caisses des écoles	1 416	2,4	0,6
Autres établissements locaux administratifs	1 583	2,1	0,3
Départements	1 895	3,3	1,4
Incendie - Secours	2 125	2,7	0,9
Régions	2 249	1,9	0,1
Autres collectivités locales	1 657	2,5	0,7

1. Caisses communales d'action sociale.
Champ : salariés à temps complet des collectivités territoriales.
Source : Insee, DADS.

Distribution des salaires mensuels nets des agents des ministères civils de l'État en 2005

en euros

	Salaire médian	D9/D1	Salaire moyen
Hommes	**2 097**	**2,6**	**2 312**
Cadres	2 508	2,4	2 774
Professions intermédiaires	1 818	2,0	1 896
Employés ou ouvriers	1 673	2,0	1 722
Femmes	**1 863**	**2,2**	**1 994**
Cadres	2 101	2,0	2 262
Professions intermédiaires	1 732	2,1	1 771
Employées ou ouvrières	1 451	1,7	1 489
Ensemble	**1 947**	**2,4**	**2 127**
Cadres	2 236	2,2	2 465
Professions intermédiaires	1 763	2,1	1 822
Employés ou ouvriers	1 540	1,9	1 600

Champ : données semi-définitives.
Source : Insee, fichier de paie des agents de l'État.

Salaires annuels moyens nets des agents des services civils de l'État selon la CSP et le statut

	Effectifs[1] 2005 en milliers	Effectifs[1] 2005/2004 en %	Salaires nets de prélèvements en euros courants 2004	Salaires nets de prélèvements en euros courants 2005	Évolution 2005/2004 en % en euros constants Salaires moyens	Évolution 2005/2004 À structure constante	Évolution 2005/2004 Personnes en place[2]
Ensemble	**1 839,6**	**– 0,7**	**25 290**	**25 525**	**– 0,9**	**– 1,6**	**0,4**
dont total enseignants	*1 029,4*	*– 1,3*	*26 571*	*26 754*	*– 1,1*	*– 2,2*	*0,2*
Cadres	**1 039,5**	**2,6**	**29 654**	**29 575**	**– 2,0**	**– 2,0**	**0,4**
Personnels administratifs et techniques	125,8	2,8	41 858	42 255	– 0,8	– 0,8	1,8
Professeurs agrégés, certifiés et enseignants du supérieur	913,7	2,6	27 977	27 829	– 2,3	– 2,2	0,1
Professions intermédiaires	**319,3**	**– 10,2**	**21 502**	**21 869**	**– 0,1**	**– 1,5**	**0,9**
dont : instituteurs, PEGC[3], maîtres auxiliaires et surveillants	*115,7*	*– 24,2*	*18 371*	*18 261*	*– 2,4*	*– 1,8*	*1,5*
personnels de l'administration	*106,4*	*1,3*	*24 388*	*24 436*	*– 1,6*	*– 1,6*	*0,2*
personnels de la police et des prisons	*9,1*	*– 16,5*	*30 763*	*30 703*	*– 2,0*	*– 0,9*	*1,8*
techniciens	*69,3*	*1,0*	*22 351*	*22 618*	*– 0,6*	*– 0,8*	*1,2*
Employés et ouvriers	**480,8**	**– 0,7**	**18 937**	**19 198**	**– 0,4**	**– 0,5**	**0,3**
dont : employés administratifs	*194,4*	*– 3,0*	*18 762*	*18 963*	*– 0,7*	*– 0,1*	*– 0,2*
personnels de la police et des prisons	*121,4*	*0,2*	*23 820*	*24 063*	*– 0,0*	*– 1,4*	*0,8*
ouvriers, agents de service	*144,4*	*– 1,4*	*15 665*	*15 935*	*– 0,1*	*– 0,2*	*0,1*
Titulaires	**1 571,4**	**0,2**	**26 188**	**26 328**	**– 1,2**	**– 1,7**	**0,5**
Catégorie A	900,7	2,9	30 469	30 342	– 2,2	– 2,0	0,5
Catégorie B	209,0	– 8,3	23 696	24 004	– 0,5	– 1,6	0,7
Catégorie C	460,6	– 0,9	19 345	19 525	– 0,9	– 0,8	0,1

1. Évalués en «années-travail» à temps complet. 2. Rémunération moyenne des personnes présentes en 2004 et 2005. 3. Professeur d'enseignement général de collège.
Source : Insee, fichiers de paie des agents de l'État.

5.3 Salaire minimum - Coût du travail

Au 1er juillet 2008, le montant mensuel brut du **Smic** est de 1 321,02 euros pour 35 heures de travail hebdomadaires au taux horaire de 8,71 euros, soit une revalorisation sur 12 mois de 3,2 %. Une première revalorisation est intervenue au 1er mai 2008 (+ 2,3 % par rapport au 1er juillet 2007). En dix ans, le smic horaire brut a augmenté de 42 %, passant de 6,13 euros en 1998 à 8,71 euros en 2008.

Au 1er juillet 2008, le **minimum mensuel garanti de la fonction publique** est de 1 322 euros en brut et de 1 115 euros en net (CSG et CRDS déduites).

En juillet 2007, la hausse du Smic horaire a bénéficié à 12,9 % des salariés des entreprises non agricoles et hors secteur de l'intérim. Cela représente 2 010 000 personnes hors apprentis, dont 870 000 à temps partiel. Dans l'ensemble de l'économie, le nombre de salariés concernés s'élève à 3,09 millions, si l'on ajoute les 120 000 intérimaires, les 100 000 salariés agricoles, les 310 000 salariés dans les secteurs domestiques et les 550 000 agents de l'État, du secteur hospitalier public et des collectivités locales.

Sur dix salariés rémunérés sur la base du Smic, plus de quatre travaillent à temps partiel. Parmi ces derniers, 30,5 % sont bénéficiaires de la revalorisation. Les salariés rémunérés sur la base du Smic sont particulièrement présents dans les entreprises de moins de dix salariés, au sein desquelles 28,7 % des salariés ont bénéficié de la revalorisation au 1er juillet 2007. En revanche, ils sont 10,6 % dans les entreprises de dix salariés ou plus, et seulement 5,5 % dans celles de 500 salariés ou plus.

Le commerce et les services sont les principaux secteurs d'activité économique concernés par la revalorisation. Ils concentrent près de la moitié des salariés bénéficiaires de la revalorisation : 534 000 salariés dans le commerce, 433 000 dans les services aux particuliers, hors secteur domestique. Ils sont par ailleurs fortement représentés, à hauteur de 30 % dans le secteur des services opérationnels (hors intérim) et de 20 % dans les industries agroalimentaires. Or intérim, secteur domestique et agriculture, trois branches professionnelles concentrent 30 % des bénéficiaires de la revalorisation du Smic horaire : les hôtels, cafés, restaurants, les entreprises de propreté et le commerce de détail et de gros à prédominance alimentaire.

La part des salariés rémunérés au Smic est particulièrement élevée dans la restauration rapide : ainsi, six salariés sur dix ont bénéficié de la revalorisation. Cette part est également élevée dans les entreprises de propreté où plus d'un salarié sur deux est concerné.

En janvier 2008, le **salaire minimum au sein de l'Union européenne** à 27 est compris entre 113 euros bruts (Bulgarie) et 1 570 (Luxembourg) par mois. En 2007, le pourcentage des salariés percevant le salaire minimum est très différent en fonction des pays. Il oscille entre 17 % en France et 1 % en Espagne. Concernant le pourcentage de femmes percevant le salaire minimum, il est plus élevé que celui des hommes dans tous les pays sauf à Malte et en Hongrie. ■

Définitions

Minimum mensuel garanti dans la fonction publique : il correspond au traitement afférent à l'indice majoré 290 depuis le 1er juillet 2008. Le minimum de rémunération mensuelle joue, dans la Fonction publique, un rôle analogue à celui du Smic dans le secteur privé.

Salaire horaire de base ouvrier : il s'agit du salaire horaire brut de base, avant déduction des cotisations sociales et avant versement de prestations sociales dont les salariés pourraient bénéficier, pour la seule population des ouvriers. Le salaire horaire de base ouvrier (SHBO) ne comprend donc ni les primes (sauf, le cas échéant, la prime liée à la réduction du temps de travail), ni les heures supplémentaires.

Salaire minimum dans l'Union européenne : un salaire minimum légal national s'applique dans 20 états membres de l'Union Européenne à 27 (Belgique, Bulgarie, Espagne, Estonie, Irlande, Grèce, France, Hongrie, Lettonie, Lituanie, Luxembourg, Malte, Pays-Bas, Pologne, Portugal, Roumanie, Slovaquie, Slovénie, République tchèque et Royaume-Uni). Dans les autres pays, ce salaire minimum légal n'existe pas.

Salaire minimum interprofessionnel de croissance (Smic) : voir rubrique « Pour comprendre ».

Pour en savoir plus

- « Les bénéficiaires de la revalorisation du Smic au 1er juillet 2007 », *Premières Informations* n° 10.3, Dares, mars 2008.
- « Salaires minima 2007 : des écarts de 92 à 1570 euros brut par mois », *Statistiques en bref* n° 71, Population et conditions sociales, Eurostat, 2007.
- « Salaire minimum et pouvoir d'achat », *La Lettre* n° 72, Ires, juillet 2007.

Pouvoir d'achat du Smic et du salaire horaire de base ouvrier

	1990	1995	2000	2001	2002	2003	2004	2005	2006	2007
Smic horaire brut en moyenne annuelle (en euros)	4,70	5,53	6,31	6,54	6,75	7,01	7,40	7,82	8,15	8,36
Évolution en moyenne annuelle du pouvoir d'achat (en %) :										
- du Smic horaire brut	0,8	1,4	0,5	1,9	1,3	1,7	3,4	3,8	2,6	1,1
- du Smic horaire net[1]	0,9	1,1	0,5	2,1	1,4	1,3	3,3	3,9	2,4	1,0
- du salaire horaire de base des ouvriers[2]	1,5	0,7	3,4	2,6	1,8	0,8	0,8	1,2	1,4	1,4
Indice des prix à la consommation[3]	3,4	1,7	1,7	1,7	1,9	2,1	2,1	1,8	1,6	1,5

1. CSG et CRDS non déduites. 2. L'indice de salaire horaire de base des ouvriers remplace depuis décembre 1998 le taux de salaire horaire des ouvriers.
3. Y compris tabac.
Source : Insee.

@ Montant brut du Smic

en euros

	Smic horaire	Smic mensuel pour 169 heures de travail	Smic mensuel pour 151,67 heures de travail	Augmentation en %
2001	6,67	1 127,2	///	4,0
2002	6,83	1 154,3	///	2,4
2003	7,19	1 215,1	///	5,3
2004	7,61	1 286,1	///	5,8
2005	8,03	1 357,1	1 217,9	5,5
2006	8,27	///	1 254,3	3,0
2007	8,44	///	1 280,1	2,1
2008 (au 1er mai)	8,63	///	1 308,9	2,3
2008	8,71	///	1 321,0	0,9

Champ : montants au 1er juillet.
Source : ministère du Travail, des Relations sociales, de la Famille et de la Solidarité.

@ Évolution du salaire moyen et du salaire minimum

indices (base 100 en 1951) en euros constants

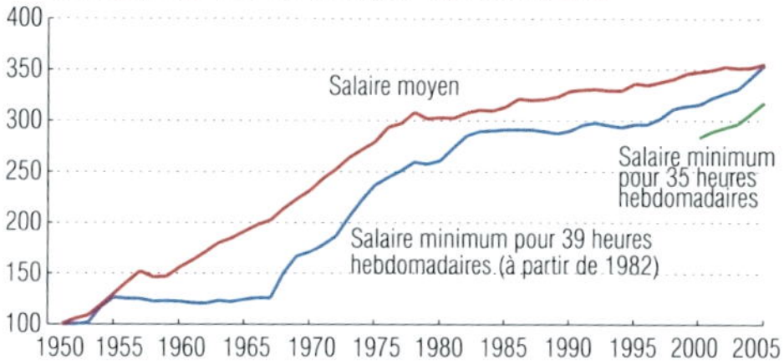

Note : la courbe du salaire minimum tient compte des durées de travail successives depuis 1951 (1951 à 1982 : 173,3 heures mensuelles, 1982 à 1999 : 169 heures mensuelles). De 2000 à 2005, période de transition entre 39 heures et 35 heures hebdomadaires, le salaire minimum est représenté à la fois pour 39 heures (soit 169 heures mensuelles) et pour 35 heures (soit 151,67 heures mensuelles).
Champ : salariés du secteur privé et semi-public (y compris les apprentis et stagiaires).
Source : Insee.

@ Proportion de salariés rémunérés sur la base du SMIC au 1er juillet 2007

en %

Secteur d'activité	Ensemble des salariés	Salariés travaillant à temps partiel
Industries agroalimentaires	20,0	50,1
Industrie des biens de consommation	10,2	17,1
Industrie automobile	1,3	3,9
Industries des biens d'équipement	3,7	11,5
Industries des biens intermédiaires	8,6	19,0
Énergie	0,4	0,3
Construction	10,7	25,2
Commerce	17,5	33,3
Transports	5,7	14,2
Activités financières	2,0	5,3
Activités immobilières	13,8	25,2
Services aux entreprises	13,5	37,4
Services aux particuliers	30,5	46,9
Éducation, santé, action sociale	9,4	15,8
Activités associatives	10,7	18,9
Ensemble	**12,9**	**30,5**

Champ : ensemble des salariés, sauf apprentis, État et collectivités locales, secteur agricole, intérim et secteur domestique.
Source : Dares, enquêtes Acemo.

Coût du travail salarié selon l'activité en 2006

en euros

	Coût horaire du travail	Coût total par salarié en EQTC[1]
Industrie manufacturière	31,0	45 870
Construction	25,9	37 386
Commerce	26,1	38 904
Hôtels et restaurants	20,3	30 092

1. Salarié en équivalent temps complet.
Champ : établissements des entreprises de 10 salariés ou plus.
Source : Insee.

@ Salaire minimum et coût horaire de la main d'œuvre au sein de l'Union européenne

	Salaire minimum brut en janvier 2008 en euros par mois	Coût de la main d'œuvre en 2006 en euros par heure[1]
Allemagne	///	27,70
Autriche	///	26,67
Belgique	1 310	31,58
Bulgarie	113	1,65
Chypre	///	11,98
Danemark	///	33,09
Espagne	700	15,77
Estonie	278	5,50
Finlande	///	27,39
France	**1 280**	**30,31**
Grèce[2]	681	13,37
Hongrie	273	6,34
Irlande	1 462	...
Italie[2]	///	21,39
Lettonie	229	3,41
Lituanie	232	4,21
Luxembourg	1 570	31,98
Malte	612	8,69
Pays-Bas[2]	1 335	27,41
Pologne	313	6,03
Portugal	497	10,97
République tchèque	304	7,14
Roumanie	141	2,68
Royaume-Uni[2]	1 223	24,47
Slovaquie	243	5,33
Slovénie	539	11,29
Suède	///	32,16
UE à 27[2]	///	**20,35**

1. Coût de la main d'œuvre dans l'industrie et les services (hors administration publique). 2. Coût de la main d'œuvre en 2003 en Grèce, en 2004 en Italie et en 2005 aux Pays-Bas, au Royaume-Uni et pour l'ensemble de l'UE à 27.
Source : Eurostat.

5.4 Revenus des ménages

En 2007, le **revenu disponible des ménages** (RDB) augmente de 5,4 %, après + 4,8 % en 2006. Compte tenu d'une évolution du prix des dépenses de consommation des ménages de 2,0 %, le **pouvoir d'achat** du RDB accélère à + 3,3 %, après + 2,6 % en 2006. La progression du pouvoir d'achat est relative à l'ensemble des ménages. Elle doit être corrigée du dynamisme démographique pour refléter l'évolution individuelle moyenne. Rapportée au nombre d'**unités de consommation** (UC), pour tenir compte à la fois de l'évolution du nombre des ménages et de leur composition, elle s'élève à + 2,4 %, après + 1,7 % en 2006. Le revenu « arbitrable » par UC des ménages, c'est-à-dire le revenu disponible une fois déduites les dépenses dites « pré-engagées » (dans le cadre d'un contrat difficilement révisable à court terme) et corrigé du dynamisme démographique, progresse un peu moins vite que le RDB par UC (+ 2,0 %), car les dépenses de consommation « pré-engagées » évoluent en valeur un peu plus rapidement que l'ensemble des dépenses. Néanmoins, en termes réels, cette différence s'inverse (+ 2,9 % contre + 2,4 %) car le prix des dépenses non « pré-engagées » progresse plus lentement que le prix de l'ensemble des dépenses de consommation.

Ce dynamisme du revenu des ménages provient d'abord de celui des revenus d'activité. En 2007, la masse salariale brute progresse de + 4,5 %, après + 3,9 % en 2006. Elle est portée par la croissance de l'emploi salarié et le maintien du rythme de progression du salaire moyen par tête. Par ailleurs, les cotisations sociales payées par les ménages sont allégées par l'instauration au quatrième trimestre des exonérations sur les heures supplémentaires. Le **revenu mixte** des entrepreneurs individuels accélère également (+ 5,2 % après + 4,2 %), alimenté par une forte progression du revenu des agriculteurs.

Outre le dynamisme des revenus d'activité, les ménages bénéficient également des nouvelles mesures visant à baisser l'impôt sur le revenu des personnes physiques : elles entraînent un très fort ralentissement des prélèvements fiscaux sur le revenu et le patrimoine auxquels ils sont assujettis.

À l'inverse, les **prestations sociales** en espèce reçues par les ménages décélèrent en 2007 (+ 3,7 % après + 4,4 %), sous l'effet du recul des prestations chômage.

Les revenus de la propriété nets reçus décélèrent aussi (+ 4,5 % après + 10,9 % en 2006 hors avoir fiscal), en raison notamment de la forte progression des intérêts versés par les ménages. Les loyers (réels ou imputés) perçus par les ménages propriétaires augmentent encore fortement (7,2 % en 2007, après 6,7 % en 2006).

En fin de compte, l'accélération du revenu disponible des ménages de 0,6 point se décompose de la façon suivante : les revenus nets d'activité y contribuent positivement pour + 0,6 point et les prélèvements fiscaux sur le revenu et le patrimoine pour + 0,8 point ; à l'inverse, les prestations sociales freinent pour – 0,2 point et les revenus financiers nets pour – 0,6 point. ■

Définitions

Prestations sociales : transferts, en espèces ou en nature, aux ménages qui sont destinés à alléger la charge financière que représente pour ceux-ci la protection contre un certain nombre de risques ou de besoins (liés à la maladie, la vieillesse, le logement, etc.).

Pouvoir d'achat : le pouvoir d'achat du revenu est la quantité de biens et de services que l'on peut acheter avec le revenu disponible brut (RDB). Son évolution est liée à celles des prix et des revenus. Ainsi, si les prix augmentent quand les revenus sont constants, le pouvoir d'achat diminue, alors que si la hausse des revenus est supérieure à celle des prix, le pouvoir d'achat peut augmenter.

Revenu disponible des ménages : voir rubrique « Pour comprendre ».

Revenu mixte : solde du compte d'exploitation pour les entreprises individuelles, contenant deux éléments indissociables : la rémunération du travail effectué par le propriétaire et éventuellement les membres de sa famille, et son profit en tant qu'entrepreneur.

Revenu primaire : voir rubrique « Pour comprendre ».

Unité de consommation : système de pondération attribuant un coefficient à chaque membre du ménage permettant de comparer les niveaux de vie de ménages de tailles ou de compositions différentes. La pondération retenue est d'1 UC pour le premier adulte du ménage ; 0,5 UC pour les autres personnes de 14 ans ou plus ; 0,3 UC pour les enfants de moins de 14 ans.

Pour en savoir plus

- « Les niveaux de vie en 2006 », *Insee Première* n° 1203, juillet 2008.
- « L'Économie française », *Insee – Références*, édition 2008.
- « De l'influence du territoire sur les revenus des non-salariés », *Insee Première* n° 1185, avril 2008.
- « Temps de travail, revenu et emploi », La Documentation française, 2007.

Du revenu primaire au revenu disponible brut des ménages

en % du revenu primaire

	1960	1970 (r)	1980	1990	2000	2006 (r)	2007 (p)
Revenu primaire brut (en milliards d'euros)	**34,2**	**92,7**	**340,1**	**753,9**	**1 059,3**	**1 332,8**	**1 399,6**
Revenu primaire brut	**100,0**	**100,0**	**100,0**	**100,0**	**100,0**	**100,0**	**100,0**
Excédent brut d'exploitation et revenu mixte	33,6	27,5	20,9	20,5	19,8	20,3	20,8
Rémunération des salariés	61,3	67,1	73,3	71,0	71,2	70,8	70,3
Revenus du patrimoine	5,1	5,4	5,8	8,5	9,0	8,9	8,9
– Transferts nets de redistribution	**– 5,1**	**– 8,5**	**– 11,7**	**– 11,8**	**– 12,9**	**– 11,4**	**– 11,1**
Prestations sociales reçues	15,5	18,3	22,1	25,0	25,8	26,5	26,2
Cotisations sociales versées	– 16,7	– 21,2	– 27,4	– 30,3	– 27,3	– 27,7	– 27,4
Impôts sur le revenu et le patrimoine	– 4,4	– 5,5	– 6,9	– 7,6	– 12,6	– 11,8	– 11,4
Autres transferts courants	0,5	– 0,1	0,5	1,1	1,2	1,6	1,5
= Revenu disponible brut	**94,9**	**91,5**	**88,3**	**88,2**	**87,1**	**88,6**	**88,9**
Revenu disponible brut (en milliards d'euros)	**32,4**	**84,8**	**300,1**	**665,0**	**923,0**	**1 180,5**	**1 244,3**

Champ : y compris entreprises individuelles.
Source : Insee, comptes nationaux - base 2000.

Revenu disponible brut des ménages et évolution du pouvoir d'achat

en %

	1960	1970	1980	1990	2000	2006	2007
Revenu disponible brut (RDB) en milliards d'euros	**32,4**	**84,8**	**300,1**	**665,0**	**923,0**	**1 180,5**	**1 244,3**
Évolution du revenu disponible brut	11,6	12,5	13,7	6,3	5,7	4,8	5,4
Évolution des prix de la dépense de consommation	3,3	5,2	12,9	2,7	2,3	2,2	2,0
Évolution du pouvoir d'achat du RDB[1]	8,0	7,0	0,7	3,5	3,4	2,6	3,3
Évolution du pouvoir d'achat par personne	7,0	6,1	0,2	3,0	2,8	2,0	2,8
Évolution du pouvoir d'achat par ménage	7,0	5,1	– 0,7	2,3	2,1	1,1	1,7
Évolution du pouvoir d'achat par unité de consommation	7,1	5,8	– 0,1	2,8	2,5	1,7	2,4

Champ : y c. entreprises individuelles.
1. Évolution déflatée à l'aide de l'indice du prix de la dépense de consommation finale des ménages.
Source : Insee, comptes nationaux - base 2000.

Part des prestations sociales dans le revenu disponible brut des ménages

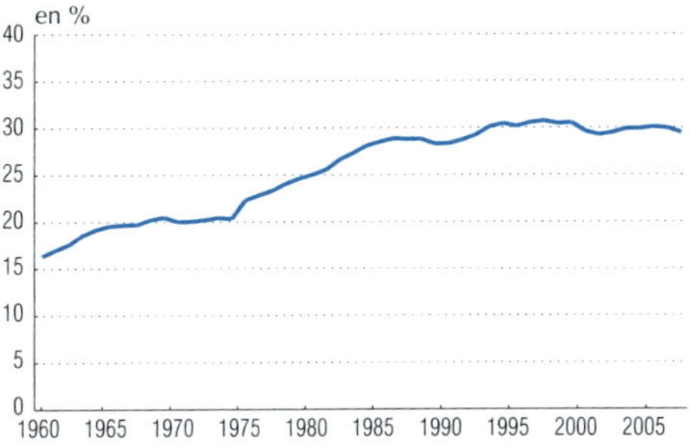

Source : Insee, comptes nationaux - base 2000.

Contributions à l'évolution du pouvoir d'achat des ménages

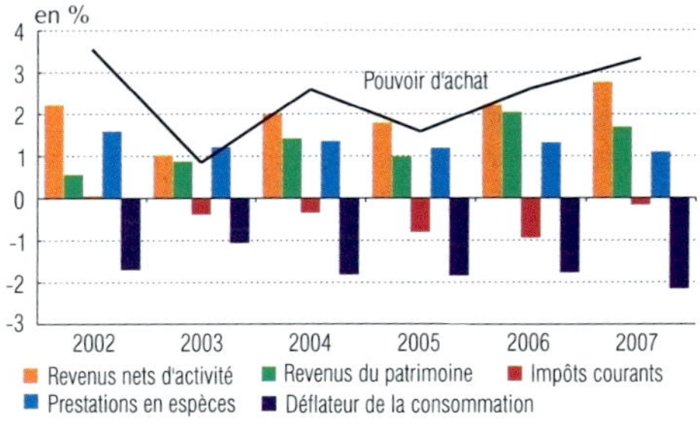

Champ : hors effet de la réforme de l'avoir fiscal.
Source : Insee, comptes nationaux - base 2000.

Revenu disponible des ménages par habitant dans l'Union européenne en 2006

	revenu médian			revenu médian			revenu médian	
	en euros	en SPA[1]		en euros	en SPA[1]		en euros	en SPA[1]
Allemagne	15 617	15 202	**France**	**16 187**	**15 196**	Pays-Bas	17 260	16 677
Autriche	17 852	17 696	Grèce	9 850	11 270	Pologne	3 111	5 092
Belgique	17 194	16 526	Hongrie	3 847	6 151	Portugal	(p) 7 311	(p) 8 694
Bulgarie	…	…	Irlande	19 679	15 893	Rép. tchèque	4 797	8 337
Chypre	14 532	16 111	Italie	14 520	14 059	Roumanie	…	…
Danemark	22 663	16 343	Lettonie	2 534	4 551	Royaume-Uni	19 307	17 873
Espagne	11 434	12 555	Lituanie	2 532	4 685	Slovaquie	3 313	6 003
Estonie	3 638	5 718	Luxembourg	29 680	28 679	Slovénie	9 316	12 502
Finlande	18 311	14 984	Malte	(p) 8 461	(p) 11 745	Suède	17 730	15 115

1. Standard de pouvoir d'achat : monnaie commune artificielle garantissant une comparabilité de pouvoir d'achat des différentes monnaies nationales.
Source : Eurostat.

5.5 Niveaux de vie

En 2006, le **niveau de vie** moyen mensuel des habitants de la métropole s'établit à 1 717 euros, selon la nouvelle série des enquêtes Revenus fiscaux et sociaux. La moitié des personnes ont un niveau de vie inférieur à 1 466 euros par mois. Les revenus sont inégalement répartis : les 20 % les plus modestes détiennent 9,0 % de la masse des revenus par équivalent adulte, contre 38,6 % pour les 20 % les plus aisés.

Entre 2005 et 2006, le niveau de vie médian a augmenté de 1,7 % en termes réels. La hausse des niveaux de vie concerne tous les **déciles** de niveaux de vie. La valeur du niveau de vie au delà de laquelle se situent les 10 % les plus aisés augmente de 2,9 %. Celle en deçà de laquelle se situent les 10 % les plus modestes progresse de 1,7 %.

Le niveau de vie moyen augmente entre 2005 et 2006 dans toutes les tranches d'âge, plus particulièrement pour les personnes de 60 ans ou plus (+ 5,1 %) et celles âgées de 30 à 39 ans (+ 3,4 %). Le niveau de vie moyen croît avec l'âge jusqu'à la soixantaine, pour diminuer au-delà.

Avec un revenu annuel par unité de consommation de 21 539 euros en 2006, les personnes retraitées possèdent un niveau de vie moyen proche de celui des actifs au sens du BIT, qui s'élève lui à 21 763 euros. Ce niveau de vie est toutefois nettement supérieur, de 47 %, à celui des chômeurs au sens du BIT et inférieur de 4 % à celui des actifs occupés.

Le taux de **pauvreté monétaire** est défini comme la proportion d'individus ayant un niveau de vie inférieur à un certain seuil, le **seuil de pauvreté**. Ce seuil est calculé par rapport à la médiane de la distribution des niveaux de vie. Les seuils traditionnellement retenus par l'Insee et l'Observatoire national de la pauvreté et de l'exclusion sociale (Onpes) sont fixés à 60 % ou à 50 % du niveau de vie médian, le seuil à 60 % étant privilégié en France et en Europe. Le taux de pauvreté au seuil de 60 % de la médiane est de 13,2 % en 2006. Ce seuil correspond à un niveau de vie inférieur à 880 euros par mois.

Par définition, le niveau de vie d'un enfant correspond à celui des personnes du **ménage** dans lequel il vit. En 2006, 2,4 millions d'enfants vivent dans des ménages dont le niveau de vie est inférieur au seuil de pauvreté à 60 % de la médiane des niveaux de vie. Le risque de pauvreté des enfants croît avec la taille de la famille. Les enfants pauvres vivent aussi plus fréquemment dans les familles monoparentales. Le taux de pauvreté des enfants dépend également de la situation de leurs parents, ou de la personne de référence du ménage, vis-à-vis du marché de l'emploi. C'est dans les ménages exposés au chômage que la pauvreté des enfants est la plus fréquente. Au contraire, vivre avec deux parents actifs occupés préserve les enfants de la pauvreté. ■

Définitions

Décile : voir rubrique « Pour comprendre ».

Enquête revenus fiscaux et sociaux : voir rubrique « Pour comprendre ».

Ménage : voir rubrique « Pour comprendre ».

Niveau de vie d'un individu : revenu disponible du ménage divisé par le nombre d'unités de consommation (UC). Le niveau de vie est donc le même pour tous les individus d'un même ménage. Les unités de consommation sont généralement calculées selon une échelle d'équivalence qui attribue 1 UC au premier adulte du ménage, 0,5 UC aux autres personnes de 14 ans ou plus et 0,3 UC aux enfants de moins de 14 ans.

Pauvreté monétaire et seuil de pauvreté : un individu est considéré comme pauvre lorsqu'il vit dans un ménage dont le niveau de vie est inférieur au seuil de pauvreté. L'Insee, comme Eurostat et les autres pays européens, mesure la pauvreté monétaire de manière relative alors que d'autres pays (comme les États-Unis ou le Canada) ont une approche absolue. Dans l'approche en termes relatifs, le seuil est déterminé par rapport à la distribution des niveaux de vie de l'ensemble de la population. Deux seuils sont utilisés : à 60 % et 50 % de la médiane, le premier étant privilégié par Eurostat.

Revenu disponible des ménages : voir rubrique « Pour comprendre ».

Pour en savoir plus

- « Les niveaux de vie en 2006 », *Insee Première* n° 1203, juillet 2008.
- « Les familles monoparentales, des difficultés à travailler et à se loger », *Insee Première* n° 1195, juin 2008.
- Rapport de l'Observatoire national de la pauvreté et de l'exclusion sociale 2007-2008, mai 2008.
- « Les revenus disponibles localisés en 2004 », *Insee Résultats* n° 80 Société , avril 2008.
- « Niveaux de vie et pauvreté en France : les départements du Nord et du Sud sont les plus touchés par la pauvreté et les inégalités », *Insee Première* n° 1162, octobre 2007.

Personnes pauvres selon le seuil, l'âge et le sexe en 2006

Âge au 31 décembre	Seuil à 50 % – Femmes – Nombre en milliers	Seuil à 50 % – Femmes – Taux en %	Seuil à 50 % – Hommes – Nombre en milliers	Seuil à 50 % – Hommes – Taux en %	Seuil à 60 % – Femmes – Nombre en milliers	Seuil à 60 % – Femmes – Taux en %	Seuil à 60 % – Hommes – Nombre en milliers	Seuil à 60 % – Hommes – Taux en %
Moins de 18 ans	632	9,8	665	9,7	1 142	17,6	1 216	17,8
18 à 29 ans	458	10,7	405	9,4	797	18,6	655	15,2
30 à 49 ans	584	6,8	484	5,8	1 072	12,6	875	10,5
50 à 59 ans	275	6,6	254	6,4	466	11,2	423	10,7
60 à 74 ans	140	3,4	113	3,1	362	8,7	288	7,8
75 ans ou plus	162	5,5	44	2,5	397	13,6	168	9,3
Total	**2 251**	**7,4**	**1 965**	**6,8**	**4 236**	**13,9**	**3 625**	**12,5**

Sources : Insee ; DGFiP ; Cnaf ; Cnav ; Msa ; enquête ERFS.

Niveau de vie annuel moyen des individus selon le type de ménage en 2006

Type de ménage	Nombre total d'individus en milliers	Niveau de vie en euros
Ménages dont la personne de référence a moins de 65 ans	**48 747**	**20 383**
Personnes seules	5 066	18 647
dont : hommes actifs	*2 288*	*19 518*
femmes actives	*1 717*	*19 363*
Familles monoparentales	4 702	14 693
dont : mères inactives	*925*	*11 023*
mères actives	*3 104*	*15 174*
Couples	37 185	21 511
dont : homme actif - femme inactive sans enfant	*1 153*	*25 260*
homme actif - femme inactive avec trois enfants ou plus	*2 536*	*15 717*
couples d'actifs sans enfant	*4 716*	*26 932*
couples d'actifs avec trois enfants ou plus	*4 452*	*18 997*
Ménages complexes	1 794	16 807
Ménages dont la personne de référence a 65 ans ou plus	**10 724**	**21 604**
Total des individus	**59 471**	**20 603**

Note : sont considérés comme enfants, les enfants célibataires de la personne de référence ou de son conjoint sans limite d'âge.
Sources : Insee ; DGFiP ; Cnaf ; Cnav ; Msa ; enquête ERFS.

Pauvreté des enfants selon l'activité des parents en 2006

en %

	Structure de la population des enfants pauvres	Structure de la population des enfants non pauvres
Un couple	**61,6**	**86,9**
Deux actifs occupés	13,6	60,4
Un actif occupé, un chômeur	5,6	5,9
Un actif occupé, un inactif	25,7	18,9
Deux chômeurs	3,1	0,2
Un chômeur, un inactif	7,3	0,6
Deux inactifs	6,3	0,9
Une personne seule	**32,3**	**10,7**
Un actif occupé	10,3	9,5
Un chômeur	7,7	0,5
Un inactif	14,3	0,7
Autres[1]	**6,1**	**2,4**
Total	**100,0**	**100,0**

1. enfants ne vivant pas dans un ménage de type parent(s) et enfant(s).
Champ : pauvreté au seuil de 60 % des personnes de moins de 18 ans.
Sources : Insee ; DGFiP ; Cnaf ; Cnav ; Msa ; enquête ERFS.

Nombre de personnes pauvres et taux de pauvreté selon le seuil

	Seuil à 50 % – Nombre en milliers	Seuil à 50 % – Taux en %	Seuil à 60 % – Nombre en milliers	Seuil à 60 % – Taux en %
1970	5 785	12,0	8 649	17,9
1990	3 751	6,6	7 848	13,8
2000	3 742	6,5	7 328	12,7
2005	3 733	6,3	7 136	12,0
2005[1]	4 207	7,1	7 722	13,1
2006[1]	4 216	7,1	7 862	13,2

1. À partir de l'enquête 2006 (l'année 2005 a été rétropolée), la nouvelle série de statistiques intègre les prestations sociales réelles et prend en compte les produits des revenus financiers.
Champ : à partir de l'enquête 2003, la nouvelle série de statistiques sur les revenus s'appuie sur les résultats annuels du recensement de la population et tient compte des revenus soumis à prélèvements libératoires.
Sources : Insee ; DGFiP ; Cnaf ; Cnav ; Msa ; enquête ERFS.

Taux de pauvreté après transferts sociaux dans l'Union européenne en 2006

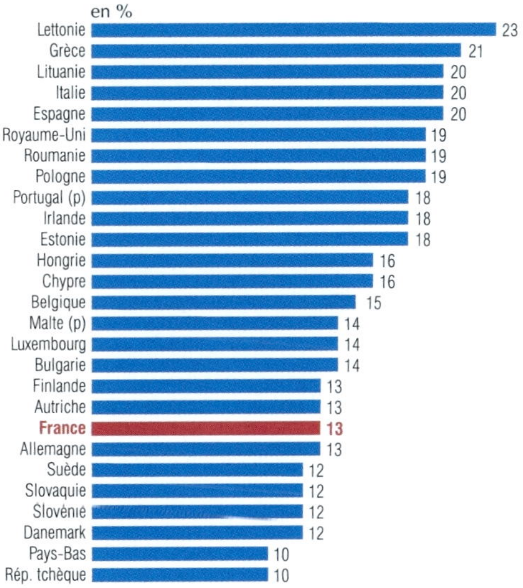

Lecture : proportion de personnes dont le revenu disponible équivalent se situe en-dessous du seuil de risque de pauvreté, fixé à 60 % du revenu disponible équivalent médian national.
Source : Eurostat.

5.6 Retraite

La pension moyenne totale augmente légèrement entre 2003 et 2005 pour atteindre 1 044 euros en 2005. Toutefois, en valeur corrigée de l'évolution annuelle des prix à la consommation (hors tabac), le montant moyen servi aux retraités est resté stable entre 2003 et 2005. Cette évolution reflète pour une part l'indexation des pensions sur les prix, conformément aux engagements pris dans le cadre de la réforme des retraites, et pour une autre part des effets d'ordres législatif, socio-économique ou démographique, tels que les modifications des règles de calcul des pensions les évolutions dans les droits à **retraite** validés par les personnes partant en retraite ou encore les modifications du rythme de renouvellement des générations.

À la fin de 2006, 4,5 % des 65 ans ou plus sont allocataires du « **minimum vieillesse** ». L'amélioration continue des régimes de retraites et des droits acquis dans ces régimes ont permis que le nombre de bénéficiaires soit divisé par quatre depuis 1960. Il s'agit pour moitié d'anciens exploitants agricoles. Population particulièrement âgée (76,4 ans en moyenne), elle se caractérise aussi par la forte présence de femmes et de personnes seules. Enfin, 60 % des retraités au « minimum vieillesse » perçoivent une pension au titre de l'inaptitude ou d'ex-invalide.

Au 31 décembre 2006, 1,9 million de personnes détiennent un **plan d'épargne retraite populaire** (PERP) et 202 000 salariés un **plan d'épargne pour la retraite collective** (PERCO). Créés par la loi du 21 août 2003 portant réforme des retraites, ces produits poursuivent leur croissance avec respectivement une progression de 12 % et 98 % en 2006 par rapport à 2005. Pour les nouvelles souscriptions, la part des jeunes demeure plus importante dans le cadre du PERP que du PERCO. Parmi les produits d'épargne retraite antérieurs à la réforme, les **contrats** dits « **Madelin** » continuent de se développer. 9,9 milliards d'euros de cotisations ont été versés en 2006 aux sociétés d'assurance, institutions de prévoyance, mutuelles et sociétés de gestion de l'épargne salariale dans le cadre de contrats d'épargne retraite, tandis que 4,2 milliards d'euros de prestations ont été versés aux bénéficiaires de rente. Ils représentent l'équivalent de 2 % du montant des retraites versées par les régimes par **répartition**. Au 31 décembre 2006, le montant des engagements pour l'ensemble des contrats d'épargne retraite s'élève à 97,7 milliards d'euros.

En 2006 (hors PTT et carrières longues), 61 700 départs à la retraite ont été constatés chez les agents titulaires civils de l'État (y compris établissements publics), en progression de 9 % par rapport à 2005. Les comportements de départ des fonctionnaires civils de l'État appartenant aux catégories actives ont évolué : ceux-ci diffèrent leur départ d'un peu plus d'un trimestre entre 2004 et 2000, sans qu'à ce stade il soit possible de distinguer les effets dus aux mesures catégorielles et les effets dus à la réforme des retraites de 2003. 9 600 mises à la retraite de militaires ont été constatées en 2006. Dans les fonctions publiques territoriale et hospitalière, 62 000 agents sont partis à la retraite, soit un cinquième de plus qu'un 2005. ■

Définitions

Minimum vieillesse : ensemble de prestations destinées à garantir, sous certaines conditions, un revenu minimum à toute personne âgée de 65 ans ou plus. Voir rubrique « Pour comprendre ».

Plan d'épargne retraite populaire (PERP), plan d'épargne pour la retraite collective (PERCO), contrat « Madelin » : voir rubrique « Pour comprendre ».

Retraite : ensemble des prestations sociales que perçoit une personne au-delà d'un certain âge du fait qu'elle-même ou son conjoint a exercé une activité professionnelle et a cotisé à un régime d'assurance vieillesse. Voir rubrique « Pour comprendre ».

Retraite par répartition : les cotisations, versées par les actifs au titre de l'assurance vieillesse, sont immédiatement utilisées pour payer les pensions des retraités. Voir rubrique « Pour comprendre ».

Retraite par capitalisation : les actifs d'aujourd'hui épargnent en vue de leur propre retraite. Voir rubrique « Pour comprendre ».

Pour en savoir plus

- « Les allocataires du minimum vieillesse », *Études et résultats* n° 631, Drees, avril 2008.
- « L'allocation supplémentaire du minimum vieillesse », *série statistiques* n° 121, Drees, avril 2008.
- « L'épargne retraite en 2006 », *Études et résultats* n° 626, Drees, février 2008.
- « Santé, vieillissement et retraite en Europe », *Économie et Statistique* n° 403-404, Insee, décembre 2007.
- « Les pensions de reversion en 2004 », *Études et résultats* n° 606, Drees, octobre 2007.

Retraités et bénéficiaires du minimum vieillesse

effectif en millions au 31 décembre

	2004	2005	2006
Retraités ayants-droit (e)	13,2	13,5	14,1
Bénéficiaires du minimum vieillesse	0,6	0,6	0,6

Source : Drees.

Dispositifs d'épargne retraite au 31 décembre 2006

	Nombre de personnes couvertes en milliers	Part des dispositifs gérés par des sociétés d'assurances en %
Dispositifs d'épargne retraite souscrits dans un cadre personnel ou assimilé		
PERP	1 876	99
Produits destinés aux fontionnaires ou aux élus locaux (PREFON, COREM, CRH, FONPEL, CAREL)	816	61
Autres[1]	143	100
Dispositifs d'épargne retraite souscrits dans un cadre professionnel		
Professions indépendantes		
Régimes de la loi n° 94-126 Madelin	940	73
Régimes de la loi n° 97-1051 Exploitants agricoles	264	100
Salariés[2]		
PERCO[3]	201	0
PERE	147	61

1. REPMA (régime de prévoyance mutualité), ancien PER "Balladur".
2. Hors produits d'entreprises de types "art.39", "art.82" et "art.83".
3. Le PERCO n'est pas un contrat d'assurance retraite, mais un dispositif d'épargne salariale.

Source : Drees.

Cotisants, retraités et rapport démographique du régime général

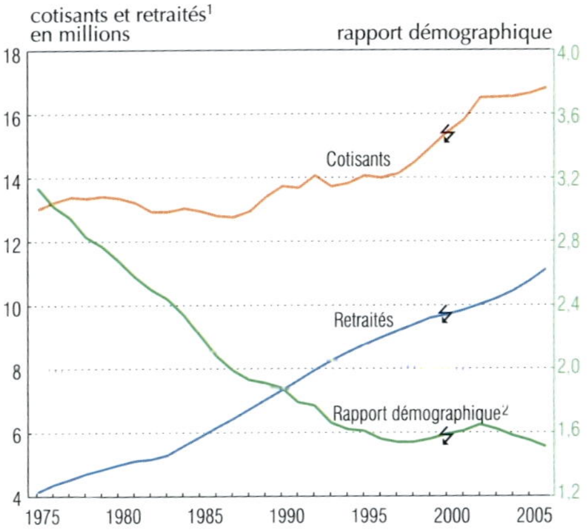

1. Effectifs au 31 décembre jusqu'en 1981, au 1er juillet à partir de 1982.
2. Nombre de cotisants / nombre de retraités.
Champ : France métropolitaine.

Source : CNAV.

Recettes et dépenses du régime général en droits constatés

en millions d'euros

	2005	2006	2006/05 en %
Cotisations sociales	55 648	58 391	4,9
Cotisations prises en charge par l'État	5 400	1 110	– 79,4
Impôts et taxes affectés	863	6 144	612,1
Transferts entre organismes	4 682	4 762	1,7
Fonds de solidarité vieillesse	12 471	12 583	0,9
Contributions publiques	110	131	18,7
Produits divers	370	641	73,2
Total des recettes	**79 543**	**83 761**	**5,3**
Prestations légales	71 790	76 139	6,1
Prestations extra-légales	287	281	– 2,2
Prestations IEG[1]	1 377	1 404	2,0
Transferts	5 868	5 797	– 1,2
Diverses charges techniques	477	521	9,3
Dotations aux provisions	283	214	– 24,3
Charges diverses	1 338	1 259	– 5,9
Total des dépenses	**81 419**	**85 616**	**5,2**
Solde	**– 1 876**	**– 1 855**	**– 1,1**

1. Industries électriques et gazières.

Source : Drees.

Montants des pensions moyennes brutes

en euros courants

	2003	2004	2005
Pensions de base	755	765	788
Pensions complémentaires	370	372	381
Ensemble des pensions[1]	**1 006**	**1 018**	**1 044**

1. La pension totale n'est pas égale à la somme des pensions de base et complémentaires, tous les retraités ne percevant pas ces deux types de pensions.

Source : Drees.

Dépenses de pensions dans l'Union européenne en 2005

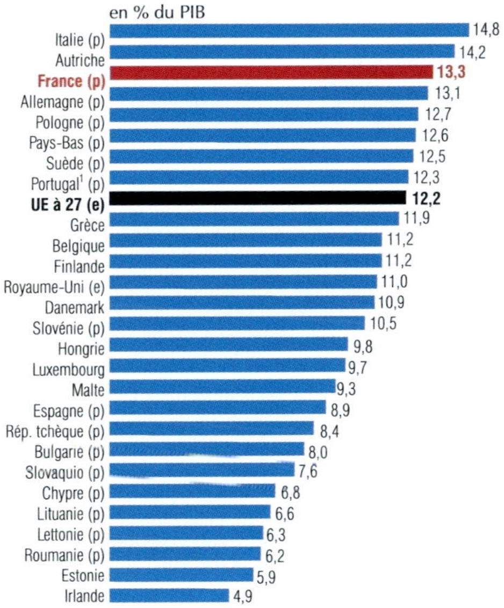

1. Données en 2004

Source : Eurostat

5.7 Protection et aide sociale

En 2006, les dépenses liées à la protection sociale (hors transferts) s'accroissent de 3,5 % en valeur et de 1,6 % en termes réels. Les **prestations sociales** perçues par les ménages, soit 95 % des dépenses, progressent de 3,3 % en euros courants et de 1,4 % en termes réels. Elles représentent 29,4 % du PIB, contre 29,6 % en 2005. Pour la seconde année consécutive, la croissance des ressources (hors transferts) de l'ensemble des régimes de protection sociale (+ 4,6 % en valeur) est en 2006 plus rapide que celle des dépenses, tout en laissant subsister un besoin de financement.

Fin 2006, près de 1,7 million de personnes sont concernées par l'**aide sociale** départementale issue des lois de décentralisation de 1984 qui regroupe les aides aux personnes âgées, aux personnes handicapées et à l'enfance. En y ajoutant 1,1 million d'allocataires du **Revenu minimum d'insertion (RMI)**, dont la gestion relève de la compétence des conseils généraux depuis 2004, le nombre total de ces personnes aidées s'élève donc à près de 2,8 millions. En constante progression, les bénéficiaires de l'aide sociale aux personnes âgées sont désormais près de 1,2 million. Ils sont, pour la première fois, plux nombreux fin 2006 que le nombre d'allocataires du RMI.

Plus de 242 000 personnes handicapées bénéficient de l'aide sociale fin 2006 soit une progression de 3 % sur un an. Près de la moitié des aides aux personnes handicapées (à domicile ou en établissement) sont des allocations compensatrices pour tierce personne. Enfin l'aide sociale à l'enfance concerne près de 278 000 bénéficiaires.

Au 31 décembre 2006, 6,6 millions de familles bénéficient de prestations familiales pour un montant mensuel moyen de 346 euros. Les prestations familiales ont connu une réforme de grande ampleur avec l'entrée en vigueur de la prestation d'accueil du jeune enfant (PAJE) en 2004. Fin 2006, 2,1 millions de familles bénéficiaient de la PAJE. Plus de 4,8 millions de familles bénéficient des allocations familiales. Dans deux cas sur trois, il s'agit de familles avec deux enfants. Si la baisse du nombre de familles bénéficiaires du complément familial et de l'allocation de rentrée scolaire s'accentue, le nombre de bénéficiaires de prestations liées à la monoparentalité continue d'augmenter : 699 000 familles bénéficient de l'allocation de soutien familial (ASF) et 217 000 de l'allocation de parent isolé (API).

Enfin 5,9 millions de familles perçoivent des aides au logement fin 2006 : 2,5 millions pour l'APL (aide personnalisée au logement), 2,2 millions pour l'ALS (allocation de logement social) et 1,2 million pour l'ALF (allocation de logement à caractère familial). Le montant mensuel moyen des aides au logement est de 196 euros par mois.

Au sein de l'Union européenne à 27, les dépenses de protection sociale par habitant en 2005 sont les plus élevées au Luxembourg, au Danemark et en Suède. Mais rapportées au PIB, leur part est la plus élevée en Suède, en France et au Danemark. ■

Définitions

Aide sociale : voir rubrique « Pour comprendre ».

Cotisations sociales : ensemble des versements que les individus et leurs employeurs effectuent aux administrations de sécurité sociale et aux régimes privés. Voir rubrique « Pour comprendre ».

Minima sociaux : visant à assurer un revenu minimal à une personne (ou à sa famille) en situation de précarité, ce sont des prestations sociales non contributives, c'est-à-dire qu'elles sont versées sans contrepartie de cotisations. Voir rubrique « Pour comprendre ».

Prestations sociales : transferts versés (en espèces ou en nature) à des individus ou à des familles afin de réduire la charge financière que représente pour ceux-ci la protection contre divers risques. Elles sont associées à six grandes catégories de risques : la vieillesse et la survie, la santé, la maternité-famille, la perte d'emploi, les difficultés de logement ainsi que la pauvreté et l'exclusion sociale.

Revenu minimum d'insertion (RMI) : créé en 1988, il a pour objectif de garantir un niveau minimum de ressources et faciliter l'insertion ou la réinsertion de personnes disposant de faibles revenus. Voir rubrique « Pour comprendre ».

Pour en savoir plus

- « Les comptes des administrations publiques en 2007 », *Insee Première* n° 1190, mai 2008.
- « L'UE27 a consacré 27,2 % du PIB à la protection sociale », *Communiqué de presse* n° 63 , Eurostat, 8 mai 2008.
- « Les prestations familiales et de logement en 2006 », *Études et Résultats* n° 621, Drees, janvier 2008.
- « Les comptes de la protection sociale en 2006 », *Études et Résultats* n° 609, Drees, novembre 2007.
- « Les bénéficiaires de l'aide sociale départementale en 2006 », *Études et Résultats* n° 597, Drees, septembre 2007.

Familles bénéficiaires de prestations familiales

en milliers au 31 décembre

	2005	2006 (p)	2006/05 en %
Allocations familiales (AF)	4 839	4 853	0,3
Complément familial (CF)	899	879	– 2,3
Allocation de rentrée scolaire (ARS)	3 075	3 022	– 1,7
Allocation de parent isolé (API)	206	217	5,5
Allocation de soutien familial (ASF)	695	699	0,5
Prime à la naissance ou à l'adoption	56	56	0,8
Allocation de base (AB)	1 332	1 890	41,9
Complément de libre choix d'activité[1] (CLCA)	415	611	47,3
Comp.de libre choix du mode de garde[1] (CMG)	317	515	62,5
Prestation d'accueil du jeune enfant (PAJE)	1 487	2 102	41,3
Allocation de garde d'enfant à domicile[2] (AGED)	35	23	– 33,3
AFEAMA[2]	391	227	– 42,1

1. Effectif en novembre. 2. Effectif au 3ème trimestre. AFEAMA : aide à la famille pour l'emploi d'une assistante maternelle agréée. *Sources : Dress ; CNAF.*

Bénéficiaires de l'aide sociale départementale

effectifs au 31 décembre

	2005 (r)	2006 (e)	2006/05 en %
Aide aux personnes âgées	**1 083 958**	**1 151 987**	**6**
Aide à domicile	583 985	636 634	9
dont alloc. perso. d'autonomie	*539 087*	*593 327*	*10*
Aide en établissement	499 973	515 353	3
dont : au titre de l'ASH	*113 203*	*112 100*	*– 1*
alloc. perso. d'autonomie	*383 863*	*400 203*	*4*
Aide aux personnes handicapées	**235 189**	**242 205**	**3**
Aide à domicile	109 118	112 667	3
dont alloc. compensatrice[1]	*92 898*	*88 361*	*– 5*
Aide en établissement	126 071	129 538	3
dont au titre de l'ASH	*89 161*	*89 929*	*1*
Aide sociale à l'enfance	**273 135**	**277 598**	**2**
Enfants accueillis à l'ASE	138 735	140 288	1
Actions éducatives	134 400	137 310	2
Revenu minimum d'insertion	**1 134 485**	**1 124 576**	**– 1**

1. Pour tierce personne de moins de 60 ans, droits ouverts. Champ : France métropolitaine. *Sources : Drees, enquêtes Aide sociale ; CNAF ; CCMSA.*

Comptes de la protection sociale

en milliards d'euros

	2000 (r)	2006 (p)	2006/05 en %
Prestations sociales	349,4	456,8	3,6
en espèces	265,0	343,5	3,4
en nature	84,4	113,3	4,0
Prestations des services sociaux	49,7	69,4	1,8
Total des prestations de protection sociale	**399,1**	**526,2**	**3,3**
en % du PIB	27,7	29,4	///
Frais de gestion	18,1	22,9	3,1
Transferts	78,4	114,7	5,5
Frais financiers	0,3	1,5	172,7
Autres dépenses	2,1	3,1	2,0
Total des emplois	**498,0**	**668,4**	**3,8**
Total des emplois hors transferts	**419,6**	**553,7**	**3,5**
Cotisations totales	284,9	364,3	4,2
Impôts et taxes affectés	82,8	116,7	27,5
Transferts	78,4	114,7	5,5
Contributions publiques	48,4	54,7	– 23,4
Produits financiers	2,2	2,9	25,2
Autres recettes	9,0	12,2	6,5
Total des ressources	**505,7**	**665,5**	**4,8**
Total des ressources hors transferts	**427,3**	**550,8**	**4,6**
Solde	**7,8**	**– 2,9**	**///**

Source : Drees.

Allocataires de minima sociaux

en milliers

	2005	2006	2006/05 en %
Revenu minimum d'insertion (RMI)	1 289,5	1 278,8	– 0,8
Allocation aux adultes handicapés (AAH)	801,0	804,0	0,4
Allocation supplémentaire vieillesse (ASV)	609,4	(e) 598,5	– 1,8
Allocation de solidarité spécifique (ASS)	401,6	(p) 393,2	– 2,1
Allocation de parent isolé (API)	206,1	217,5	5,5
Allocation supplémentaire d'invalidité (ASI)	112,6	111,4	– 1,1
Allocation d'insertion (AI) et Allocation temporaire d'attente (ATA)[1]	34,6	(p) 22,5	– 34,9
Allocation équivalent retraite – remplacement (AER)	41,5	(p) 60,1	44,8
Allocation veuvage (AV)	(e) 6,6	(e) 6,1	– 7,5
Revenu de solidarité (RSO)	10,0	11,0	10,3
Ensemble des minima sociaux	**3 512,9**	**(p) 3 503,0**	**– 0,3**

1. L'ATA remplace l'AI pour les entrées à compter du 16 novembre 2006.
Champ : données au 31 décembre.
Sources : Drees ; CNAF ; MSA ; Unédic ; Cnamts ; CNAV ; régime des caisses des DOM.

@ Dépenses nettes d'aide sociale des départements

en millions d'euros courants

	2005 (r)	2006 (p)	2006/2005 en %[1]
Aide sociale aux personnes âgées	4 941	5 321	6
Aide sociale aux personnes handicapées	3 500	3 924	10
Aide sociale à l'enfance	5 173	5 388	2
Dépenses liées au RMI	5 840	6 218	5
Total	**19 454**	**20 851**	**5**

1. En euros constants. Champ : France métropolitaine.
Source : Drees, enquête Aide sociale.

Prestations de protection sociale par risque

en millions d'euros

	2006	2006/05 en %
Santé	**185 216**	**3,3**
Maladie	150 155	3,1
Invalidité	26 598	4,1
Accidents du travail	8 462	3,7
Vieillesse-survie	**235 199**	**5,2**
Vieillesse	200 113	5,2
Survie	35 086	5,1
Maternité-famille	**47 833**	**3,7**
Maternité	6 365	4,4
Famille	41 468	3,5
Emploi	**35 851**	**– 6,2**
Insertion et réinsertion professionnelles	2 219	– 4,3
Chômage	33 632	– 6,4
Logement	**13 972**	**0,1**
Pauvreté-exclusion	**8 094**	**2,4**
Total des prestations	**526 165**	**3,3**

Source : Drees, comptes de la protection sociale.

Capacité (+) ou besoin (-) de financement des administrations de sécurité sociale

en milliards d'euros

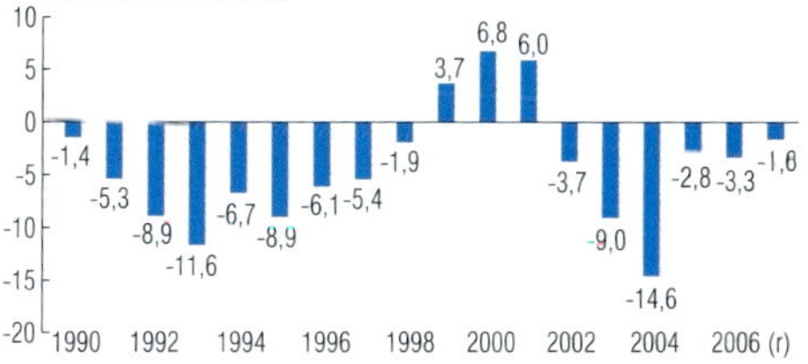

Source : Insee, comptes nationaux – base 2000.

CONDITIONS DE VIE
SOCIÉTÉ

Consommation

Logement

Justice

Santé

Enseignement - Éducation

6.1 Consommation des ménages

En 2007, la **dépense de consommation des ménages** demeure solide (+ 2,5 % en volume, après 2,3 % en 2006). Les hausses de prix de fin d'année n'ont qu'un impact limité sur l'inflation moyenne de 2007 : + 2 % en 2007 après + 2,2 % en moyenne annuelle en 2006. La progression soutenue du pouvoir d'achat du revenu, plus forte qu'en 2006, permet aux ménages de consommer davantage, tout en consacrant une part accrue de leur budget à l'épargne. La plus grande partie du budget des ménages reste consacrée au logement (25 %), aux transports (15 %) et aux dépenses alimentaires (13 % hors alcool et tabac).

La hausse des prix de l'énergie a été moins soutenue que les années précédentes et n'influe pas sur la consommation qui continue de reculer pour la sixième année : la consommation de carburants est quasi-stable ; la baisse de consommation en volume de chauffage et d'éclairage s'amplifie : – 2,8 % après – 0,2 % en 2006, les températures clémentes des premiers mois de l'année contribuant à cette baisse. Les achats d'automobiles repartent à la hausse sous l'influence du marché des véhicules neufs alors que les immatriculations de marques françaises poursuivent leur repli.

Les loyers augmentent au même rythme qu'en 2006, nettement supérieur depuis trois ans à celui de la dépense totale des ménages.

La consommation de biens et services de loisirs et de culture accélère, grâce en partie à l'achat d'équipements de sport, camping et plein air (en progression de 7 %) ; les achats de livres repartent à la hausse, avec notamment le développement des ventes sur Internet. Les achats de biens et services de **technologies de l'information et de la communication (TIC)** continuent à jouer un rôle moteur dans l'ensemble de la consommation. Ils restent favorisés par des prix en forte baisse. La croissance annuelle des achats d'appareils de réception, de reproduction et d'enregistrement du son et de l'image dépasse les + 20 % depuis quatre ans. Le succès des téléviseurs à écrans plats se poursuit, la hausse en volume approche 50 % des achats pour la deuxième année consécutive. En revanche, les ventes de DVD et de CD audio reculent alors que le téléchargement légal de titres croît fortement. 2007 est défavorable pour le cinéma, la fréquentation des salles baissant de plus de 10 millions d'entrées.

La consommation alimentaire (hors boissons alcoolisées et tabac) augmente modérément (+ 1,6 % en volume), sur tous les postes sauf les fruits et huiles et graisses. L'augmentation de la consommation de viandes contribue à l'accélération de ce poste, notamment celle de bœuf qui progresse pour la première fois depuis 2002. Les préparations à base de viandes restent appréciées des consommateurs. La demande pour les poissons et crustacés connaît la hausse la plus importante depuis 1993. L'accélération des prix des produits laitiers ou à base de céréales, intervenue en fin d'année, ne modifie pas la moyenne annuelle.

Les achats de tabac sur le territoire français baissent légèrement (– 2 %) alors que les prix augmentent peu. ■

Définitions

Consommation des ménages : somme de la dépense de consommation des ménages et des consommations individualisables incluses dans la dépense de consommation des Administrations.

Correction territoriale : voir rubrique « Pour comprendre ».

Dépense de consommation des ménages : elle se limite aux dépenses que les ménages supportent directement. Voir rubrique « Pour comprendre ».

Revenu disponible des ménages au sens de la Comptabilité nationale : comprend les revenus d'activité, les revenus du patrimoine, les transferts en provenance d'autres ménages et les prestations sociales (y compris les pensions de retraite et les indemnités de chômage), nets des impôts directs. Quatre impôts directs sont généralement pris en compte : l'impôt sur le revenu, la taxe d'habitation, les contributions sociales généralisées (CSG) et la contribution à la réduction de la dette sociale (CRDS).

Technologies de l'information et de la communication (TIC) : voir rubrique « Pour comprendre ».

Pour en savoir plus

- « L'Économie française », *Insee – Références*, édition 2008.
- « Les variations de prix des produits alimentaires », *Insee Première* n° 1191, mai 2008.
- « En 2007, la consommation des ménages demeure solide », *Insee Première* n° 1192, mai 2008.
- « Se nourrir d'abord, se faire du bien ensuite », *Consommation et modes de vie* n° 209, Crédoc, février 2008.
- « Enquête Budget de famille 2006 », *Insee Résultats* n° 73 Société, décembre 2007.

Consommation des ménages par fonction en 2007

	Consommation en milliards d'euros	Variation annuelle en volume en %			Poids dans la valeur de la dépense de consommation en %	
	2007	2005 (r)	2006 (r)	2007	1997	2007
Alimentation et boissons non alcoolisées	**140,0**	**1,4**	**0,5**	**1,6**	**14,9**	**13,4**
Produits alimentaires	128,7	1,2	0,4	1,5	13,8	12,3
dont : pains et céréales	*18,9*	*1,2*	*1,1*	*1,2*	*2,1*	*1,8*
viandes	*37,2*	*– 0,1*	*– 0,2*	*1,4*	*4,2*	*3,5*
poissons et crustacés	*11,2*	*1,7*	*0,3*	*3,0*	*1,1*	*1,1*
lait, fromages et oeufs	*19,4*	*2,3*	*1,7*	*2,8*	*2,1*	*1,9*
fruits et légumes	*23,5*	*1,2*	*– 0,7*	*0,0*	*2,4*	*2,2*
Boissons non alcoolisées	11,3	4,1	2,6	3,1	1,1	1,1
Boissons alcoolisées et tabac	**30,5**	**– 0,6**	**0,9**	**– 0,7**	**3,4**	**2,9**
Boissons alcoolisées	14,6	– 0,6	0,3	0,7	1,7	1,4
Tabac	15,9	– 0,6	1,5	– 2,0	1,7	1,5
Articles d'habillement et chaussures	**48,4**	**0,7**	**1,3**	**1,6**	**5,7**	**4,6**
Logement, chauffage, éclairage	**266,1**	**2,5**	**2,7**	**2,4**	**23,8**	**25,4**
dont : location de logement	*198,5*	*3,3*	*3,3*	*3,5*	*16,7*	*18,9*
chauffage, éclairage	*37,6*	*– 0,2*	*– 0,2*	*– 2,8*	*4,1*	*3,6*
Équipement du logement	**62,9**	**3,5**	**2,5**	**3,6**	**6,2**	**6,0**
Santé	**36,1**	**4,7**	**4,6**	**4,8**	**3,3**	**3,5**
Transport	**153,2**	**1,7**	**0,0**	**1,7**	**14,5**	**14,6**
Achats de véhicules	39,6	3,1	– 1,7	3,2	3,9	3,8
Carburants, lubrifiants	35,7	– 2,7	– 1,1	– 0,1	3,6	3,4
Services de transports	21,7	5,5	5,0	4,1	1,8	2,1
Communications	**28,6**	**6,8**	**9,2**	**6,0**	**2,0**	**2,7**
Loisirs et culture	**96,9**	**5,4**	**5,5**	**6,2**	**8,8**	**9,3**
Éducation	**8,0**	**2,4**	**5,6**	**3,0**	**0,7**	**0,8**
Hôtels, cafés et restaurants	**65,2**	**1,7**	**0,7**	**1,9**	**5,9**	**6,2**
Autres biens et services	**122,9**	**2,3**	**3,9**	**1,6**	**12,1**	**11,7**
dont : soins personnels	*23,7*	*– 0,3*	*1,1*	*1,7*	*2,3*	*2,3*
assurances	*35,0*	*3,4*	*6,6*	*– 2,4*	*3,2*	*3,3*
Correction territoriale	**– 11,5**	**– 10,8**	**11,4**	**11,0**	**– 1,3**	**– 1,1**
Dépense de consommation des ménages	**1 047,4**	**2,6**	**2,3**	**2,5**	**100,0**	**100,0**
Dépense de consommation des ISBLSM[1]	24,6	0,0	0,7	1,1	///	///
Dépense de consommation des APU[2]	287,3	1,6	1,5	1,7	///	///
dont : santé	*127,2*	*2,6*	*2,3*	*3,1*	///	///
éducation	*85,7*	*– 0,2*	*– 0,5*	*– 0,2*	///	///
Consommation effective des ménages	**1 359,3**	**2,4**	**2,1**	**2,3**	///	///

1. Institutions sans but lucratif au service des ménages.
2. Dépenses de consommation des administrations publiques en biens et services individualisables.
Source : Insee, comptes nationaux - base 2000.

@ Consommation moyenne par personne de quelques produits alimentaires

	1980	1990	2000	2006
Pain (en kg)	70,6	61,7	57,6	53,7
Pommes de terre (en kg)	89,0	60,8	66,0	68,3
Légumes frais (en kg)[1]	88,4	86,0	90,1	87,6
Boeuf (en kg)	19,3	17,1	14,0	13,9
Volailles (en kg)	19,3	21,7	23,2	20,0
Œufs (en kg)	14,3	14,0	14,6	14,0
Poissons, coquillages, crustacés (en kg)[2]	12,9	14,4	14,2	11,7
Lait frais (en litres)	74,0	66,4	65,9	52,7
Fromage (en kg)	15,3	16,7	18,7	18,2
Yaourts (en kg)	8,7	15,9	19,9	21,6
Huile alimentaire (en kg)	10,8	11,1	9,9	9,4
Sucre (en kg)	15,0	10,1	8,0	6,8
Vins courants (en litres)	77,1	44,7	29,1	24,8
Vins A.O.C. (en litres)	14,9	22,9	26,1	23,6
Bière (en litres)	44,2	40,1	33,8	32,1
Eaux minérales et de source (en litres)	54,7	90,0	148,6	173,6

1. Y compris légumes fruits et d'assaisonnement (persil...).
2. Frais et surgelés.
Source : Insee, comptes nationaux - base 2000.

@ Évolution de la dépense et du pouvoir d'achat des ménages

variation par rapport à l'année précédente en %

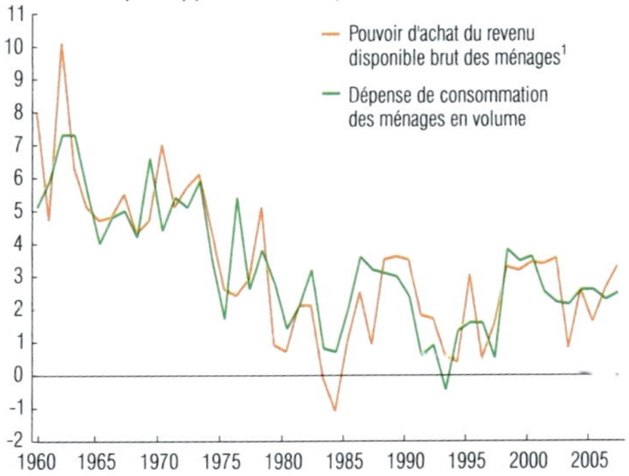

1. Évolution déflatée à l'aide de l'indice du prix des dépenses de consommation finale des ménages.
Source : Insee, comptes nationaux - base 2000.

6.2 Équipement des ménages

En 2007, les **ménages** français consacrent, comme en 2006 et 2005, 8,2 % de leur **consommation** à l'achat de **biens durables**. Parmi ceux-ci, l'équipement de leur logement représente 6 % des dépenses. Les achats de meubles accélèrent (+ 3,4 % après + 1 % en 2006). En revanche les achats de biens et services des **TIC** continuent à jouer un rôle moteur mais ralentissent légèrement. Ils restent une nouvelle fois favorisés par des prix en forte baisse. La multiplication de l'offre de chaînes et les modes de diffusion des services de télévision s'accompagne d'une tendance croissante au **multi-équipement** des foyers. L'engouement pour les téléviseurs à écrans plats se poursuit, la hausse en volume approchant 50 % comme en 2006, favorisée par la demande de renouvellement à l'occasion de la coupe du monde de rugby. Par ailleurs l'équipement des ménages en lecteur de DVD de salon continue de progresser.

Les ménages français disposent presque tous d'un réfrigérateur, d'un téléviseur et d'un lave-linge en 2006. 88 % des ménages sont équipés d'un téléphone fixe, 74 % d'un téléphone portable. Depuis de nombreuses années, la croissance d'achats de micro-ordinateurs s'est nettement accélérée, en grande partie, grâce à l'intérêt suscité par Internet. Ainsi plus de la moitié des ménages français possèdent un micro-ordinateur.

Les achats d'automobiles ont enregistré un rebond en 2007, sous l'influence du marché de véhicules neufs. La proportion des ménages ayant au moins une voiture augmente peu depuis plusieurs années, tandis que la part des ménages en possédant au moins deux a progressé de plus de 7 points depuis 1980. Le parc automobile veillit : l'âge moyen d'un véhicule passe de six ans en 1990 à huit ans en 2006. En 2006, plus de quatre ménages sur cinq disposent d'au moins une voiture. Les Français sont de plus en plus multi-équipés : plus de 30 % des ménages ont deux voitures et 6 % d'entre eux ont 3 voitures ou plus, contre respectivement 15 % et 2 % au début des années 80. La proportion de véhicules diesel continue de s'intensifier : elle représente la moitié du parc automobile en 2007 contre 4 % en 1980.

Selon l'Idate, la part des ménages mondiaux ayant accès à un bouquet de télévision numérique payant ou non double entre 2004 et 2006 : en 2007, le Royaume-Uni avec plus de quatre ménages sur cinq est loin devant les États-Unis (70 %), le Japon (69 %) ; la France (66 %) se place devant l'Italie (60 %) et le Danemark (56 %) ; l'Allemagne avec 30 % se situe loin derrière.

En 2005, dans l'Union européenne à 27, les ménages ont consacré 11,9 % de leur dépenses aux transports, dont 4,3 % pour l'achat de véhicules personnels et 4,9 % pour l'utilisation de ces véhicules. Ces dépenses consacrées aux véhicules personnels (achats et utilisation) varient de 15 % en Autriche, au Luxembourg et en Slovénie à 6 % en Pologne, 5 % en Roumanie et 3 % en Bulgarie. ■

Définitions

Biens durables : regroupent les véhicules, les meubles, l'équipement ménager ou de loisir.

Biens semi-durables : regroupent le textile, l'habillement et les autres biens semi-durables.

Dépense de consommation des ménages : elle se limite aux dépenses que les ménages supportent directement. Elle comprend la part des dépenses de santé, d'éducation, de logement, restant à leur charge, après remboursements éventuels. On y inclut aussi les loyers imputés, que les ménages propriétaires de leur résidence principale se versent implicitement à eux-mêmes.

Ménages : un ménage, au sens statistique, est défini comme l'ensemble des occupants d'une résidence principale, qu'ils aient ou non des liens de parenté. Un ménage peut ne comprendre qu'une seule personne. Voir rubrique « Pour comprendre ».

Multi-équipement : possession de deux appareils de même nature, ou plus (soit dans la résidence principale, soit dans la résidence secondaire).

Technologies de l'information et de la communication (TIC) : selon l'OCDE, elles regroupent les secteurs producteurs, les secteurs distributeurs, les secteurs des services (télécommunications, services informatiques, services audiovisuels,...) de TIC.

Pour en savoir plus

- « Tableau de bord des TIC et du commerce électronique », Sessi, juin 2008.
- « L'économie française », *Insee – Références*, édition 2008.
- « En 2007, la consommation des ménages demeure solide », *Insee Première* n° 1192, mai 2008.
- « Le budget automobile des ménages s'adapte aux prix des carburants », *Insee Première* n° 1159, octobre 2007.
- Institut de l'audiovisuel et des communications en Europe (Idate).

Équipement des ménages en biens durables selon l'âge de la personne de référence en 2006

en %

Type d'équipement	15 à 24 ans	25 à 39 ans	40 à 59 ans	60 ans ou plus	**Ensemble**
Réfrigérateur avec ou sans congélateur	99,2	99,6	99,7	99,5	**99,6**
Congélateur avec ou sans réfrigérateur	65,0	80,6	89,4	83,4	**84,1**
Four à micro-ondes	89,1	89,6	86,8	67,1	**80,8**
Lave-linge	72,9	93,6	96,6	94,1	**93,9**
Téléviseur couleur	92,5	95,8	97,0	98,4	**97,0**
Magnétoscope ou lecteur DVD	86,1	92,4	90,1	65,7	**82,1**
Voiture	69,0	86,5	89,0	69,0	**80,6**
Téléphone fixe	49,1	77,9	91,2	95,7	**87,6**
Téléphone portable	88,6	90,6	86,0	48,3	**74,3**
Micro-ordinateur (ensemble)	72,9	75,1	69,1	21,3	**54,3**
Internet	47,7	58,3	54,6	15,4	**41,8**

Champ : ensemble des ménages en France métropolitaine.
Source : Insee, statistiques sur les ressources et les conditions de vie (SRCV).

Évolution de la consommation de biens durables

	variation annuelle en volume en %					Poids dans la valeur de la consommation en 2007 en %
	2003	2004	2005 (r)	2006 (r)	2007	
Automobiles	– 5,5	3,1	3,0	– 2,3	3,3	3,5
dont : automobiles neuves	*– 7,8*	*3,5*	*3,4*	*– 4,2*	*3,0*	*2,4*
automobiles d'occasion[1]	*0,0*	*2,5*	*2,3*	*2,0*	*3,7*	*1,1*
Téléviseurs	14,6	32,4	31,7	49,9	49,6	0,4
Réfrigérateurs, congélateurs	15,6	4,6	2,5	7,3	– 1,9	0,2
Lave-linge	5,5	7,1	4,2	7,0	4,1	0,1
Meubles	0,0	3,3	4,8	1,3	3,1	1,4
Autres biens durables[2]	14,3	15,4	16,0	12,7	11,6	2,6
Ensemble des biens durables	**2,5**	**8,0**	**8,4**	**5,5**	**8,1**	**8,2**

1. Véhicules de démonstration, de loueurs et marges des intermédiaires lors de la vente.
2. Matériel téléphonique, magnétoscopes, lave-vaisselle, appareils de cuisson, caravanes, cycles et motocycles, etc.
Source : Insee, comptes nationaux - base 2000.

Équipement automobile des ménages

en %

	1980	1990	2000	2006
Ménages motorisés	70,8	76,8	80,3	82,0
Monomotorisés	54,3	50,5	50,7	46,3
Bimotorisés	14,8	23,0	25,4	30,2
Trimotorisés et plus	1,7	3,3	4,2	5,5
Ménages non motorisés	29,2	23,2	19,7	18,0
Âge moyen du véhicule (en années)	...	5,9	7,3	7,9
Durée moyenne de détention (en années)	...	3,7	4,4	4,9
Voitures particulières d'occasion	...	50,0	56,1	60,8

Sources : Sofres ; Inrets-Ademe ; Insee ; SESP.

Taux d'équipement des ménages en biens durables en 2006

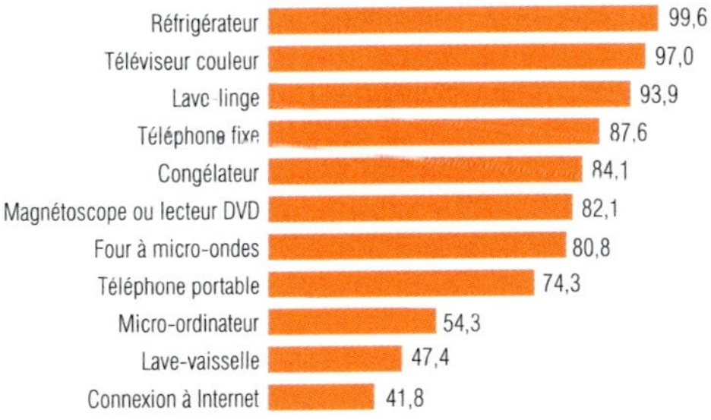

Champ : taux d'équipement en France métropolitaine en mai 2006.
Source : Insee, statistiques sur les ressources et les conditions de vie (SRCV).

Poids des dépenses de consommation pour l'achat et l'utilisation des véhicules personnels dans l'UE à 27 en 2005

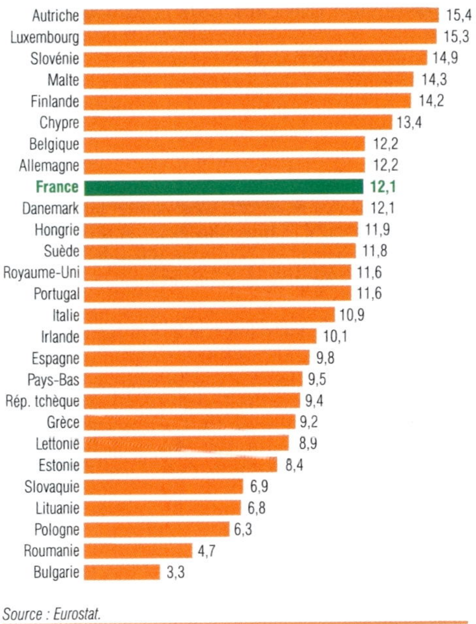

Source : Eurostat.

6.3 Multimédias

En 2007, les biens et services des **technologies de l'information et de la communication (TIC)** restent très prisés par les ménages. Depuis plus de dix années consécutives, leur consommation dépasse 10 % de croissance en volume (+ 13,7 % en 2007). Cette augmentation explique un quart de la hausse globale de la consommation des ménages. Tirée par les ordinateurs portables, l'évolution de la consommation de matériel informatique est soutenue (+ 23,2 %). En effet, les ventes de micro-ordinateurs aux particuliers atteignent un niveau record, lié notamment à la baisse des prix et à l'engouement pour l'internet haut débit. Cette croissance est aussi tirée par la progression du multi-équipement : 17 % de la population disposent de plusieurs ordinateurs à domicile en 2007 contre 12 % en 2006. Pour la deuxième année consécutive, la hausse des achats de téléviseurs frôle les + 50 %.

Fin 2007, près de 60 % des ménages sont équipés en micro-ordinateurs. Les cadres et les professions intermédiaires sont les catégories les mieux équipées. Au-delà de 60 ans le taux d'équipement chute rapidement.

En France fin 2007, avec plus de 17 millions d'abonnements à Internet, la diffusion se poursuit. Plus de 90 % des abonnements sont des abonnements à haut débit (câble et ADSL). En 2007, 54 % des personnes âgées de 15 ans ou plus utilisent Internet chaque mois, la plupart quotidiennement. Si la communication et la recherche d'informations restent les usages à titre privé les plus répandus, 50 % des **internautes** accèdent à leur compte bancaire, 47 % organisent leurs vacances et 39 % achètent en ligne alors que 11 % seulement vendent en ligne. Un tiers des internautes télécharge de la musique ou des vidéos et joue sur Internet.

Fin 2007, les opérateurs de téléphonie mobile comptent plus de 55 millions de clients (+ 7 % en un an). Les mobiles avec abonnement sont largement majoritaires avec 36 millions d'abonnés, contre 19 utilisant des cartes prépayées. Près de 19 milliards de **SMS** interpersonnels sont échangés en 2007, soit en moyenne 29 messages par mois et par abonné. Plus de huit Français sur dix disposent d'un téléphone mobile. Néanmoins le **taux de pénétration** reste inférieur à la moyenne européenne, l'Italie, la Suède et le Royaume-Uni dépassant les 100 %.

En 2007, la part des ménages ayant accès à domicile à Internet dans l'Union européenne varie de 80 % aux Pays-Bas, en Suède et au Danemark à 20 % en Roumanie et en Bulgarie.

En 2006, on compte plus d'un milliard d'**internautes** dans le monde, soit près de 18 % de la population mondiale. La téléphonie mobile s'est rapidement et largement diffusée, notamment dans les pays en développement (Chine, Inde...) dont la population d'abonnés dépasse celle des pays développés. Le nombre d'utilisateurs du téléphone mobile s'élèvent à près de 3 milliards de personnes soit cinq fois plus que cinq ans auparavant. ■

Définitions

Accès à un ordinateur domestique : toute personne appartenant à un ménage équipé d'un ordinateur est considérée comme ayant accès à un micro-ordinateur.

Internaute : individu accédant à Internet quel que soit le lieu de connexion (domicile, travail, écoles, cybercafés, bibliothèques, ...).

Médiamétrie distingue trois types d'internautes : les occasionnels (une fois par mois ou moins) ; les réguliers (plus d'une fois par mois) ; les assidus (tous les jours ou presque).

SMS (Short Message Service) : service de message court. Le message écrit est composé de 160 caractères maximun. Ce servie fonctionne sur tous les types de réseaux (GSM, GPRS, UMTS).

Taux de pénétration du téléphone mobile ou d'Internet : rapport du nombre d'abonnés à un service de téléphonie mobile ou d'utilisation d'Internet à la population du pays.

Technologies de l'information et de la communication (TIC) : selon l'OCDE, on qualifie de secteurs d'information et de la communication (TIC) les secteurs suivants :

– secteurs producteurs de TIC (fabrication d'ordinateurs et de matériel informatique, de TV, radios, téléphone,...) ;
– secteurs distributeurs de TIC (commerce de gros de matériel informatique,...) ;
– secteurs des services de TIC (télécommunications, services informatiques, services audiovisuels,...). Par complémentarité, on peut parler de secteurs « non-TIC » pour toutes les autres activités.

Pour en savoir plus

- « Tableau de bord des TIC et du commerce électronique », Sessi, juin 2008.
- « En 2007, la consommation des ménages demeure solide », *Insee Première* n° 1192, mai 2008.
- « Le marché des services de communications électroniques en France en 2007 », Arcep, mai 2008.

Équipement des ménages en multimédia selon la catégorie socioprofessionnelle en 2006

en %

	Téléviseur couleur	Magnétoscope ou lecteur DVD	Téléphone fixe	Téléphone portable	Micro-ordinateur	Connexion à Internet
Agriculteurs exploitants	97,3	80,2	93,2	76,8	58,6	38,8
Artisans, commerçants, chefs d'entreprise	97,7	90,0	91,5	93,5	79,5	62,5
Cadres et professions intellectuelles supérieures	94,6	93,6	96,0	93,1	90,8	82,9
Professions intermédiaires	95,1	91,4	87,5	90,5	83,5	66,9
Employés	96,9	89,2	80,0	86,1	63,4	47,9
Ouvriers (y c. ouvriers agricoles)	98,1	91,6	74,0	84,1	57,4	37,7
Retraités	98,8	68,0	95,7	50,2	22,5	16,3
Autres inactifs	88,9	64,5	68,1	64,7	43,3	25,4
Ensemble	**97,0**	**82,1**	**87,6**	**74,3**	**54,3**	**41,8**

Champ : ensemble des ménages en France métropolitaine.
Source : Insee, statistiques sur les ressources et les conditions de vie (SRCV).

Abonnements en téléphonie et à Internet

en millions

	2003	2005	2007 (p)
Téléphonie fixe	33,9	36,5	39,6
Services mobiles	41,7	48,1	55,3
Internet[1]	10,6	13,2	17,1
Bas débit[1]	7,0	3,7	1,5
Haut débit[1]	3,6	9,5	15,6

1. Données au 31 décembre.
Source : Arcep.

Équipement des ménages en téléphones mobiles

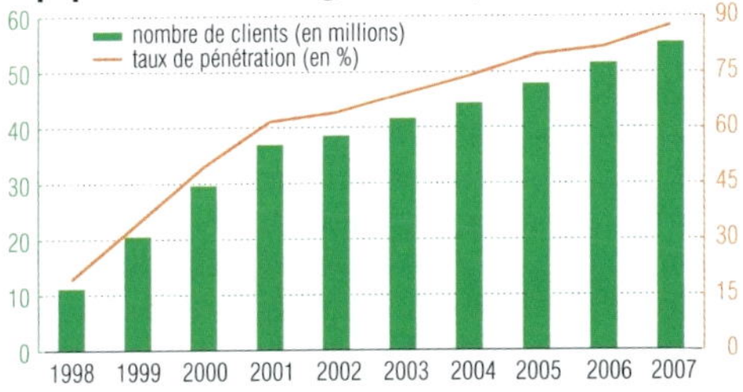

Note : taux de pénétration en 2006 et en 2007 calculé sur la population 2006.
Source : Arcep.

Internet et téléphonie mobile dans le monde en 2006

	Nombre d'utilisateurs en millions		Taux de pénétration[1] en %	
	Internet	Téléphone mobile	Internet	Téléphone mobile
Europe	293	808	36,1	99,4
dont : Allemagne	*39*	*86*	*46,7*	*103,6*
Espagne	*19*	*46*	*42,8*	*106,4*
France	***30***	***52***	***49,6***	***85,1***
Italie	*29*	*79*	*49,6*	*135,1*
Pays-Bas	*15*	*18*	*88,9*	*106,9*
Royaume-Uni	*34*	*70*	*56,0*	*116,4*
Afrique	44	197	4,8	21,5
Amérique	336	558	37,3	61,9
dont : Brésil	*43*	*100*	*22,6*	*52,9*
États-Unis	*208*	*233*	*69,1*	*77,4*
Asie	448	1 149	11,7	29,6
dont : Chine	*137*	*461*	*10,4*	*34,8*
Inde	*60*	*166*	*5,4*	*14,8*
Japon	*88*	*102*	*68,3*	*79,3*
Océanie	15	24	44,8	72,6
dont Australie	*11*	*20*	*55,0*	*97,0*
Monde	**1 136**	**2 736**	**17,5**	**41,8**

1. Pour 100 habitants.
Source : International Telecommunication Union (ITU).

Consommation des produits des TIC

en indices de volume base 100 en 2000

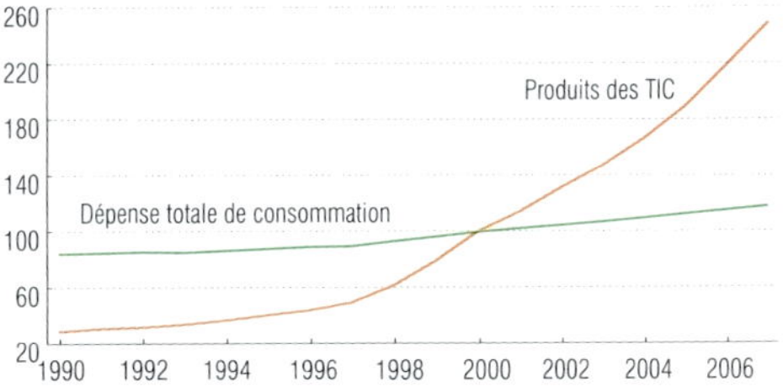

Source : Insee, comptes nationaux - base 2000.

Utilisation des technologies de l'information dans l'Union Européenne en 2007

en %

	Part des ménages ayant accès à Internet à domicile	Part des particuliers ayant effectué des achats sur Internet[1]	Part des particuliers ayant envoyé un courrier électr. avec pièce jointe
Allemagne	71	41	60
Autriche	60	26	58
Belgique	60	15	59
Bulgarie	19	2	27
Chypre	39	8	29
Danemark	78	43	72
Espagne	45	13	45
Estonie	53	6	59
Finlande	69	33	65
France	**49**	**26**	**55**
Grèce	25	5	26
Hongrie	38	7	48
Irlande	57	26	47
Italie	43	7	38
Lettonie	51	6	48
Lituanie	44	4	40
Luxembourg	75	37	70
Malte	…	16	…
Pays-Bas	83	43	75
Pologne	41	11	35
Portugal	40	6	37
Rép. tchèque	35	8	49
Roumanie	22	2	21
Royaume-Uni	67	44	62
Slovaquie	46	10	55
Slovénie	58	9	49
Suède	79	39	64
UE à 27	**54**	**23**	**50**

1. Commande de biens ou de services au cours des trois derniers mois pour leur usage personnel.
Champ : ménages comptant au moins une personne âgée de 16 à 74 ans et particuliers âgés de 16 à 74 ans.
Source : Eurostat.

6.4 Vacances - Loisirs - Sports

Depuis une quarantaine d'années, les Français partent chaque année de plus en plus nombreux en **vacances**. Leur **taux de départ** est ainsi passé de 43 % à 65 % entre les années 1964 et 2004. Les Français partent en **voyage** plus souvent, pour des **séjours** plus courts et plus étalés sur l'année. Ils étaient un sur huit à partir à l'étranger en1964, ils sont un sur cinq en 2004. Les pays européens, notamment l'Espagne et l'Italie, restent leurs destinations étrangères préférées pour les séjours personnels. L'Asie et l'Océanie attirent de plus en plus de touristes français. Les Français réservent de plus en plus tard leurs voyages, pour s'adapter à l'offre touristique, à la météo et en utilisant Internet. En 2007, deux Français sur trois séjournent en hébergement non marchand (résidences secondaires ou chez la famille et les amis).

En 2007, à cause d'un été défavorable du point de vue météorologique, la part des séjours diminue légèrement, que ce soit à la mer, à la montagne ou à la campagne, au profit des séjours en ville. Les séjours des Français deviennent de plus en plus actifs avec une hausse pour les activités pratiquées à la montagne et à la ville. De même, la quasi majorité des séjours à l'étranger sont plus actifs que les séjours en France métropolitaine. Les principales activités pratiquées à l'étranger sont les visites (ville, site remarquable, musée...), tandis qu'en France, la première activité est la promenade.

L'évolution de la pratique sportive licenciée est, sur ces six dernières années, avant tout liée au développement d'une pratique plus « occasionnelle » organisée au sein de structures affiliées à une fédération française agréée. C'est pourquoi le nombre de licences diminue, mais les femmes sont de plus en plus représentées parmi les licenciés. Les clubs sont moins nombreux mais de plus grande taille. En 2006, un tiers des Français de plus de 15 ans pratique les sports de nature : randonnée, escalade, canoë-kayak, parapente, vélo, voile... Ces activités sont associées aux loisirs comme à la compétition, à la découverte du patrimoine et au maintien en bonne santé. Avec plus de 2 millions de licences, le football reste la fédération olympique faisant le plus d'adeptes.

En 2006, le tiers des Français âgés de 16 ans ou plus adhère à une association, le plus fréquemment pour le sport (14 %) et les activités du 3ème âge (13 % de cette population). L'implication diffère selon l'âge et le sexe : 40 % des personnes âgées de 60 à 69 ans adhèrent à une association contre 29 % des jeunes. L'adhésion à une association demeure plus masculine que féminine.

En 2007, le chiffre d'affaires du secteur des jeux avoisine les 37 milliards d'euros, dont la moitié dans les casinos, le quart au PMU et le quart à la « Française des jeux ». 29 millions de Français de 16 ans ou plus, dont une majorité de femmes, jouent aux jeux d'argent de la « Française des jeux » avec une dépense moyenne de 6 euros par semaine. ■

Définitions

Séjour : désigne une durée de plus de quatre nuits passée par un même individu, hors de son domicile et pour des motifs d'agrément, soit dans un même lieu (on parle alors de séjour au sens strict), soit dans des lieux différents (on parle alors de circuit).

Taux de départ : il mesure la part, dans chaque catégorie de population, des individus qui ont effectué au moins un séjour d'un type considéré (par exemple, le pourcentage de Français qui sont partis en hiver).

Vacances : voir rubrique « Pour comprendre ».

Voyage : il est défini comme tout départ du domicile, avec retour à celui-ci et au moins une nuit passée en dehors. Les déplacements professionnels n'en font pas partie.

Cette notion est principalement utilisée dans le cadre des enquêtes réalisées conjointement par la direction du Tourisme et la Sofres sur le Suivi des Déplacements Touristiques des Français (SDT).

Pour en savoir plus

- « Le tourisme des Français en 2007 », *Tourisme infos stat* n° 2008-4 , direction du Tourisme.
- « Les sports de nature en France en 2006 », *Stat-Info* n° 08-01, ministère de la Santé, de la Jeunesse, des Sports et de la Vie associative, avril 2008.
- « Les licences et les clubs des fédérations sportives agréées en 2006 », *Stat-Info* n° 07-05, ministère de la Santé, de la Jeunesse, des Sports et de la Vie associative, décembre 2007.
- Mémento du tourisme 2007, direction du Tourisme.
- « Vacances : les générations se suivent et se ressemblent...de plus en plus », *Insee Première* n° 1154, août 2007.

Chiffres d'affaires des opérateurs de paris et jeux d'argent

en millions d'euros

	2005	2006	2007
Jeux de tirage	5 134	5 656	5 482
dont : marque LOTO	*1 475*	*1 392*	*1 378*
EuroMillions	*869*	*1 306*	*1 043*
Rapido	*2 086*	*2 150*	*2 210*
Pronostics sportifs	283	387	383
Jeux de grattage	3 508	3 430	3 441
Total Française des Jeux	**8 926**	**9 473**	**9 306**
PMU (y c. les paris sur les hippodromes)	**8 126**	**8 223**	**8 956**
Casinos[1]	**17 640**	**18 000**	**18 550**
Total secteur des jeux	**34 692**	**35 696**	**36 812**

1. Estimation sur la base du produit brut des jeux.
Sources : La Française des Jeux ; PMU.

@ Séjours et nuitées selon le mode d'hébergement en 2006

	Nombre de séjours en %	Nombre de nuitées en %	Durée moyenne de séjour en nuitées
Hôtel et pension de famille	15,1	11,3	4,0
Camping	5,8	8,9	8,2
Location	4,8	8,8	9,8
Gîte, chambre d'hôte	3,5	3,5	5,3
Résidence de tourisme	1,8	2,4	7,1
Clubs et villages de vacances	2,5	3,5	7,5
Autre	4,0	3,8	5,1
Hébergement marchand	**37,5**	**42,2**	**6,0**
Familles, amis	54,2	42,8	4,2
Résidence secondaire	8,3	15,0	9,6
Hébergement non marchand	**62,5**	**57,8**	**4,9**
Total[1]	**184,8**	**985,9**	**5,3**

1. Nombre de séjours et nombre de nuitées en millions.
Champ : résidents de 15 ans ou plus.
Source : direction du Tourisme, TN Sofres.

Taux d'adhésion à certains types d'associations selon le sexe et l'âge en 2006

en %

	Ensemble	Sport	Culture, musique	Syndicat[1]	3ème âge[1]	Parents d'élèves[1]
Sexe						
Homme	**38**	19	5	4	9	3
Femme	**30**	9	7	2	15	6
Âge						
15 à 29 ans	**29**	18	6	2	///	n.s.
30 à 39 ans	**31**	15	5	3	///	6
40 à 49 ans	**35**	17	5	4	///	6
50 à 59 ans	**32**	13	7	4	///	3
60 à 69 ans	**40**	12	9	2	7	n.s.
70 à 80 ans	**39**	7	6	n.s.	15	0
Plus de 80 ans	**32**	2	3	n.s.	18	0
Ensemble	**34**	**14**	**6**	**3**	**13**	**4**

Champ : individus âgés de 16 ans ou plus en France métropolitaine.
1. Le nombre d'adhérents est rapporté à la population concernée.
Source : Insee, SRCV 2006.

@ Licences sportives en 2006

	Nombre de licences	*dont délivrées aux femmes en %*
Fédération française de football	2 143 688	*2,3*
F. f. de tennis	1 096 286	*32,1*
F. f. de judo-jujitsu et disciplines associées	561 935	*26,2*
F. f. d'équitation	523 696	*77,6*
F. f. de basket-ball	451 781	*39,6*
F. f. de golf	378 275	*29,0*
F. f. de pétanque et jeu provençal	370 978	*15,3*
F. f. de handball	350 079	*37,0*
F. f. de voile	281 808	*20,8*
F. f. de rugby	251 523	*3,3*
F. f. de natation	248 571	*56,4*
F. f. de gymnastique	246 533	*78,6*
F. f. de canoë-kayak	243 974	*25,9*
F. f. de karaté et arts martiaux	193 977	*27,9*
F. f. de la randonnée pédestre	192 221	*61,4*
F. f. de tennis de table	181 357	*16,9*
F. f. d'athlétisme	179 177	*39,9*
F. f. du sport boules	156 158	*8,5*
F. f. de ski	151 133	*38,0*
Autres fédérations unisport	2 344 099	*22,5*
Fédérations unisport	**10 547 249**	***27,0***
Fédérations multisports	**5 365 111**	***52,6***
Total	**15 912 360**	***35,0***

Champ : licences délivrées en France métropolitaine, DOM, Nouvelle-Calédonie, Monaco et divers (étrangers).
Source : ministère de la Santé, de la Jeunesse et des Sports, mission statistique.

Nuitées passées dans les hôtels de l'Union européenne

en millions

	2006	2007	2006/07 en %
Allemagne	208,7	214,8	2,9
Autriche	77,4	78,5	1,4
Belgique	15,4	16,5	7,5
Bulgarie	16,1	16,7	3,7
Chypre	14,3	13,7	– 4,5
Danemark	10,6	11,1	4,0
Espagne	266,6	272,8	2,3
Estonie	3,8	3,9	2,7
Finlande	15,1	15,8	4,8
France	**197,4**	**203,8**	**3,2**
Grèce	56,7	60,4	6,6
Hongrie	15,4	15,9	3,7
Irlande	26,8	28,4	5,8
Italie	249,9	...	...
Lettonie	2,6	2,8	9,0
Lituanie	2,4	2,6	7,7
Luxembourg	1,4	1,4	4,4
Malte	7,3	7,9	8,5
Pays-Bas	31,8	34,4	8,3
Pologne	21,8	24,3	11,5
Portugal	37,7	39,7	5,2
République tchèque	25,9	26,9	3,7
Roumanie	18,1	19,7	9,1
Royaume-Uni	171,5	177,6	3,6
Slovaquie	7,1	7,2	1,5
Slovénie	5,1	5,6	8,1
Suède	24,2	25,5	5,2
Total UE à 27 (e)	**1 531,0**	**1 577,7**	**3,1**

Champ : hôtels et établissements assimilés (hôtels-appartements, motels, relais pour routiers, hôtels balnéaires, clubs de vacances et autres logements loués à la chambre et dotés de services hôteliers limités).
Source : Eurostat.

6.5 Culture

Depuis de nombreuses années, les **ménages** consacrent une part de leur budget de plus en plus importante aux **services culturels et récréatifs**. En 2007, les Français ont dépensé 97 milliards d'euros pour les loisirs et la culture, soit 9,3 % de leurs dépenses de consommation (8,8 % en 1997).

Les dépenses des ménages en programmes audiovisuels baissent globalement en 2007 (– 2 %). Cette diminution résulte du recul de la consommation cinématographique (– 6 %) associé à celui des achats et locations de vidéogrammes pré-enregistrés (– 12 %). Chaque foyer français dépense en moyenne 296 euros dont 68 euros de redevance, 59 euros d'achats et locations de vidéogrammes pré-enregistrés, 41 euros d'achats de places de cinéma et 126 euros d'abonnements à des programmes payants de télévision. La vidéo à la demande, avec un peu plus d'un euro dépensé en moyenne, reste pour l'instant marginale en comparaison des autres dépenses.

En 2007, chaque individu de quatre ans ou plus a regardé la télévision pendant 3 h 27 chaque jour, soit trois minutes de plus qu'en 2006. La durée d'écoute de la télévision des abonnés à une offre élargie est en léger repli depuis deux ans, mais reste supérieure de trois minutes à la moyenne des individus équipés de télévision. En 2007, 6,5 millions de foyers sont abonnés à une télévision payante, soit le quart des foyers équipés de télévision. Le satellite est toujours le support dominant avec 15,4 % des abonnés à une offre élargie de télévision payante, suivi du câble qui représente 8,5 % du total des abonnés. De nouveaux réseaux de diffusion de chaînes thématiques émergent (TNT, ADSL, réseaux mobiles).

En 2007, avec 178 millions d'entrées, la fréquentation des salles de cinéma diminuent de 6 % par rapport à 2006. Le tassement de la fréquentation s'observe également dans d'autres pays européens, notamment en Allemagne (125 millions d'entrées) et, dans une moindre mesure, en Espagne (117 millions). Si la fréquentation des salles décroît avec l'âge, ce sont près de neuf étudiants et élèves sur dix qui vont au cinéma.

En 2006, un Français sur deux en moyenne est allé au moins une fois au cinéma, un sur trois au concert ou au spectacle ou a visité au moins un musée. En 2005, 58 % des Français âgés de 15 ou plus déclarent lire régulièrement des livres (66 % pour les moins de 30 ans). La lecture concerne 83 % des cadres mais seulement un agriculteur et un ouvrier sur trois. Les femmes lisent plus que les hommes : une sur cinq a lu au moins un livre par mois, contre un homme sur dix.

Début 2007, regarder des programmes culturels à la télévision ou les écouter à la radio est l'activité culturelle la plus courante dans l'Union européenne à 27 pour plus des trois quarts de la population. De même 71 % des Européens ont lu au moins un livre. Les autres activités culturelles ne sont pratiquées, pour la plupart, que par une minorité de la population, à l'exception des visites de monuments historiques (54 %) et des sorties cinéma (51 %). Ce sont les Irlandais qui vont le plus fréquemment au cinéma, suivis par les Français, les Espagnols et les Luxembourgeois. ■

Définitions

ADSL : l'ADSL est une technologie d'accès à Internet qui tire parti des hautes fréquences de la ligne téléphonique pour transmettre des données numériques à très haute vitesse. Voir rubrique « Pour comprendre ».

Dépenses de services culturels et récréatifs : elles comprennent :

- les dépenses culturelles de spectacles ;
- les entrées dans les musées et monuments ;
- les services de bibliothèques et de location de cassettes vidéos et de DVD ;
- les dépenses liées aux sports ;
- les jeux de hasard et d'argent.

Voir rubrique « Pour comprendre ».

Ménage : un ménage, au sens statistique, est défini comme l'ensemble des occupants d'une résidence principale, qu'ils aient ou non des liens de parenté. Voir rubrique « Pour comprendre ».

Pour en savoir plus

- « Bilan 2007 », *dossier* du Centre National de la Cinématographie, mai 2008.
- « Chiffres clés 2008», *statistiques de la culture,* Deps.
- « Guide des chaînes numériques » *rapport* CSA, 2008.
- « Médiamat annuel – Année 2007 », Médiamétrie (www.mediametrie.fr).
- « L'économie de la culture et les activités culturelles dans l'UE27 », *Communiqué de presse* n° 146, Eurostat, octobre 2007.

Pratiques culturelles à l'âge adulte selon l'âge, le sexe et la catégorie sociale

en %

Au moins une fois au cours des 12 derniers mois...	Lecture de livre 2005	Cinéma 2006	Musée ou exposition 2006	Théâtre 2006	Concert, spectacle 2006	Écoute de la radio 2005	Écoute de CD, disques, cassettes 2005
Ensemble	**58**	**51**	**33**	**17**	**32**	**87**	**75**
15 à 29 ans	66	80	32	16	46	88	96
30 à 39 ans	58	62	34	16	33	93	92
40 à 49 ans	57	57	37	18	32	91	82
50 à 59 ans	56	44	38	21	30	89	70
60 à 69 ans	56	33	38	20	29	85	58
70 à 79 ans	51	21	25	14	17	75	39
80 ans ou plus	49	9	12	6	9	64	31
Sexe							
Homme	48	50	30	15	30	88	74
Femme	67	52	36	19	34	85	76
Catégorie sociale							
Agriculteur	31	39	24	8	19	85	57
Indépendant	49	50	33	14	29	91	73
Cadre et profession libérale	83	81	65	43	54	95	91
Profession intermédiaire	70	73	48	23	46	96	90
Employé	63	58	30	13	32	91	86
Ouvrier	32	46	17	6	22	91	76
Chômeur	51	62	18	7	28	85	86
Étudiant, élève	77	91	41	24	55	88	96
Retraité	52	26	29	15	22	78	47
Inactif et femme au foyer	53	34	20	9	18	77	69

Champ : personnes de 15 ans ou plus en 2005 et de 16 ans ou plus en 2006 en France métropolitaine. *Source : Insee, EPCV 2005 et SRCV 2006.*

Télévision et téléspectateurs

	2006	2007
Durée d'écoute moyenne par jour[1]		
par foyer	5 h 37	5 h 39
par individu	3 h 24	3 h 27
Foyers abonnés à une offre de télévision payante[2] (en milliers)		
Foyers abonnés au câble	2 670	2 100
Foyers abonnés au satellite	3 767	3 807
dont : CanalSat	*2 430*	*2 673*
TPS	*1 325*	*1 245*
Foyers abonnés à l'ADSL TV payante[3]	...	510
Foyers abonnés à la TNT payante	...	80
Nombre total de foyers abonnés	**...**	**6 497**

1. Individus âgés de 4 ans ou plus en France métropolitaine. 2. Au 31 décembre de l'année précédente, hors Canal + Le Bouquet. 3. Hors AB Sat.
Sources : Médiamétrie ; CSA.

Archives et bibliothèques

	2000	2004	2005
Archives départementales			
Fonds (en km linéaires)	1 906	2 018	2 103
Lecteurs (en milliers)	172	183	189
Archives communales			
Fonds (en km linéaires)	465	429	441
Lecteurs (en milliers)	...	100	78
Bibliothèques municipales			
Nombre de bibliothèques	2 886	2 913	3 004
dont : discothèques de prêt	*1 503*	*946*	*1 004*
vidéothèques de prêt	*876*	*718*	*802*
Nombre d'inscrits (en millions)	6,6	5,6	5,9
dont enfants (en %)	*39*	*35*	*35*
Population desservie (en %)	18	18	17

Source : ministère de la Culture et de la Communication.

Fréquentation du cinéma dans le monde

	1998	2000	2005	2006	2007
Nombre d'entrées (en millions de spectateurs)					
Allemagne	148,9	152,5	127,3	136,7	125,4
Espagne[1]	112,1	135,3	127,6	121,6	116,9
France métropolitaine[1]	**170,6**	**165,8**	**175,5**	**188,8**	**177,5**
Italie[1]	118,5	104,2	105,6	106,1	115,0
Royaume-Uni	135,2	142,5	164,7	156,6	162,4
Union européenne[2]	**828,0**	**844,0**	**894,0**	**926,0**	**910,0**
États-Unis	1 438,0	1 383,0	1 376,0	1 395,0	1 400,0
Japon	153,1	135,4	160,5	164,3	163,2
Australie	79,8	82,2	82,2	83,6	84,7
Nombre d'entrées moyen par habitant					
Allemagne	1,8	1,9	1,5	1,7	1,5
Espagne[1]	2,9	3,4	2,9	2,8	2,6
France métropolitaine[1]	**...**	**2,8**	**3,0**	**3,2**	**3,0**
Italie[1]	2,1	1,8	1,9	1,8	1,9
Royaume-Uni	2,3	2,4	2,7	2,6	2,7
Union européenne[2]	**2,2**	**2,3**	**1,9**	**2,0**	**...**
États-Unis	5,5	5,2	4,7	4,8	4,6
Japon	1,2	1,1	1,3	1,3	1,3
Australie	4,4	4,5	4,0	4,0	4,0

1. Données provisoires en 2007. 2. Union européenne à 25 à compter de 2004.
Source : Centre national de la cinématographie.

Dépenses des ménages en programmes audiovisuels

en milliards d'euros

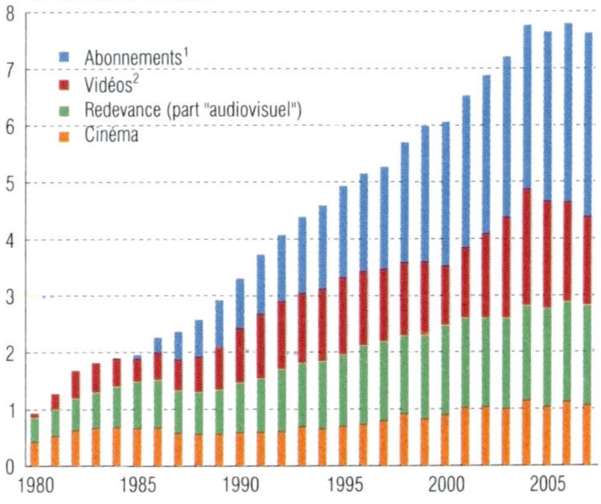

1. Canal+, câble et satellite.
2. Y compris les ventes par Internet depuis 2004 et la vidéo à la demande depuis 2006.
Source : Centre national de la cinématographie.

7.1 Habitat

En 2006, le parc s'élève à 32 millions de logements en France. Il progresse de 455 000 unités par rapport à l'année précédente. 84 % des logements sont des **résidences principales**, 10 % des **résidences secondaires** et 6 % des **logements vacants**. Le poids des résidences principales a légèrement augmenté depuis 1984, tandis que la vacance a diminué et que la part des résidences secondaires est restée stable.

La taille moyenne des logements ne cesse d'augmenter en métropole : 91 m^2 en 2006 contre 82 m^2 en 1994. Le rythme est toutefois moins soutenu qu'au début des années quatre-vingt. C'est surtout la taille des maisons individuelles qui s'accroît : une maison achevée après 2002 possède en moyenne 10 m^2 de plus qu'une maison achevée avant 1975. En revanche, la surface des appartements stagne depuis 25 ans.

Une personne seule dispose de 30 m^2 de plus qu'un cohabitant. Avec le vieillissement de la population, les personnes seules sont de plus en plus nombreuses. Il en résulte une augmentation de l'espace habitable par personne : plus de pièces et plus de superficie. Ainsi, en 20 ans, chaque personne a gagné 10 m^2. Si la surface moyenne par personne a augmenté, 2,4 millions de **ménages** vivent néanmoins encore en situation de **surpeuplement**. Ce sont les ménages les plus jeunes qui habitent le plus souvent dans des logements surpeuplés : un cinquième des ménages dont la personne de référence a moins de 30 ans.

Près de 350 000 logements manquent de confort sanitaire de base. Pourtant, le confort de base des résidences principales ne cesse de s'améliorer. En 2006, 1,5 % des logements ne disposent pas de l'un au moins des trois éléments essentiels que sont l'eau courante, une installation sanitaire ou des WC intérieurs. Ils étaient 2,5 % en 2002 et 15 % en 1994. Les ménages qui y vivent sont de deux types : des personnes seules retraitées, vivant dans une maison, pour la plupart en zone rurale, en majorité propriétaires ; les autres sont plus divers, essentiellement des ménages modestes : un tiers sont propriétaires et un quart en logement meublé ou sous-locataires.

1,6 million de logements sont sans chauffage ou avec des moyens sommaires, contre 2 millions en 2002. Huit fois sur dix, ces habitations sont des maisons, et sept fois sur dix les ménages sont propriétaires. Plus d'un million de logements ont également une installation électrique défectueuse voire dangereuse dans certains cas.

Près d'un ménage sur trois se plaint de nuisances sonores le jour, un sur six la nuit. Les bruits perçus concernent la circulation à 61 %. La perception des bruits du voisinage est toutefois en augmentation : un tiers des ménages s'en plaint, contre un cinquième en 2002. L'insonorisation des logements s'est pourtant améliorée : 59 % des ménages considèrent leur isolation phonique bonne, contre 55 % en 2002. Le double vitrage a fortement progressé ces dernières années. ■

Définitions

Logement vacant : logement inoccupé proposé à la vente ou à la location, déjà attribué à un acheteur ou un locataire et en attente d'occupation, en attente de règlement de succession, conservé par un employeur pour un usage futur au profit d'un de ses employés ou gardé vacant et sans affectation précise par le propriétaire.

Ménage : ensemble des occupants d'une résidence principale, qu'ils aient ou non des liens de parenté. Un ménage peut ne comprendre qu'une seule personne.

Résidence principale : logement occupé de façon permanente et à titre principal par le ménage. Il y a ainsi une identité entre le nombre de résidences principales et le nombre de ménages.

Résidence secondaire : logement utilisé pour les week-ends, les loisirs ou les vacances. Les logements meublés loués (ou à louer) pour des séjours touristiques sont également classés en résidences secondaires. La distinction entre logements occasionnels et résidences secondaires est parfois difficile à établir, c'est pourquoi les deux catégories sont souvent regroupées.

Enquête Logement : voir rubrique « Pour comprendre ».

Surpeuplement : voir rubrique « Pour comprendre ».

Pour en savoir plus

- « Les logements en 2006 – Le confort s'améliore, mais pas pour tous », *Insee Première* n° 1202, juillet 2008.
- « Le parc locatif social au 1er janvier 2007 », *Infos rapides* n° 436, Sesp, juin 2008.
- « Les difficultés de logements des bénéficiaires de minima sociaux », *Études et Résultats* n° 630, Drees, avril 2008.
- « Logement social : des locataires plus âgés et plus modestes » *Sesp en bref* n° 23, Sesp, décembre 2007.

Logements selon leur catégorie

en milliers

	1985	1990	1995	2000	2005	2006
Résidences principales	20 801	22 048	23 393	24 796	26 509	26 934
Résidences secondaires	2 538	2 839	2 891	2 960	3 114	3 158
Logements vacants	1 906	1 940	2 010	2 028	1 937	1 923
Total	**25 245**	**26 827**	**28 294**	**29 784**	**31 560**	**32 015**

Source : Insee, compte provisoire du logement 2006.

Caractéristiques des résidences principales

en %

	1996	2002	2006
Nombre de pièces			
1 pièce	5,9	6,0	5,6
2 pièces	12,3	12,3	12,6
3 pièces	21,1	21,8	22,1
4 pièces	25,4	25,2	25,4
5 pièces ou plus	35,3	34,7	34,3
Année de construction			
Avant 1949	35,6	33,2	30,6
1949 et après	64,4	66,8	69,4
Logements sans confort sanitaire[1]	4,0	2,5	1,3
Logements surpeuplés[2]	11,8	10,6	9,0
Ménages insatisfaits de leur logement	6,0	7,2	6,5

1. Logements auxquels il manque au moins l'un des 3 éléments suivants : eau courante, installation sanitaire (baignoire ou douche), WC intérieur.
2. Logements surpeuplés en regard d'une norme qui met en relation le nombre de pièces, la surface et la composition du ménage.
Champ : France métropolitaine.
Source : Insee, enquêtes Logement.

Taille et peuplement des résidences principales

	1992	1996	2002	2006
Surface moyenne (en m²)	**86**	**88**	**90**	**91**
Habitat individuel	102	105	108	111
Habitat collectif	66	66	65	66
Nombre moyen de personnes	**2,5**	**2,5**	**2,4**	**2,3**
Habitat individuel	2,8	2,7	2,6	2,5
Habitat collectif	2,2	2,2	2,1	2,0
Part des logements individuels (en %)	**55,8**	**56,1**	**56,6**	**56,3**

Champ : France métropolitaine.
Source : Insee, enquêtes Logement.

Ménages en situation de surpeuplement selon le type d'habitat et l'âge de la personne de référence

en %

	1984	1996	2006
Type d'habitat			
Individuel	11,4	5,9	3,6
Collectif	23,4	19,4	15,8
Âge de la personne de référence			
18 à 29 ans	24,4	22,8	21,0
30 à 39 ans	22,4	17,5	14,8
40 à 49 ans	24,5	14,8	12,1
50 à 64 ans	11,9	8,0	4,9
65 ans ou plus	6,6	3,3	2,2
Ensemble	**16,8**	**11,8**	**9,0**

Lecture : 3,6 % des ménages vivant dans une habitation individuelle sont en situation de surpeuplement en 2006.
Champ : France métropolitaine, résidences principales.
Source : Insee, enquêtes Logement.

Dépenses courantes dans les logements ordinaires

en milliards d'euros

	1986	1996	2006	2006/05 en %
Loyers	62,5	122,6	213,1	6,7
Énergie	23,7	33,1	42,8	5,9
Charges	10,5	16,9	26,2	6,0
Total	**96,7**	**172,6**	**282,1**	**6,5**

Source : Insee, compte provisoire du logement 2006.

Dépenses courantes de logement dans l'Union européenne en 2006

en % de la consommation des ménages

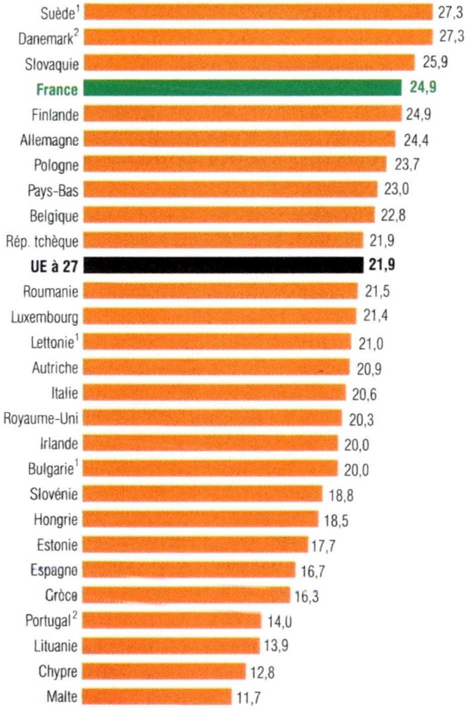

1. Données 2005.
2. Données 2004.
Source : Eurostat.

7.2 Propriétaires - Locataires

En 2006, la **dépense** moyenne par **logement** s'élève à 9 200 euros par an et par ménage, en hausse de 4,7 %. Les locataires du **parc social** sont à nouveau les plus épargnés. À l'inverse, les locataires dont le bailleur est une personne physique ont à nouveau subi la progression de dépenses la plus élevée.

En 1984, 51 % des ménages étaient propriétaires de leur logement ; en 2006, ils sont 57 %. Les ménages qui ont achevé de rembourser leurs emprunts ou qui ont acheté sans emprunter sont de plus en plus nombreux. La part des accédants à la propriété reste stable depuis 2002, mais diminue par rapport à la fin des années quatre-vingt. Actuellement, cinq millions de ménages sont accédants à la propriété.

2 620 000 ménages ont acquis leur logement dans les quatre ans précédant l'**enquête Logement** et 55 % d'entre eux sont devenus propriétaires de leur résidence principale pour la première fois.

Les ménages les plus jeunes, dont la personne de référence a moins de 30 ans, sont un peu plus souvent propriétaires en 2006 qu'en 2002. Chez les plus âgés (plus de 60 ans), 72 % sont propriétaires de leur résidence principale et plus de neuf sur dix ont fini de rembourser leur prêt.

Les locataires vivent dans des logements plus petits que les propriétaires : en 2006, la surface de leurs logements est de deux tiers plus petite que celle des propriétaires. Quatre propriétaires sur cinq occupent des maisons.

Un quart des bénéficiaires des minima sociaux (RMI, Api ou ASS) ne disposent pas de leur propre logement : ils sont hébergés par des proches ou occupent un logement prêté. La moitié d'entre eux réside dans le logement social, d'où le rôle primordial de celui-ci.

La densité du parc locatif social croît de 0,3 point par rapport à 2006. Le nombre de logements sociaux au 1er janvier 2007 s'élève à 4 360 600, en progression d'environ 46 300 logements. Près de huit logements sur dix mis en service en 2006 sont des logements neufs. Le **loyer** mensuel moyen passe de 2,68 euros par mètre carré de surface à 2,77 euros, soit une augmentation de 3,4 % plus forte que celle de l'année précédente. La part des locataires « très sociaux », disposant de revenus imposables inférieurs à 60 % des plafonds, augmente.

La demande de logement social a considérablement augmenté ces dernières années, tandis que l'accession à la propriété est devenue financièrement plus difficile. Depuis 1999, l'âge moyen des locataires sociaux a progressé plus vite que celui de la population totale. La taille moyenne des ménages a diminué tandis que la surface des logements a augmenté, ce qui a entraîné un recul de la suroccupation, mais aussi une progression du nombre de logements sous-peuplés alors que la mobilité est restée faible. Les jeunes sont les laissés pour compte du parc social, alors que les familles monoparentales y ont un accès plus facile. ■

Définitions

Dépenses courantes de logement : elles couvrent, en premier lieu, les loyers que doivent acquitter les locataires, mais également les loyers que les propriétaires occupants auraient à acquitter s'ils étaient locataires de leur logement. Elles prennent en compte également les dépenses d'énergie (chauffage, éclairage, cuisson, production d'eau chaude ou d'eau froide) et les charges. Elles s'interprètent plutôt comme une mesure de la consommation de service de logement que comme une dépense effective pour se loger.

Enquête Logement : voir rubrique « Pour comprendre ».

Loyer : somme versée par un locataire en contrepartie de la jouissance d'un logement. Le loyer ne comprend pas les charges locatives, qui sont destinées à couvrir un certain nombre de dépenses dues par le locataire et liées à la consommation d'eau et d'énergie, l'utilisation de l'ascenseur, le chauffage collectif le cas échéant, une partie des dépenses d'entretien ou de réparation des parties communes, les taxes d'enlèvement des ordures ménagères, etc.

Parc locatif social : logement locatif conventionné ou non, faisant l'objet d'un contrat de location et géré par un organisme HLM, SEM ou agréé (à l'exclusion des logements-foyers, des résidences pour personnes âgées ou handicapées...).

Taux d'effort : voir rubrique « Pour comprendre ».

Pour en savoir plus

- « Les logements en 2006 – Le confort s'améliore, mais pas pour tous », *Insee Première* n° 1202, juillet 2008.
- « Le parc locatif social au 1er janvier 2007 », *Sesp Infos rapides* n° 436, juin 2008.
- « Plus de la moitié des dépenses des ménages consacrées au logement et à l'alimentation, *communiqué de presse* n° 82, Eurostat, juin 2008.
- « Le compte provisoire du logement 2006, perspectives 2007 », Sesp.
- « Les difficultés de logement des bénéficiaires de minima sociaux », *Études et Résultats* n° 630, Drees, avril 2008.

Statut d'occupation du parc des résidences principales

en milliers de logements

	1985	1990	1995	2000	2005	2006
Ensemble des propriétaires	**10 968**	**12 100**	**12 839**	**13 814**	**15 042**	**15 331**
Accédants	5 094	5 514	5 262	5 244	5 277	5 290
Non accédants	5 874	6 586	7 577	8 570	9 765	10 041
Ensemble des locataires[1]	**9 833**	**9 948**	**10 554**	**10 982**	**11 467**	**11 603**
Secteur libre	6 456	6 044	6 053	6 239	6 548	6 632
Secteur social et logements des collectivités locales et des établissements publics	3 377	3 904	4 501	4 743	4 919	4 971
Ensemble des résidences principales	**20 801**	**22 048**	**23 393**	**24 796**	**26 509**	**26 934**

1. Y compris les ménages logés gratuitement. Ils représentent 4 % des ménages en 2006.
Source : Insee, compte provisoire du logement 2006.

Données de financement pour les accédants récents 2002-2006

	Prix du logement /revenu en années	Taux d'apport personnel en %	Taux d'effort brut en %	Taux d'effort net en %
Province	4,1	31,7	22,5	22,2
ancien	4,0	31,5	22,3	22,0
neuf	4,2	32,1	22,9	22,5
Agglomération de Paris	4,8	39,2	23,3	23,2
ancien	4,7	38,7	23,4	23,3
neuf	5,0	41,9	23,1	22,9
Ensemble	**4,2**	**33,6**	**22,7**	**22,4**
ancien	**4,2**	**33,6**	**22,6**	**22,4**
neuf	**4,2**	**33,4**	**22,9**	**22,6**

Champ : accédants récents, hors propriétaires d'immeuble collectif et héritiers ou donataires, en France métropolitaine.
Source : Insee, enquêtes Logement.

Charges des locataires en 2006

	Individuel	Collectif	**Ensemble**
Ménages locataires[1] (en milliers)	2 368	7 488	**9 856**
Charges (en euros par mois)	142	142	**142**
Surface habitable (en m^2)	86,6	62,0	**67,9**
Charges (en euros/m^2 par mois)	1,64	2,29	**2,09**

1. France métropolitaine, ménages locataires d'un local loué vide, non compris les ménages locataires d'un meublé et les sous-locataires.
Source : Insee, enquête Logement.

Acquisition de logements anciens et travaux

en milliards d'euros

	2000	2004	2006
Acquisition de logements anciens	84,1	126,7	164,7
Travaux	30,4	36,0	40,4

Sources : Sesp ; DGUHC, compte provisoire du logement 2006.

Proportion de ménages propriétaires de leur logement dans l'Union européenne en 2005

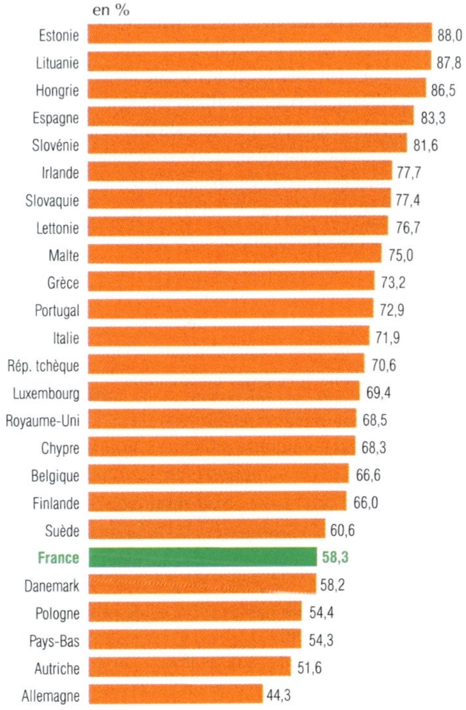

Source : Eurostat.

Dépenses courantes en moyenne par logement selon la filière en 2006

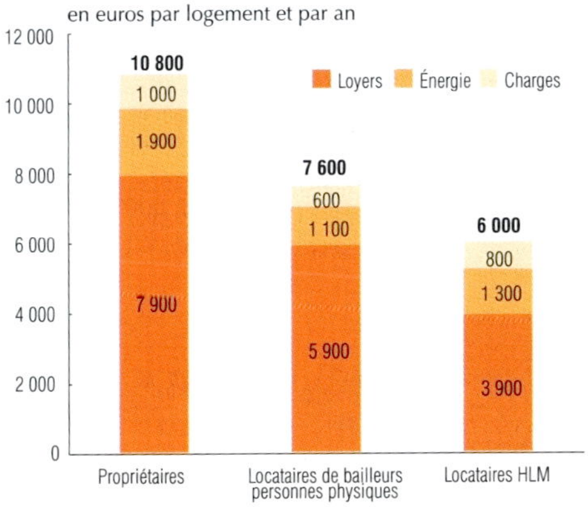

Sources : Sesp ; DGUHC, compte provisoire du logement 2006.

8.1 Criminalité - Délinquance

Depuis 2002, le nombre de **crimes et délits** constatés par la police et la gendarmerie en France métropolitaine baisse. L'année 2007 s'inscrit dans la continuité avec une diminution de – 3,7 % en un an. Le **taux** global **de criminalité** de la France métropolitaine baisse depuis cette date, il est de 58,3 pour 1 000 habitants contre 69,3 en 2002.

Les vols, qui représentent plus de la moitié de la délinquance, diminuent de 7 %. Les vols à main armée poursuivent la baisse enregistrée en 2006, particulièrement ceux dirigés contre les établissements financiers et les transporteurs de fond (– 25 %). Les cambriolages, quelle que soit leur cible, diminuent de 7 %. Les vols liés aux véhicules, plus du tiers de l'ensemble des vols, diminuent aussi à nouveau cette année (– 7 %), poursuivant ainsi la baisse enregistrée depuis cinq ans.

L'augmentation de 10 % de la délinquance économique et financière, en constante augmentation depuis trois ans, ainsi que celles des escroqueries et abus de confiance et des faux en écriture expliquent la hausse, pour la deuxième année, de l'ensemble des escroqueries et infractions économiques et financières. Les effets de cette augmentation sont partiellement compensés par la baisse des falsifications et usages de chèques volés.

Les infractions à la législation sur les stupéfiants s'accroissent, essentiellement par les seuls faits de consommation.

En 2007, les crimes et délits contre les personnes, qui représentent un dixième de la délinquance, ont progressé de près de 3 %. Cette hausse s'inscrit dans une tendance continue observée depuis 1988. Par rapport à 2006, les viols, dont ceux commis sur des mineurs, sont en augmentation ainsi que les harcèlements sexuels et autres agressions sexuelles. À l'inverse, on constate une diminution des homicides.

La délinquance de voie publique a connu en 2007 avec – 7 % la sixième baisse consécutive. Sa part dans le total des crimes et délits représente 45 % contre 47 % en 2006.

Selon l'Observatoire national de la délinquance, les faits constatés d'atteintes volontaires à l'intégrité physique (violences physiques crapuleuses, non crapuleuses, sexuelles et menaces) ne sont pas plus nombreux que ceux de l'année précédente, et ce pour la première fois depuis 1996.

En 2006, selon les résultats de l'**enquête de victimation**, on estime que près de 5 millions de vols ou tentatives de vols ont visé les biens des ménages ou les personnes de 14 ans ou plus en 2006. À peine plus du tiers des vols et tentatives de vols ont fait l'objet d'une plainte. Plus de 75 % des victimes de violences sexuelles hors ménage et 84 % des victimes de violence intra-ménage n'ont fait aucun signalement à la police ou à la gendarmerie, que ce soit sous forme de plainte ou de main courante. Si, pour les hommes et les femmes, le nombre de victimes d'au moins un vol sans violence est comparable, les hommes sont, en revanche, plus souvent visés par des vols avec violences ou menaces.

En 2007, le nombre de personnes mises en cause par les services de police et les unités de gendarmerie nationale, soit 1,1 million, augmente de + 2,6 %. La part des femmes est en légère progression ; dans le même temps, celle des mineurs baisse. ■

Définitions

Crimes et délits constatés en France : faits bruts portés pour la première fois à la connaissance des services de police et de gendarmerie et retenus en raison des crimes et délits qu'ils sont présumés constituer. Leur qualification peut être modifiée par l'autorité judiciaire. Voir rubrique « Pour comprendre ».

Taux de criminalité : rapport entre le nombre de crimes et délits et la population considérée pour 1 000 habitants.

Enquête de victimation : voir rubrique « Pour comprendre ».

Pour en savoir plus

- « Les faits élucidés par les services de police et les unités de gendarmerie en 2007 », *Grand Angle* n° 12, INHES, avril 2008.
- « Les violences faites aux femmes », *Insee Première* n° 1180, février 2008.
- « Délinquance et justice pénale », *Statistiques en bref* n° 19, population et conditions sociales, Eurostat, 2008.
- « Criminalité et délinquance enregistrées en 2007 », Bulletin pour l'année 2007, OND, janvier 2008.
- « Le rôle des enquêtes de victimation dans la mesure de la délinquance », OND, janvier 2008.

@ Crimes et délits constatés et taux d'élucidation en France métropolitaine

	1990		2006		2007		
	Faits constatés	Taux d'élucidation[1]	Faits constatés	Taux d'élucidation[1]	Faits constatés		Taux d'élucidation[1]
	en milliers	en %	en milliers	en %	en milliers	2007/06 en %	en %
Vols (y compris recels)	2 305,6	15,2	2 080,2	13,8	1 939,6	– 6,8	14,4
dont : vols à main armée	*8,7*	*39,5*	*5,8*	*35,4*	*5,3*	*– 8,1*	*36,8*
cambriolages	*389,7*	*14,4*	*335,1*	*11,1*	*312,4*	*– 6,8*	*11,7*
vols d'automobiles	*293,5*	*10,8*	*157,4*	*10,2*	*143,1*	*– 9,1*	*10,8*
vols à la roulotte et d'accessoires sur véhicules immatriculés	*766,5*	*7,4*	*501,1*	*6,6*	*470,3*	*– 6,1*	*6,6*
Infractions économiques et financières	551,8	105,7	334,1	61,6	345,4	3,4	57,7
dont : escroqueries, faux et contrefaçons	*315,7*	*110,8*	*306,4*	*55,9*	*315,7*	*3,1*	*51,4*
délinquance économique et financière	*47,5*	*106,4*	*20,7*	*120,0*	*22,8*	*10,4*	*119,3*
Crimes et délits contre des personnes	134,4	76,9	375,4	73,3	386,6	3,0	75,3
dont : homicides	*1,4*	*74,2*	*0,9*	*93,2*	*0,8*	*– 6,0*	*87,5*
tentatives d'homicide	*1,2*	*80,7*	*1,1*	*87,7*	*1,0*	*– 1,7*	*91,5*
coups et blessures volontaires	*49,0*	*72,8*	*164,5*	*75,8*	*176,1*	*7,0*	*77,9*
viols	*4,6*	*85,3*	*9,8*	*76,3*	*10,1*	*3,6*	*76,6*
Autres infractions	501,0	54,3	935,9	54,5	917,7	– 1,9	57,4
dont : infractions à la législation sur les stupéfiants	*56,5*	*105,7*	*151,5*	*104,5*	*157,0*	*3,6*	*103,7*
destructions et dégradations de biens	*278,1*	*16,3*	*493,8*	*19,7*	*462,4*	*– 6,4*	*20,8*
délits divers	*129,2*	*100,5*	*202,9*	*82,1*	*200,0*	*– 1,4*	*84,4*
Total	**3 492,7**	**37,5**	**3 725,6**	**34,3**	**3 589,3**	**– 3,7**	36,1

1. Y compris les faits constatés les années antérieures et élucidés dans l'année.
Source : direction centrale de la Police judiciaire.

@ Taux de criminalité en France métropolitaine

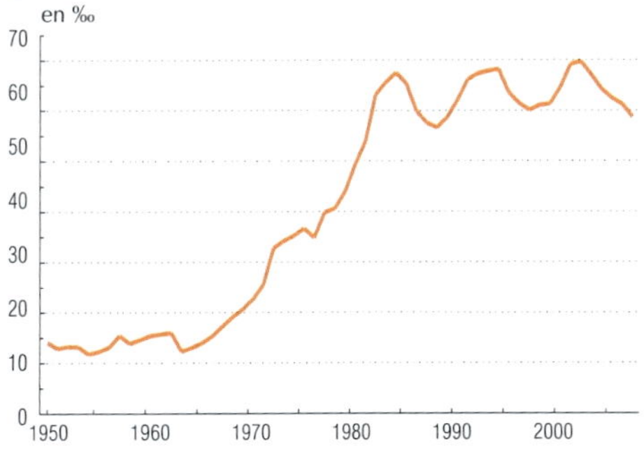

Source : direction centrale de la Police judiciaire.

Vols subis par les ménages en 2006

en milliers

	Vols et tentatives déclarés	Vols ou tentatives de vol ayant fait l'objet d'une plainte	Taux de plainte en %
Vols visant les biens	**3 041**	**1 211**	**39,8**
Liés à l'automobile	1 670	698	41,8
Liés aux résidences	900	370	41,1
Vols de deux-roues	471	143	30,4
Vols personnels	**1 835**	**583**	**31,8**
Avec violences ou menaces	481	166	34,6
Sans violences ni menaces	1 354	417	30,8
Total	**4 876**	**1 794**	**36,8**

Champ : ménages et personnes de 14 ans ou plus.
Sources : Insee ; OND, enquêtes "cadre de vie et sécurité".

@ Part des mineurs dans la criminalité et la délinquance en France métropolitaine

en %

	2005	2006	2007
Vols (y compris recels)	30,7	31,6	32,0
dont : cambriolages	*32,9*	*33,7*	*32,9*
vols de véhicules motorisés à deux roues	*56,7*	*54,9*	*56,8*
vols à la roulotte et d'accessoires sur véhicules immatriculés	*28,8*	*31,4*	*34,3*
vols à l'étalage	*30,7*	*32,9*	*33,0*
autres vols avec violence sans arme à feu	*44,2*	*45,4*	*44,6*
Crimes et délits contre des personnes	14,4	15,8	16,2
dont : coups et blessures volontaires	*16,3*	*17,9*	*18,0*
menaces ou chantages	*14,6*	*15,7*	*15,4*
viols	*21,8*	*22,7*	*23,3*
Autres infractions	15,3	14,8	14,0
dont : infractions à la législation sur les stupéfiants	*14,5*	*12,5*	*11,4*
destructions et dégradations de biens	*34,1*	*34,7*	*36,4*
dont : incendies volontaires	*48,4*	*48,7*	*51,6*
port et détention d'armes prohibées	*16,1*	*15,9*	*16,5*
Ensemble	**18,2**	**18,3**	**18,0**

Source : direction centrale de la Police judiciaire.

@ Taux de criminalité dans l'Union européenne en 2005

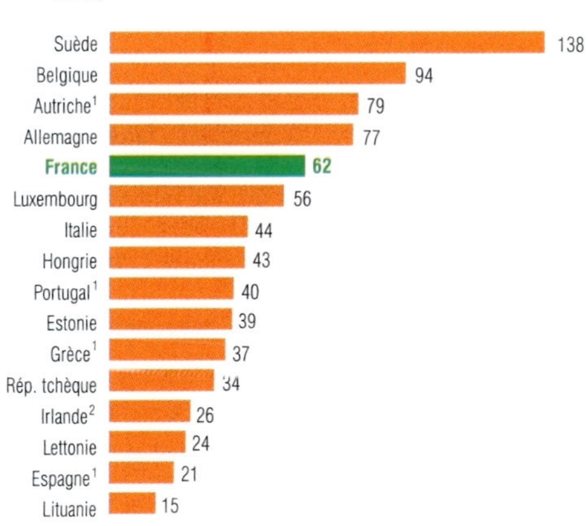

1. Données 2004. 2. Sauf Irlande du nord.
Source : direction centrale de la Police judiciaire.

8.2 Justice

Le budget de la Justice 2008 s'élève, selon la **loi de finances initiale**, à 6,5 milliards d'euros, soit une augmentation de 4,5 %, dont 42 % consacrés aux services judiciaires, 37 % à l'administration pénitentiaire et 12 % à la protection judiciaire de la jeunesse. 1 615 emplois sont créés, dont 1 100 postes supplémentaires au sein de l'administration pénitentiaire et 400 nouveaux emplois dans les juridictions. Pour traiter la délinquance des mineurs, il est prévu la création de 100 postes au sein de la protection judiciaire de la jeunesse pour un meilleur suivi des jeunes en difficulté et l'ouverture de dix centres éducatifs fermés. Les crédits de l'administration pénitentiaire sont en progression de 6,4 %. L'ouverture de sept établissements pénitentiaires est prévue en 2008, trois pour mineurs et quatre de 600 à 700 places.

En 2006, le nombre de condamnations s'élève à 654 200. Près de la moitié d'entre elles relèvent de la circulation routière ; parmi celles-ci, la conduite en état alcoolique en représente la moitié et augmente. Si les condamnations relevant de la circulation routière augmentent de 16 %, celles pour conduite sans permis ou malgré suspension font plus que doubler en cinq ans alors que celles pour grands excès de vitesse continuent de chuter en 2006 (plus de la moitié en moins).

Les parquets des mineurs ont traité 148 000 affaires poursuivables en 2006 et ils ont apporté une réponse pénale à 87 % d'entre elles. La part des affaires de mineurs dans l'ensemble des affaires poursuivables est en très légère diminution. Les trois quarts des mineurs poursuivis sont âgés de plus de 15 ans.

En 2006, le nombre de décisions rendues par les **juridictions** en matière pénale augmente par rapport à celui de l'année 2005. À l'inverse, les **amendes forfaitaires** majorées baissent fortement.

L'année 2007 est caractérisée par une augmentation de 5 % des publics pris en charge en **milieu ouvert** et en milieu fermé. 149 000 personnes sont suivies en milieu ouvert et 64 000 sont écrouées (milieu fermé) au 1er janvier 2008. Le nombre de prévenus continue de baisser tandis que les proportions de mineurs et de femmes restent stables. Les aménagements de peine progressent (près de 5 000 condamnés début 2008), essentiellement grâce à une utilisation accrue des placements sous surveillance électronique (+ 52 % pour le bracelet fixe) et à la mise en œuvre des premiers bracelets mobiles. Elle concerne aussi la semi-liberté (+ 22 %) et les placements extérieurs. Le nombre de libérations conditionnelles prononcées (personnes placées hors écrou) progresse également.

Les quatre premiers établissements pénitentiaires pour mineurs, prévus par la loi d'orientation et de programmation pour la Justice, ont été mis en service à partir de juin 2007. Ils offriront aux mineurs plus de 20 heures d'enseignement et 20 heures d'activités extra-éducatives hebdomadaires. ■

Définitions

Amende forfaitaire : procédure simplifiée qui permet à un contrevenant d'éviter des poursuites pénales par le paiement d'une somme forfaitaire.

Juridiction : ce terme désigne un tribunal ou une cour. Les juridictions de l'ordre administratif sont chargées de juger les affaires opposant des personnes privées à l'administration. Les juridictions de l'ordre judiciaire sont chargées de juger les litiges entre les personnes privées et les personnes poursuivies pour infraction à la loi pénale.

Chaque type de juridiction peut comprendre des juridictions de droit commun et des juridictions d'exception. Les juridictions de droit commun ont compétence générale pour statuer sur tous types de litiges, dans toutes matières, sauf lorsqu'une compétence spéciale est expressément attribuée à une autre juridiction. Au premier degré, la juridiction civile de droit commun est le tribunal de grande instance. Les juridictions pénales de droit commun sont le tribunal de police, le tribunal correctionnel et la cour d'assises. Au second degré, la cour d'appel est la juridiction de droit commun.

Loi de finances initiale : loi prévoyant et autorisant pour chauqe année civile l'ensemble des ressources et des charges de l'État.

Milieu ouvert : voir rubrique « Pour comprendre ».

Pour en savoir plus

- « Protéger son logement contre le vol et contre ses peurs », *Insee Première* n° 1177, février 2008.
- « Les chiffres-clés de la justice », ministère de la Justice, octobre 2007.
- « Le budget 2008 de la justice », ministère de la Justice.
- « L'administration pénitentiaire en chiffres au 1er janvier 2007 » ministère de la Justice.
- « Délinquance et justice pénale », *Statistiques en bref* n° 15 Population et conditions sociales, Eurostat, 2007.

Condamnations selon la nature de la peine principale

	1994	2000	2006 (p)
Réclusion criminelle	1 203	1 179	1 257
dont à perpétuité	*58*	*26*	*25*
Peine d'emprisonnement	281 734	283 003	317 322
dont avec sursis total	*175 600*	*184 210*	*198 483*
Peine d'amende	137 245	205 207	228 428
Peine alternative	49 383	63 773	69 445
dont susp. du permis de conduire	*24 729*	*33 319*	*23 564*
Mesure éducative	10 168	20 525	30 057
Dispense de peine	7 246	9 236	7 720
Total	**486 979**	**582 923**	**654 229**

Source : SDSED.

Condamnations selon la nature de l'infraction

	1994	2000	2006
Atteinte aux personnes	86 173	103 013	107 820
dont : homicides volontaires	*540*	*461*	*471*
viols	*1 061*	*1 623*	*1 814*
coups et violences volontaires	*36 684*	*53 755*	*62 596*
homicides et blessures involontaires	*29 368*	*22 634*	*13 284*
dont par conducteur	*27 770*	*20 553*	*11 803*
Atteinte aux biens	140 912	153 460	154 862
dont vols, recels, destructions et dégradations	*125 209*	*134 037*	*139 483*
Matière économique et financière	25 541	25 959	20 836
dont : chèques	*2 936*	*3 360*	*3 189*
travail illégal	*5 734*	*6 288*	*5 409*
Circulation routière et transports	157 215	227 268	278 295
dont : défaut d'assurance	*23 168*	*35 214*	*41 837*
conduite en état alcoolique	*101 274*	*108 461*	*150 095*
conduite sans permis ou malgré suspension	*12 526*	*17 770*	*47 718*
grand excès de vitesse	...	*32 983*	*5 996*
Autres infractions	77 138	73 223	92 416
dont : stupéfiants[1]	*20 580*	*22 831*	*40 205*
séjour irrégulier des étrangers	*11 845*	*4 153*	*4 333*
Total des infractions	**486 979**	**582 923**	**654 229**

1. Trafic, détention, transport, cession et usage.
Source : SDSED.

Population pénitentiaire pénale en milieu fermé

en %

	2000	2006	2007
Statut : Condamnés	66,1	69,8	71,8
Prévenus	33,9	30,2	28,2
Sexe : Hommes	96,3	96,4	96,2
Femmes	3,7	3,6	3,8
Nombre de détenus	**52 122**	**61 413**	**64 586**

Champ : données au 1er juillet.
Source : SDSED.

Mesures du milieu ouvert

	2006	2007	2007/06 en %
Sursis avec mise à l'épreuve	120 676	119 756	– 0,8
Travail d'intérêt général	24 260	24 672	1,7
Libérations conditionnelles	8 169	6 861	– 16,0
Autres mesures	7 879	8 711	10,6
Total	**160 984**	**160 000**	**– 0,6**

Champ : données au 1er janvier.
Source : SDSED.

Activité judiciaire

en milliers de décisions rendues (affaires terminées et réglées)

	2000	2006	2006/05 en %
En matière administrative			
Conseil d'État	12,2	11,2	– 0,2
Cours administratives d'appel	12,9	25,9	9,9
Tribunaux administratifs	119,0	164,3	5,6
En matière civile et commerciale[1]	**2 358,3**	**2 414,6**	...
(affaires au fond et référés)			
Cour de cassation	21,4	22,5	– 9,3
Cours d'appel	221,5	228,0	3,0
Tribunaux de grande instance (hors commerce)	683,9	922,4	– 2,4
Tribunaux d'instance	550,3	592,2	– 0,7
Juges des enfants	265,3	329,4	1,1
Juridictions commerciales[1]	297,4	...	...
dont tribunaux de grande instance (activité commerciale)	*23,1*	*21,7*	*6,1*
Tribunaux des affaires de Sécurité Sociale	110,3	97,2	– 0,9
Conseils de prud'hommes	208,2	201,1	– 0,2
En matière pénale	**1 361,2**	**1 153,3**	**1,4**
Cours de cassation	8,7	9,0	15,6
Cours d'appel	86,9	100,7	10,5
Cours d'assises	2,5	3,0	– 0,7
Tribunaux correctionnels	444,7	575,0	7,3
Tribunaux de police	757,7	83,4	– 21,3
Juridictions de proximité	///	306,9	– 4,0
Juges et tribunaux pour enfants	60,7	75,3	2,2
Amendes forfaitaires majorées	**10 153,9**	**9 622,1**	**– 7,2**

1. Les statistiques de l'année 2006 des tribunaux de commerce ne sont pas disponibles (237 770 affaires terminées en 2005).
Source : SDSED.

Budget et effectifs de la Justice

	2006 (r)	2007	2007/06 en %
Budget (en millions d'euros)[1]			
Crédits de paiement	5 980,3	6 254,5	4,6
dont dépenses de personnel	*3 544,8*	*3 684,6*	*3,9*
Autorisations d'engagement	6 925,8	7 085,7	2,3
Budget de la Mission Justice (en %)	*2,3*	*2,3*	*/// *
Effectifs réels[2]			
Ensemble de la mission justice	71 475	72 023	0,8
dont : justice judiciaire	*29 475*	*30 301*	*2,8*
administration pénitentiaire	*31 020*	*31 297*	*0,9*

1. Loi de finances initiale (LFI). 2. En équivalent temps plein travaillé.
Source : SDSED.

Condamnés selon l'âge, le sexe et la nationalité

	1994	2000	2006(p)
Âge : Moins de 18 ans	18 365	38 170	58 347
De 18 à moins de 25 ans	149 590	167 540	200 699
De 25 à moins de 40 ans	203 864	224 416	231 352
De 40 à moins de 60 ans	102 440	136 707	148 053
60 ans ou plus	12 720	16 090	15 778
Sexe : Hommes	438 410	526 696	591 826
Femmes	48 569	56 227	62 403
Nationalité : Français	383 126	474 430	508 328
Étrangers	74 420	71 862	78 029
Non déclarée	29 433	36 631	67 872
Ensemble	**486 979**	**582 923**	**654 229**

Source : SDSED.

9.2 Personnels et équipements de santé

Les effectifs des médecins sont restés relativement stables en 2007. On compte 212 700 médecins, dont 208 200 en France métropolitaine. Plus de la moitié d'entre eux sont des médecins libéraux, parmi lesquels deux sur trois sont **omnipraticiens**. Quatre médecins sur dix sont des femmes. Elles sont plus présentes en pédiatrie, dans la Santé publique et médecine du travail. En revanche, elles sont très minoritaires parmi les chirurgiens. Hors médecins, les femmes sont largement majoritaires dans toutes les professions de santé sauf chez les masseurs-kinésithérapeutes (46 % des femmes) et les chirurgiens-dentistes (37 %).

En 2006, les médecins ont perçu 84 500 euros en moyenne au titre de leur activité libérale. Ces revenus ont augmenté en moyenne, toutes spécialités confondues, de + 2,0 % en termes réels par rapport à 2005. Cette progression des revenus concerne la plupart des spécialités, y compris les omnipraticiens et elle fait suite à une baisse de – 0,5 % en 2005 en termes réels. Les années 2005 et 2006 ont été marquées par plusieurs événements qui ont contribué à amplifier les variations des revenus d'une année sur l'autre, en provoquant des décalages temporels entre la réalisation des soins et leur enregistrement à l'occasion de leur prise en charge par l'assurance maladie : montée en charge de la nomenclature de la classification commune des actes médicaux pour les actes techniques, mise en place de la tarification à l'activité qui a eu un impact particulier sur la mesure des revenus annuels des anesthésistes et des chirurgiens. Les revenus libéraux des médecins sont davantage tirés par les prix que par l'activité. Les prix progressent en effet de + 2,5 % en 2005 puis de + 2,9 % en 2006 alors que l'activité individuelle est stable en moyenne ces deux dernières années. Après la pause observée en 2005, les dépassements sont repartis à la hausse, soutenant la croissance des revenus des spécialités les plus concernées. Les forfaits se développent et représentent en 2006 plus de 6 % des honoraires des omnipraticiens.

Au 31 décembre 2006, 2 800 **établissements de santé** assurent un accueil en **hospitalisation à temps complet ou partiel** et offrent 440 000 lits. Parmi eux, et depuis le milieu des années 90, les établissements privés, quel que soit leur statut juridique, ont vu leur nombre se réduire sous l'effet des restructurations qui ont affecté ce secteur. Le développement de l'hospitalisation partielle explique qu'en contrepartie, près de 1 400 places d'hospitalisation à temps partiel ont été créées en 2006, atteignant ainsi 52 000 places fin 2006.

En 2005, on compte 339 médecins et 68 dentistes pour 100 000 habitants en France métropolitaine. La France présente une densité de médecins assez élevée par rapport aux autres États membres, voisine de celles de l'Allemagne, l'Autriche et la Suède. Elle se rapproche de la République tchèque et de l'Allemagne pour la densité en dentistes. ■

Définitions

Capacité d'accueil des établissements de santé : nombre de lits (dont les berceaux et couveuses agréés) pour l'hospitalisation complète. Nombre de places pour l'hospitalisation partielle (le nombre de places est égal au nombre de patients pouvant être accueillis en même temps).

Établissements de santé : les établissements de santé publics et privés assurent principalement des soins en hospitalisation complète. Mais les évolutions récentes des technologies et des pratiques médicales conduisent les hôpitaux à s'orienter vers de nouvelles prises en charge des malades (hospitalisation de jour, de nuit, à domicile).

Hospitalisation complète : voir rubrique « Pour comprendre ».

Hospitalisation partielle : voir rubrique « Pour comprendre ».

Médecins mixtes : ils peuvent être en partie des médecins hospitaliers au titre d'une activité secondaire.

Omnipraticien : médecin généraliste.

Pour en savoir plus

- « Les revenus des médecins libéraux en 2005 et 2006 », *Études et résultats* n° 643, Drees, juin 2008.
- « Hôpitaux et cliniques en mouvement – Changements d'organisation de l'offre de soins et évolution de l'attente des patients.», *Études et résultats* n° 633, Drees, avril 2008.
- « L'activité des établissements de santé en 2006 en hospitalisation complète et partielle », *Études et résultats* n° 618, Drees, décembre 2007.
- « Les médecins – estimations au 1er janvier 2007 », *série statistique* n° 115, Drees, août-septembre 2007.

Médecins suivant le statut et la spécialité

Au 1er janvier 2007	Nombre de médecins	Densité[1]	Part des femmes en %	Médecins libéraux et mixtes en %
Omnipraticiens	**101 549**	**165**	**38,8**	**67,5**
Spécialistes	**106 642**	**173**	**38,8**	**50,2**
Spécialités médicales	58 950	96	40,4	50,7
dont : anesthésiologie réanimation	*10 484*	*17*	*36,4*	*33,0*
pédiatrie	*6 821*	*60*	*59,9*	*42,2*
radiodiag. et imag. médicale	*7 814*	*13*	*29,2*	*68,0*
Spécialités chirurgicales	24 718	40	23,3	65,2
dont : gynécologie obstétrique	*5 164*	*20*	*37,6*	*60,1*
ophtalmologie	*5 504*	*9*	*43,0*	*85,8*
Biologie médicale	3 057	5	48,2	33,4
Psychiatrie	13 676	22	44,2	47,3
Santé pub. et médecine du travail	6 240	10	68,3	1,2
Total des médecins	**208 191**	**338**	**38,8**	**58,6**

1. Nombre de médecins pour 100 000 habitants, sauf pour la gynécologie obstétrique (femmes de 15 ans ou plus) et pour la pédiatrie (enfants de moins de 15 ans).
Champ : France métropolitaine.
Source : Drees.

Établissements de santé au 31 décembre 2006

	Nombre d'étab.	Nombre de lits	Nombre de places
Secteur public	**977**	**285 203**	**31 831**
Centres hospitaliers régionaux (CHR/CHU)	29	78 300	6 339
Centres hospitaliers (CH)	499	155 197	11 200
Centres hosp. spécialisés en psychiatrie	88	28 555	14 086
Hôpitaux locaux	343	21 503	56
Autres établissements publics	18	1 648	150
Secteur privé	**1 836**	**154 562**	**20 181**
Étab. de soins de courte durée[1]	775	80 448	10 735
Centres de lutte contre le cancer	20	2 975	582
Étab. de lutte contre les maladies mentales	238	17 451	4 758
Étab. de soins de suite et de réadaptation	668	46 149	3 913
Étab. de soins de longue durée	104	6 034	24
Autres établissements privés	31	1 505	169
Total	**2 813**	**439 765**	**52 012**

1. Y compris étab. pluridisciplinaires.
Champ : France métropolitaine.
Source : Drees.

Revenu libéral moyen des professions de santé

	Revenu annuel par tête en milliers d'euros 2005 (r)	2006 (e)	Évolution (en euros courants) 2006/05 en %	Poids des dépassements en 2006[2] en %
Omnipraticiens	63,8	65,1	2,0	4,8
Spécialités étudiées	102,7	107,4	4,6	14,9
dont : radiologues	*193,4*	*198,5*	*2,6*	*2,8*
chirurgiens[1]	*117,2*	*124,7*	*6,3*	*29,6*
ophtalmologues	*114,7*	*120,5*	*5,1*	*23,5*
cardiologues	*103,2*	*103,1*	*– 0,1*	*42,9*
gynécologues	*78,5*	*81,6*	*3,9*	*26,5*
pédiatres	*65,0*	*67,4*	*3,7*	*14,2*
Ensemble des médecins	**81,6**	**84,5**	**3,6**	**10,7**
Chirurgiens - dentistes	79,2	81,2	2,5	48,7
Infirmiers	38,8	39,7	2,2	0,1
Masseurs - kinésithérapeutes	34,9	35,7	2,5	1,5

1. Y compris chirurgiens orthopédiques.
2. Dans les honoraires totaux.
Champ : revenu annuel net des médecins ayant perçu au moins un euro d'honoraires dans l'année.
Source : Drees.

Professions de santé en France métropolitaine

Effectifs au 1er janvier	2000	2007	2008	Densité[1] en 2008
Infirmiers	382 926	483 380	476 897	780
Médecins	194 000	208 191	…	…
Pharmaciens	58 407	70 498	72 160	118
Masseurs-kinésithérapeutes	52 056	62 602	64 327	105
Chirurgiens-dentistes	40 539	41 444	41 422	68
Manipulateurs ERM	21 589	25 861	26 589	43
Opticiens-lunetiers	10 012	17 124	18 139	30
Sages-femmes	14 353	17 483	17 998	125
Orthophonistes	13 483	17 135	17 799	29
Pédicures-podologues	8 789	11 068	10 997	18
Psychomotriciens	4 588	6 540	6 827	11
Ergothérapeutes	3 888	6 067	6 438	11
Orthoptistes	2 137	2 808	2 919	5
Audio-prothésistes	…	2 029	2 116	3

1. Nombre de professionnels en activité pour 100 000 habitants, sauf pour les sages-femmes (nombre pour 100 000 femmes de 15 à 49 ans).
Source : Drees.

Nombre de lits installés en hospitalisation complète

	2000	2004	2005 (r)	2006
Secteur public	311 287	294 802	288 866	285 203
Secteur privé	163 183	155 912	154 886	154 562
Total	**474 470**	**450 714**	**443 752**	**439 765**

Champ : nombre de lits en France métropolitaine au 31 décembre.
Source : Drees.

Pharmacies et laboratoires d'analyses médicales

	1990	2000 (r)	2006	2007
Pharmacies	22 088	22 698	22 561	22 514
Laboratoires	3 975	4 084	3 870	3 840

Sources : ordre national des pharmaciens ; CNAMTS.

Médecins et dentistes exerçant dans l'UE

pour 100 000 habitants

	Médecins			Dentistes		
	1995	2000	2005	1995	2000	2005
Allemagne	307	326	341	71	74	76
Autriche	266	313	(1) 347	42	44	(1) 51
Belgique	345	379	400	76	81	83
Bulgarie	345	336	365	65	83	84
Chypre	220	239	258	74	82	95
Danemark	250	270	308	83	84	84
Espagne	268	333	(1) 340	36	44	52
Estonie	307	309	319	58	76	89
Finlande	207	258	245	82	86	87
France[2 3]	**323**	**330**	**339**	**68**	**68**	**68**
Hongrie	303	273	278	35	32	45
Irlande[4]	210	223	352	44	50	(1) 56
Italie[3 4]	566	599	636	40	56	60
Lettonie	278	287	292	35	52	62
Lituanie[2 3]	405	400	401	48	70	72
Luxembourg	204	236	(1) 328	53	65	(1) 75
Pays-Bas[3 4]	…	321	371	47	47	49
Pologne	232	220	214	46	30	32
République tchèque	300	337	355	61	65	67
Roumanie	181	197	217	27	36	47
Royaume-Uni	…	198	236	39	43	47
Slovaquie	292	335	304	37	44	(1) 44
Suède	288	308	348	87	81	82

1. Données 2004. 2. Médecins professionnellement actifs.
3. Dentistes professionnellement actifs. 4. Médecins habilités à exercer.
Source : Eurostat.

9.3 Dépenses de santé

En 2006, le montant total des **dépenses de santé** s'élève à 198,3 milliards d'euros, soit 3 138 euros par habitant et 11,1 % du produit intérieur brut (PIB). La **consommation de soins et de biens médicaux (CSBM)**, en progression annuelle de 3,5 %, atteint 156,6 milliards d'euros. Ce taux poursuit l'inflexion des évolutions observées depuis 2004. Après la nette progression observée de 2000 à 2003, la part de la CSBM dans le PIB semble se stabiliser (8,7 %). La part de la CSBM dans la consommation effective des ménages diminue légèrement en 2006 (12,1 %). Le fait marquant de l'année 2006 est le ralentissement des prix de la CSBM, dû notamment à la baisse sensible des prix des médicaments qui accompagne la progression de la consommation des génériques. Le tassement des prix de l'année 2006 est particulièrement marqué en raison des mesures du plan médicament, qui intervient de diverses manières sur le montant des dépenses.

Avec 69,9 milliards d'euros en 2006, le secteur hospitalier représente 47,9 % de la CSBM. Dans le secteur hospitalier public, la consommation de soins en 2006 ralentit. De 2003 à 2006, la hausse des prix se réduit progressivement. L'effet sur les prix de la réduction du temps de travail, important de 2002 à 2004, s'atténue fortement depuis 2005. Dans le secteur privé, la hausse est plus importante. Le tassement de la hausse des prix depuis 2003 est dû essentiellement à une inflexion de l'indice des prix des séjours.

En 2006, la consommation des soins de médecins, qui représente près de 20 milliards d'euros, s'accroît de 4,0 % en valeur ce qui accentue un mouvement à la hausse entamé dès 2004. Les médicaments représentent 20,4 % de la CSBM (près de 32 milliards d'euros). Les volumes consommés progressent de 5,4 %.

Depuis 1995, la part de la Sécurité sociale dans le financement de la CSBM est globalement stable, autour de 77 %. Cette stabilité est le résultat de deux évolutions divergentes : la structure de la CSBM se déforme en faveur des produits les moins bien remboursés ou non remboursés (médicaments non remboursables ou faiblement remboursés, optique) mais le nombre des assurés sociaux qui bénéficient d'une exonération du ticket modérateur est en nette progression. En 2006, la part de la Sécurité sociale est en légère baisse (– 0,2 point) et retrouve ainsi son niveau de 2001, alors que le reste à charge des ménages est en légère progression (8,6 % du financement). Cette évolution est liée tout d'abord à la modulation des taux de remboursement des patients pour les consultations de médecins, selon qu'elles sont ou non dans le parcours de soins. Une autre mesure ayant contribué à diminuer la part financée par la Sécurité sociale est la hausse de 1 euro du forfait journalier au 1er janvier 2006. À l'inverse, la montée en charge de la rémunération médecin traitant (dont le montant double entre 2005 et 2006) et la forte augmentation de la rémunération des astreintes des médecins dans le cadre des permanences de soins, qui sont toutes deux financées entièrement par la Cnamts, modèrent la baisse du financement par la Sécurité sociale.

En termes de poids de la santé dans la création de richesse nationale, la France se situe à la troisième place des pays de l'OCDE après les États-Unis et la Suisse et à un niveau proche de l'Allemagne. ■

Définitions

Comptes nationaux de la santé : compte satellite de la Comptabilité nationale. Ils retracent la production, la consommation et le financement de la fonction santé, entendue selon la Comptabilité nationale comme l'ensemble des actions qui concourent à la prévention et au traitement d'une perturbation provisoire de l'état de santé.

Consommation médicale totale : regroupe la consommation de soins et de biens médicaux ainsi que la médecine préventive.

Consommation de soins et biens médicaux (CSBM) : agrégat regroupant les soins hospitaliers et en sections médicalisées (soins aux personnes âgées), les soins ambulatoires (médecins, dentistes, auxiliaires médicaux, laboratoires d'analyses et cures thermales), les transports sanitaires et les biens médicaux (médicaments, optique, prothèses, petits matériels et pansements).

Dépense courante de santé : somme des dépenses engagées par les financeurs de l'ensemble du système de santé.

Voir rubrique « Pour comprendre ».

Pour en savoir plus

- « Panorama de l'accès aux soins de ville des bénéficiaires de la CMU complémentaire en 2006 », *Études et résultats* n° 629, Drees, mars 2008.
- « Les comptes nationaux de la santé en 2006 », *Études et résultats* n° 593, Drees, septembre 2007.
- « Les dépenses de médicaments remboursables en 2006 », *Études et résultats* n° 590, Drees, août 2007.
- « Eco-Santé 2007 : Statistiques et Indicateurs pour 30 pays », OCDE, juillet 2007.

Consommation médicale totale des ménages

en milliards d'euros courants

	2000	2006	Évolution 06/05 en valeur (en %)
Soins hospitaliers[1]	52,7	69,9	3,4
Publics	40,8	54,2	3,3
Privés	11,9	15,7	3,7
Soins ambulatoires	31,2	42,8	4,6
Médecins	15,2	19,8	4,0
Auxiliaires médicaux	6,3	9,5	6,8
Dentistes	6,7	9,1	4,1
Analyses	2,8	4,1	4,1
Cures thermales (forfait soins)	0,3	0,3	0,0
Transports de malades	1,9	3,1	9,2
Médicaments	23,6	31,9	1,5
Autres biens médicaux en ambulatoire	5,7	8,9	4,9
Optique	3,2	4,3	2,2
Prothèses, orthèses, V.H.P.[2]	0,9	1,4	5,7
Petits matériels et pansements	1,6	3,2	8,6
Consommation de soins et de biens médicaux	**115,1**	**156,6**	**3,5**
Médecine préventive	2,3	3,1	5,3
Prévention individuelle primaire	1,9	2,5	4,6
Prévention individuelle secondaire	0,4	0,6	8,4
Consommation médicale totale	**117,4**	**159,7**	**3,6**

1. Court et moyen séjour, psychiatrie. 2. Véhicules pour handicapés physiques.
Source : Drees.

Dépense courante de santé

en milliards d'euros courants

	2000	2006	2006/2005 en %
Dépenses pour les malades	127,8	174,3	3,5
dont : dépenses de soins et de biens médicaux	*115,1*	*156,6*	*3,5*
aide aux malades	*8,2*	*10,3*	*– 0,6*
Dépenses de prévention	4,1	5,8	11,7
Dépenses en faveur du système de soins	6,2	7,8	– 2,1
dont recherche médicale et pharmaceutique	*5,4*	*6,8*	*– 3,0*
Coût de gestion de la santé	11,4	14,0	3,0
Double compte[1]	– 2,6	– 3,7	– 2,0
Dépense courante de santé	**146,9**	**198,3**	**3,5**

1. Dépenses de recherche pharmaceutique financées en partie par la vente de médicaments et par les dépenses de recherche clinique des hôpitaux financées par la dotation globale.
Source : Drees.

Financement des soins et des biens médicaux

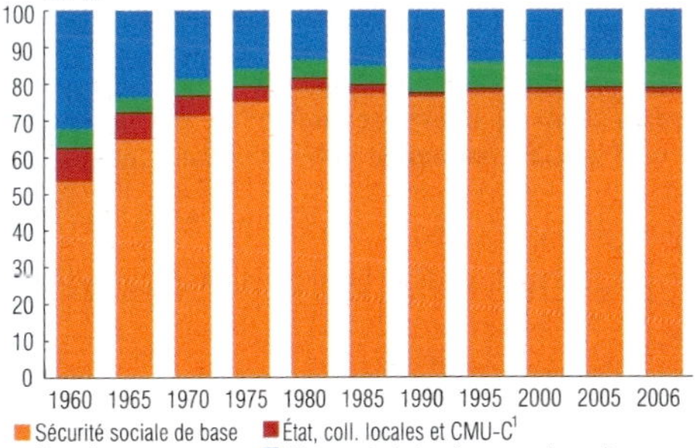

1. La Couverture maladie universelle (CMU) complémentaire, entrée en vigueur le 1er janvier 2000, est un dispositif en faveur des ménages à revenus modestes qui permet une prise en charge plus complète que celle assurée par les régimes de base d'assurance-maladie.
Source : Drees.

Dépenses de soins et de biens médicaux

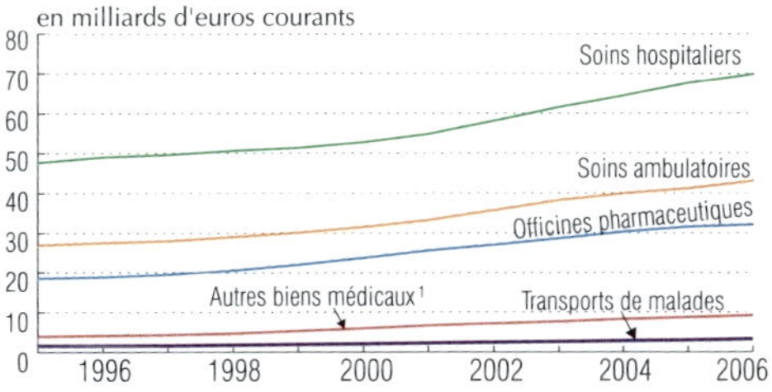

1. Optique, prothèses, orthèses.....
Source : Drees.

Dépense de recherche médicale et pharmaceutique

en millions d'euros

	2000	2005 (r)	2006	06/05 en %
Financements budgétaires	2 662	3 226	2 945	– 8,7
Budget civil de R&D	1 708	1 993	1 829	– 8,2
Universités et hôpitaux	954	1 233	1 116	– 9,5
Autres financements	2 760	3 756	3 827	1,9
Industries pharmaceutiques	2 641	3 629	3 701	2,0
Secteur associatif	119	126	126	0,0
Dépenses totales	**5 422**	**6 981**	**6 772**	**– 3,0**

Source : Drees.

Évolution de la consommation de santé

en %

	1995	2000	2005	2006
Part de la consommation de soins et de biens médicaux :				
- dans le PIB	8,2	8,0	8,8	8,7
- dans la consommation effective des ménages	11,4	11,4	12,2	12,1

Source : Drees.

@ Part de la dépense totale de santé dans le PIB dans quelques pays de l'OCDE

en %

	1990	**1995**	**2000**	**2005**
Allemagne	8,3	10,1	10,3	10,7
Autriche	7,0	(1) 9,8	10,0	10,2
Belgique	7,2	8,2	8,6	(e)10,3
Danemark	8,3	8,1	8,3	(e) 9,1
Espagne	6,5	7,4	7,2	8,3
États-Unis	11,9	13,3	13,2	15,3
Finlande	7,7	7,5	6,6	7,5
France	**8,4**	(1) **9,9**	**9,6**	**11,1**
Grèce	5,8	7,5	9,3	10,1
Hongrie	...	7,3	6,9	(e) 8,4
Irlande	(1) 6,1	6,7	6,3	7,5
Italie	7,7	7,3	8,1	8,9
Japon	6,0	(1) 6,9	7,7	(2) 8,0
Luxembourg	5,4	(1) 5,6	5,8	7,9
Pays-Bas	8,0	8,3	8,0	(2) 9,2
Pologne	4,8	5,5	5,5	(e) 6,2
Portugal	5,9	(1) 7,8	(1) 8,8	10,2
République tchèque	4,7	7,0	(1) 6,5	7,2
Royaume-Uni	6,0	7,0	7,3	8,3
Slovaquie	...	...	5,5	7,1
Suède	8,3	8,1	8,4	9,1
Suisse	8,3	9,7	10,4	11,6

1. Rupture de série
2. Données 2004.
Note : Ce tableau utilise le nouvel agrégat "dépense totale de santé" qui intègre notamment les dépenses liées au handicap et à la dépendance.
Source : OCDE.

9.4 Tabac - Alcool - Toxicomanie

La proportion d'usagers actuels de tabac chez les 18-75 ans diminue fortement avec l'âge, en particulier après 45 ans. Cette diminution s'observe pour les deux sexes, mais avec une intensité différente. Ainsi, l'écart hommes-femmes, qui augmente avec le niveau de consommation, croît également avec l'âge et devient plus important au-delà de 45 ans. Bien que le tabagisme masculin soit en léger recul depuis les années 1970, en 2005, les hommes restent encore plus souvent fumeurs de tabac que les femmes. Pour les femmes, la tendance semble légèrement orientée à la hausse sur cette période.

Le tabagisme à l'âge de 17 ans est en forte baisse depuis 2000, aussi bien pour les filles que pour les garçons. La baisse s'est même accentuée entre 2003 et 2005. En cinq ans, le niveau d'usage quotidien a connu une diminution de 20 %. Le tabac est le produit **psychoactif** dont les consommations sont les plus partagées par les deux sexes.

Depuis le début des années 1960, la consommation d'alcool en France a fortement diminué. Au début des années 1960, la consommation d'alcool par habitant âgé de 15 ans ou plus s'établissait à 26 litres d'alcool pur. Quarante ans plus tard, cette consommation a été divisée par deux. Cette baisse est imputable à la diminution de la consommation de vin. La tendance à la baisse a été moins forte dans les années 1990 que dans les années 1980. Ce mouvement se poursuit, voire s'amplifie au début des années 2000. Entre 1990 et 2006, la consommation d'alcool sur le territoire français a baissé de 16 %. On constate une légère augmentation des quantités d'alcool pur en 2006, la première depuis 2001.

Le niveau de consommation d'alcool était au début des années 1960 très largement au dessus de ceux observés dans les autres pays européens. La consommation d'alcool en France est dépassée par celle de pays comme l'Irlande ou la Tchécoslovaquie et ne constitue plus une exception.

Le niveau d'expérimentation du cannabis a plus que doublé entre 1993 et 2005. Cette évolution s'avère quasi linéaire entre 1993 et 2002 parmi les garçons comme parmi les filles. Entre 2002 et 2005, les niveaux ont stagné. En 2005, les garçons et les filles sont respectivement 53,1 % et 45,5 % à avoir expérimenté le cannabis à l'âge de 17 ans.

Si les usages des produits illicites autres que le cannabis restent marginaux en France, certaines substances ont néanmoins connu une diffusion croissante au cours des années 1990 et depuis le début des années 2000, comme la cocaïne et les hallucinogènes (LSD et champignons hallucinogènes). Il en va de même de substances synthétiques telles que l'ecstasy ou les amphétamines, dont l'expérimentation a fait plus que tripler entre 1995 et 2005. Les niveaux d'expérimentation d'héroïne sont pour leur part restés relativement stables sur l'ensemble de la période, concernant environ 1 % des 18-44 ans.

Les **opiacés** représentent encore la substance la plus impliquée dans les décès liés aux drogues puisqu'ils sont présents dans 85 % des décès directement liés à l'usage et qu'ils sont seuls en cause dans 65 % des cas (hors alcool et médicaments psychotropes non opiacés retrouvés chacun dans plus ou moins la moitié des cas selon les produits en cause). ■

Définitions

Consommateur de drogue illicite : voir rubrique « Pour comprendre ».

Consommation totale de tabac : mesurée en grammes de tabac par adulte et par jour.

Fumeur régulier : personne déclarant fumer au moins une cigarette (ou équivalent) par jour.

Opiacés : produits dérivés de l'opium, provenant de la culture du pavot qui peuvent entraîner une très forte dépendance psychique et physique. Ce groupe comprend, la morphine, l'héroïne, le buprénorphine haut dosage (BHD) et la méthadone (deux médicaments de substitution aux opiacés).

Prix relatif du tabac : prix nominal du tabac divisé par l'indice général des prix.

Substance psycho active : substance qui agit sur le système nerveux, qui peut modifier l'état psychique d'un individu.

Pour en savoir plus

- « 31 mai 2008 : journée mondiale sans tabac », dossier de presse, ministère de la santé, de la jeunesse, des sports et de la vie associative.
- « Phénomènes émergents liés aux drogues en 2006 », huitième rapport national du dispositif TREND, février 2008, OFDT.
- Mission interministérielle de lutte contre la drogue et la toxicomanie (MILDT), www.drogues.gouv.fr.
- Inpes (www.inpes.sante.fr).

@ Consommation annuelle d'alcool

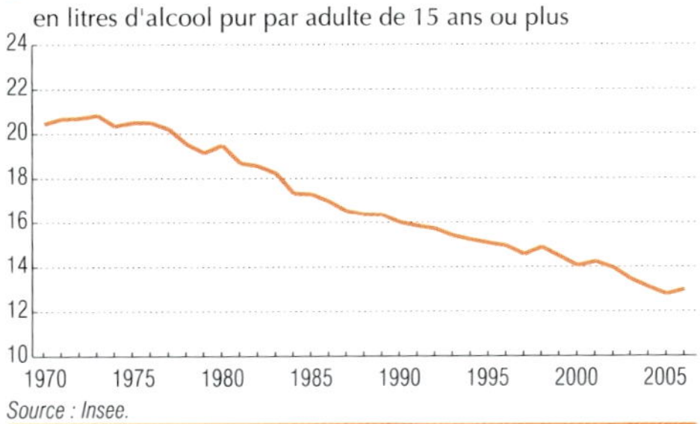

Source : Insee.

Consommation de tabac et d'alcool dans le monde

	Part de la population fumant quotidiennement en %			Consommation d'alcool par habitant en litres		
	2000	2004	2005	2000	2004	2005
Danemark	30,5	26,0	...	11,5	11,3	11,3
États-Unis	19,1	17,0	16,9	8,3	8,4	...
Finlande	23,4	23,0	21,8	8,6	9,9	10,0
France	**27,0**	**23,0**	**...**	**14,0**	**13,0**	**...**
Islande	22,9	20,2	19,5	6,1	6,7	7,1
Japon	32,9	29,4	29,2	7,6	7,7	...
Norvège	32,0	26,0	25,0	5,7	6,2	6,4
Nouvelle-Zélande	25,0	22,0	22,5	8,9	9,2	9,4
Royaume-Uni	27,0	25,0	24,0	10,4	11,5	11,3
Suède	18,9	16,2	15,9	6,2	6,5	6,6

Champ : population de 15 ans ou plus.
Source : OCDE.

Consommation de boissons alcoolisées

en litres par personne

	1990	1995	2000	2005 (r)	2006 (p)
Bière	40,1	38,6	33,8	32,4	32,1
Vins courants	44,7	36,6	29,1	23,7	24,8
Vins AOC	22,9	24,2	26,1	24,2	23,6
Cidre	6,3	5,3	4,1	3,4	3,5
Champagne	1,9	2,0	1,9	2,1	2,1
Vins doux naturels	1,5	1,3	0,9	0,7	0,7

Source : Insee.

@ Proportions de fumeurs réguliers de tabac, suivant l'âge et le sexe en 2005

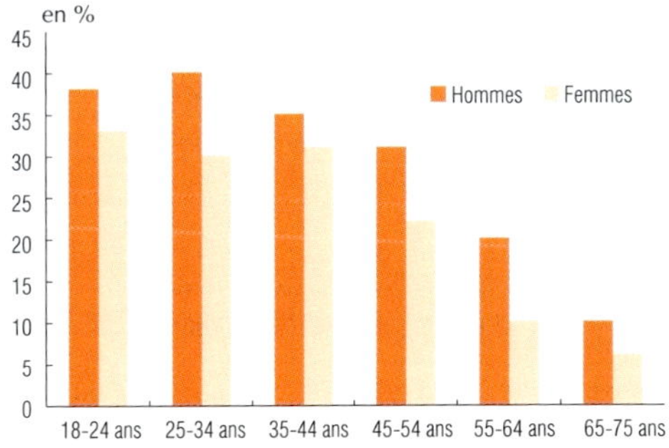

Sources : INPES ; OFDT.

@ Consommation et prix relatif du tabac

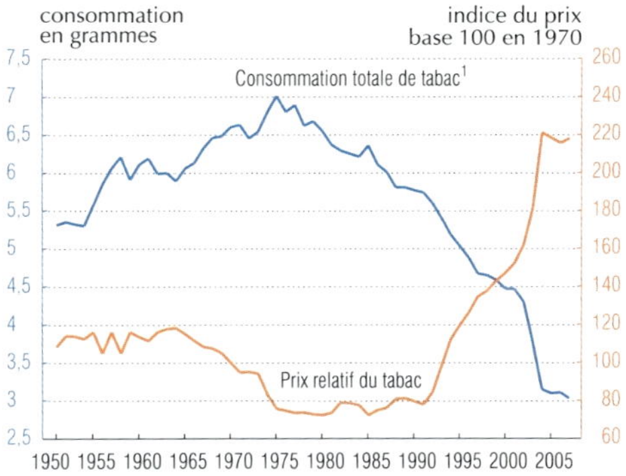

1. Consommation par adulte de 15 ans et plus et par jour.
Sources : Insee ; Institut Gustave Roussy.

Poids des différentes substances dans les décès directement liés à l'usage de produits psychotropes en 2006

en %

	Isolés[1]	Présents
Héroïne	23	37
Méthadone	17	24
BHD	12	17
Autres opiacés licites	8	14
Cocaïne	8	26
MDMA (ecstasy)	1	6
Amphétamines	0	2
Solvants poppers seuls	1	1
Iboga	1	1

1. Sans autre produit retrouvé que de l'alcool ou des médicaments psychotropes non opiacés.
Source : Afssaps ; OFDT.

Consommation de cannabis au cours de la vie en 2005

en %

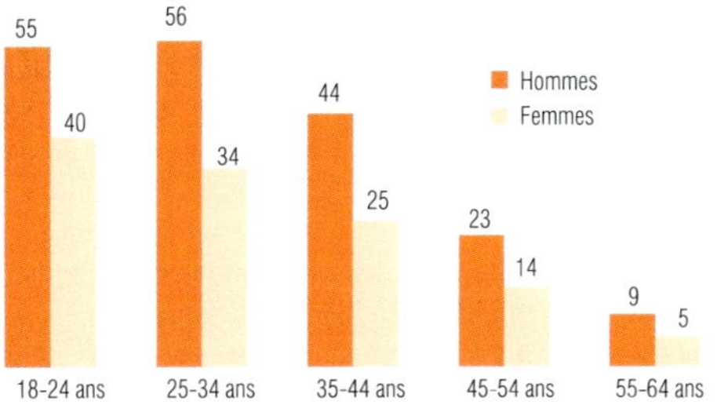

Champ : estimations en France métropolitaine.
Source : OFDT.

Interpellations pour usage de stupéfiants

	1980	1990	2000	2007
Cannabis	4 954	20 094	82 349	105 747
Héroïne	3 351	8 061	5 833	8 066
Cocaïne - Crack	300	513	3 192	5 482
Ecstasy	///	32	1 921	948
Autres	1 582	283	1 044	4 228
Total	**10 187**	**28 983**	**94 339**	**124 471**

Champ : usagers simples et usagers-revendeurs.
Source : Office central pour la répression du trafic illicite de stupéfiants.

10.1 Enseignement des 1er et 2nd degrés

Pour l'année scolaire 2006-2007, les effectifs d'élèves, d'apprentis et d'étudiants en France approchent les 15 millions, en légère baisse de 0,3 % par rapport à la rentrée précédente, et après deux années de stagnation. C'est donc le quart de la population qui est scolarisé.

Dans le **premier degré**, la hausse des effectifs se poursuit avec 19 500 élèves supplémentaires (+ 0,3 %). Cette évolution est due à l'élémentaire qui, en hausse depuis trois ans, connaît une forte progression en raison du contexte démographique (+ 1,4 %), alors que dans le préélémentaire, les effectifs diminuent pour la première fois depuis 1998 (– 1,3 %).

Dans le **second degré** en revanche, l'effectif global diminue de près de 67 400 élèves (– 1,2 %). La baisse du nombre de collégiens est moins prononcée que l'an dernier. Les effectifs de lycée professionnel diminuent : la progression soutenue du **CAP** en deux ans et le développement du baccalauréat professionnel en trois ans ne parviennent pas à compenser la diminution des formations au **BEP**. La baisse des effectifs de lycée général et technologique est renouvelée. Dans le secteur privé, on constate une hausse des effectifs.

Désormais, 100 % des élèves qui ont suivi une sixième accèdent à la classe de troisième. Le taux de réussite au brevet passe pour la première fois en 2007 la barre des 80 %.

La session 2007 du baccalauréat, avec 524 000 lauréats, affiche quant à elle un taux de réussite de 83,4 % (+ 1,3 point par rapport à la session précédente). Ce taux est supérieur à ceux de toutes les sessions précédentes. Le nombre de candidats diminue (– 10 100 élèves) mais le nombre de bacheliers reste stable. La proportion de bacheliers dans une génération reste constante. En 2007, deux tiers des jeunes d'une génération obtiennent le baccalauréat : le tiers dans une série générale, le sixième dans une série technologique et le huitième dans une série professionnelle.

La loi de 2005 sur « l'égalité des chances, la participation et la citoyenneté des personnes handicapées » renforce le droit de l'élève handicapé à l'éducation en posant le principe de son inscription dans l'école ou l'établissement scolaire de son quartier. En 2006, 155 400 élèves en situation de handicap sont accueillis dans les écoles et établissements scolaires, dont 90 % dans l'enseignement public. Le nombre d'élèves handicapés en **scolarisation individuelle** est de 106 300 : 71 400 dans le 1er degré (77 % à temps plein) et 34 900 dans le 2nd degré (92 % à temps plein). La **scolarisation collective** bénéficie à 49 000 enfants et adolescents handicapés (88 % d'entre eux à temps plein), dont 39 700 dans le 1er degré. Les établissements hospitaliers et médico-éducatifs sous tutelle du ministère chargé de la santé scolarisent quant à eux près de 77 000 jeunes pour la durée de l'année scolaire. ■

Définitions

Brevet d'études professionnelles (BEP) : voir rubrique « Pour comprendre ».

Certificat d'aptitude professionnelle (CAP) : voir rubrique « Pour comprendre ».

Enseignement du premier degré : il regroupe l'enseignement préélémentaire et élémentaire, y compris l'enseignement spécialisé sous tutelle du ministère de l'Éducation nationale.

Enseignement du second degré : il regroupe l'enseignement dispensé dans les collèges, les lycées d'enseignement général et technologique, les lycées professionnels du ministère de l'Éducation nationale ou d'autres ministères (principalement le ministère de l'Agriculture.

Enseignement relevant de l'adaptation et de l'intégration scolaire (AIS) : voir rubrique « Pour comprendre ».

Espérance de scolarisation : nombre d'années pendant lesquelles un enfant de 5 ans peut espérer être scolarisé à temps plein et à temps partiel durant son cycle de vie, en fonction des taux de scolarisation du moment.

Scolarisation collective : désigne la scolarisation dans une classe spécialisée de type CLIS ou UPI.

Scolarisation individuelle : désigne la scolarisation d'un jeune handicapé dans une classe ordinaire.

Pour en savoir plus

- « Résultats définitifs de la session 2007 du baccalauréat », *Note d'information* n° 08.19, Depp, juin 2008.
- « Les élèves du premier degré à la rentrée 2007 dans les écoles publiques et privées », *Note d'information* n° 08.01, Depp, janvier 2008.
- « Les élèves du second degré à la rentrée 2007 dans les établissements publics ou privés », *Note d'information* n° 08.02, Depp, janvier 2008.
- « Regards sur l'éducation 2007 », les indicateurs de l'OCDE.
- « France, portrait social », *Insee – Références*, édition 2007.

Effectifs d'élèves et d'étudiants dans l'enseignement public et privé

en milliers

	1980-1981	1990-1991	2000-2001	2004-2005	2005-2006	2006-2007
Premier degré[1]						
Pré-élémentaire	2 456,5	2 644,2	2 540,3	2 609,5	2 612,0	2 578,4
Élémentaire	4 810,0	4 218,0	3 953,0	3 924,6	3 962,0	4 016,9
Enseignement d'adaptation et d'intégration scolaire (AIS)	129,8	91,2	58,7	51,4	50,5	48,7
Total du premier degré	**7 396,3**	**6 953,4**	**6 552,0**	**6 585,5**	**6 624,6**	**6 644,1**
Second degré[2]						
Premier cycle	3 261,9	3 253,5	3 290,9	3 194,3	3 139,0	3 100,6
Second cycle professionnel[3]	807,9	750,0	705,4	719,3	724,0	719,7
Second cycle général et technologique	1 124,4	1 607,6	1 501,5	1 515,5	1 512,9	1 491,2
Enseignement adapté (SEGPA)	114,9	114,6	116,6	111,2	109,5	106,6
Total du second degré (hors agriculture)	**5 309,2**	**5 725,8**	**5 614,4**	**5 540,3**	**5 485,4**	**5 418,0**
Second degré agricole	**117,1**	**116,2**	**151,3**	**152,5**	**154,9**	**155,0**
Centres de formation d'apprentis	**244,1**	**226,9**	**376,1**	**378,8**	**395,6**	**424,4**
Spécial santé scolarisés	**96,2**	**88,2**	**81,4**	**77,1**	**76,3**	**77,0**
Enseignement du supérieur	**1 184,1**	**1 717,1**	**2 160,3**	**2 269,8**	**2 283,3**	**2 254,4**
Total	**14 346,9**	**14 827,5**	**14 935,4**	**15 004,0**	**15 020,1**	**14 972,8**

1. Estimations à partir de 2000. 2. Les effectifs des EREA sont répartis selon la formation suivie par les élèves.
3. Y compris préparations diverses et formations complémentaires de niveaux V et IV.
Source : Depp.

Principaux diplômes délivrés dans le 2nd degré

	2000	2007	
	Nombre d'admis	Nombre d'admis	Taux de réussite en %
Brevet	**601 110**	**634 369**	**81,7**
dont série collèges	*541 748*	*567 755*	*82,3*
Certificat d'aptitude professionnelle	**215 812**	**137 977**	**79,6**
Brevet d'études professionnelles	**208 559**	**181 638**	**75,0**
Baccalauréat général	**271 155**	**281 733**	**87,7**
L : Littéraire	59 642	49 843	84,4
ES : Économique et social	75 299	90 354	88,4
S : Scientifique	136 214	141 536	88,5
Baccalauréat technologique	**152 778**	**137 605**	**79,3**
dont :			
STG (sciences et techno. de la gestion)[1]	*82 221*	*68 519*	*78,6*
STI (sciences et technologies indust.)	*36 940*	*34 197*	*81,1*
SMS (sciences médico-sociales)	*18 469*	*19 730*	*77,5*
STL (sciences et techno. de laboratoire)	*6 327*	*6 853*	*86,6*
Baccalauréat professionnel	**92 617**	**104 975**	**78,5**
Total des baccalauréats	**516 550**	**524 313**	**83,4**

1. STT (sciences et technologies tertiaires) en 2000.
Source : Depp.

Nombre moyen d'élèves par classe

	1980-81	1990-91	1999-00	2006-07
Premier degré				
Enseignement public				
Écoles maternelles	30,1	27,9	25,5	25,9
Écoles élémentaires	23,6	22,5	22,3	22,6
Enseignement privé				
Écoles maternelles	29,9	27,1	25,9	27,3
Écoles élémentaires	26,2	24,5	23,9	22,9
Second degré				
Enseignement public[1]				
1er cycle[2]	23,4	24,3	24,2	24,0
2nd cycle professionnel	24,4	23,1	20,8	19,7
2nd cycle général et technol.	28,5	31,0	28,8	28,5
Enseignement privé				
1er cycle[2]	24,0	24,3	24,8	24,8
2nd cycle professionnel	20,8	21,4	19,7	19,1
2nd cycle général et technol.	23,2	25,6	24,7	24,9

1. Y compris EREA à partir de 1995.
2. Y compris CPA et CLIPA ; non compris SES/SEGPA et classes-ateliers des collèges.
Source : Depp.

@ Nombre moyen d'élèves par enseignant en 2005

	Premier degré	Second degré
Allemagne	18,8	15,1
Belgique	12,8	9,8
Espagne	14,3	10,6
États-Unis	14,9	15,5
Finlande	15,9	13,9
France	**19,4**	**12,2**
Grèce	11,1	8,3
Hongrie	10,6	11,2
Italie	10,6	10,7
Japon	19,4	13,9
Pays-Bas	15,9	16,2
Pologne	11,7	12,8
Portugal	10,8	8,1
République tchèque	17,5	13,2
Royaume-Uni[1]	20,7	14,1
Suède	12,2	13,0
Suisse[1 2]	14,6	11,4
Turquie	25,8	16,2

1. Seule la filière générale est comprise dans le deuxième cycle du secondaire.
2. Établissements publics uniquement.
Source : OCDE.

@ Espérance de scolarisation en 2005 pour un enfant de 5 ans

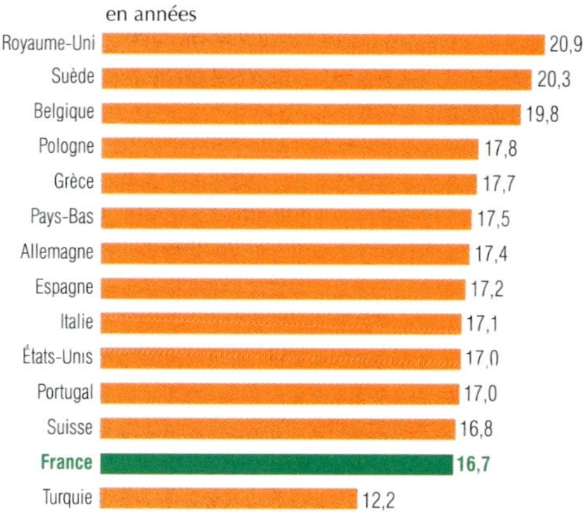

Champ : formation initiale et continue, à temps plein et à temps partiel.
Source : OCDE

10.2 Enseignement supérieur

À la rentrée 2006, 2 254 000 étudiants sont inscrits dans l'enseignement supérieur. De 2000 à 2005, le nombre d'étudiants a augmenté de 1,1 % en moyenne annuelle. En 2006, les effectifs diminuent de 1,3 %. Le nombre d'étrangers qui constituait les trois quarts des hausses des effectifs a diminué. La diminution du nombre d'étudiants touche principalement les disciplines générales des universités (hors IUT). À contrario, les formations de santé continuent d'augmenter. Les filières courtes (**IUT, STS**, formations paramédicales et sociales) accueillent plus d'un étudiant sur cinq, les **grandes écoles** et leurs classes préparatoires, plus d'un sur dix.

Le taux de féminisation de l'enseignement supérieur dépasse 56 % en 2006. Majoritaires en **cursus Licence** et en **cursus Master**, les femmes sont toujours minoritaires en **cursus Doctorat** (47 %). Elles préfèrent les disciplines de langues (75 %), lettres, sciences du langage (73 %) et pluri-lettres-langues-sciences humaines (72 %). En revanche elles restent minoritaires dans les disciplines de sciences fondamentales et application (27 %).

Pus d'un jeune sur deux accède à l'enseignement supérieur et 80 % d'entr'eux en sortent avec un diplome. La réussite dans l'enseignement supérieur est influencée par les antécédents scolaires. Ainsi le taux d'accès à un diplôme du supérieur varie de 87 % pour les bacheliers généraux à 76 % pour les bacheliers technologiques et 23 % pour les bacheliers professionnels. Seulement 6 % des bacheliers scientifiques n'obtiennent aucun diplôme du supérieur (18 % des bacheliers littéraires). Parmi les diplômés de l'enseignement supérieur, 11 % des jeunes sortent avec un diplôme au moins égal à une licence, 12 % avec un master et 1 % vont jusqu'au doctorat recherche.

Plus de 30 % des étudiants inscrits dans l'enseignement supérieur ont des parents cadres supérieur ou exerçant une profession libérale. Plus de la moitié des effectifs des classes préparatoires et 43 % des disciplines de santé sont issus de cette catégorie sociale. 11 % des étudiants de l'enseignement supérieur sont enfants d'ouvriers et seulement 2 % sont fils ou filles d'agriculteurs. Les filières technologiques courtes IUT et surtout STS recrutent davantage parmi les enfants d'ouvriers et employés.

En 2005, parmi les pays de l'OCDE, la proportion de diplômés de l'enseignement supérieur au sein des générations âgées de 25 à 34 ans place la France parmi les pays les plus avancés. Ainsi ces générations comptent 40 % de diplômés du supérieur contre 20 % seulement parmi celles nées avant 1960. Les progrès de génération en génération sont spectaculaires en Espagne et Irlande ainsi qu'en Corée et au Japon, où la moitié des générations 25-34 ans possèdent un diplôme d'enseignement supérieur. ■

Définitions

Diplômes de l'enseignement supérieur :

- **BTS :** brevet de technicien supérieur obtenu après 2 ans d'études en section de technicien supérieur (STS).
- **DEA et DESS :** diplôme d'études approfondies et diplôme d'études supérieures spécialisées, délivrés après 5 ans d'études après le baccalauréat.
- **DEUG et DEUST :** diplôme d'études universitaires générales et diplôme d'études universitaires en sciences et techniques, délivrés à l'issue du 1er cycle universitaire.
- **DUT :** diplôme universitaire de technologie, délivré après 2 années d'études dans un IUT.
- **Licence, maîtrise :** diplômes délivrés au cours du 2ème cycle universitaire, 1 an (licence) ou 2 ans (maîtrise) après le DEUG.
- **Licence-Master-Doctorat (LMD) :** voir rubrique « Pour comprendre ».

Enseignement supérieur : il regroupe l'enseignement dispensé dans les universités, les instituts universitaires de technologie (IUT), les instituts universitaires de formation des maîtres (IUFM), les sections de techniciens supérieurs (STS), les classes préparatoires aux grandes écoles (CPGE), les écoles d'ingénieurs, les écoles de commerce, gestion, vente et comptabilité, les écoles paramédicales et sociales, etc.

Grande école : la tutelle d'une grande école est assurée par un ministère qui n'est pas obligatoirement l'Éducation nationale (exemple l'École polytechnique sous la tutelle du ministère de la Défense).

Pour en savoir plus

- « Repères et références statistiques 2007 », Depp, 2007.
- « Titulaires de doctorats – Début de carrière», *Statistiques en bref* n° 131 Sciences et technologies, Eurostat, 2007.
- « L'état de l'enseignement supérieur et de la recherche », n° 1, Depp, 2007.
- « Regards sur l'éducation 2007 », *Les indicateurs de l'OCDE*, 2007.
- « Chiffres clés de l'enseignement supérieur en Europe », *Commission européenne*, édition 2007.

Étudiants inscrits dans l'enseignement supérieur public et privé

	1990-1991	2000-2001	2004-2005	2005-2006	2006-2007 (p)
Universités hors IUT et hors formations ingénieurs	1 075 064	1 254 288	1 286 382	1 283 516	1 259 425
Instituts universitaires de technologie (IUT)	74 328	119 244	112 395	112 597	113 769
Écoles et formations d'ingénieurs[1]	57 653	96 487	107 219	108 057	108 846
Instituts universitaires de formation des maîtres (IUFM)	///	80 184	83 622	81 565	74 161
Sections de techniciens supérieurs (STS)	199 333	238 894	230 275	230 403	228 329
Classes préparatoires aux grandes écoles (CPGE)	64 427	70 263	73 147	74 790	76 160
Préparations intégrées	3 965	3 571	3 309	3 058	3 162
Écoles de commerce, gestion, vente et comptabilité	46 128	63 392	83 176	88 437	87 333
Établissements universitaires privés	19 971	21 739	19 820	21 306	21 024
Écoles paramédicales et sociales	74 435	93 386	124 201	(p) 131 654	(e) 131 654
Autres établissements d'enseignement supérieur[2]	101 756	118 805	146 251	147 884	150 523
Total enseignement supérieur	**1 717 060**	**2 160 253**	**2 269 797**	**2 283 267**	**2 254 386**

1. Écoles et formations d'ingénieurs, universitaires ou non, y compris les formations d'ingénieurs en partenariat.
2. Écoles normales supérieures, écoles juridiques et administratives, écoles supérieures d'art et d'architecture, écoles vétérinaires, grands établissements et autres écoles.
Source : Depp.

Principaux diplômes délivrés dans l'enseignement supérieur

	1995	2000	2005
BTS et assimilés	77 929	95 530	102 544
DUT	37 380	47 478	45 799
DEUG, DEUST	132 390	124 700	111 470
Licence	127 178	135 017	59 209
Licence LMD	///	///	82 712
Licence professionnelle	///	///	23 874
Maîtrise (y compris intermédiaire)	80 833	93 304	98 225
Master professionnel / DESS	21 077	32 612	58 227
Master recherche / DEA	25 420	23 428	27 577
Diplôme d'ingénieur	21 851	24 624	27 638
Diplôme d'écoles de commerce et de gestion	18 358	18 342	26 079
Doctorat[1]	8 969	9 991	9 277
Diplôme de docteur (santé)	7 717	6 661	6 844

1. Le mode de collecte de l'information sur les diplômes a évolué entre 2000 et 2001, en particulier pour les doctorats.
Source : Depp.

Étudiants inscrits en université par discipline en 2006-2007

Discipline	Ensemble en milliers	*dont femmes en %*
Droit, sciences politiques	178,4	*64,8*
Sciences économiques, gestion	134,7	*51,2*
AES (filière adm. économique et sociale)	41,4	*59,3*
Lettres, sciences du langage	104,1	*73,0*
Langues	108,8	*75,2*
Sciences humaines, sociales	232,5	*67,8*
Pluri-lettres-langues-sciences humaines	5,6	*72,2*
Sciences fondamentales et application	165,4	*27,3*
Sciences de la nature et de la vie	71,3	*58,0*
Sc. et tech. des activités physiques et sportives	36,6	*31,7*
Pluri-sciences	21,2	*41,0*
Médecine-odontologie	154,1	*59,9*
Pharmacie	31,3	*66,8*
IUT	113,8	*38,7*
Total	**1 399,2**	***56,7***
Cursus licence	*878,1*	*57,4*
Cursus master	*452,9*	*56,7*
Cursus doctorat	*68,2*	*46,9*

Source : Depp.

Origine socioprofessionnelle des étudiants français dans l'enseignement supérieur en 2006-2007

en %

Catégorie socioprofessionnelle du chef de famille	Université[1]	*dont : Lettres*	*Sciences*	*Santé*	Autres[2]	*dont : CPGE[3]*	*STS[3]*	**Ensemble**
Agriculteurs	1,9	*1,7*	*2,2*	*1,6*	2,7	*2,0*	*4,2*	**2,4**
Artisans, commerçants et chefs d'entreprise	6,7	*6,0*	*6,2*	*5,7*	9,0	*7,8*	*8,1*	**7,4**
Professions libérales et cadres supérieurs	31,4	*27,1*	*32,0*	*43,4*	30,8	*50,8*	*14,6*	**30,1**
Professions intermédiaires	15,0	*15,6*	*16,6*	*14,3*	12,8	*13,9*	*15,8*	**14,5**
Employés	13,4	*14,6*	*13,4*	*8,1*	12,3	*9,7*	*17,4*	**13,4**
Ouvriers	10,5	*11,0*	*11,1*	*5,3*	9,4	*5,0*	*20,6*	**11,2**
Retraités, inactifs	11,7	*14,3*	*10,3*	*6,9*	6,4	*7,2*	*14,3*	**10,5**
Indéterminé	9,4	*9,7*	*8,2*	*14,8*	16,6	*3,6*	*5,0*	**10,5**
Total	**100,0**	***100,0***	***100,0***	***100,0***	**100,0**	***100,0***	***100,0***	**100,0**

1. Y compris les IUT ; non compris les grands établissements. 2. Données 2004-2005 sauf pour les IUFM et les grands établissements.
3. CPGE et STS publiques tous ministères, CPGE et STS privées du ministère de l'Agriculture et de la Pêche et STS et CPGE privées sous contrat sous tutelle des autres ministères.
Source : Depp.

Diplômés de l'enseignement supérieur dans quelques pays de l'OCDE en 2005

en % de la population

	25-64 ans	25-34 ans		25-64 ans	25-34 ans
Allemagne	25	22	**France**	**25**	**39**
Canada	46	54	Italie	12	16
Espagne	28	40	Japon	40	53
États-Unis	39	39	Royaume-Uni	30	35

Source : OCDE, Regards sur l'éducation 2007.

10.3 Établissements - Enseignants

À la rentrée 2006, l'enseignement du premier degré public et privé compte plus de 55 000 écoles. Le nombre d'établissements diminue par rapport à l'année scolaire précédente. Cette diminution concerne surtout les écoles maternelles. Dans l'enseignement du second degré, on dénombre sur le territoire national plus de 11 000 établissements dont six établissements sur dix sont des collèges.

Au 31 janvier 2007, le ministère de l'Éducation nationale rémunère 1 210 000 agents, dont 88 % dans le secteur public. Plus de 81 % de ces **personnels** sont des **enseignants**, dont 85 % exercent dans le public et 15 % dans le secteur privé sous contrat. Dans le public, environ 91 % des enseignants du premier degré sont professeurs des écoles et 75 % des enseignants du second degré sont agrégés ou certifiés. Pour les enseignants exerçant dans les établissements privés sous contrat, ces proportions s'élèvent respectivement à 84 % et 61 %.

Les personnels de l'Éducation nationale comptent deux tiers de femmes. Elles sont plus nombreuses dans le secteur privé sous contrat, avec une présence toujours plus importante dans le premier degré (91 % des enseignantes dans le privé et 81 % dans le public) que dans le second degré (respectivement 66 % et 57 %). Dans le supérieur et les établissements de formation, les enseignantes restent minoritaires (36 %) malgré une progression régulière. En 2006-2007, elles occupent la moitié des postes de maîtres de conférence dans les disciplines littéraires et de santé.

Au 31 janvier 2007, 227 150 agents assument des fonctions administratives, techniques, d'encadrement ou de surveillance. 60 635 aides-éducateurs et assistants d'éducation interviennent également dans les établissements scolaires.

En 2006, la **dépense intérieure d'éducation** atteint 121,4 milliards d'euros en 2006 (6,8 % du PIB) soit 1 920 euros par habitant. La dépense annuelle moyenne par élève ou étudiant croît, entre 1980 et 2006, de 2,1 % par an en prix constants. Près de 44 % de la dépense est consacrée au second degré, 28 % au premier degré et 18 % au supérieur. Le restant est alloué à la formation continue et aux enseignements extra-scolaires. L'État assure 63 % du financement de la DIE, devant les collectivités territoriales (21 %). Les ménages y participent à hauteur de 8 % et les entreprises à hauteur de 6 %.

En 2006, la dépense moyenne d'éducation par élève atteint 7 160 euros. Elle s'élève à 4 990 euros pour un écolier du 1er degré, 8 810 euros pour un élève du 2nd degré et 9 370 euros pour un étudiant. Une scolarité menant, sans redoublement, de l'âge de trois ans à un bac général ou technologique est évaluée à 102 070 euros en 2006 ; en 1990 elle s'élevait à 71 760 euros (au prix 2006).

En 2004, la part de la dépense d'éducation par rapport au PIB varie de 8 % en Islande à 3 % en Grèce. La France se situe au-dessus de la moyenne des pays de l'OCDE (6 %), en deçà des États-Unis et du Danemark mais nettement au-dessus de l'Italie, du Japon et de l'Espagne. ■

Définitions

Centre national d'enseignement à distance (CNED) : voir rubrique « Pour comprendre ».

Dépense intérieure d'éducation : voir rubrique « Pour comprendre ».

Enseignant du premier degré : instituteurs, professeurs des écoles et autres enseignants chargés de classes du premier degré, directeurs d'écoles et psychologues déchargés de classes.

Enseignant du second degré : personnel titulaire et non-titulaire enseignant dans les établissements du second degré. Sont inclus les personnels de remplacement et de documentation.

Enseignant du supérieur : enseignants dans les universités y compris les IUT, les écoles nationales supérieures d'ingénieurs (ENSI), les IUFM, les écoles normales supérieures et les grands établissements.

Enseignement extra-scolaire : voir rubrique « Pour comprendre ».

Personnel enseignant : le personnel est comptabilisé en personnes physiques ; chaque enseignant compte pour une personne, qu'il exerce à temps complet ou à temps partiel.

Pour en savoir plus

- « Les personnels enseignants de l'enseignement supérieur 2006-2007 », *Note d'information* n° 07.46, Depp, décembre 2007.
- « L'état de l'école », n° 17, Depp, novembre 2007.
- « Repères et références statistiques 2007 », Depp, novembre 2007.
- « Chiffres clés de l'enseignement supérieur en Europe », édition 2007, Eurostat, octobre 2007.
- « Regards sur l'éducation 2007 », *les indicateurs* de *l'OCDE*, septembre 2007.

Personnel de l'Éducation nationale

	1990	1995	2000	2005	2006	2007
Enseignants[1]	882 640	942 075	980 295	1 005 138	993 744	982 678
public	756 260	807 135	841 140	860 198	848 835	838 177
privé	126 380	134 940	139 155	144 940	144 909	144 501
Personnel administratif, technique, d'encadrement et de surveillance	288 660	297 750	303 320	293 507	285 957	227 150
Total[2]	**1 171 300**	**1 239 825**	**1 283 615**	**1 298 645**	**1 279 701**	**1 209 828**

1. Enseignants du 1er et du 2nd degré, du supérieur et des établissements de formation.
2. Non compris les personnes rémunérées sur les comptes d'avance, de régularisation ; les techniciens et ouvriers à la charge des collectivités territoriales.
Source : Depp.

@ Enseignants du public et du privé par corps en 2007

	Effectifs au 31 janvier	*dont femmes en %*
Premier degré public	**321 339**	***80,7***
dont : professeurs des écoles	*291 849*	*80,7*
instituteurs et suppléants	*29 308*	*79,8*
Second degré public	**413 107**	***57,3***
dont : agrégés et chaires supérieures	*51 162*	*49,8*
certifiés et assimilés	*258 700*	*61,5*
professeurs de lycées professionnels	*64 603*	*48,4*
professeurs d'ens. général de collège	*11 722*	*57,0*
Supérieur public	**77 859**	**35,6**
Ensemble secteur public	**838 177**	**64,7**
Premier degré privé	**46 123**	**90,9**
dont : professeurs des écoles	*38 870*	*90,9*
instituteurs et suppléants	*7 229*	*90,9*
Second degré privé	**98 378**	***65,6***
dont : agrégés et chaires supérieures	*3 306*	*44,9*
certifiés et assimilés	*56 370*	*67,0*
professeurs de lycées professionnels	*10 161*	*61,8*
professeurs d'ens. général de collège	*544*	*57,4*
Ensemble secteur privé	**144 501**	**73,7**

Source : Depp.

@ Établissements publics et privés du 1er et du 2nd degré

	2001-2002		2006-2007	
	Public	Privé	Public	Privé
Écoles maternelles	18 448	245	17 250	160
Écoles élémentaires	34 279	5 395	33 040	5 217
Total premier degré	**52 727**	**5 640**	**50 290**	**5 377**
Collèges	5 139	1 802	5 238	1 773
Lycées professionnels	1 096	650	1 043	653
Lycées d'enseignement général et technique	1 527	1 094	1 554	1 069
Établissements régionaux d'enseignement adapté	80	///	80	///
Total second degré	**7 842**	**3 546**	**7 915**	**3 495**

Source : Depp.

@ Dépense intérieure d'éducation

	1980	1990	2000	2006
Aux prix courants (en Mds d'euros)	28,5	68,0	105,4	121,4
Aux prix 2006 (en Mds d'euros)	66,0	87,8	118,5	121,4
En % du PIB	6,4	6,6	7,3	6,8
Par habitant aux prix 2006 (en euros)	1 220	1 510	1 950	1 920
Par élève aux prix 2006 (en euros)	4 080	5 200	7 010	7 160

Source : Depp.

@ Dépense moyenne par élève

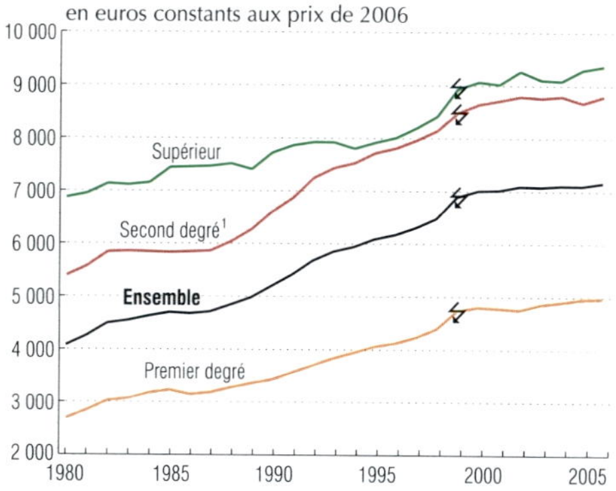

1. Y compris l'apprentissage depuis 1999.
Source : Depp.

@ Dépense d'éducation dans l'OCDE en 2004

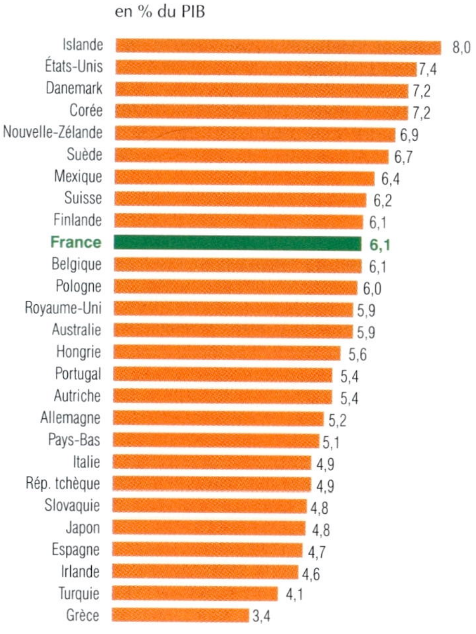

Source : OCDE.

10.4 Niveaux de formation

La France est un pays à forte scolarisation. Ainsi la durée de la « scolarisation universelle », nombre d'années pendant lesquelles au moins 90 % des jeunes sont scolarisés, atteint 15 ans en France et en Belgique, 13 ans au Royaume-Uni, 12 ans en Allemagne et 11 ans seulement aux États-Unis. Les **taux de scolarisation** par âge, constatés en 2005-2006, permettent d'espérer, pour un enfant entrant en maternelle en France, environ 19 années d'études.

Le nombre d'élèves quittant le système éducatif sans un niveau de qualification reconnue a considérablement baissé en 30 ans, passant de 170 000 à 42 000 en 2005, soit une baisse de 75 %. Au sein d'une génération, la part des élèves déscolarisés de manière précoce diminue aussi fortement en 30 ans, de 25 % à 6 %, et la hausse des taux de scolarisation se poursuit pour les 18-23 ans, en particulier par le développement du baccalauréat professionnel et de l'apprentissage dans le supérieur. En 20 ans, la proportion de jeunes d'une génération qui obtient le baccalauréat a pratiquement été multipliée par deux.

En cinq ans, les effectifs d'**apprentis** ont augmenté d'environ 20 000 individus. En 2005-2006, leur augmentation se poursuit, et dans tous les **niveaux de formation**. Les formations de niveau V attirent toujours trois apprentis sur cinq. Depuis 1993, l'apprentissage continue de se développer fortement (+ 12 %) dans l'enseignement supérieur. En 2005-2006, près de 20 % des apprentis préparent une formation supérieure, dont la moitié pour un BTS.

Depuis 2002, l'effort de formation de la Nation reste stable, à 1,5 % du PIB. Tandis que la **formation continue** bénéficie toujours aux salariés les plus qualifiés et que le droit individuel à la formation n'a pas connu un essor immédiat en 2005, les candidats à la **validation des acquis de leur expérience** (VAE) sont de plus en plus nombreux : 22 300 en 2006, soit une hausse de 4 % en un an. 13 400 candidats ont obtenu un diplôme complet, soit six candidats sur dix. Un candidat sur trois recherche un BTS, un sur cinq un CAP-BEP. Dans l'enseignement supérieur, ce sont 1 850 diplômes qui ont été octroyés dans leur totalité au titre de la VAE. Leur croissance se poursuit à un rythme qui reste élevé (+ 11,3 %) par rapport à 2005. Ils représentent près de la moitié du total des validations délivrées en VAE pour obtenir tout ou partie de diplôme.

Dans l'Union européenne à 27, 15 % des **jeunes** de 18 à 24 ans sont **sortis précocement** de l'enseignement secondaire. La France, avec un taux de 12 % se place dans une situation relativement favorable sans être parmi les meilleurs. Comme les Européens, les deux tiers des Français de 25 à 64 ans sont détenteurs d'un diplôme du secondaire. Toutefois, dans près de la moitié des pays, cette proportion atteint ou dépasse 80 % (pays nordiques, d'Europe centrale et de l'Est). ■

Définitions

Apprentis : jeunes âgés de 16 à 25 ans préparant un diplôme de l'enseignement professionnel ou technologique dans le cadre d'un contrat de travail de type particulier associant une formation en entreprise (sous la responsabilité d'un maître de stage) et des enseignements dispensés dans un centre de formation d'apprentis.

Formation professionnelle continue : voir rubrique « Pour comprendre ».

Jeunes sortants précoces : jeunes de 18 à 24 ans ayant arrêté en premier ou en second cycle du secondaire, ou n'ayant aucun diplôme du second cycle du secondaire. En France, ce sont les jeunes de 18 à 24 ans qui ne poursuivent pas d'études ni de formation et n'ont ni CAP, ni BEP, ni diplôme supérieur.

Niveaux de formation : voir rubrique « Pour comprendre ».

Taux de scolarisation : pourcentage de jeunes d'un âge de scolarisation donné qui sont scolarisés par rapport à la population totale du même âge.

Validation des acquis de l'expérience : elle constitue une voie d'obtention des diplômes au même titre que la voie scolaire, l'apprentissage ou la formation continue des adultes. Voir rubrique « Pour comprendre ».

Pour en savoir plus

- « Les sorties sans qualification : la baisse se poursuit », *Note d'information* n° 08.05, Depp, janvier 2008.
- « Le congé individuel de formation : un droit national, des déclinaisons régionales », *Premières Synthèses* n° 04.2, Dares, janvier 2008.
- « Du CAP au BTS : la validation des acquis de l'expérience poursuit son développement en 2006 », *Note d'information* n° 07.43, Depp, décembre 2007.
- « La dépense nationale pour la formation professionnelle continue et l'apprentissage en 2005 », *Premières Synthèses* n° 45.3, Dares, novembre 2007.
- « Moins de disparités hommes/femmes en termes de niveaux d'éducation », *Statistiques en bref* n° 130 Population et conditions sociales, Eurostat, 2007.

Effectifs d'apprentis en fonction du diplôme préparé

	2000-2001	2005-2006
CAP et autres diplômes niveau V	185 843	177 140
BEP	52 974	46 554
Mentions complémentaires	6 516	4 919
Brevet professionnel et autres diplômes niveau IV	35 951	46 789
Baccalauréat professionnel	33 404	39 820
Diplômes du supérieur	51 186	70 637
dont : BTS	*27 800*	*35 345*
licences	*692*	*5 392*
diplômes ingénieurs	*4 644*	*7 153*
Total des effectifs	**365 874**	**385 859**
CPA / CLIPA[1]	10 184	9 718

1. Classe préparatoire à l'apprentissage et classe d'initiation préprofessionnelle par alternance.
Source : Depp.

Proportion de bacheliers dans une génération

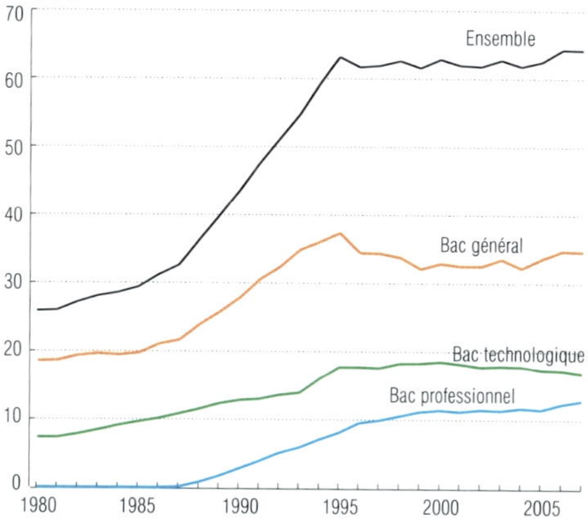

Champ : France métropolitaine.
Source : Depp.

Taux de scolarisation par âge

en %

	1982-1983	1991-1992	2004-2005	2005-2006
2 ans	33,1	34,4	26,5	25,1
3 ans	91,0	98,8	99,7	100,0
4 à 13 ans	100,0	100,0	100,0	100,0
14 ans	97,3	100,0	99,5	99,5
15 ans	92,9	100,0	97,6	97,4
16 ans	75,5	95,2	97,4	96,6
17 ans	61,1	91,0	92,0	92,2
18 ans	41,7	80,9	79,5	79,3
19 ans	27,7	65,2	66,3	65,8
20 ans	17,5	46,9	52,7	52,9
21 ans	12,8	33,6	42,0	41,7
22 ans	9,5	23,9	32,8	33,9
23 ans	8,1	15,8	24,0	24,2
24 ans	6,7	10,1	16,6	16,3
25 ans	5,5	7,3	11,7	11,3

Champ : France métropolitaine, public et privé.
Source : Depp.

Niveau général de formation selon l'âge en 2007

en %

	Ensemble	*dont* 25 à 49 ans	*dont* 65 ans ou plus
Aucun diplôme ou CEP	**28,7**	*16,7*	*64,6*
BEPC seul	**7,2**	*7,1*	*7,4*
CAP, BEP ou diplôme équivalent	**20,4**	*25,5*	*12,1*
Bac, brevet professionnel ou équivalent	**13,2**	*18,0*	*8,3*
Baccalauréat + 2 ans	**9,1**	*14,9*	*2,6*
Diplôme supérieur	**10,4**	*16,5*	*5,0*
En cours d'études initiales	**11,0**	*1,3*	*0,0*
Total	**100,0**	***100,0***	***100,0***

Champ : personnes de 15 ans ou plus en France métropolitaine.
Source : Insee, enquête Emploi.

Dépense pour la formation professionnelle continue et l'apprentissage

en milliards d'euros

	2000	2005	2005 en %	2005/2004 en %
Jeunes (moins de 26 ans en général)	5,8	6,3	24	6,4
Demandeurs d'emploi	3,4	3,4	13	– 4,8
Agents du secteur public	4,7	5,5	21	3,3
Actifs occupés du secteur privé	8,9	10,3	40	4,8
Investissement	0,2	0,4	1	8,1
Total	**23,0**	**25,9**	**100**	**3,5**

Source : Dares.

Niveau d'éducation dans l'Union européenne en 2006

en %

	Jeunes sortants précoces	Population de 20 à 24 ans ayant atteint au moins le 2nd cycle du secondaire	Population de 25 à 64 ans ayant terminé au moins le 2nd cycle du secondaire
Allemagne	13,9	71,6	83,3
Autriche	9,6	85,8	80,3
Belgique	12,6	82,4	66,9
Bulgarie	18,0	80,5	(p) 75,5
Chypre	16,0	(p) 83,7	(p) 69,5
Danemark	10,9	77,4	81,6
Espagne	29,9	61,6	49,4
Estonie	13,2	82,0	88,5
Finlande	(p) 8,3	84,7	(p) 79,6
France[1]	**12,3**	**83,2**	**66,9**
Grèce	15,9	(p) 81,0	(p) 59,0
Hongrie	12,4	82,9	78,1
Irlande	12,3	85,7	66,2
Italie	20,8	75,5	(p) 51,3
Lettonie	(p) 19,0	81,0	84,5
Lituanie	10,3	88,2	88,3
Luxembourg	17,4	69,3	65,5
Malte	41,7	50,4	(p) 26,5
Pays-Bas	12,9	74,7	72,4
Pologne	5,6	91,7	85,8
Portugal	(p) 39,2	49,6	27,6
République tchèque	5,5	91,8	90,3
Roumanie	19,0	77,2	(p) 74,2
Royaume-Uni	13,0	78,8	72,6
Slovaquie	6,4	91,5	88,8
Slovénie	(e) 5,2	89,4	81,6
Suède	12,0	86,5	84,1
UE à 27 pays	**15,2**	**77,9**	**70,0**

1. Données hors DOM pour les 20 à 24 ans.
Source : Eurostat.

ÉCONOMIE FINANCES

Économie générale

Monnaie - Marchés financiers

Finances publiques

Échanges extérieurs

11.1 Principaux indicateurs économiques

Durant les trente glorieuses, la croissance économique reposait de façon équilibrée sur la **valeur ajoutée** dégagée par l'industrie et la construction d'une part, les services d'autre part. Le premier choc pétrolier marque une cassure : avant 1974, la croissance était plus forte et s'appuyait sur des gains de productivité beaucoup plus soutenus ; le **PIB** en volume progressait régulièrement et vivement de + 5,4 % par an. Par la suite, son rythme a baissé à + 2,2 % en moyenne et le ralentissement de la productivité s'est transmis aux gains salariaux. Le **taux de marge** des entreprises a reculé sous l'impact des chocs pétroliers de 1974 et 1979 plus rapidement dans l'industrie que dans les services. Il s'est ensuite redressé durant les années 1980.

À dominante agricole et industrielle au milieu du siècle dernier, l'économie s'est profondément transformée : les services ont depuis acquis un rôle prépondérant. De fait, en soixante ans, les mutations de l'économie ont encore plus transformé la structure de l'emploi, qui est devenu en grande majorité tertiaire et salarié. Ainsi deux emplois sur trois en 1949 étaient salariés, en 2007 ce sont neuf emplois sur dix. Par ailleurs, en 2007 les services emploient trois quarts des actifs, une part qui a plus que doublé depuis 1950.

En 2007, l'économie mondiale a fait face à plusieurs chocs : flambée du prix du pétrole ; renchérissement des matières premières agricoles ; crise immobilière aux États-Unis, avec en point d'orgue la crise financière des *subprime* à partir de l'été, dégénérant en une crise de liquidités bancaires mondiale. En dépit de ces chocs, la croissance mondiale a tenu bon. L'économie américaine a ralenti (+ 2,2 %, après + 2,9 %), sans entamer le dynamisme du reste du monde. Les économies émergentes d'Asie, Chine et Inde en tête, sont restées vigoureuses, tandis que la zone euro a conservé une croissance solide (+ 2,6 %, après + 2,7 % en 2006).

En 2007, le produit intérieur brut de la France augmente en moyenne annuelle de 2,2 %, comme en 2006 et après une croissance de + 1,9 % en 2005. Corrigée du nombre de jours ouvrables, l'activité marque toutefois une légère décélération d'une année sur l'autre : elle progresse de + 2,1 % après + 2,4 % en 2006. La demande intérieure demeure le moteur de la croissance française : la **consommation** reste robuste et l'**investissement** dynamique. L'investissement des entreprises non financières augmente vivement, à la fois en produits manufacturés et en construction, alors que celui des **administrations** retrouve également un peu de vigueur.

En revanche, le ralentissement des exportations pèse sur la croissance tandis que les importations sont relativement dynamiques. Le **pouvoir d'achat** des ménages gagne de la vigueur et leur taux d'épargne progresse. Le taux de marge des sociétés non financières augmente modérément. L'activité des sociétés financières se replie. Le taux de prélèvements obligatoires baisse sensiblement et le déficit public se creuse. ■

Définitions

Administrations publiques : voir rubrique « Pour comprendre ».

Consommation finale des ménages : voir 6.1.

Formation brute de capital fixe (FBCF) : acquisitions moins cessions d'actifs fixes réalisées par les producteurs résidents. Les actifs fixes sont les actifs corporels ou incorporels issus de processus de production et utilisés de façon répétée ou continue dans d'autres processus de production pendant au moins un an.

Institutions sans but lucratif au service des ménages (ISBLSM) : ensemble des unités privées dotées de la personnalité juridique qui produisent des biens et services non marchands au profit des ménages. Leurs ressources principales proviennent de contributions volontaires en espèces ou en nature effectuées par les ménages en leur qualité de consommateurs, de versements provenant des administrations publiques, ainsi que de revenus de la propriété.

Pouvoir d'achat de la monnaie : voir rubrique « Pour comprendre ».

Produit intérieur brut (PIB) : voir rubrique « Pour comprendre ».

Revenu disponible des ménages : voir rubrique « Pour comprendre ».

Taux de marge : rapport de l'excédent brut d'exploitation à la valeur ajoutée.

Taux d'investissement : rapport de l'investissement à la valeur ajoutée.

Valeur ajoutée : voir rubrique « Pour comprendre ».

Pour en savoir plus

- « Soixante ans d'économie française : des mutations structurelles profondes », *Insee Première* n° 1201, juillet 2008.
- « L'Économie française », *Insee – Références*, édition 2008.
- « Les comptes de la Nation en 2007 – la progression de l'activité se maintient », *Insee Première* n° 1189, mai 2008.

@ Ressources et emplois de biens et services à prix courants

en milliards d'euros

Ressources	2006	2007	Emplois	2006	2007
Produit intérieur brut (PIB)	1 807,5	1 892,2	Consommation finale	1 448,3	1 510,0
Valeur ajoutée au prix de base	1 614,7	1 695,0	Dépense de consommation des ménages	1 002,0	1 047,4
Impôts sur les produits	204,7	209,4	Dépense de consommation des APU	422,6	438,0
Subventions sur les produits	– 12,0	– 12,1	Dépense de consommation des ISBLSM	23,7	24,6
Importations	507,3	538,3	Formation Brute de Capital Fixe	376,0	406,3
			Acquisitions, nettes de cessions, d'objets de valeur	0,8	1,0
			Variation de stocks	5,1	11,3
Total des ressources et des emplois	**2 314,8**	**2 430,5**	Exportations	484,5	501,9

Source : Insee, comptes nationaux - base 2000.

@ FBCF par secteur institutionnel

	2007	Évolution en volume[1] en %		
	en milliards d'euros	2005/04 (r)	2006/05 (r)	2007/06 (p)
Sociétés non financières[2]	212,2	3,7	4,9	7,4
Sociétés financières[2]	15,4	– 6,5	19,2	0,5
Administrations publiques	61,8	6,9	– 2,3	1,8
Ménages[3]	114,2	5,9	7,1	3,0
ISBLSM	2,7	3,2	– 1,5	– 0,1
Ensemble	**406,3**	**4,4**	**4,8**	**4,9**

1. À prix chaînés.
2. Y compris entreprises individuelles.
3. Hors entrepreneurs individuels.
Source : Insee, comptes nationaux - base 2000.

@ Évolution du PIB en France

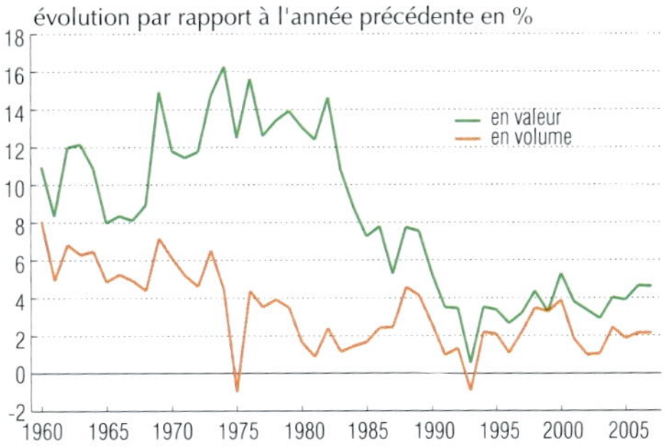

Source : Insee, comptes nationaux - base 2000.

@ Capacité ou besoin de financement des secteurs institutionnels

en milliards d'euros

	2005	2006	2007
Entreprises non financières	– 49,4	– 57,0	– 78,1
Entreprises financières	13,2	8,7	10,8
Administrations publiques	– 51,1	– 43,4	– 50,6
Administration centrale	– 45,1	– 36,9	– 41,8
État	– 52,2	– 47,4	– 39,2
ODAC	7,1	10,5	– 2,6
Administrations locales	– 3,3	– 3,2	– 7,2
Administrations de sécurité sociale	– 2,8	– 3,3	– 1,6
Ménages[1]	56,3	54,5	65,3
ISBLSM	0,1	0,2	0,5
Reste du monde	– 30,8	– 37,0	– 52,1

1. Y compris entrepreneurs individuels.
Source : Insee, comptes nationaux - base 2000.

@ Principaux agrégats de la comptabilité nationale par habitant

en euros courants par habitant

	2006 (r)	2007 (p)
Produit intérieur brut	28 601	29 765
Revenu disponible brut des ménages	18 681	19 573
Dépense de consommation finale des ménages	15 856	16 475
Épargne brute des ménages	2 825	3 098
Capacité de financement des ménages	862	1 027

Source : Insee, comptes nationaux - base 2000.

@ Taux de marge et taux d'investissement des sociétés non financières

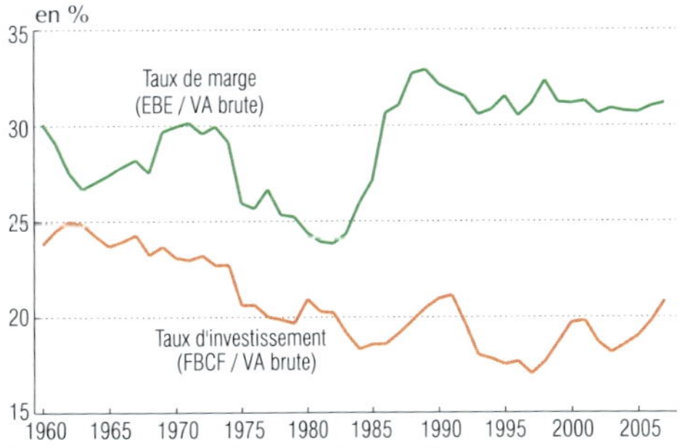

Champ : sociétés non financières hors entreprises individuelles.
Source : Insee, comptes nationaux - base 2000.

@ PIB par habitant dans l'Union européenne

en indice base 100 pour l'UE à 27

	2003	2004	2005	2006	2007
Allemagne	116,9	116,6	115,0	114,0	113,2
Bulgarie	32,6	33,8	35,3	36,7	38,1
Espagne	101,2	101,2	102,8	104,8	106,8
France[1]	**112,1**	**110,3**	**112,3**	**111,7**	**111,2**
Grèce	92,2	93,9	96,0	97,1	97,8
Italie	111,0	106,9	105,0	103,1	101,4
Luxembourg	247,3	253,2	263,9	278,8	276,3
Pays-Bas	129,7	129,5	130,9	130,4	130,8
Pologne	49,0	50,7	51,2	52,3	53,6
Portugal	76,9	74,7	75,3	74,4	74,6
Royaume-Uni	119,8	122,0	119,1	117,7	115,8

1. Rupture de série en 2004.
Champ : les chiffres de base sont exprimés en standards de pouvoir d'achat (SPA), c'est-à-dire dans une monnaie commune qui élimine les différences de niveaux de prix entre les pays, permettant des comparaisons significatives. Cet indice est destiné aux comparaisons internationales plutôt qu'aux comparaisons temporelles.
Source : Eurostat.

11.2 Croissance - Productivité

Dans un contexte où les chocs extérieurs se sont accumulés, l'activité française a bien résisté, avec une croissance maintenue à 2,2 %. La dégradation du commerce extérieur s'est accentuée et a réduit la croissance de 0,7 point de **produit intérieur brut (PIB)** sur l'année. En revanche, le dynamisme de la demande intérieure ne s'est pas démenti. La croissance de l'investissement global s'est stabilisée à un rythme élevé, la nette accélération de l'investissement productif (+ 7,4 % après + 4,9 %) compensant le ralentissement de l'investissement des ménages (+ 3,0 % après + 7,1 %). Parallèlement, les nombreuses créations d'emplois, le maintien de la croissance du salaire moyen par tête et des baisses d'impôt importantes ont soutenu le pouvoir d'achat des ménages (+ 3,3 % après + 2,6 %) et la consommation (+ 2,5 % après + 2,3 %).

Le dynamisme de l'emploi en 2007 est allé de pair avec un fléchissement des gains de **productivité apparente du travail**. Dans la sphère marchande non agricole, ces gains sont restés en deçà de leur tendance de long terme (+ 0,9 % après + 2,1 % en 2006).

Dans les branches manufacturières, les gains de productivité ont diminué en 2007 (+ 2,9 % après + 4,1 %) mais demeurent nettement plus élevés que dans le reste de l'économie. Depuis 2000, leur rythme a été nettement supérieur à celui de la **valeur ajoutée** manufacturière. Dans les branches marchandes non manufacturières, moins exposées à la concurrence et où sont concentrées les créations d'emplois, les gains de productivité ont été très modérés en 2007 (+ 0,4 % après + 1,5 %).

En niveau, la productivité horaire française reste parmi les plus élevées d'Europe, bien au-dessus de l'Allemagne et à parité avec la productivité du travail américaine. Plus que le reflet d'un effort d'investissement et d'innovation particulièrement soutenu, cette performance peut s'analyser comme la contrepartie de la faiblesse de la durée du travail et des taux d'emploi.

Les coûts salariaux unitaires dans les branches marchandes non agricoles ont légèrement accéléré en 2007 (+ 2,0 % après + 1,8 %), la croissance des salaires l'emportant sur les gains de productivité. Cette évolution provient de la dérive des coûts dans les services marchands (+ 2,5 % après + 2,2 %). Au contraire, grâce à des gains de productivité toujours élevés, bien qu'en recul par rapport à 2006, la croissance des coûts salariaux unitaires dans l'industrie manufacturière s'est maintenue à un rythme nettement plus faible (+ 0,2 %). ■

Définitions

Administrations publiques : voir rubrique « Pour comprendre ».

Contribution à la croissance du PIB : la croissance du PIB peut être décomposée en la somme des contributions de ses différentes composantes : dépense de consommation des ménages et des administrations publiques, investissement, variations de stocks et solde commercial.

Excédent brut d'exploitation (EBE) : voir rubrique « Pour comprendre ».

Institutions sans but lucratif au service des ménages (ISBLSM) : voir 11.1.

Productivité apparente du travail : ne tient compte que du seul facteur travail comme ressource mise en œuvre. Le terme « apparente » rappelle que la productivité dépend de l'ensemble des facteurs de production et de la façon dont ils sont combinés. La productivité apparente du travail est usuellement mesurée en rapportant la richesse créée au facteur travail. La richesse créée est mesurée par la valeur ajoutée (évaluée en volume) et seul le volume de travail mis en œuvre dans le processus de production est pris en compte. Il peut être quantifié de plusieurs manières :

– si le volume de travail est mesuré par le nombre d'heures travaillées, on parle de « productivité horaire apparente du travail » ;

– si le volume de travail est mesuré par le nombre de personnes en emploi (personnes physiques), on parle de « productivité par tête ».

Produit intérieur brut (PIB) : voir rubrique « Pour comprendre ».

Solde du commerce extérieur : voir rubrique « Pour comprendre ».

Valeur ajoutée : voir rubrique « Pour comprendre ».

Pour en savoir plus

- « Soixante ans d'économie française – Des mutations structurelles profondes », *Insee Première* n° 1201, juillet 2008.
- « L'Économie française », *Insee – Références*, édition 2008.
- « Les comptes de la Nation en 2007 – La progression de l'activité se maintient », *Insee Première* n° 1189, mai 2008.

@ Contributions à l'évolution du PIB

en points de PIB

	2005 (r)	2006 (r)	2007 (p)
Dépenses de consommation finale des ménages	1,5	1,3	1,4
Dépenses de conso. finale des adm. publiques	0,3	0,3	0,3
Formation brute de capital fixe	0,8	0,9	1,0
Sociétés et entreprises indiv. non financières	0,4	0,5	0,8
Sociétés et entreprises indiv. financières	– 0,1	0,1	0,0
Administrations publiques	0,2	– 0,1	0,1
Ménages hors entrepreneurs individuels	0,3	0,4	0,2
ISBLSM	0,0	0,0	0,0
Solde extérieur des biens et services	– 0,7	– 0,2	– 0,7
Exportations	0,8	1,4	0,8
Importations	– 1,5	– 1,6	– 1,5
Variation de stocks	0,0	– 0,1	0,1
Produit intérieur brut	**1,9**	**2,2**	**2,2**

Champ : contributions aux prix de l'année précédente.
Source : Insee, comptes nationaux - base 2000.

@ Partage de la valeur ajoutée à prix courants

en %

	1990	2000	2007
Rémunération des salariés	57,5	57,9	57,6
Salaires et traitements bruts	41,7	42,4	42,3
Cot. sociales à la charge des employeurs	15,9	15,5	15,3
Impôts sur la production	3,8	4,7	4,7
Subventions d'exploitation	– 1,1	– 1,1	– 1,4
Excédent brut d'exploitation	30,2	30,7	31,7
Revenu mixte brut	9,6	7,8	7,3
Valeur ajoutée brute en Mds d'euros	**924,1**	**1 290,7**	**1 695,0**

Source : Insee, comptes nationaux - base 2000.

@ Contributions à la croissance du PIB en volume

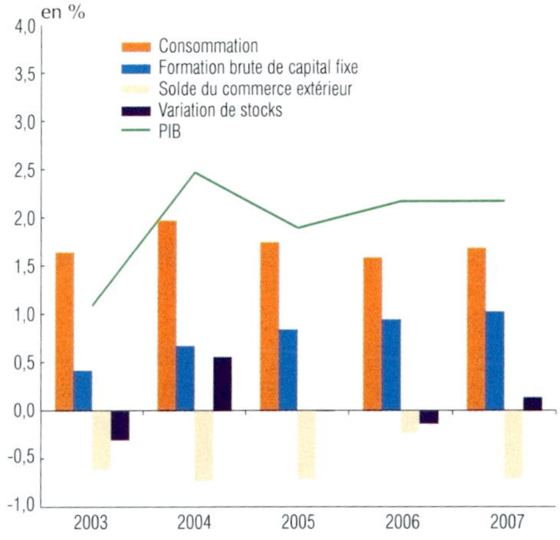

Source : Insee, comptes nationaux - base 2000.

Évolution de la productivité horaire apparente du travail par branche

en %

	2003 (r)	2004 (r)	2005 (r)	2006 (p)
Agriculture, sylviculture, pêche	**– 13,3**	**21,2**	**– 4,5**	**1,6**
Industrie	**4,3**	**2,8**	**3,8**	**3,5**
Industries agricoles et alimentaires	6,1	2,5	2,9	2,0
Industries des biens de consommation	1,7	2,4	7,1	8,2
Industrie automobile	6,9	5,2	– 4,6	– 3,3
Industries des biens d'équipement	3,6	6,6	9,7	3,5
Industries des biens intermédiaires	5,3	0,3	3,3	4,3
Énergie	2,3	1,2	– 2,1	1,2
Construction	**– 0,6**	**– 2,5**	**– 0,2**	**0,0**
Services principalement marchands	**1,9**	**0,1**	**1,7**	**3,2**
Commerce	– 0,6	– 1,1	1,0	3,4
Transports	2,6	2,7	5,8	1,8
Activités financières	5,2	– 0,2	2,3	5,4
Activités immobilières	2,8	0,2	– 3,3	2,7
Services aux entreprises	3,5	0,0	0,6	3,5
Services aux particuliers	0,4	– 1,3	0,9	0,8
Services administrés	**– 0,8**	**– 1,2**	**0,1**	**0,2**
Éducation, santé, action sociale	– 1,8	– 1,9	– 0,6	– 1,2
Administration	0,9	0,0	1,4	2,8
Ensemble	**1,2**	**0,6**	**1,4**	**2,4**

Source : Insee, comptes nationaux - base 2000.

@ Taux de croissance du PIB en volume dans quelques pays du monde

en %

Pays	2005	2006	2007
Allemagne	0,8	2,9	2,5
Autriche	2,9	3,4	3,1
Belgique	1,7	2,8	2,8
Bulgarie	6,2	6,3	6,2
Chypre	3,9	4,0	4,4
Danemark	2,5	3,9	1,8
Espagne	3,6	3,9	3,8
Estonie	10,2	11,2	7,1
Finlande	2,8	4,9	4,5
France	**1,9**	**2,2**	**2,2**
Grèce	3,8	4,2	4,0
Hongrie	4,1	3,9	1,3
Irlande	6,0	5,7	...
Italie	0,6	1,8	1,5
Lettonie	10,6	12,2	10,3
Lituanie	7,9	7,7	8,8
Luxembourg	5,0	6,1	4,5
Malte	3,2	3,4	3,8
Pays-Bas	1,5	3,0	3,5
Pologne	3,6	6,2	6,5
Portugal	0,9	1,3	1,8
République tchèque	6,3	6,8	...
Roumanie	4,2	7,9	...
Royaume-Uni	1,8	2,9	3,1
Slovaquie	6,6	8,5	10,4
Slovénie	4,1	5,7	6,1
Suède	3,3	4,1	2,7
UE à 27 pays	**1,9**	**3,1**	**2,9**
États-Unis	3,1	2,9	2,2
Japon	1,9	2,4	2,1
Suisse	2,5	3,5	3,1
Turquie	8,4	6,9	4,5

Source : Eurostat.

11.3 Production des branches

En 2007, la **production** s'élève à 3 438 milliards d'euros. L'évolution en volume de la production reste robuste avec + 2,6 % malgré un tassement par rapport à 2005 (+ 2,7 %). Ce léger recul est pour partie expliqué par le moindre dynamisme dans les branches de la construction (+ 4,2 % après + 5,3 %) et des **services marchands** (+ 3,1 % après + 3,9 %).

La **valeur ajoutée** de l'économie représente 1 695 milliards d'euros ; son taux de croissance s'établit à + 2,3 % en volume. Les services marchands, qui contribuent pour plus de la moitié à la valeur ajoutée de l'ensemble des branches, constituent le principal moteur de la reprise économique depuis 2003 avec une progression de + 2,6 % en moyenne par an, contre + 1,4 % pour l'**industrie manufacturière**. En 2007, les services marchands, davantage dépendants du marché intérieur, ont conservé une croissance robuste bien qu'en léger retrait par rapport à 2006 (+ 2,8 % après + 3,1 % en volume). Au sein des services marchands, les services financiers, immobiliers et aux entreprises ont représenté la composante la plus dynamique.

L'activité manufacturière a pour sa part faiblement progressé (+ 1,2 % après + 1,1 %). Dans la branche automobile, la situation est restée difficile, la valeur ajoutée en volume se contractant fortement pour la troisième année consécutive (– 6,8 % après – 8,2 % en 2006 et – 4,8 % en 2005). Contribuant largement à l'évolution positive du secteur industriel, l'industrie des biens d'équipement connaît pour sa part une croissance soutenue (+ 4,4 %). Elle est d'ailleurs la branche la plus dynamique en 2007, devant celle de l'énergie qui, après deux années de baisse successives a vu sa valeur ajoutée augmenter de 4,2 %.

Comme les deux années précédentes, l'activité dans la construction (y compris travaux publics) est restée vigoureuse malgré un léger ralentissement (+ 3,8 % après + 3,9 % l'année précédente). Le recul de l'investissement en logement des ménages, amorcé en 2005, a été compensé par une nette accélération dans les travaux publics.

L'activité agricole a continué de se détériorer en volume (– 1,8 %, après – 1,5 %) du fait des mauvaises récoltes liées aux conditions climatiques. La valeur de la production agricole a néanmoins été tirée à la hausse par la flambée des prix des céréales et des oléo-protéagineux, renforcée par la pénurie de l'offre mondiale face à une demande mondiale toujours ferme. Pour sa part, l'activité des industries agroalimentaires a de nouveau modérément progressé en volume (+ 1,0 % après + 0,7 %).

Depuis trois ans, le **taux d'utilisation des capacités de production** augmente pour atteindre 85 % en 2007, niveau le plus élevé depuis 2001. Le **taux d'investissement** des sociétés non financières poursuit sa progression entamée depuis 2004 pour atteindre 21 % en 2007, soit l'un des points les plus hauts sur ces trois dernières décennies. ■

Définitions

Branche ou branche d'activité : voir rubrique « Pour comprendre ».

Industrie manufacturière : les industries manufacturières sont des industries de transformation des biens, c'est-à-dire principalement des industries de fabrication pour compte propre mais elles concernent aussi la réparation de l'installation d'équipements industriels ainsi que des opérations de sous-traitance pour un tiers donneur d'ordre (section D de la Nomenclature d'activités française rév.1).

Production (au sens de la comptabilité nationale) : voir rubrique « Pour comprendre ».

Services administrés ou non marchands : voir rubrique « Pour comprendre ».

Services marchands : on considère qu'une unité rend des services marchands lorsqu'elle les vend (en grande partie ou en totalité) à des prix économiquement significatifs. Voir rubrique « Pour comprendre ».

Taux d'utilisation des capacités de production : le taux d'utilisation des capacités de production (machines et équipements) est égal au ratio entre les capactés de production effectivement mobilisées pour la production et l'ensemble des capacités de production potentiellement disponibles à une date donnée.

Taux d'investissement : le taux d'investissement est le rapport de l'investissement à la valeur ajoutée.

Valeur ajoutée : elle correspond au solde du compte de production. Elle est égale à la valeur de la production diminuée de la consommation intermédiaire.

Pour en savoir plus

- « L'Économie française », *Insee – Références*, édition 2008.
- Comptes nationaux, Insee (www.insee.fr).
- « En 2007, la production industrielle française a légèrement progressé malgré la dégradation des échanges extérieurs », *Le 4 pages* n° 241, Sessi, janvier 2008.

Production par branche d'activité

	Production en milliards d'euros courants						Évolution en volume aux prix de l'année précédente en %		
	1960	1970	1980	1990	2000	2007 (p)	2005 (r)	2006 (r)	2007 (p)
Agriculture, sylviculture, pêche	**9,2**	**15,5**	**40,1**	**72,9**	**76,9**	**84,5**	**– 2,1**	**– 1,9**	**– 0,3**
Industrie	**40,1**	**91,9**	**322,2**	**602,6**	**820,1**	**946,2**	**1,5**	**1,2**	**2,0**
Industries agricoles et alimentaires	8,2	15,8	48,5	97,3	112,2	128,4	– 0,4	0,3	1,5
Industries des biens de consommation	5,9	13,7	45,6	92,4	114,1	124,6	0,6	2,2	1,8
Industrie automobile	2,0	5,3	21,1	49,7	85,8	89,8	– 1,7	– 3,7	2,4
Industries des biens d'équipement	6,4	17,4	56,6	110,2	159,6	180,3	5,7	4,5	4,4
Industries des biens intermédiaires	13,6	31,2	101,4	189,9	254,7	285,9	0,6	1,0	1,6
Énergie	3,9	8,4	49,0	63,1	93,6	137,2	3,4	0,9	0,0
Construction	**6,8**	**21,5**	**70,1**	**133,3**	**157,6**	**248,3**	**4,5**	**5,3**	**4,2**
Services marchands	**27,4**	**79,0**	**307,7**	**767,1**	**1 193,0**	**1 672,5**	**3,1**	**3,9**	**3,1**
Commerce	9,1	22,5	78,6	181,5	249,6	337,1	1,4	3,3	2,9
Transports	3,9	9,5	34,7	71,3	117,5	158,7	2,6	3,3	3,7
Activités financières	2,0	7,3	32,6	94,4	129,1	176,1	4,0	8,5	3,3
Activités immobilières	3,0	11,8	46,4	127,5	197,6	298,6	3,5	3,2	2,8
Services aux entreprises	5,7	19,4	83,9	212,4	369,9	525,7	4,2	4,5	3,7
Services aux particuliers	3,6	8,5	31,5	80,0	129,4	176,4	2,0	0,9	1,6
Services administrés	**8,2**	**24,0**	**103,6**	**245,3**	**367,0**	**486,5**	**1,2**	**1,3**	**1,7**
Éducation, santé, action sociale	4,3	13,1	57,8	140,6	217,5	301,1	1,2	1,5	1,9
Administration	3,9	10,9	45,8	104,7	149,6	185,4	1,3	1,0	1,3
Total	**91,7**	**231,9**	**843,7**	**1 821,1**	**2 614,6**	**3 437,9**	**2,3**	**2,7**	**2,6**

Source : Insee, comptes nationaux - base 2000.

Valeur ajoutée par branche d'activité

	Valeur ajoutée en milliards d'euros courants						Évolution en volume, aux prix de l'année précédente en %		
	1960	1970	1980	1990	2000	2007 (p)	2005 (r)	2006 (r)	2007 (p)
Agriculture, sylviculture, pêche	**5,6**	**9,6**	**19,4**	**38,9**	**36,6**	**37,3**	**– 5,4**	**– 1,5**	**– 1,8**
Industrie	**11,5**	**27,9**	**94,7**	**189,1**	**229,0**	**238,4**	**1,4**	**0,8**	**1,6**
Industries agricoles et alimentaires	0,9	2,7	10,4	22,5	26,5	29,1	1,4	0,7	1,0
Industries des biens de consommation	2,2	5,1	16,2	30,9	36,2	36,1	3,5	2,4	1,2
Industrie automobile	0,4	1,3	5,1	10,9	16,0	10,9	– 4,8	– 8,2	– 6,8
Industries des biens d'équipement	2,3	6,1	19,2	36,1	45,2	47,2	7,6	3,0	4,4
Industries des biens intermédiaires	4,3	9,9	30,7	67,3	79,5	82,2	0,4	1,0	0,6
Énergie	1,3	2,9	13,1	21,5	25,6	32,8	– 4,2	– 0,9	4,2
Construction	**2,8**	**9,2**	**31,4**	**61,2**	**66,6**	**110,3**	**2,9**	**3,9**	**3,8**
Services marchands	**15,2**	**47,1**	**177,7**	**453,9**	**684,2**	**944,7**	**2,4**	**3,1**	**2,8**
Commerce	5,1	12,9	43,9	103,9	135,7	169,0	0,9	2,0	1,6
Transports	2,1	5,3	18,7	38,4	52,8	74,6	3,8	2,0	2,1
Activités financières	1,3	4,6	17,8	50,1	66,4	82,4	2,4	4,9	3,0
Activités immobilières	2,3	9,3	34,1	94,8	158,8	243,8	3,5	3,2	3,0
Services aux entreprises	3,0	11,0	48,6	125,9	202,7	281,3	2,3	4,1	3,8
Services aux particuliers	1,4	3,9	14,7	40,9	67,9	93,7	1,9	1,4	1,6
Services administrés	**5,4**	**16,1**	**73,4**	**181,0**	**274,4**	**364,3**	**1,0**	**0,5**	**1,5**
Éducation, santé, action sociale	3,3	9,8	43,9	111,5	169,4	234,0	0,4	0,3	1,5
Administration	2,1	6,3	29,5	69,5	104,9	130,3	1,9	0,9	1,4
Total	**40,6**	**109,8**	**396,6**	**924,1**	**1 290,7**	**1 695,0**	**1,8**	**2,1**	**2,3**

Source : Insee, comptes nationaux - base 2000.

Taux d'investissement et d'utilisation des capacités de production

Source : Insee, comptes nationaux - base 2000.

11.4 Prix à la consommation

L'évolution de l'**indice des prix à la consommation** a été de + 2,6 % entre décembre 2006 et décembre 2007. Une telle évolution n'avait pas été constatée depuis mai 2004. En 2007, les prix à la consommation ont de nouveau enregistré des fluctuations importantes, liées notamment aux mouvements des prix des produits pétroliers, qui reflètent l'évolution des cours du pétrole brut. En fin d'année, l'**inflation** est principalement portée par l'accroissement des prix de l'alimentation hors produits frais.

L'**inflation sous-jacente**, qui traduit l'évolution profonde des coûts de production et la confrontation de l'offre et de la demande, continue sa progression entamée en 2006. Elle s'établit à + 1,8 % fin 2007, contre + 1,4 % fin 2006, en lien avec l'augmentation des prix de l'alimentation et des services.

En 2007, les prix de l'énergie ont largement contribué à l'évolution globale des prix. Leur évolution est de + 10,6 %, contre + 1,7 % fin 2006, en conséquence de la hausse des prix des carburants et des combustibles liquides.

Le renchérissement des produits alimentaires (+ 3,1 %) est notamment visible sur l'alimentation hors produits frais. En lien avec la hausse des cours des matières premières agricoles et les tensions entre l'offre et la demande, les prix de nombreux produits alimentaires ont fortement augmenté. C'est notamment le cas pour le lait et la crème (+ 8,7 %), les beurres (+ 7,7 %) et certains types de viandes. Les prix des produits frais se sont également accrus (+ 3,4 % en 2007), en raison notamment de la hausse des prix des fruits frais (+ 5,0 %) dont les conditions de production ont été particulièrement difficiles en 2007. L'année 2007 a également enregistré une hausse du prix du tabac (+ 6,2 %).

Les prix des services ont été, cette année encore, l'un des moteurs de l'inflation. Ils augmentent de 2,4 % (+ 2,7 % en 2006). Les loyers des résidences principales ont continué de progresser (+ 3,2 % en 2007), ainsi que les autres services liés au logement : + 5,6 % pour l'assainissement et l'enlèvement des ordures ménagères et + 5,4 % pour l'eau chaude, vapeur et glace, en raison notamment de la mise en place de nouvelles normes sanitaires. La hausse des carburants est également un des facteurs expliquant l'accroissement des prix des transports aériens (+ 4,0 % contre – 2,0 % en 2006).

En 2007, les prix des produits manufacturés ont légèrement augmenté (+ 0,4 %). Néanmoins, cette année encore, les prix de nombreux biens durables continuent de décroître : – 16,3 % pour les équipements photo et cinéma, – 14,9 % pour l'équipement de téléphone et de télécopie et – 13,3 % pour les équipements audio-visuels et les matériels de traitement de l'information.

En France, l'inflation mesurée à partir de l'**indice des prix à la consommation harmonisé (IPCH)** s'établit à + 2,8 % en glissement annuel en 2007 (+ 1,7 % en 2006). Pour l'ensemble des pays membres de l'Union européenne, cet indice enregistre une hausse de 3,2 % en 2007 (+ 2,2 % en 2006). ■

Définitions

Indice des prix à la consommation (IPC) : instrument de mesure de l'inflation, il permet d'estimer, entre deux périodes données, la variation moyenne des prix des produits consommés par les ménages. C'est une mesure synthétique de l'évolution de prix des produits, à qualité constante. Il est publié chaque mois au Journal Officiel. Les indices des prix hors tabac servent à indexer de nombreux contrats privés, les pensions alimentaires, les rentes viagères ainsi que le SMIC. L'indice retenu pour l'indexation du SMIC est celui des «ménages urbains dont le chef est ouvrier ou employé, hors tabac». L'indice des prix à la consommation n'est pas un indice du coût de la vie.

Indice des prix à la consommation harmonisé (IPCH) : voir rubrique « Pour comprendre ».

Inflation : perte du pouvoir d'achat de la monnaie qui se traduit par une augmentation générale et durable des prix. Elle doit être distinguée de l'augmentation du coût de la vie. Voir rubrique « Pour comprendre ».

Inflation sous-jacente : voir rubrique « Pour comprendre ».

Pour en savoir plus

- « Les variations de prix des produits alimentaires », *Insee Première* n° 1191, mai 2008.
- « Prix à la consommation – moyennes annuelles 2006 et 2007 », *Informations rapides* n° 29, 28 janvier 2008.
- « Indice des prix à la consommation – Décembre 2007 », *Informations rapides* n° 15, 15 janvier 2008.
- « Indices des prix à la consommation harmonisés », *Données en bref*, Économie et finances, Eurostat, document mensuel.
- « Le budget automobile des ménages s'adapte aux prix des carburants », *Insee Première* n° 1159, octobre 2007.

Indice des prix à la consommation par fonction de consommation en 2007

en indice base 100 en 1998

Fonction de consommation	Pondération 2007[1]	Évolution 2007/06 Moyenne annuelle en %[2]	Glissement déc. à déc. en %[3]
Ensemble (y compris tabac)	**10 000**	**1,5**	**2,6**
Ensemble (hors tabac)	**9 824**	**1,5**	**2,5**
Alimentation, boissons non alcoolisées	1 503	1,5	3,2
Produits alimentaires	1 377	1,4	3,3
Boissons non alcoolisées	126	1,8	2,5
Boissons alcoolisées et tabac	333	1,9	4,0
Boissons alcoolisées	157	1,1	1,6
Tabac	176	2,6	6,2
Habillement et chaussures	519	0,6	0,7
Habillement	421	0,5	0,5
Chaussures y compris réparation	98	1,4	1,4
Logement, chauffage, éclairage	1 367	3,0	4,3
Loyers d'habitation	627	3,2	3,3
Entretien et réparation courante du log.	144	3,7	3,8
Distribution d'eau et autres services	171	4,4	4,0
Chauffage, éclairage	425	1,9	6,1
Meubles, équip. ménager, entretien maison	602	1,1	1,1
Meubles, tapis, revêtements de sol	158	1,9	2,2
Articles de ménage en textile	46	0,1	0,0
Appareils ménagers	94	– 1,7	– 2,3
Verrerie, vaisselle, ustensiles de ménage	69	1,7	2,7
Outillage pour la maison et le jardin	47	1,3	1,8
Entretien courant de l'habitation	188	1,8	1,6
Santé	997	0,4	0,3
Médicaments et produits pharmaceutiques	477	– 1,8	– 1,4
Médecine non hospitalière	520	2,4	1,8
Transport	1 651	2,4	6,1
Achats de véhicules	440	1,3	2,9
Utilisation de véhicules personnels	981	3,2	8,5
Services de transport	230	1,5	2,3
Communications	295	– 0,9	– 1,9
Loisirs et culture	911	– 1,7	– 1,3
Équipements audio-visuels, photo et informatiques	223	– 11,6	– 10,6
Autres biens durables (loisirs)	21	1,2	1,5
Autres articles et équip. de loisirs	216	0,8	0,4
Services récréatifs et culturels	268	2,3	2,7
Presse, livres et papeterie	155	1,8	2,0
Voyages touristiques tout compris	28	0,4	0,5
Éducation	24	2,4	2,7
Hôtellerie, cafés, restaurants	662	2,8	2,8
Restauration et cafés	538	2,4	2,6
Services d'hébergement	124	4,2	3,9
Autres biens et services	1 136	2,2	2,0
Soins personnels	300	1,2	1,4
Effets personnels (non définis ailleurs)	122	4,6	3,0
Protection sociale	309	3,1	2,7
Assurances	223	2,0	2,3
Services financiers	58	0,7	0,2
Autres services	124	0,9	1,5

1. Les pondérations de l'indice sont calculées chaque année à partir de la consommation des ménages au sens de la comptabilité nationale.
2. Évolution de l'indice moyen annuel (moyenne des douze indices mensuels). 3. Évolution de l'indice de décembre 2007 par rapport à l'indice de décembre 2006.
Champ : ensemble des ménages.
Source : Insee, indice des prix à la consommation.

Quelques hausses et baisses de prix entre décembre 2006 et décembre 2007

Hausses	2006/07 en %	Baisses	2006/07 en %
Combustibles liquides	+28,4	Équipement photo et cinéma, instruments d'optique	– 16,3
Carburants	+15,5	Équipement de téléphone et de télécopie	– 14,9
Oeufs	+11,3	Équipements audio-visuels	– 13,3
Volaille	+9,7	Matériels de traitement de l'information	– 13,3
Lait et crème	+8,7	Appareils de lavage	– 5,4
Beurres	+7,7	Appareils de cuisson	– 4,3
Tabac	+6,2	Supports d'enregistrement du son et de l'image	– 3,4
Viande de veau	+5,9	Équipement de sport, de camping et de loisirs de plein air	– 2,5
Assainissement	+5,6	Poissons et crustacés frais	– 2,2
Enlèvement des ordures ménagères	+5,6	Produits pharmaceutiques	– 2,0

Source : Insee, indice des prix à la consommation.

Variation annuelle de l'indice des prix à la consommation

Source : Insee, indice des prix à la consommation.

Évolution des indices des prix à la consommation harmonisés dans quelques pays de l'Union européenne

taux de variation annuel en décembre 2007 en %

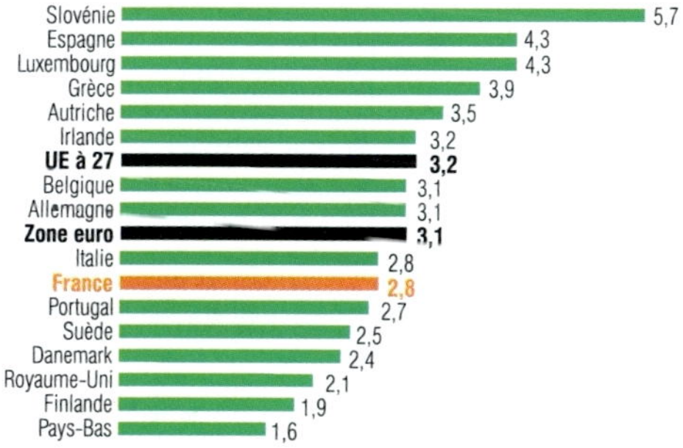

Source : Eurostat.

12.1 Monnaie - Crédit

En 2007, la croissance annuelle de l'**endettement intérieur total** se renforce (+ 9,5 %, après + 6,8 % en 2006) en raison de l'accélération conjuguée de l'endettement des sociétés non financières et de celui des **administrations publiques**.

Les opérations financières – placements et financements – réalisées par les ménages et les sociétés non financières pour l'ensemble de l'année 2007 ne sont que partiellement affectées par les tensions observées à partir de l'été sur les marchés. Les ménages continuent de s'endetter, quoique à un rythme un peu moins soutenu que les années précédentes, du fait du ralentissement des prêts à l'habitat ; leur dette atteint un nouveau pic historique au regard de leur revenu disponible brut. Elle s'élève à 71,8 % du revenu disponible brut à fin 2007, après 68,3 % fin 2006 en France, ce niveau reste toutefois très inférieur à ceux observés dans d'autres pays industrialisés comme le Royaume-Uni ou l'Espagne. Dans le même temps, les flux de placements financiers des ménages augmentent sensiblement. L'assurance-vie en représente un peu plus de la moitié et reste, de loin, le principal réceptacle de l'épargne des ménages, en dépit d'un recul de la collecte pour la première fois depuis cinq ans.

Les **sociétés non financières** accentuent leur recours au crédit (93,5 milliards après 71,7), pour partie en substitution de financements de marché. La progression de leurs investissements, combinée avec la stagnation de leur épargne brute, conduit à une nouvelle diminution de leur taux d'autofinancement. Cette nouvelle poussée de l'endettement des entreprises reflète essentiellement un recours accru aux emprunts bancaires et une sollicitation moindre des financements de marché.

Le besoin de financement des administrations publiques augmente de 7,4 milliards et leur dette financière s'alourdit. Leur endettement avait marqué une pause en 2006 du fait des opérations de désendettement et de l'optimisation de la gestion de Trésorerie de l'État : il retrouve en 2007 un rythme plus rapide, alors que la dette des administrations publiques rapportée au PIB augmente très légèrement. Les APU couvrent leur besoin de financement en accroissant leurs émissions nettes d'obligations et en procédant de nouveau à des émissions nettes de titres de créances négociables.

Les ressources des sociétés d'assurance restent élevées, celles des **organismes de placement collectif en valeurs mobilières (OPCVM)** diminuent fortement, dans un contexte d'incertitude accrue et de forte correction des cours boursiers.

Dans un contexte marqué par le développement de leurs emplois, mais aussi par des tensions sur le marché interbancaire au second semestre, les établissements de crédit accroissent sensiblement leur refinancement direct auprès de la Banque de France : 35,4 milliards d'euros après – 6,4 milliards. ■

Définitions

Administrations publiques : voir rubrique « Pour comprendre ».

Agrégats monétaires (M1, M2, M3) : recensent les moyens de paiements, détenus par les agents de la zone euro sauf les institutions financières (IFM) et les administrations centrales, qui sont directement utilisables dans les transactions et ceux de leurs placements financiers auprès des IFM. L'agrégat M1 est représentatif des moyens de paiements (dépôts à vue). M2 comprend, en plus de M1, les dépôts à court terme (comptes sur livrets). M3 inclut, outre M2, les instruments monétaires négociables (OPCVM monétaires et certificats de dépôts en France).

Endettement intérieur total (EIT) : mesure l'ensemble des financements des agents non financiers résidents obtenus par voie d'endettement (donc à l'exclusion des émissions d'actions ou des renforcements de fonds propres), que ce soit auprès des établissements de crédit ou sur les marchés de capitaux, tant auprès des résidents que des non-résidents. L'EIT se compose des crédits obtenus auprès des agents résidents, des financements obtenus en contrepartie d'émissions de titres sur les marchés internes monétaire ou obligataire ; enfin, des crédits obtenus directement à l'étranger et des obligations émises sur les marchés internationaux.

Organisme de placement collectif en valeurs mobilières (OPCVM) : voir rubrique « Pour comprendre ».

Sociétés non financières : voir rubrique « Pour comprendre ».

Pour en savoir plus

- « L'Économie française », *Insee – Références*, édition 2008.
- « Les comptes financiers de la Nation en 2007 – Sur fond de tensions sur les marchés financiers », *Insee Première* n° 1193, mai 2008.
- « Francs ou euros, dans quelle monnaie comptons-nous ? », *Insee Première* n° 1181, mars 2008.
- *Bulletin de la Banque de France*, mensuel.
- *Bulletin de la Banque centrale européenne*, mensuel.

Évolution des crédits à l'économie

en %

	2005 (r)	2006 (r)	2007 (p)
Crédits aux ménages	11,8	11,1	10,8
dont : crédits à l'habitat	*15,0*	*14,9*	*12,5*
crédits de trésorerie	*7,8*	*5,3*	*5,1*
Crédits aux sociétés non financières	10,7	8,8	12,7
dont : crédits à l'investissement	*6,3*	*9,0*	*11,4*
crédits de trésorerie	*8,5*	*9,4*	*16,3*
Crédits aux administrations publiques	3,9	3,3	9,9
dont : crédits à court terme	*– 3,6*	*– 2,0*	*24,7*
crédits à long terme	*4,7*	*3,8*	*8,4*
Ensemble des crédits à l'économie	**10,5**	**9,4**	**11,5**

Sources : Insee ; Banque de France.

@ Endettement intérieur total

encours brut en fin de période en milliards d'euros

	2006 (r)	2007
Crédits obtenus auprès des IF résidentes[1]	**1 631,8**	**1 811,6**
Ménages et assimilés[2]	814,9	899,8
Sociétés non financières	660,1	742,9
Administrations publiques	156,8	168,9
Crédits obtenus auprès des non résidents[3]	**382,8**	**464,9**
Financements de marchés	**1 254,8**	**1 292,3**
Sociétés non financières	285,8	282,0
Inf. ou égal à un an	30,3	26,5
Sup. à un an	255,6	255,5
Administrations publiques	969,0	1 010,3
Inf. ou égal à un an	77,5	93,6
Sup. à un an	891,4	916,7
Endettement intérieur total	**3 269,4**	**3 568,8**

1. Institutions financières monétaires et autres intermédiaires financiers (Caisse Nationale des Autoroutes, Comités Interprofessionnels du Logement, OPCVM non monétaires, fonds communs de créances).
2. Y compris les institutions sans but lucratif au service des ménages.
3. Prêts entre unités n'appartenant pas au même groupe, prêts obtenus dans le cadre d'investissements directs, crédits commerciaux et dépôts des non-résidents auprès du Trésor.
Source : Banque de France.

@ Principaux indicateurs monétaires en France et dans la zone euro

encours bruts en fin de période, en milliards d'euros

	France[1]		Zone euro[2]	
	2007	2007/06 en %	2007	2007/06 en %
Billets et pièces en circulation	///	///	627,0	8,2
+ Dépôts à vue	494,8	4,8	3 199,5	3,2
= M1	///	///	**3 826,5**	**4,0**
+ Autres dépôts monétaires	565,5	17,7	3 505,3	17,7
dont dépôts à préavis inf. à 3 mois	*437,8*	*5,1*	*1 534,5*	*– 3,6*
dont dépôts à terme inf. à 2 ans	*127,8*	*100,2*	*1 970,8*	*41,4*
= M2	///	///	**7 331,8**	**10,1**
+ Instruments négociables	508,5	16,2	1 310,4	20,0
dont titres d'OPCVM monétaires	*325,3*	*1,3*	*680,4*	*9,2*
dont titres de créances inf. à 2 ans	*143,1*	*75,2*	*317,3*	*60,2*
= M3	///	///	**8 642,2**	**11,5**

1. Opérations des institutions financières monétaires françaises avec les autres résidents français.
2. Opérations des institutions financières monétaires de la zone euro avec les autres résidents de la zone euro.
Sources : Banque de France ; Banque centrale européenne.

@ Crédits des établissements de crédit aux sociétés non financières et aux ménages

encours en fin de période en milliards d'euros

	2005	2006	2007
Crédits aux sociétés non financières			
Investissement	229,9	250,7	279,2
Trésorerie	156,7	171,4	199,4
Autres objets	193,0	208,4	234,1
Encours total	**579,6**	**630,5**	**712,6**
Crédits aux ménages			
Habitat	503,6	578,6	651,1
Trésorerie	128,0	134,7	141,5
Autres objets	81,4	79,4	83,2
Encours total	**712,9**	**792,7**	**875,9**

Source : Banque de France.

@ Endettement des ménages et des sociétés non financières

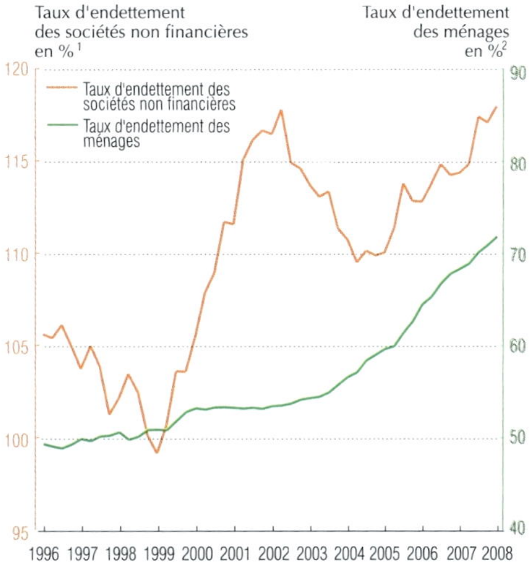

1. Crédits et titres de créances sur valeur ajoutée.
2. Crédits sur revenu disponible brut.
Sources : Insee ; Banque de France.

@ Taux d'intérêt à court et à long terme par pays

en moyenne annuelle

	2005	2006	2007
France			
Court terme[1]	**2,18**	**3,06**	**4,25**
Long terme[2]	**3,41**	**3,79**	**4,30**
Zone euro			
Court terme[1]	**2,18**	**3,06**	**4,25**
Long terme[2]	**3,44**	**3,86**	**4,33**
États-Unis			
Court terme[1]	3,51	5,16	5,29
Long terme[2]	4,29	4,85	4,69
Japon			
Court terme[1]	0,03	0,27	0,77
Long terme[2]	1,35	1,75	1,68

1. Taux interbancaire à trois mois. Pour les pays de la zone euro, ils sont identiques.
2. Taux se référant au rendement des obligations d'État.
Sources : Banque centrale européenne ; Banque de France.

12.2 Épargne - Patrimoine

Avec une progression de l'ordre de 7 % en 2007 (+ 10 % en 2006), le **patrimoine national** décélère à nouveau après plusieurs années de croissance à deux chiffres (+ 15 % en 2004). Depuis la fin 2000, la valeur du patrimoine a plus que doublé pendant que le PIB progressait de 31 %. L'évolution du patrimoine national est très liée au marché immobilier : son envolée sur les sept dernières années s'explique à 80 % par la variation de prix des terrains et des logements, à 10 % par l'achat de logements neufs et l'entretien des anciens, l'usure jouant négativement à hauteur de 3 %. Aussi, la structure du patrimoine national s'est déformée ces dernières années : les logements et les terrains représentent 73 % du patrimoine national fin 2007, contre 61 % sept ans plus tôt.

Depuis fin 2000, le patrimoine des ménages a progressé de 92,5 %. Cet essor s'est accéléré sous la poussée des prix de l'immobilier et du cours des actions à partir de 2003. En 2007, les ménages détiennent 75 % du patrimoine national. Leur patrimoine financier net en représente 25 %. Cependant, malgré une forte progression de leur **épargne**, la croissance de leur patrimoine s'infléchit en raison d'une progression des prix de l'immobilier plus faible et surtout d'un net ralentissement des prix des actifs financiers. La progression soutenue du pouvoir d'achat du revenu, plus forte que l'an passé, permet aux ménages de consommer davantage, tout en consacrant une part accrue de leur budget à l'épargne. Leur **taux d'épargne** passe de 15,1 % en 2006 à 15,8 % en 2007, retrouvant ainsi son niveau de 2004.

Les ménages continuent de s'endetter, quoique à un rythme un peu moins soutenu que les années précédentes ; leur dette atteint un nouveau pic historique au regard de leur **revenu disponible brut**. Les sociétés non financières réduisent leurs émissions nettes de titres de créance en réponse au resserrement des conditions de marché, mais elles accentuent leur recours aux emprunts bancaires.

Avec une collecte nette de 65 milliards d'euros en 2006, et malgré un repli, l'assurance-vie reste, de loin, le principal réceptacle de l'épargne des ménages. L'année 2006 a été marquée par un afflux de souscriptions en réemploi des fonds retirés des plans d'épargne logement (affectés par le changement de leur régime d'imposition).

Plus de 15 milliards d'euros ont été distribués par les entreprises pour l'exercice 2006 au titre de la participation, de l'intéressement et de l'abondement de l'employeur aux versements volontaires des salariés sur un plan d'épargne entreprise (PEE) ou sur un plan d'épargne retraite collectif (PERCO). Ces sommes ont bénéficié à 7 millions de leurs salariés, qui travaillent majoritairement dans des grandes entreprises : seul un salarié sur huit employé par une entreprise de moins de 50 salariés est couvert par un accord d'épargne salariale qui se limite, le plus souvent, à un plan d'épargne entreprise. Les salariés les plus qualifiés et les mieux rémunérés accèdent plus facilement à l'épargne salariale et pour des montants plus élevés. ■

Définitions

Administrations publiques : voir rubrique « Pour comprendre ».

Épargne : voir rubrique « Pour comprendre ».

Épargne salariale : voir rubrique « Pour comprendre ».

Patrimoine national : voir rubrique « Pour comprendre ».

Plan d'épargne entreprise (PEE) : voir rubrique « Pour comprendre ».

Revenu disponible des ménages : au sens de la comptabilité nationale, revenu résultant de la répartition de la valeur ajoutée, de la distribution des revenus de la propriété et des opérations de redistribution.

Taux d'épargne : rapport entre l'épargne des ménages et le revenu disponible brut (non ajusté).

Taux d'épargne financière : rapport entre la capacité de financement des ménages et le revenu disponible brut (non ajusté).

Taux d'investissement en logement : rapport entre la FBCF des ménages (hors entrepreneurs individuels) au revenu disponible brut.

Taux d'investissement des entreprises individuelles : rapport de la formation brute de capital fixe des entrepreneurs individuels au revenu disponible brut.

Pour en savoir plus

- « L'Économie française », *Insee – Références*, édition 2008.
- « L'épargne salariale en 2006 : plus de 15 milliards d'euros distribués », *Premières synthèses* n° 25.3, Dares, juin 2008.
- « Les comptes financiers de la Nation en 2007 – Sur fond de tensions sur les marchés financiers, dynamisme persistant du crédit aux agents non financiers », *Insee Première* n° 1193, mai 2008.
- « En 2007, la consommation des ménages demeure solide », *Insee Première* n° 1192, mai 2008.

Les dispositifs d'épargne salariale

	2000	2005	2006
Participation			
Montant brut distribué[1]	4 927	6 989	7 144
Nombre de bénéficiaires[2]	4 254	4 848	5 204
Montant moyen en euros	1 158	1 442	1 373
Intéressement			
Montant brut distribué[1]	3 799	5 708	6 496
Nombre de bénéficiaires[2]	3 283	4 119	4 241
Montant moyen en euros	1 157	1 386	1 532
Abondement du PEE[3]			
Montant brut distribué[1]	974	1 302	1 307
Nombre de bénéficiaires[2]	2 024	2 418	2 417
Montant moyen en euros	481	539	541

1. En millions d'euros. 2. En milliers. 3. Plan d'épargne entreprise.
Champ : secteur marchand non agricole, hors intérim et secteur domestique, France métropolitaine.
Source : Dares, enquêtes Acemo-Pipa.

@ Taux d'épargne des ménages

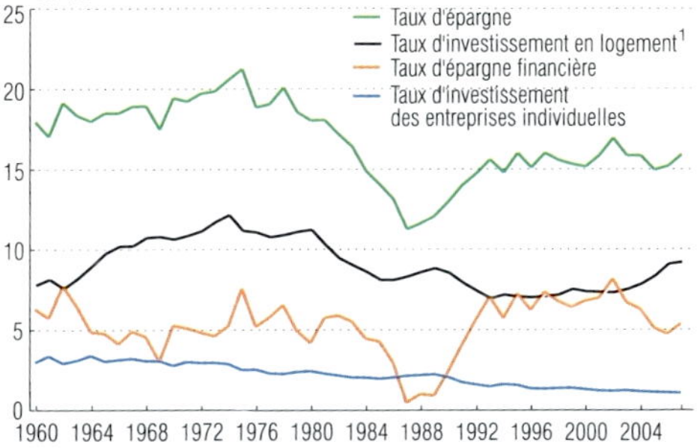

1. Rapport de la formation brute de capital fixe des ménages (hors entrepreneurs individuels) au revenu disponible brut.
Source : Insee, comptes nationaux - base 2000.

@ Patrimoine national des secteurs institutionnels fin 2007

en milliards d'euros

	Économie nationale	dont : ménages	sociétés non financières	sociétés financières	administrations publiques
Actifs non financiers	**12 490**	***7 038***	***3 750***	***238***	***1 426***
dont : logements	***3 534***	*2 921*	*513*	*49*	*51*
autres bâtiments et génie civil	***1 805***	*162*	*835*	*55*	*731*
machines et équipements	***593***	*44*	*486*	*16*	*41*
terrains	***5 649***	*3 704*	*1 259*	*100*	*573*
Actifs financiers	**20 017**	***3 515***	***4 892***	***10 705***	***847***
dont : numéraire et dépôts	***3 972***	*1 026*	*261*	*2 589*	*73*
titres hors actions	***3 177***	*52*	*125*	*2 946*	*50*
crédits	***2 953***	*24*	*756*	*2 117*	*56*
actions et titres d'OPCVM	***6 865***	*925*	*2 851*	*2 598*	*461*
provisions techniques d'assurance	***1 373***	*1 352*	*19*	*1*	*1*
Passifs financiers	**19 994**	***1 164***	***7 083***	***10 229***	***1 499***
dont : numéraire et dépôts	***4 482***	*0*	*0*	*4 410*	*71*
titres hors actions	***3 087***	*1*	*372*	*1 666*	*1 048*
crédits	***2 802***	*878*	*1 524*	*136*	*214*
actions et titres d'OPCVM	***6 604***	*0*	*4 444*	*2 154*	*0*
provisions techniques d'assurance	***1 376***	*0*	*0*	*1 376*	*0*
Patrimoine financier net	**23**	***2 351***	***– 2 192***	***476***	***– 652***
Patrimoine (ou valeur nette)	**12 513**	***9 389***	***1 558***	***714***	***774***

Sources : Insee, comptes nationaux - base 2000 ; Banque de France.

@ Actifs financiers des ménages dans l'UE en 2006

	Stocks en Mds d'euros	Stocks en % du PIB	dont en % Monnaies et dépôts	Actions et obligations	Provisions d'assurances
Allemagne	4 529	195	*34*	*35*	*30*
Autriche	398	154	*47*	*31*	*20*
Bulgarie	22	86	*48*	*42*	*5*
Danemark	527	239	*20*	*36*	*43*
Espagne	1 763	180	*38*	*44*	*14*
Finlande	207	124	*29*	*49*	*19*
France	**3 482**	**194**	***29***	***31***	***35***
Grèce	310	145	*48*	*45*	*3*
Hongrie	87	92	*37*	*40*	*18*
Italie	3 349	227	*28*	*54*	*17*
Pays-Bas	1 564	293	*21*	*19*	*60*
Pologne	171	62	*49*	*35*	*10*
Portugal	325	210	*37*	*43*	*19*
Roumanie	64	63	*31*	*63*	*2*
Slovaquie	22	46	*59*	*13*	*17*
Slovénie	32	105	*48*	*35*	*9*
Suède	546	170	*17*	*45*	*37*

Source : Eurostat.

Collecte nette en assurance vie

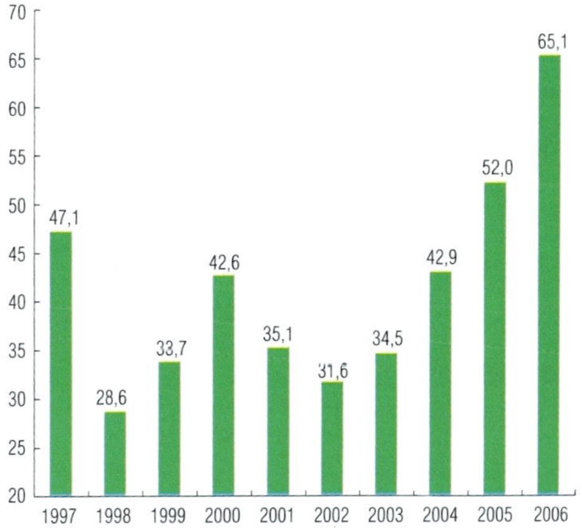

Source : FFSA.

12.3 Bourse - Marchés financiers

En 2007, la Bourse de Paris a connu des évolutions très contrastées. Après la hausse de l'indice **CAC40** observée au premier semestre, le marché des actions a été affecté par le développement de la crise des prêts immobiliers à risque américains (« subprimes »). L'indice CAC40 est ainsi revenu dès l'automne à un niveau proche du début de l'année, rompant avec la tendance haussière des quatre années précédentes. Sur l'année, il n'a enregistré qu'une performance très limitée, comme les autres indices d'Euronext Paris, le SBF 250 et le CACMID 100. Aux États-Unis, les indices boursiers ont mieux résisté (hausse de 6,4 % pour le Dow Jones, de 3,5 % pour le S&P500 et de 9,8 % pour le **Nasdaq**), quoique les évolutions aient été très contrastées selon les secteurs économiques (hausse marquée pour l'énergie, baisse significative pour la finance). Enfin, au Japon, l'indice Nikkei est en recul sur l'année de 11,1 %.

En 2007, les émissions brutes de valeurs mobilières sur le marché français ont baissé de 2,1 % pour s'établir à 366,8 milliards d'euros. Cette diminution s'explique essentiellement par les obligations. Les émissions brutes d'actions ont en revanche continué de croître à un rythme cependant modéré, pour atteindre 109 milliards, après 103 milliards en 2005.

Les émissions nettes d'obligations et **d'euro medium term notes** (EMTN) se sont légèrement contractées pour revenir à 105,1 milliards d'euros. Ces dernières sont essentiellement constituées par les émissions nettes des institutions financières, lesquelles se sont réduites en raison d'un accroissement des remboursements.

Les **OPCVM** monétaires enregistrent un ralentissement marqué de leur collecte en 2007, les rachats ayant été massifs au second semestre. La collecte des OPCVM non monétaires (y compris les FCPE) est devenue fortement négative, passant de 103,4 milliards d'euros en 2006 à – 10,3 milliards d'euros en 2007. Comme pour les OPCVM monétaires, les rachats se sont concentrés sur le deuxième semestre. Les ménages, les sociétés non financières, les institutions financières et les OPCVM non monétaires elles-mêmes ont effectué des rachats alors que les administrations publiques, les sociétés d'assurance et le reste du monde ont été souscripteurs nets mais dans une moindre mesure que l'an passé.

Le montant annuel des émissions brutes des administrations publiques est revenu à 67 milliards d'euros après 79 milliards en 2006. Fin 2007, l'encours nominal de la dette obligataire de l'État s'élevait à 629,9 milliards d'euros, soit 73,3 % de l'encours émis à Paris. Les autres administrations publiques ont fortement réduit tant leurs émissions brutes que leurs émissions nettes.

Fin mai 2008, Total est la société ayant la plus forte capitalisation boursière en actions françaises d'Euronext Paris (134,6 milliards d'euros). Elle devance EDF avec 126,8 milliards d'euros. Cinq sociétés ont une capitalisation boursière comprise entre 60 et 100 milliards d'euros : ArcelorMittal, Schlumberger, Sanofi-Aventis, Suez et BNP Paribas. ■

Définitions

Capitalisation boursière : valeur, au prix du marché, de l'ensemble des titres représentatifs d'une entreprise. Elle est égale au nombre de titres en circulation multiplié par le cours de l'action.

Euro medium term note (EMTN) : valeur mobilière matérialisant un titre de créance émis sur le marché international.

Indices de Euronext Paris SA : Euronext calcule plusieurs indices dont le **CAC 40** et le **MIDCAC** ainsi que deux indices technologiques, destinés à suivre l'essor de la nouvelle économie (**l'ITCAC** et **l'ITCAC 50**).

Indices boursiers européens : voir rubrique « Pour comprendre ».

Nasdaq : National Association of Securities Dealers Automated Quotation, marché d'actions créé aux États-Unis en 1971.

OPCVM (Organismes de Placement Collectif en Valeurs Mobilières) : intermédiaires financiers qui donnent à leurs souscripteurs la possibilité d'investir sur des marchés financiers auxquels ils n'auraient que difficilement accès autrement. On distingue traditionnellement deux grandes catégories d'OPCVM selon leur mode d'organisation : les Sociétés d'investissement à capital variable (SICAV) et les Fonds communs de placement (FCP). Voir rubrique « Pour comprendre ».

Pour en savoir plus

- « L'Économie française », *Insee – Références*, édition 2008.
- « Les comptes financiers de la Nation en 2007 – Sur fond de tensions sur les marchés financiers, dynamisme persistant du crédit aux agents non financiers », *Insee Première* n° 1193, mai 2008.
- *Bulletin de la Banque de France.*

Éléments sur les marchés financiers

en milliards d'euros

	2005	2006	2007
Principaux indices boursiers français (évolution en %)			
CAC 40	23,4	17,5	1,3
SBF 250	25,3	19,4	0,4
CAC MID	39,0	29,8	– 1,9
Capitalisation en fin d'année (soc. françaises)	**2 234**	**2 532**	**2 562**
Actions (liste unique)	1 375	1 702	1 746
Obligations (marché officiel)	859	830	816
Nbre de soc. fr. cotées au 31 décembre	**645**	**642**	**628**
Principaux indices boursiers internationaux (évolution en %)			
Djones	– 0,6	16,3	6,4
S&P500	3,0	13,6	3,5
Nasdaq	1,4	9,5	9,8
Nikkei	40,2	6,9	– 11,1
Émissions brutes de valeurs mobilières par les résidents	**323,4**	**374,5**	**366,8**
Actions - émissions contre apport en espèces	78,7	102,6	108,6
Obligations (y c. emprunts d'État, titres participatifs et EMTN)	250,8	271,9	258,2
Place de Paris	96,7	80,1	75,4
Hors place de Paris	154,1	191,9	182,8
Émissions nettes d'obligations et d'EMTN	**111,6**	**107,8**	**105,1**
Place de Paris	22,7	– 7,2	11,5
Hors place de Paris	88,9	115,0	93,6
Placements collectifs			
OPCVM monétaires			
Actif net au 31 décembre	387,8	426,8	425,6
Souscriptions nettes	31,6	38,7	5,5
Autres OPCVM (y c. FCPE)			
Actif net au 31 décembre	847,4	1017,8	1025,2
Souscriptions nettes	66,5	103,4	– 10,3
Nombre de SICAV au 31 décembre	862	758	759
Nombre de fonds communs de placement (FCP) au 31 décembre	7 506	8 105	8 436
Nombre de FCP en entreprise au 31 décembre	2 724	2 906	2 868

Sources : Autorité des Marchés Financiers ; Banque de France ; Euronext Paris ; Insee.

Indices boursiers

en moyenne mensuelle (base 100 en janvier 1999)

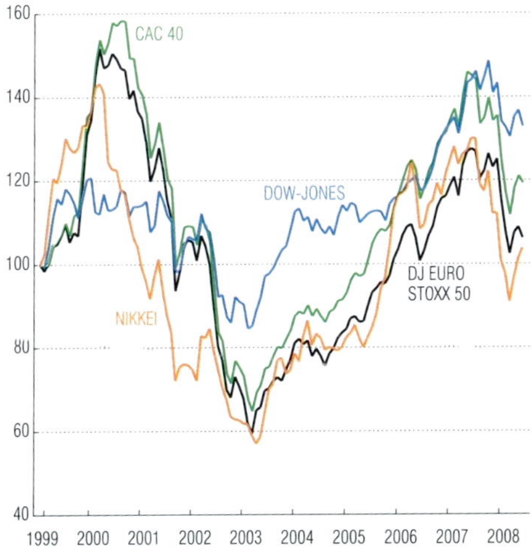

Source : Insee.

Les 25 plus fortes capitalisations boursières en actions françaises d'Euronext Paris

Rang	Nom des valeurs	Capitalisation au 30 mai 2008 en milliards d'euros	Évolution sur 5 mois[1] en %
1	Total	134,6	– 1,0
2	EDF	126,8	– 14,6
3	ArcelorMittal	92,2	19,7
4	Schlumberger	81,3	– 1,4
5	Sanofi-Aventis	63,0	– 26,8
6	Suez	62,7	3,2
7	BNP Paribas	60,1	– 10,6
8	France Télécom	51,0	– 20,6
9	L'Oréal	47,8	– 21,1
10	Axa	46,9	– 16,9
11	Gaz de France	43,1	9,5
12	LVMH	36,9	– 9,0
13	Carrefour	31,8	– 15,4
14	Vivendi	31,5	– 13,8
15	Société Générale	31,2	– 32,4
16	Danone	28,9	– 8,2
17	Crédit Agricole	28,4	– 26,3
18	Vinci	23,6	– 3,9
19	Alstom	22,9	12,1
20	Air Liquide	22,3	– 8,2
21	Veolia Environnement	21,6	– 26,5
22	Lafarge	20,1	– 6,4
23	Schneider Electric	19,8	– 12,8
24	Saint-Gobain	19,6	– 18,7
25	Renault	18,8	– 32,0

1. Évolution du 1er janvier au 30 mai 2008.
Source : Euronext Paris.

Capitalisation boursière des principales places financières dans le monde

en fin d'année en milliards de dollars

	2006 (r)	2007	2007/2006 en %
Europe			
Euronext[1]	**3 712,7**	**4 222,7**	**13,7**
London SE	3 794,3	3 851,7	1,5
Deutsche Börse	1 637,6	2 105,2	28,6
Spanish Exchanges (BME)	1 322,9	1 799,8	36,1
Swiss Exchange	1 212,3	1 271,0	4,8
OMX Nordic Exchange	1 122,7	1 242,6	10,7
Borsa Italiana	1 026,5	1 072,5	4,5
Amérique			
New-York Stock Exchange	15 421,2	15 650,8	1,5
Nasdaq	3 865,0	4 013,7	3,8
Toronto (TSX Group)	1 700,7	2 186,6	28,6
Sao Paulo SE	710,2	1 369,7	92,9
Afrique			
JSE South Africa	711,2	828,2	16,4
Asie			
Tokyo SE	4 614,1	4 330,9	- 6,1
Shangai SE	917,5	3 694,3	302,7
Hong-Kong Exchanges	1 715,0	2 654,4	54,8
Bombay SE	818,9	1 819,1	122,1
National Stock Exchanges India	774,1	1 660,1	114,5
Korea Exchanges	834,4	1 122,0	34,5
Shenzhen SE	227,9	784,5	244,2
Taïwan SE Corp.	594,7	663,7	11,6
Pacifique			
Australian SE	1 095,9	1 298,3	18,5

1. Euronext comprend les bourses d'Amsterdam, Bruxelles, Lisbonne et Paris.
Source : World Federation of Exchanges.

13.1 Budget de l'État

Le projet de **loi de finances** 2008 prévoit un déficit budgétaire global de l'État de l'ordre de 42 milliards d'euros. L'ensemble des dépenses s'élèverait à près de 272 milliards d'euros dont 41 milliards pour la gestion de la **dette publique** et 120 milliards pour les dépenses de personnels.

En 2007, le **déficit public** au sens du **traité de Maastricht** s'accroît de 7,7 milliards et atteint 50,3 milliards d'euros. Il passe de 2,4 % du PIB en 2006 à 2,7 % en 2007. Les comptes des administrations centrales et locales contribuent à cette détérioration, alors que ceux des administrations de sécurité sociale s'améliorent. La dette publique au sens du traité de Maastricht s'élève à 1 209,5 milliards fin 2007 ; son poids dans le PIB s'accroît de 0,3 point pour s'établir à 63,9 %. Le mouvement de réduction du poids du déficit public, observé en 2005 et 2006, ne s'est pas prolongé en 2007, mais le seuil des 3 % inscrit dans le pacte de stabilité et de croissance n'est pas franchi.

Les dépenses publiques augmentent plus lentement que le PIB en valeur ; leur part dans le PIB est de ce fait en retrait de 0,3 point et s'établit à 52,4 % en 2007. De façon plus accentuée, les recettes publiques s'accroissent moins rapidement que le PIB en valeur, passant de 50,3 % du PIB en 2006 à 49,7 % en 2007.

Le compte des **administrations publiques** centrales se creuse de 4,9 milliards d'euros. Leurs recettes progressent de 2,5 %, contre 3,5 % pour leurs dépenses. Le **besoin de financement** de l'État se réduit de 8,2 milliards d'euros entre 2006 et 2007 (39,2 milliards après 47,4 milliards). Cependant, cette évolution est liée à une double opération, sur les années 2006 et 2007, entre l'État, la Caisse de la dette publique (CDP) et le régime général. Bien que neutre sur le déficit public global, ces opérations modifient le solde de l'État et celui des **Organismes d'administration centrale (Odac)** en 2006 et en 2007. En neutralisant ces opérations, le déficit de l'État se dégrade de 1,8 milliard d'euros et celui des organismes d'administration centrale de 3,1 milliards d'euros. Sous l'effet de l'accélération des dépenses, le besoin de financement des administrations publiques locales se creuse de 4,0 milliards et atteint 7,2 milliards. Les comptes des administrations de sécurité sociale s'améliorent, le régime d'assurance chômage dégageant un excédent en forte progression.

En 2007, le dette publique s'est réduite, tant dans la **zone euro** à 15 que dans l'ensemble de l'Union européenne à 27. Elle atteint 58,7 % du PIB de l'Union soit une diminution de 2,5 points en un an. Dans la zone euro, le ratio d'endettement diminue de 68,4 % fin 2006 à 66,4 % du PIB fin 2007. Dix-neuf États membres enregistrent une dette publique inférieure à 60 % de leur PIB. Les niveaux les plus bas s'observent en Estonie, au Luxembourg et en Lettonie. Dans ces trois pays, le poids de la dette publique est inférieur à 10 %. Les pourcentages les plus importants se situent en Belgique (85 % du PIB), en Grèce (95 %) et en Italie, seul pays de l'Union où la dette publique est supérieure à la valeur du PIB. ■

Définitions

Administrations publiques : voir rubrique « Pour comprendre ».

Capacité et besoin de financement : solde du compte de capital. Voir rubrique « Pour comprendre ».

Déficit public notifié : le déficit public correspond au besoin de financement des administrations publiques (secteur institutionnel S13 de la comptabilité nationale) auquel est ajouté le solde des gains et des pertes des opérations sur swaps (produits dérivés). Voir rubrique « Pour comprendre ».

Dette publique : voir rubrique « Pour comprendre ».

Loi de finances initiale : loi prévoyant et autorisant pour chaque année civile l'ensemble des ressources et charges de l'État.

Organismes divers d'administration centrale (ODAC) : établissements publics ou privés financés par des taxes affectées ou par des subventions de l'État.

Traité de Maastricht : voir rubrique « Pour comprendre ».

Zone euro : voir rubrique « Pour comprendre ».

Pour en savoir plus

- « L'économie française », *Insee – Références,* édition 2008.
- « Les comptes des administrations publiques en 2007 – Le déficit et la dette se réduisent », *Insee Première* n° 1190, mai 2008.
- « Structure de la dette publique en Europe en 2006 », *Statistiques en bref* n° 6, Économie et finances, Eurostat, 2008.
- « Déficit public de la zone euro et de l'UE27 », *Euro-indicateurs* n° 54, Communiqué de pressse , Eurostat, 2008.
- Projet de loi de finances pour 2008.

Équilibre du projet de loi de finances 2008

en millions d'euros

	2007[1]	2008[2]	2008[3]/2007[1] en %
Dette publique et garanties	39 484	41 084	3,8
dont dette publique nette	*39 191*	*40 796*	*3,8*
Dépenses de personnels	118 587	119 914	1,9
dont : rémunérations d'activité	*74 237*	*73 474*	*0,0*
cotis. et contrib. sociales	*43 067*	*45 104*	*5,1*
Autres dépenses	108 780	110 813	1,3
dont : dép. de fonctionnement	*33 192*	*35 280*	*1,9*
dép. d'intervention	*61 228*	*60 898*	*0,8*
Total dépenses du budget général	**266 850**	**271 810**	**1,9**
Recettes nettes totales	**224 542**	**230 555**	**5,1**
Solde des comptes spéciaux	309	– 467	///
Solde général	**– 41 996**	**– 41 721**	**///**

1. Loi de finances initiale.
2. Projet de loi de finances, y compris les changements de périmètre.
3. Projet de loi de finances pour 2008 à structure 2007, hors changement de périmètre.
Sources : ministère du Budget, des Comptes publics et de la Fonction publique.

Charge budgétaire de la dette de l'État

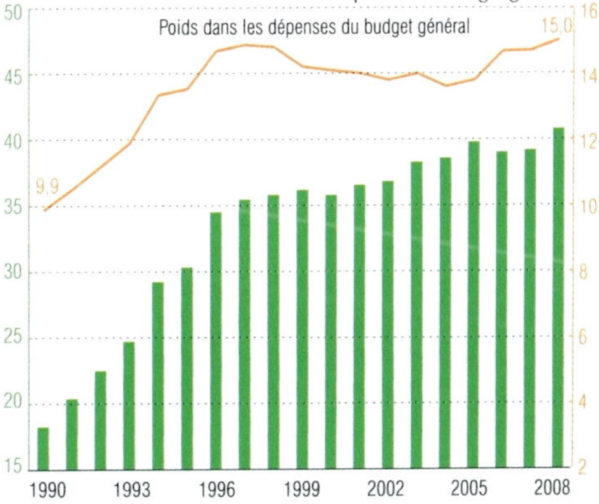

Champ : dette publique nette des lois de finances initiales.
Source : ministère du Budget, des Comptes publics et de la Fonction publique.

Dette publique

	2006 (r)		2007	
	en milliards d'euros	en % du PIB	en milliards d'euros	en % du PIB
État	892,5	49,4	930,0	49,2
ODAC	90,7	5,0	97,4	5,2
Administrations locales	127,3	7,0	135,7	7,2
Administrations de sécurité sociale	39,4	2,2	46,4	2,5
Total des administrations publiques	**1 149,9**	**63,6**	**1 209,5**	**63,9**

Champ : dette publique au sens du traité de Maastricht, au 31 décembre.
Source : Insee, comptes nationaux - base 2000.

Capacité (+) ou besoin (-) de financement des administrations publiques

en milliards d'euros

	2004 (r)	2005 (r)	2006 (r)	2007 (p)
État	– 52,8	– 52,2	– 47,4	– 39,2
ODAC	9,5	7,1	10,5	– 2,6
Administrations publiques locales	– 2,4	– 3,3	– 3,2	– 7,2
Administrations de sécurité sociale	– 14,6	– 2,8	– 3,3	– 1,6
Total des adm. publiques	**– 60,2**	**– 51,1**	**– 43,4**	**– 50,6**
Déficit notifié[1]	**– 59,6**	**– 50,4**	**– 42,6**	**– 50,3**

1. Au sens du traité de Maastricht.
Source : Insee, comptes nationaux - base 2000.

Ratios de finances publiques

en % du PIB

	2004 (r)	2005 (r)	2006 (r)	2007 (p)
Déficit public[1]	– 3,6	– 2,9	– 2,4	– 2,7
Dette publique[1]	64,9	66,4	63,6	63,9
Dépenses publiques	53,2	53,4	52,7	52,4
Recettes publiques	49,6	50,4	50,3	49,7
Prélèvements obligatoires	43,2	43,6	43,9	43,3
Déficit public de la zone euro[1]	– 2,9	– 2,5	– 1,3	– 0,6

1. Au sens du traité de Maastricht.
Sources : Insee, comptes nationaux - base 2000 ; Eurostat.

Dette publique au sein de l'Union européenne en 2007

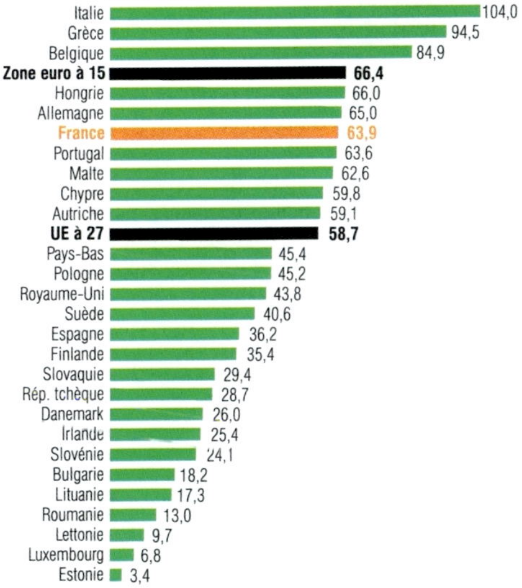

Champ : dette au sens du traité de Maastricht.
Source : Eurostat.

Exécution des lois de finances

en milliards d'euros courants

	Budget général			Solde des comptes spéciaux	Solde général d'exécution[2]
	Dépenses[1]	Recettes	Solde		
1997	252,4	211,3	– 41,0	0,4	– 40,7
1998	255,2	216,8	– 38,5	0,7	– 37,0
2000	262,3	233,0	– 29,3	0,2	– 29,1
2005	296,7	251,5	– 45,2	1,7	– 43,5
2006	269,6	230,4	– 39,2	3,5	– 35,7

1. Y compris les fonds de concours.
2. Hors FMI et fonds de stabilisation des changes.
Champ : jusqu'en 2005, les recettes d'ordre liées à la dette étaient comprises dans les dépenses du budget général.
Source : ministère du Budget, des Comptes publics et de la Fonction publique, lois de règlement.

13.2 Recettes fiscales

En 2007, le taux de **prélèvements obligatoires** se replie de 0,6 point à 43,3 %. La croissance des prélèvements obligatoires à législation constante reste dynamique mais des mesures nouvelles allègent la charge fiscale et sociale des contribuables pour un montant de 0,8 point de PIB. Ces mesures sont concentrées sur les impôts d'État, en particulier **l'impôt sur le revenu** des personnes physiques : réforme du barème, hausse de la prime pour l'emploi, renforcement du crédit d'impôt en faveur du développement durable et de la réduction d'impôt pour frais de garde d'enfants hors du domicile. L'impôt sur le revenu des personnes physiques baisse ainsi de 3,9 milliards. Les autres recettes des administrations sont plus dynamiques, notamment les dividendes reçus par l'État.

Les transferts de fiscalité de l'État vers les autres sous-secteurs des **administrations publiques** s'élèvent à 5,3 milliards. Les transferts de fiscalité au profit des administrations publiques locales s'élèvent à 2,3 milliards. Ils concernent une fraction de la taxe intérieure sur les produits pétroliers et une partie de la taxe spéciale sur les conventions d'assurance, en compensation de nouveaux transferts de compétence aux régions et départements. De même, les transferts de recettes fiscales au profit des administrations de sécurité sociale atteignent 1,9 milliard. Ils visent à assurer la compensation totale des exonérations générales de cotisations sociales (dites « Fillon ») et de celles accordées dans le cadre de la loi dite « TEPA » en faveur du travail, de l'emploi et du pouvoir d'achat. Enfin, au titre de l'effort national de recherche, un milliard de contribution sociale sur les bénéfices des sociétés (CSB) est transféré vers l'Agence nationale de la recherche (ANR) et l'Agence nationale de valorisation de la recherche (Anvar), classées en organismes divers d'administration centrale (Odac).

Comparée à ses principaux partenaires, la France affiche un taux de prélèvements obligatoires élevé : en 2006, il est supérieur de 4,1 points de PIB à celui de la moyenne (non pondérée) des pays de l'Union européenne à 15 et de 8,0 points de PIB à celui de la moyenne (non pondérée) des pays de l'OCDE.

En 2006, la charge fiscale (y compris les cotisations sociales volontaires et imputées) représente dans l'UE27 41,2 % du PIB, contre 40,8 % en 2005. Les niveaux d'imposition dans l'Union européenne demeurent généralement élevés par rapport au reste du monde, dépassant ceux des États-Unis et du Japon. La charge fiscale varie néanmoins de façon significative d'un État membre à l'autre, allant, en 2006, de moins de 30 % en Roumanie et Slovaquie à presque 50 % au Danemark et en Suède. Les taux d'imposition de plusieurs États membres ont varié de manière importante au cours de la dernière décennie. Les plus fortes baisses ont été enregistrées en Slovaquie et en Estonie. Les hausses les plus importantes ont été observées à Chypre et à Malte. ■

Définitions

Administrations publiques : ensemble des unités institutionnelles dont la fonction principale est de produire des services non marchands ou d'effectuer des opérations de redistribution du revenu et des richesses nationales. Voir rubrique « Pour comprendre ».

Impôts sur la production et les importations : versements obligatoires sans contrepartie. Voir rubrique « Pour comprendre ».

Impôt sur le revenu : pour les ménages, cet impôt comprend essentiellement l'impôt sur le revenu, la CSG et la CRDS. Pour les entreprises, il s'agit principalement de l'impôt sur les sociétés.

Impôts sur les produits : ils sont constitués essentiellement de la taxe sur la valeur ajoutée (TVA), de la taxe intérieure sur les produits pétroliers, des droits de mutation à titre onéreux, des droits sur les alcools et les tabacs.

Prélèvements obligatoires : impôts et cotisations sociales effectives reçues par les administrations publiques et les institutions européennes. Voir rubrique « Pour comprendre ».

Taxe sur la valeur ajoutée (TVA) : impôt qui se calcule sur le prix de vente hors taxes de tous les biens et services. Voir rubrique « Pour comprendre ».

Pour en savoir plus

- « La charge fiscale a représenté 39,9 % du PIB dans l'UE27 en 2006. La plus forte hausse annuelle en dix ans. » *Communiqué de presse* n° 92, Eurostat, juin 2008.
- « L'Économie française », *Insee – Références*, édition 2008.
- « Les comptes des administrations publiques en 2007 », *Insee Première* n° 1190, mai 2008.
- « Projet de loi de finances pour 2008 – Rapport sur les prélévements obligatoires et leur évolution », ministère de l'Économie, des Finances et de l'Emploi.

Recettes nettes du budget général en 2007 et 2008

en milliards d'euros

	2007[1]	2008[2]	2008/2007 en %
Impôt sur le revenu	56,8	60,5	6,6
Impôt sur les sociétés[3]	51,5	53,9	4,7
Taxe intérieure sur les produits pétroliers	17,6	16,9	– 3,7
Taxe sur la valeur ajoutée[3]	131,1	135,0	3,0
Autres recettes fiscales	10,9	5,8	– 47,1
Recettes fiscales nettes	**267,9**	**272,1**	**1,6**
Recettes non fiscales nettes	**26,7**	**28,1**	**4,9**
Prélèvements sur recettes	**– 66,2**	**– 69,6**	**5,1**
au profit des collectivités locales	– 49,4	– 51,2	3,7
au profit des communautés européennes	– 16,8	– 18,4	9,3
Recettes totales nettes	**228,5**	**230,6**	**0,9**

1. Loi de finances révisées.
2. Projet de loi de finances.
3. Produit net des restitutions et des remboursements.
Source : ministère du Budget, des Comptes publics et de la Fonction publique.

Structure des recettes fiscales brutes du budget général de l'État

en %

	2000	2005	2006
Impôts directs	**40,9**	**38,5**	**39,5**
Impôt sur le revenu	18,0	16,5	17,2
Autres impôts perçus par voie de rôle[1]	2,8	1,2	1,2
Impôt sur les sociétés	15,2	15,5	17,4
Impôt sur le revenu des capitaux mobiliers	0,6	0,7	0,9
Taxe sur les salaires	2,6	2,8	0,2
Autres impôts directs	1,8	1,7	2,5
Impôts indirects	**59,1**	**61,5**	**60,7**
Enregistrement, timbre et bourse	4,9	6,1	6,0
Taxe intérieure sur les produits pétroliers	8,2	5,5	5,5
Autres produits des douanes	0,6	0,7	0,0
Taxe sur la valeur ajoutée	45,0	47,6	48,9
Droits de consommation sur les tabacs	0,2	0,4	0,3
Autres droits indirects	0,3	1,2	0,0
Recettes fiscales brutes (en millions d'euros courants)	**296,2**	**341,0**	**340,1**

1. Y compris l'impôt sur les sociétés perçu par voie de rôle à partir de 2006.
Source : ministère du Budget, des Comptes publics et de la Fonction publique.

Prélèvements obligatoires des administrations publiques et des institutions européennes

	2006 (r)		2007	
	en Mds d'euros	en % du PIB	en Mds d'euros	en % du PIB
État	273,3	15,1	272,2	14,4
Impôts[1]	264,5	14,6	263,6	13,9
Cotisations sociales	8,7	0,5	8,6	0,5
ODAC	16,0	0,9	18,2	1,0
Administrations publiques locales	101,4	5,6	107,5	5,7
Administrations de sécurité sociale	397,7	22,0	416,1	22,0
Impôts	113,2	6,3	120,0	6,3
Cotisations sociales[2]	284,5	15,7	296,0	15,6
Institutions de l'Union européenne	4,7	0,3	4,9	0,3
Total	**793,1**	**43,9**	**818,9**	**43,3**

1. Après transferts de recettes fiscales et nets des impôts dûs non recouvrables, non compris.
2. Nettes des cotisations dues non recouvrables.
Source : Insee, comptes nationaux - base 2000.

Principaux prélèvements obligatoires par type d'impôt en 2007

	en Mds d'euros	en % du PIB	2007/2006 en %
Taxe sur la valeur ajoutée	135,7	7,2	3,6
Taxe intérieure sur les produits pétroliers	24,2	1,3	- 1,3
Impôt sur le revenu	48,5	2,6	- 7,4
Contribution sociale généralisée	80,4	4,3	4,9
Impôt sur les sociétés	49,2	2,6	6,8
Taxe professionnelle	22,0	1,2	5,0
Taxes foncières[1]	21,9	1,2	4,5
Taxe d'habitation	12,7	0,7	4,7
Cotisations sociales effectives	307,6	16,3	3,9
Total des prélèvements obligatoires	**818,9**	**43,3**	**3,3**

1. Propriétés bâties et non bâties.
Champ : prélèvements sans déduction des prélèvements dus non recouvrables.
Source : Insee, comptes nationaux - base 2000.

Impôts sur le revenu

	2004	2005	2006
Nombre de foyers fiscaux (en milliers)	**34 813**	**35 106**	**35 634**
Foyers fiscaux imposables	18 143	18 889	19 094
Foyers fiscaux non imposables	16 671	16 216	16 540
Revenu fiscal (en millions d'euros)[1]	**585 821**	**602 599**	**781 465**
Foyers fiscaux imposables	470 102	487 435	629 774
Foyers fiscaux non imposables	115 719	115 165	151 691
Impôt net (en millions d'euros)[2]	**48 449**	**49 927**	**48 880**

1. Revenu fiscal de référence après abattement des 10 % et des 20 % jusqu'en 2005, des 10% uniquement à partir de 2006.
2. Impôts payés ou restitués pour l'ensemble des foyers fiscaux.
Source : direction générale des Impôts.

Poids des recettes fiscales au sein de l'Union européenne en 2006

en % du PIB

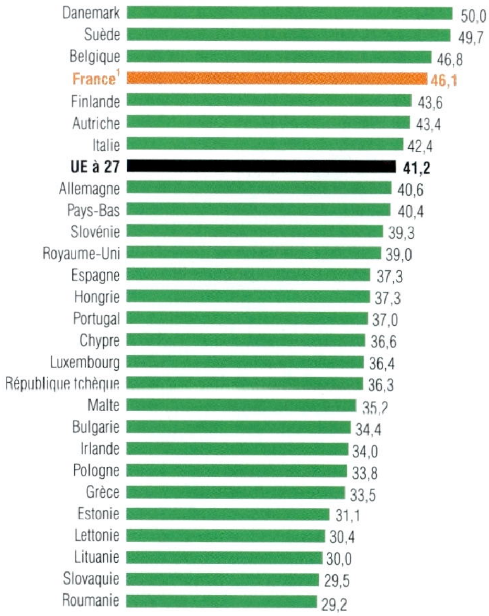

Champ : recettes fiscales y compris les cotisations sociales volontaires et imputées.
1. France métropolitaine
Source : Eurostat.

13.3 Dépense publique

L'accélération des dépenses publiques (+ 4,0 %, après + 3,4 %) reflète le dynamisme des rémunérations, l'alourdissement de la charge d'intérêt de la **dette** et l'accélération de l'investissement public. La part des dépenses rapportées au PIB a néanmoins diminué de 52,7 % en 2006 à 52,4 % en 2007.

Le **déficit** des **administrations publiques** centrales s'amplifie. La hausse des dépenses est plus rapide que celle des recettes, à la fois pour l'État et pour les **organismes divers d'administration centrale (Odac)**. La masse salariale de l'État, bien qu'en ralentissement (+ 1,3 % après + 1,6 %), contribue pour 0,4 point à la hausse des dépenses. La forte croissance des intérêts de la dette (+ 9,7 %), liée à la hausse des taux, contribue pour 0,9 point à l'augmentation des dépenses de l'État. Pour les Odac, en neutralisant l'opération avec la Caisse de la dette publique (classée en Odac), les dépenses progressent en 2007 de 3,1 % (après + 2,7 % en 2006).

En 2007, le déficit des administrations publiques locales se creuse de 4 milliards (7,2 milliards après 3,2 milliards en 2006). Les dépenses locales augmentent de 7,0 % en valeur, après 5,5 % en 2006, sous l'impulsion de plusieurs postes. L'investissement local évolue à un rythme toujours soutenu (+ 8,2 % en valeur). La masse salariale progresse fortement (+ 8,2 % en valeur), entre autres du fait des transferts de compétences liés au second volet de la décentralisation. Enfin, les charges d'intérêt accélèrent sensiblement en raison de la hausse des taux d'intérêt et de la progression de l'endettement des collectivités locales.

Les comptes des administrations de sécurité sociale s'améliorent de 1,6 milliard d'euros en 2007. Les dépenses d'assurance maladie augmentent plus fortement qu'en 2006 (4,2 % après 3,1 %), en raison principalement d'une reprise des dépenses de soins de ville. Les prestations chômage continuent de décroître rapidement (– 7 %). Enfin, les prestations vieillesse progressent toujours sur un rythme soutenu avec l'arrivée des classes d'après-guerre aux âges de la retraite et les effets du dispositif de départs anticipés pour carrière longue.

À la fin de 2007, la dette des administrations publiques au sens de Maastricht s'élève à 1 209,5 milliards d'euros, soit 63,9 % du PIB. La contribution de l'État à la dette atteint 930 milliards, celle des Odac 97 milliards, celle des administrations publiques locales 136 milliards et celle des administrations de sécurité sociale 46 milliards.

En 2006, les dépenses totales des administrations publiques au sein de l'Union européenne à 27 représentaient 46,8 % du PIB, le taux le plus bas en cinq ans. Dans cinq États membres, le niveau des dépenses des administrations publiques s'est établi à plus de 50 % du PIB (Suède, France, Hongrie, Danemark et Italie) ; dans quatre autres États membres, le niveau des dépenses était inférieur ou égal à 35 % (Roumanie, Irlande, Lituanie, Estonie). Les transferts sociaux ont été la principale composante des dépenses publiques européennes (42 % des dépenses). La rémunération des salariés est le deuxième poste de dépenses, représentant plus d'un cinquième du total. ■

Définitions

Administrations publiques : voir rubrique « Pour comprendre ».

Budget général : part du budget regroupant les recettes et les dépenses des services publiques administratifs, par opposition aux budgets annexes et aux comptes spéciaux du Trésor.

Capacité et besoin de financement : solde du compte de capital. Voir rubrique « Pour comprendre ».

Déficit public notifié : voir rubrique « Pour comprendre ».

Dette publique notifiée (ou dette publique) : voir rubrique « Pour comprendre ».

Loi organique relative aux lois de finances (Lolf) : promulguée le 1er août 2001 et mise en œuvre en 2005, elle réforme en profondeur la gestion de l'État. Voir rubrique « Pour comprendre ».

Organismes divers d'administration centrale (Odac) : organismes auxquels l'État a confié une compétence fonctionnelle, spécialisée, au niveau national (Anpe et Inserm par exemple). Ce sont généralement des établissements publics à caractère administratif.

Pour en savoir plus

- « L'économie française » *Insee – Références*, édition 2008.
- « Les comptes des administrations publiques en 2007 », *Insee Première* n° 1190, mai 2008.
- « Les comptes de la Nation en 2007 », *Insee Première* n° 1189, mai 2008.
- « Déficit public de la zone euro et de l'UE27 », *communiqué de presse* n°54, Eurostat, avril 2008.
- « Projet de loi de finances pour 2008 » (www.minefe.gouv.fr).

Principales dépenses des administrations publiques en 2007

	État		ODAC		Adm. publiques locales		Adm. de sécurité sociale		**Adm. publiques[2]**	
	en Mds d'euros	2007/06 en %	en Mds d'euros	2007/06 en %	en Mds d'euros	2007/06 en %	en Mds d'euros	2007/06 en %	**en Mds d'euros**	**2007/06 en %**
Consommations intermédiaires	20,8	– 2,3	9,5	3,8	43,1	4,7	22,3	5,7	**95,8**	**3,3**
Rémunérations des salariés	116,8	1,3	11,8	5,5	60,6	8,2	54,1	3,5	**243,3**	**3,7**
Intérêts	42,1	9,7	4,5	7,1	4,5	28,1	1,9	78,3	**51,8**	**12,2**
Prestations sociales[1]	56,9	3,0	17,3	3,4	17,6	5,7	345,1	4,1	**436,9**	**4,0**
Formation brute de capital fixe	6,7	– 0,9	3,6	3,8	45,1	8,2	6,3	1,4	**61,8**	**6,1**
Total des dépenses[2]	**377,3**	**– 0,5**	**69,6**	**11,2**	**212,2**	**7,0**	**459,7**	**5,4**	**991,0**	**4,0**

1. En espèces et en nature.
2. Les transferts au sein d'un même secteur sont consolidés. La somme des dépenses des secteurs est donc supérieure à celle de l'ensemble des administrations publiques.
Source : Insee, comptes nationaux - base 2000.

Structure des dépenses du budget général selon la Lolf

en %

	2000	2005	2006
Dépenses de personnel	**39,5**	**42,5**	**43,6**
Dotation des pouvoirs publics	...	0,3	0,3
Dépenses de fonctionnement	...	11,4	12,8
Charges de la dette de l'État	...	13,2	14,4
Dépenses d'investissement	...	4,6	4,7
Dépenses d'intervention	...	27,9	23,9
Dépenses d'opérations financières	...	0,8	0,2
Total des dépenses hors personnel	**60,5**	**57,5**	**56,4**
Total du budget général (dette brute)	**100,0**	**100,0**	**100,0**

Champ : dépenses du budget général nettes des recettes d'ordre.
Source : ministère du Budget, des Comptes publics et de la Fonction publique.

Crédits du budget général par mission pour 2008

en millions d'euros

Mission	Autorisations d'engagement	Crédits de paiement
Action extérieure de l'État	2 299	2 283
Administration générale et territoriale de l'État	2 778	2 657
Agriculture, pêche, forêt et affaires rurales	3 119	2 877
Aide publique au développement	4 498	3 106
Anciens combattants, mémoire et liens avec la nation	3 762	3 768
Culture	2 889	2 771
Défense	35 990	36 780
Développement et régulation économiques	1 297	1 268
Écologie, dév. et aménagements durables	10 150	10 106
Engagements financiers de l'État	42 439	42 439
Enseignement scolaire	59 318	59 264
Gestion des finances publiques et des ressources humaines	11 703	11 265
Justice	7 306	6 519
Outre-mer	1 764	1 730
Recherche et enseignement supérieur	23 372	23 279
Régimes sociaux et de retraite	5 124	5 124
Relations avec les collectivités territoriales	2 263	2 199
Sécurité	16 263	15 911
Solidarité, insertion et égalité des chances	12 123	12 045
Travail et emploi	12 360	12 323
Ville et logement	7 692	7 176
Autres missions	7 213	6 920
Total des crédits	**275 722**	**271 810**

Source : ministère du Budget, des Comptes publics et de la Fonction publique.

Emplois ministériels autorisés en 2008

Ministères	Solde des créations et suppressions de postes[1]	Plafond des autorisations d'emplois[2]
Affaires étrangères et européennes	– 118	16 082
Agriculture et Pêche	– 575	36 590
Budget, Comptes publics et Fonction publ.	– 2 625	150 780
Culture et Communication	– 106	11 005
Défense	– 6 037	426 429
Écologie, Dév. et Aménagement durables	– 1 192	86 793
Économie, Finances et Emploi	– 205	16 365
Éducation nationale	– 11 200	1 005 891
Enseignement supérieur et Recherche	...	150 207
Immigration, Intégration, Id. nationale et Codév.	100	609
Intérieur, Outre-mer et Collectivités territoriales	– 2 306	190 570
Justice	1 615	72 094
Logement et Ville	100	3 145
Santé, Jeunesse et Sports	– 107	7 044
Services du Premier ministre	– 1	2 590
Conseil et Contrôle de l'État	49	4 960
Travail, Relations sociales et Solidarité	– 183	24 723
Budget général	**– 22 791**	**2 206 737**
Contrôle et exploitation aériens	– 106	11 290
Publications officielles et information adm.	– 24	1 008
Budgets annexes	**– 130**	**12 298**
Total État	**– 22 921**	**2 219 035**

1. En équivalent temps plein (ETP).
2. En équivalent temps plein travaillé (ETPT).
Source : ministère du Budget, des Comptes publics et de la Fonction publique.

@ Dépenses des administrations publiques dans quelques pays européens en 2006

en % du PIB

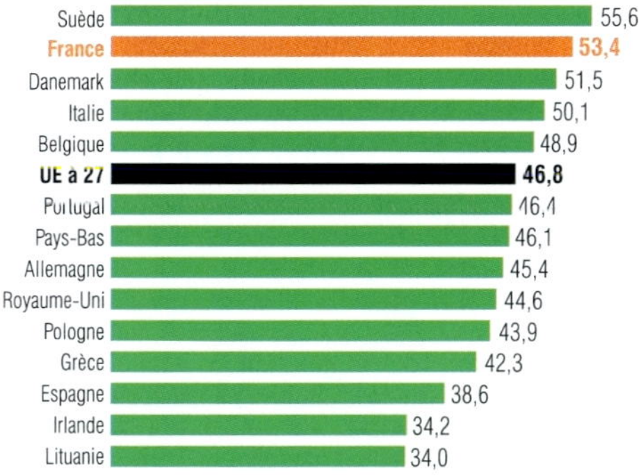

Source : Eurostat.

13.4 Finances publiques locales

Au 1er janvier 2008, 33 636 communes sont regroupées en 2 583 groupements, dont 2 393 communautés de communes, 171 communautés d'agglomération et 14 communautés urbaines, soit près de 87 % de la population et 92 % des communes. Les **groupements à fiscalité propre** se sont considérablement développés avec la mise en œuvre de la loi d'orientation relative à l'administration territoriale de la République de 1992, puis de la loi du 12 juillet 1999 relative au renforcement et à la simplification de la **coopération intercommunale**. Le régime fiscal de la taxe professionnelle unique (TPU) concerne 1224 groupements, plus de 42 millions d'habitants et 16 336 communes.

En 2006, le produit prélevé par les collectivités locales au titre des quatre taxes directes locales s'élève à 60 milliards d'euros, avec une évolution moyenne des taux de + 2,7 %. La hausse des produits de fiscalité résulte à la fois du dynamisme des bases d'imposition et de la progression de la pression fiscale, la hausse des taux étant toutefois plus modérée qu'en 2005. La répartition du produit de ces quatre taxes est différenciée selon les taxes et les collectivités. La taxe professionnelle produit plus de 26 milliards d'euros alors que la taxe sur le foncier non bâti produit moins d'un milliard d'euros. La taxe sur le foncier bâti et la taxe d'habitation atteignent respectivement 19 et 14 milliards d'euros en 2006.

Près de 10 milliards sont collectés au titre de la taxe d'enlèvement des ordures ménagères (TEOM) et du versement destiné aux transports en commun.

Le produit global de la **fiscalité directe** se répartit inégalement entre le secteur communal (communes et **établissements publics de coopération intercommunale**), les départements et les régions. Un peu moins des deux tiers (62 %) du produit des quatre taxes est prélevé par les communes et les **EPCI**, 30 % par les départements et un peu plus de 7 % par les régions.

La présentation par fonction des budgets primitifs 2007 des régions et départements illustre la répartition des compétences entre collectivités. Les régions ont des compétences renforcées et élargies dans le domaine de la formation professionnelle, de l'apprentissage et de l'enseignement (41 % de leur budget) mais aussi dans les transports (25 % du budget), avec notamment les services régionaux de voyageurs, et dans le domaine de l'action économique (8 % du budget). Les départements ont des compétences renforcées et élargies dans le domaine de l'action sociale (48 % de leur budget total). Les gestions des réseaux et infrastructures et de l'enseignement représentent aussi respectivement 11 % et 8 % des budgets départementaux. En 2007, les prévisions montrent une accélération de la croissance des frais de personnel, très sensible dans les régions (+ 104 %) et moins dans les départements (+ 16 %), du fait de la poursuite du transfert de compétences de services et agents de l'État. ■

Définitions

Administrations publiques locales : comprennent les collectivités locales et les organismes divers d'administration locale (ODAL). Voir rubrique « Pour comprendre ».

Collectivités territoriales : structures administratives françaises, distinctes de l'administration de l'État, qui doivent prendre en charge les intérêts de la population d'un territoire précis. Voir rubrique « Pour comprendre ».

Établissements publics de coopération intercommunale (EPCI) : regroupements de communes ayant pour objet l'élaboration de «projets communs de développement au sein de périmètres de solidarité». Voir rubrique « Pour comprendre ».

Fiscalité locale : comprend la fiscalité directe (taxe foncière sur les propriétés bâties, taxe foncière sur les propriétés non bâties, taxe d'habitation, taxe professionnelle) et la fiscalité indirecte (droits de mutation, carte grise...).

Groupement de communes à fiscalité propre : un groupement de communes à fiscalité propre est une structure intercommunale ayant la possibilité de lever l'impôt (taxe d'habitation, taxe sur le foncier bâti et le foncier non bâti, taxe professionnelle).

Pour en savoir plus

- « Les comptes des administrations publiques en 2007 », *Insee Première* n° 1190, mai 2008.
- « Les collectivités locales en chiffres 2008 », DGCL, mars 2008.
- « Les budgets primitifs des collectivités locales en 2007 », *Bulletin d'informations statistiques* n° 56, DGCL, octobre 2007.
- « Les finances des collectivités locales en 2007 », *Rapport* de l'Observatoire des finances locales, juillet 2007.

Finances des collectivités territoriales en 2007

	2007	2007/06 en %		2007	2007/06 en %
Fonctionnement	122,6	6,8	Fonctionnement	138,6	4,1
dont : personnel	*40,8*	*8,4*	*dont : impôts et taxes*	*82,3*	*5,6*
intérêts	*3,5*	*8,9*	*dont produit des quatre taxes*	*48,4*	*1,2*
transferts versés	*52,2*	*6,7*	*dotations et transferts*	*46,3*	*1,9*
Investissement	70,9	5,2	Investissement	43,7	2,9
dont : équipement brut	*48,5*	*7,2*	*dont : dotations, subventions*	*16,0*	*2,3*
remboursement de dette	*8,5*	*– 4,8*	*emprunts*	*26,3*	*3,3*
Total des dépenses	**193,6**	**6,2**	**Total des recettes**	**182,3**	**3,8**

Champ : collectivités territoriales au sens strict (communes, départements et régions) ; données non consolidées.
Source : DGCL.

Groupements à fiscalité propre

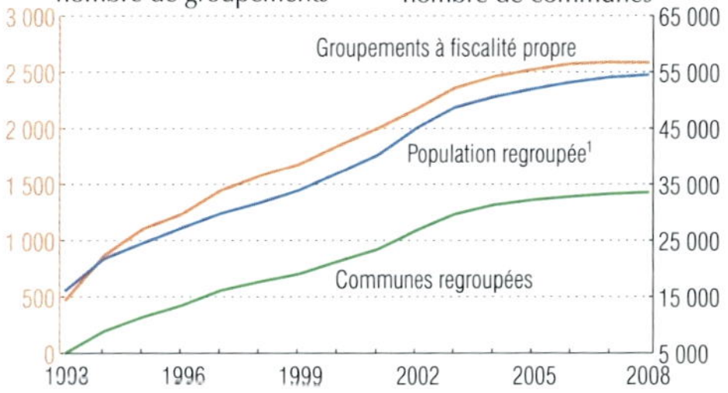

1. Population totale au recensement de 1999 corrigée des recensements complémentaires le cas échéant.
Source : DGCL.

Dépenses au titre des compétences transférées aux collectivités locales

en millions d'euros

	2005	2006 (r)	2007 (e)
Aux départements			
Aide sociale	25 929	27 748	29 261
Collèges	3 345	3 410	4 168
dont investissement	*2 371*	*2 344*	*2 622*
SDIS[1]	1 740	1 951	2 072
Aux régions			
Formation professionnelle[2]	3 123	3 993	5 116
Lycées	3 606	3 888	5 409
dont investissement	*2 435*	*2 534*	*3 034*
Régionalisation ferroviaire	2 748	2 885	3 296

1. Services départementaux d'incendie et de secours.
2. Y compris apprentissage.
Source : DGCL.

Données budgétaires selon le type de collectivités territoriales

en euros par habitant[1]

	2004 (r)	2005 (r)	2006 (e)
Dépenses totales[2]			
Régions	288	305	341
Départements	895	953	925
Communes	1 309	1 348	1 409
dont 300 000 hab. ou plus	*1 747*	*1 848*	*1 917*
Impôts et taxes[3]			
Régions	97	111	133
Départements	453	492	529
Communes	593	613	621
dont 300 000 hab. ou plus	*595*	*607*	*597*

1. Population au recensement de la population de 1999.
2. Fonctionnement et investissement (hors gestion active de dette).
3. Directs et indirects, hors compensations fiscales (communes hors groupements).
Source : DGCL.

Structure de la fiscalité locale en 2006

en milliards d'euros

Nature des impôts	Communes et groupements[1]	Départements	Régions	Total
Taxe d'habitation	9,44	4,53	///	**13,97**
Taxe sur le foncier bâti	11,65	5,50	1,59	**18,74**
Taxe sur le foncier non bâti	0,75	0,05	0,01	**0,81**
Taxe professionnelle	15,89	8,05	2,76	**26,70**
Produits votés des 4 taxes	**37,73**	**18,13**	**4,36**	**60,22**
Droits de mutation à titre onéreux	2,10	7,39	///	**9,49**
Taxe intérieure sur les produits pétroliers	///	5,04	1,02	**6,06**
Versement destiné aux transports en commun	5,28	///	///	**5,28**
Taxe d'enlèvement des ordures ménagères	4,60	///	///	**4,60**
Taxe sur les cartes grises	///	///	1,83	**1,83**
Taxe sur l'électricité	0,94	0,50	///	**1,44**
Impôts et taxes d'outre-mer	0,72	0,15	0,48	**1,35**
Autres taxes	1,28	1,43	0,64	**3,34**
Autres contributions[2]	**14,91**	**14,51**	**3,97**	**33,39**
Total taxes	**52,64**	**32,64**	**8,33**	**93,61**

1. Y compris syndicats intercommunaux à contributions financières.
2. Hors taxes liées à l'urbanisme.
Source : DGCL.

Concours financiers de l'État aux collectivités locales

en millions d'euros

	2007	2008
Dotations et subventions de fonctionnement	40 154	40 911
Dotations et subventions d'équipement[1]	7 977	8 269
Financement des transferts de compétences	4 002	4 110
Compensations d'exonérations et de dégrèvements législatifs	13 649	17 356
Ensemble	**65 781**	**70 646**
Fiscalité transférée	*17 252*	*20 342*

1. Autorisations de programme. Champ : loi de finances initiale.
Source : DGCL.

Poids des impôts locaux dans quelques pays européens en 2006

en % du PIB

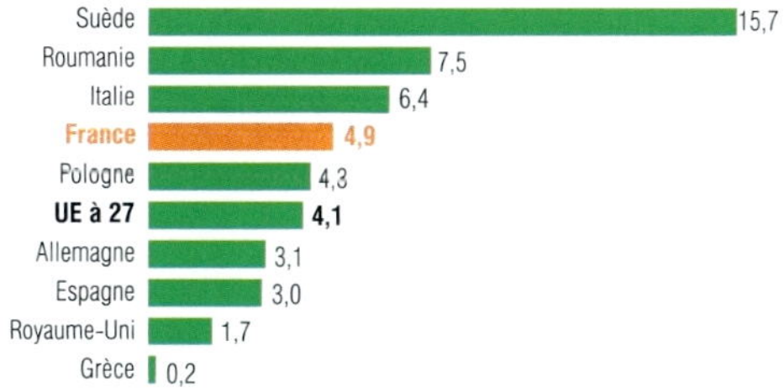

Source : Eurostat.

13.5 Union monétaire européenne

Après une nette accélération en 2006 (+ 2,7 % après + 1, 6 %), la croissance de la **zone euro** s'est quasiment maintenue en 2007 (+ 2,6 %). Mais ce quasi-maintien en moyenne annuelle cache un ralentissement en cours d'année. Depuis le début de la phase de reprise, à la fin 2003, les divergences entre grands pays de la zone quant à la composition de leur croissance se sont à peine réduites. Les performances à l'exportation sont inégales, très bonnes en Allemagne, mais nettement en retrait dans les autres pays. Les taux de croissance de la demande intérieure sont également très variables : la consommation est faible en Allemagne, mais dynamique en Espagne et en France ; l'investissement en construction est en croissance rapide en Espagne, mais atone en Allemagne. Trois éléments ont pesé sur la croissance de la zone euro : un choc fiscal en Allemagne (hausse de TVA), un freinage de l'investissement en cours d'année et un ralentissement de la demande mondiale adressée à la zone euro.

Le 1er janvier 2007, le taux normal de la taxe sur la valeur ajoutée a été porté à 19 % en Allemagne (contre 16 % auparavant). En prévision de cette hausse, les ménages allemands avaient anticipé leurs dépenses fin 2006 ; il s'en est suivi un recul important de leur consommation au premier trimestre de 2007. Par la suite, les ménages allemands ont fait preuve d'un comportement d'épargne prudent, malgré l'amélioration du marché de l'emploi. Sur l'ensemble de l'année, la consommation des ménages allemands est de nouveau restée à la traîne du reste de la zone (– 0,5 %, après + 1,1 %). Après quatre années de vive croissance, l'investissement productif de la zone euro, bien que toujours solide en moyenne annuelle sur 2007, a progressivement ralenti en cours d'année. L'effort nécessaire pour maintenir les capacités en phase avec la demande est devenu moindre. Dans le même temps, des signes de fragilité sur l'investissement immobilier sont apparus dans les pays où les prix avaient atteint des niveaux très élevés, freinant ainsi la demande. En outre, les turbulences financières liées aux difficultés du secteur des crédits hypothécaires à haut risque aux États-Unis ont entraîné à partir de l'été un durcissement des conditions de financement, défavorable à l'investissement.

Les exportations de la zone euro, bien qu'en décélération, ont plutôt bien résisté au ralentissement de la demande mondiale et à l'appréciation de l'euro. Toutefois, cette résistance tient beaucoup aux performances hors zone euro de l'Allemagne, toujours exceptionnelles. Bien que les exportations de tous les pays européens aient ralenti, le choc négatif de demande extérieure a affecté principalement ceux qui, pour des raisons structurelles, avaient le moins bénéficié de l'expansion du commerce mondial au cours de ces dernières années (Italie, Espagne et dans une moindre mesure France). ■

Définitions

Critères de convergence du traité de Maastricht : le traité impose aux États membres de satisfaire simultanément aux cinq critères de convergence suivants (valeurs de référence) pour participer à la monnaie unique (l'euro) :

– le critère de stabilité des prix : le taux d'inflation ne devra pas dépasser de plus de 1,5 % la moyenne des taux des trois États membres les moins inflationnistes.

– les critères de maîtrise des déficits publics : le déficit des finances publiques ne devra pas dépasser 3 % du PIB pour l'ensemble des administrations publiques et la dette publique devra être limitée à 60 % maximum du PIB.

– le critère de stabilité des changes impose le respect des marges normales de fluctuation prévues par le SME, sans dévaluation de la monnaie par rapport à celle d'un autre État membre depuis au moins deux ans.

– le caractère durable de la convergence mesuré par le niveau du taux d'intérêt nominal à long terme qui ne devra pas dépasser de plus de 2 % la moyenne des taux d'intérêt des trois pays les moins inflationnistes.

Zone euro : concerne désormais quinze pays (Allemagne, Autriche, Belgique, Chypre, Espagne, Finlande, France, Grèce, Irlande, Italie, Luxembourg, Malte, Pays-Bas, Portugal et Slovénie). Chypre et Malte sont entrées dans l'Union monétaire européenne au 1er janvier 2008.

PIB : voir rubrique « Pour comprendre ».

Pour en savoir plus

- « Zone euro – Principaux indicateurs économiques et financiers », Banque de France, juillet 2008.
- « L'Économie française », *Insee – Références*, édition 2008.
- *Bulletin de la Banque de France*, mensuel.
- *Bulletin de la Banque centrale européenne*, mensuel.

Taux de change de l'euro contre devises

pour un euro, en fin de période

	2006	2007	juin 2008
Dollar	1,3170	1,4721	1,5764
Yen	156,93	164,93	166,44
Livre sterling	0,6715	0,7334	0,7923
Franc suisse	1,6069	1,6547	1,6056
Couronne danoise	7,4560	7,4583	7,4579
Couronne estonienne	15,647	15,647	15,647
Couronne slovaque	34,435	33,583	30,205
Couronne suédoise	9,0404	9,4415	9,4703
Couronne tchèque	27,485	26,628	23,893
Forint hongrois	251,77	253,73	235,43
Lats letton	0,6972	0,6964	0,7047
Leu roumain	3,3835	3,6077	3,6415
Lev bulgare	1,9558	1,9558	1,9558
Litas lituanien	3,4528	3,4528	3,4528
Zloty polonais	3,8310	3,5935	3,3513

Source : Banque centrale européenne.

Part des différents pays dans le PIB de la zone euro en 2007

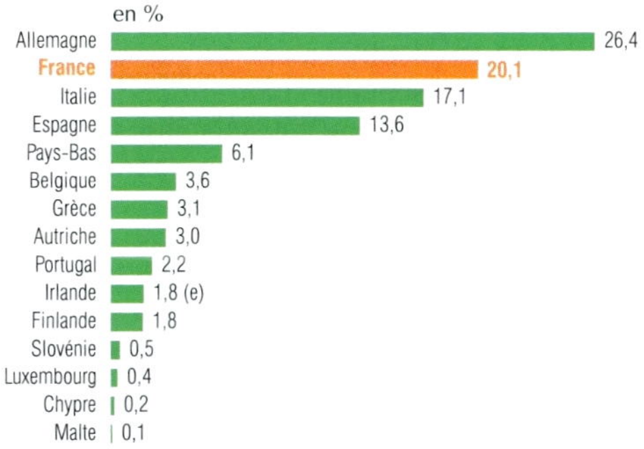

Note : PIB calculés en standard de pouvoir d'achat afin d'éliminer les différences de niveaux de prix nationaux.
Source : Eurostat.

Situation des pays de l'Union européenne à 27 par rapport aux critères de convergence

	Solde des finances publiques en % du PIB[1]			Dette publique en % du PIB[1 2]			Inflation en %[3]			Taux d'intérêt à long terme en %[4]		
	2005	2006	2007	2005	2006	2007	2005	2006	2007	2005	2006	2007
Allemagne	– 3,4	– 1,6	0,0	67,8	67,6	65,0	1,9	1,8	2,3	3,35	3,76	4,22
Autriche	– 1,5	– 1,5	– 0,5	63,5	61,8	59,1	2,1	1,7	2,2	3,39	3,80	4,29
Belgique	– 2,3	0,3	– 0,2	92,1	88,2	84,9	2,5	2,3	1,8	3,43	3,82	4,33
Bulgarie	1,8	3,0	3,4	29,2	22,7	18,2	6,0	7,4	7,6	3,87	4,18	4,54
Chypre	– 2,4	– 1,2	3,3	69,1	64,8	59,8	2,0	2,2	2,2	5,16	4,13	4,48
Danemark	5,0	4,8	4,4	36,4	30,4	26,0	1,7	1,9	1,7	3,40	3,81	4,29
Espagne	1,0	1,8	2,2	43,0	39,7	36,2	3,4	3,6	2,8	3,39	3,78	4,31
Estonie	1,8	3,4	2,8	4,5	4,2	3,4	4,1	4,4	6,7	4,17	5,01	6,09
Finlande	2,9	4,1	5,3	41,3	39,2	35,4	0,8	1,3	1,6	3,35	3,78	4,29
France	**– 2,9**	**– 2,4**	**– 2,7**	**66,4**	**63,6**	**64,2**	**1,9**	**1,9**	**1,6**	**3,41**	**3,80**	**4,30**
Grèce	– 5,1	– 2,6	– 2,8	98,0	95,3	94,5	3,5	3,3	3,0	3,59	4,07	4,50
Hongrie	– 7,8	– 9,2	– 5,5	61,6	65,6	66,0	3,5	4,0	7,9	6,60	7,12	6,74
Irlande	1,6	3,0	0,3	27,4	25,1	25,4	2,2	2,7	2,9	3,33	3,77	4,31
Italie	– 4,2	– 3,4	– 1,9	105,8	106,5	104,0	2,2	2,2	2,0	3,56	4,05	4,49
Lettonie	– 0,4	– 0,2	0,0	12,4	10,7	9,7	6,9	6,6	10,1	3,88	4,13	5,28
Lituanie	– 0,5	– 0,5	– 1,2	18,6	18,2	17,3	2,7	3,8	5,8	3,70	4,08	4,55
Luxembourg	– 0,1	1,3	2,9	6,1	6,6	6,8	3,8	3,0	2,7	3,37	3,92	4,56
Malte	– 3,0	– 2,6	– 1,8	70,4	64,2	62,6	2,5	2,6	0,7	4,56	4,32	4,72
Pays-Bas	– 0,3	0,5	0,4	52,3	47,9	45,4	1,5	1,7	1,6	3,37	3,78	4,29
Pologne	– 4,3	– 3,8	– 2,0	47,1	47,6	45,2	2,2	1,3	2,6	5,22	5,23	5,48
Portugal	– 6,1	– 3,9	– 2,6	63,6	64,7	63,6	2,1	3,0	2,4	3,44	3,91	4,42
République tchèque	– 3,6	– 2,7	– 1,6	29,7	29,4	28,7	1,6	2,1	3,0	3,54	3,80	4,30
Roumanie	– 1,2	– 2,2	– 2,5	15,8	12,4	13,0	9,1	6,6	4,9	...	7,23	7,13
Royaume-Uni	– 3,4	– 2,6	– 2,9	42,1	43,1	43,8	2,0	2,3	2,3	4,46	4,37	5,06
Slovaquie	– 2,8	– 3,6	– 2,2	34,2	30,4	29,4	2,8	4,3	1,9	3,52	4,41	4,49
Slovénie	– 1,5	– 1,2	– 0,1	27,5	27,2	24,1	2,5	2,5	3,8	3,81	3,85	4,53
Suède	2,2	2,3	3,5	50,9	45,9	40,6	0,8	1,5	1,7	3,38	3,71	4,17
Valeur de référence	**– 3,0**	**– 3,0**	**– 3,0**	**60,0**	**60,0**	**60,0**	**2,5**	**2,9**	**2,8**	**5,37**	**6,24**	**6,43**

1. Chiffres notifiés par la Commission européenne en avril 2008. 2. Dette brute des administrations publiques au sens de Maastricht. 3. Indice des prix à la consommation harmonisés, en moyenne annuelle. 4. En moyenne annuelle. *Source : Eurostat.*

Comparaison de la zone euro à 15 aux États-Unis et au Japon

	Zone euro	États-Unis	Japon		**Zone euro**	États-Unis	Japon
Population 2007 (en millions)	**320,5**	302,3	127,7	Évolution prix à la consom. 2007 (en %)[1]	**2,1**	2,9	0,1
Taux de chômage 2007 (en %)[1]	**7,4**	4,6	3,8	Évolution prod. industrielle 2007 (en %)[3]	**3,4**	1,7	2,9
PIB 2007 (en milliards de SPA)[2]	**8 742,4**	7 360,6	3 607,1	Évolution vente au détail en vol. 2007 (en %)[1]	**0,9**	3,8	– 0,1
PIB par habitant 2007 (en SPA)[2]	**27 300**	24 400	28 200	Exportations 2006 (en % du PIB)[4]	**40,2**	11,2	16,1
Croissance en volume du PIB 2007 (en %)[1]	**2,7**	2,2	2,0	Importations 2006 (en % du PIB)[4]	**39,1**	17,0	14,8
Déficit public 2007 (en % du PIB)	**– 0,6**	– 3,0	– 2,4	Solde des transactions courantes 2005 (en % du PIB)	**– 0,2**	– 6,1	3,9
Dette publique brute 2007 (en % du PIB)	**66,4**	62,8	170,3	Taux d'intérêt à long terme 2007[1]	**4,33**	4,69	1,68

1. En moyenne annuelle. 2. Standard de pouvoir d'achat. 3. Hors bâtiment, en moyenne annuelle. 4. Biens et services. *Sources : Eurostat ; OCDE.*

14.1 Commerce extérieur

En 2007, les échanges extérieurs de **biens et services** marquent le pas. Les **exportations** progressent de 3 % en volume et les **importations** de 6 %. Le ralentissement de la demande mondiale adressée à la France et la détérioration de la compétitivité liée à l'appréciation de l'euro pèsent sur les exportations tandis que la robustesse de la demande intérieure alimente le dynamisme des importations.

Le **solde de la balance des biens et services,** mesuré FAB-FAB, en dégradation continue depuis 2002, passe d'un déficit de 23 milliards en 2006 à 36 milliards en 2007. Le ralentissement des exportations (+ 3 %, après + 5 %) est plus accentué que celui des importations (+ 5 % après + 6 %).

Le solde extérieur du secteur de l'agriculture et des industries agroalimentaires dégage un excédent de 9 milliards d'euros. En revanche la détérioration du solde manufacturier se poursuit, due en partie à la quasi-disparition de l'excédent automobile. La facture énergétique fléchit de 1 milliard d'euros, pour atteindre 45 milliards d'euros, dans un contexte de croissance modérée en moyenne annuelle des prix de l'énergie.

Le déficit des échanges de services (hors tourisme) continue à se creuser de – 3 milliards d'euros après – 4 milliards en 2006 sous l'effet d'une progression des importations nettement plus rapide que celle des exportations. Cette dégradation est due principalement au négoce international et aux services rendus aux entreprises. L'excédent touristique s'améliore pour dépasser les 11 milliards. Les recettes (+ 9 %), c'est-à-dire les dépenses des touristes étrangers en France, augmentent plus rapidement que celles des touristes français à l'étranger (+ 8 %).

Le déficit des opérations de répartition se creuse de 2 milliards d'euros pour s'établir à 16 milliards d'euros. Les revenus de la propriété augmentent nettement, aussi bien les revenus versés par les résidents français (+ 21 %) que ceux versés par les non-résidents (+ 19 %).

Au final, le **besoin de financement** de la France augmente de 15 milliards d'euros. Il s'élève à 52 milliards d'euros.

En 2007, près de 157 000 entreprises françaises effectuent des échanges internationaux de marchandises. Le nombre d'entreprises exportatrices est en léger repli par rapport à 2006. Celui des entreprises importatrices est quasiment stable. Les opérateurs du secteur du commerce sont plus nombreux, surtout à l'importation. En revanche, ceux de l'industrie réalisent les montants d'échange les plus importants, avec près de trois quarts des exportations.

En 2007, le commerce extérieur de l'Union européenne à 27 avec le reste du monde s'élève à 1 239 milliards d'euros pour les exportations et 1 424 milliards pour les importations. Son principal client est les États-Unis (261 millions d'euros) et son principal fournisseur la Chine (231 millions d'euros). La balance commerciale est déficitaire de 186 milliards d'euros. ■

Définitions

Toutes les données du commerce extérieur (produits, pays) sont **CAF-FAB.** Voir rubrique « Pour comprendre ».

Balance des biens et des services : voir rubrique « Pour comprendre ».

Besoin ou capacité de financement : solde du compte de capital. Voir rubrique « Pour comprendre ».

Correction territoriale : dépenses des résidents à l'étranger moins les dépenses des non-résidents en France.

Exportations de biens et de services : ensemble des biens et des services fournis par des résidents à des non-résidents, à titre onéreux ou gratuit.

Importations de biens et de services : ensemble des biens et des services fournis par des non-résidents à des résidents, à titre onéreux ou gratuit.

Industries manufacturières : voir rubrique « Pour comprendre ».

Solde du commerce extérieur : différence entre la valeur des exportations et celle des importations.

Taux de couverture : voir rubrique « Pour comprendre »

Pour en savoir plus

- « L'Économie française », *Insee – Références*, édition 2008.
- « Excédent de plus de 80 milliards d'euros du commerce extérieur de l'UE27 avec les États-Unis en 2007 », *communiqué de presse*, Eurostat, juin 2008.
- « Les comptes de la Nation en 2007 – La progression de l'activité se maintient », *Insee Première* n° 1189, mai 2008.
- « Le commerce extérieur en 2007 », direction générale des Douanes et Droits indirects.

Solde des échanges extérieurs

en milliards d'euros courants

	2004	2005 (r)	2006 (r)	2007 (p)
Échanges de biens FAB-FAB	– 5,1	– 21,6	– 26,6	– 38,4
Échanges de services hors tourisme	– 3,1	– 2,2	– 6,3	– 9,5
dont : négoce international	*– 1,7*	*– 1,1*	*– 0,9*	*– 1,7*
transports	*– 4,3*	*– 6,0*	*– 7,2*	*– 7,4*
services rendus aux entreprises	*2,1*	*2,4*	*0,3*	*– 1,5*
dont postes et télécom.	*0,9*	*1,1*	*1,3*	*1,1*
activités culturelles et récréatives	*0,0*	*– 0,1*	*– 0,1*	*– 0,3*
assurances	*– 0,5*	*– 0,9*	*– 1,3*	*– 0,8*
organismes financiers	*1,2*	*3,2*	*2,6*	*2,0*
santé	*0,2*	*0,3*	*0,3*	*0,3*
Tourisme	9,8	8,9	10,1	11,5
Opérations de répartition	– 10,2	– 16,0	– 14,2	– 15,7
dont : rémunération des salariés	*7,9*	*7,9*	*8,0*	*8,2*
impôts sur la production et les importations	*– 3,8*	*– 4,5*	*– 4,7*	*– 4,9*
subventions	*9,6*	*9,6*	*9,6*	*9,2*
intérêts	*– 12,6*	*– 14,8*	*– 15,3*	*– 12,9*
dividendes	*5,4*	*5,7*	*4,2*	*4,5*
autres revenus de la propriété	*6,7*	*7,3*	*10,8*	*5,8*
primes d'assurance	*0,9*	*0,7*	*0,1*	*0,1*
indemnités d'assurance	*– 1,0*	*– 1,0*	*– 1,0*	*– 1,0*
coopération internationale courante	*– 4,5*	*– 5,1*	*– 4,8*	*– 5,2*
transferts courants divers	*– 14,0*	*– 16,7*	*– 16,4*	*– 16,0*
transferts en capital	*0,4*	*– 0,1*	*1,1*	*0,6*
Capacité de financement de la Nation	**– 8,5**	**– 30,8**	**– 37,0**	**– 52,1**

Source : Insee, comptes nationaux - base 2000.

Taux de couverture à prix courants de l'ensemble des biens et services

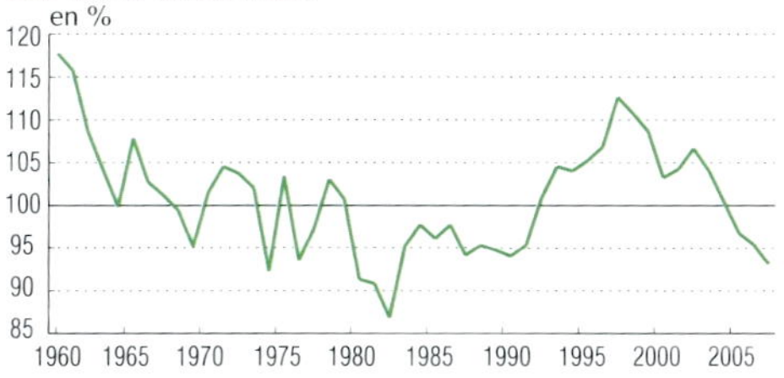

Source : Insee, comptes nationaux - base 2000.

Commerce extérieur de l'UE à 27 avec ses 20 principaux partenaires à l'exportation en 2007

Rang		Exportations		Importations		Balance comm.
		en Mds d'euros	Évol. 2007/06 en %	en Mds d'euros	Évol. 2007/06 en %	en Mds d'euros
1	États-Unis	261,3	– 2,9	180,9	3,2	80,4
2	Suisse	92,7	5,6	76,8	7,2	15,9
3	Russie	89,1	23,2	143,5	1,9	– 54,5
4	Chine[1]	71,7	12,5	231,3	18,7	– 159,5
5	Turquie	52,6	5,2	46,9	12,4	5,7
6	Japon	43,7	– 2,3	77,9	0,8	– 34,2
7	Norvège	43,4	12,7	76,6	– 3,2	– 33,3
8	Inde	29,4	20,7	26,2	16,1	3,2
9	Émirats arabes unis	26,8	6,1	5,6	– 2,4	21,2
10	Canada	25,9	– 3,0	23,3	17,8	2,6
11	Corée du Sud	24,8	8,4	39,4	– 3,4	– 14,6
12	Australie	22,7	6,6	11,8	5,9	10,9
13	Ukraine	22,4	22,5	12,4	25,5	10,0
14	Brésil	21,3	20,0	32,6	20,0	– 11,3
15	Hong-Kong	20,9	– 2,9	10,9	– 11,5	10,1
16	Singapour	20,6	4,6	18,4	– 4,8	2,2
17	Afrique du Sud	20,5	3,0	20,9	13,1	– 0,5
18	Arabie Saoudite	20,1	13,9	18,3	– 21,8	1,8
19	Israël	14,4	3,4	11,3	13,5	3,1
20	Taïwan	13,3	0,8	26,1	– 2,3	– 12,7
	Total Monde	**1 238,7**	**6,9**	**1 424,2**	**5,4**	**– 185,5**

1. Non compris Hong-Kong.
Source : Eurostat.

Exportations et importations par groupe de produits en 2007

en milliards d'euros

	Exportations FAB	Importations CAF
Agriculture, sylviculture et pêche	**11,9**	**9,8**
Industrie	**390,4**	**444,4**
Industries agricoles et alimentaires	35,2	28,0
Biens de consommation	60,8	71,2
Industrie automobile	51,4	50,4
Biens d'équipement	97,9	92,2
Biens intermédiaires	126,3	139,0
Énergie	18,8	63,6
Services marchands	**60,3**	**70,1**
Commerce	3,1	4,9
Transports	19,5	27,0
Activités financières	6,0	4,8
Services aux entreprises	29,7	31,3
Services aux particuliers	1,9	2,1
Services administrés	**0,5**	**0,3**
Éducation, santé, action sociale	0,5	0,3
Correction CAF-FAB	///	**– 13,6**
Correction territoriale	**38,9**	**27,4**
Total FAB-FAB	**501,9**	**538,3**

Source : Insee, comptes nationaux - base 2000.

Les opérateurs français du commerce extérieur

	2006 (r)	2007 (p)	2007/06 en %
Ensemble des opérateurs[1]	**157 672**	**156 674**	**– 0,6**
Entreprises exportatrices	98 928	98 329	– 0,6
Entreprises importatrices	105 916	105 648	– 0,3

1. Entreprises françaises ayant réalisé des échanges internationaux de marchandises (exportation ou importation).
Champ : le commerce intracommunautaire inférieur à 150 000 euros est exclu.
Source : direction générale des douanes et droits indirects.

Concentration sectorielle des échanges en 2007

en %

Secteurs d'activité	Exportateurs		Importateurs	
	Répartition des opérateurs	Répartition des flux	Répartition des opérateurs	Répartition des flux
Agriculture	7,5	0,4	1,6	0,1
Industries	32,4	73,1	27,3	50,0
Construction	2,4	0,2	2,7	0,3
Commerce	43,3	21,7	53,6	43,8
Services	14,5	4,6	15,0	5,7
Total	**100,0**	**100,0**	**100,0**	**100,0**

Champ : le commerce intracommunautaire inférieur à 150 000 euros est exclu.
Source : Douanes.

14.2 Balance commerciale

En 2007, le **solde** de **la balance commerciale (FAB-CAF)** se creuse plus fortement encore qu'en 2006. Il dépasse les – 52 milliards d'euros après – 39 milliards en 2006. En effet, le ralentissement des exportations en volume (+ 3 % après + 5 %) pèse sur la croissance française. Ce ralentissement est plus accentué que celui des **importations de biens** (+ 5 % après + 6 %).

En 2007, les exportations de produits agroalimentaires poursuivent leur forte croissance (+ 8 %), notamment pour les céréales, les boissons alcoolisées et les produits laitiers. Celles de l'industrie civile sont freinées (+ 2 %), après la croissance soutenue de l'année précédente. Après une longue période de croissance jusqu'en 2004 et un repli en 2005 et 2006, les ventes de l'industrie automobile se stabilisent. Ce sont surtout les ventes de véhicules qui diminuent, tandis que celles d'équipements continuent leur progression. La croissance des ventes de biens d'équipement marque une pause avec trois évolutions se compensant : les exportations d'équipements mécaniques poursuivent leur forte croissance, celles des industries de transports se maintiennent, tandis que les équipements électroniques se replient vivement. Les ventes de biens intermédiaires, en recul, demeurent les mieux orientées, en particulier pour les métaux, le bois, le papier et les produits de la chimie. En revanche les ventes de textile poursuivent leur déclin structurel. La croissance des exportations de biens de consommations ralentit (+ 3 %), en raison du recul de l'équipement domestique, tandis que ventes de la parfumerie et les cosmétiques sont toujours en hausse. Enfin, les ventes de produits énergétiques reculent.

Les importations augmentent moins fortement qu'en 2006, en raison de la baisse des achats d'énergie. Hors énergie, la croissance des achats reste soutenue, tant pour les produits agroalimentaires (+ 9 %) que pour l'industrie civile dont les achats sont particulièrement vifs pour l'automobile (+ 11 %) et les équipements mécaniques (+ 12 %). Les achats de biens intermédiaires (+ 9 %) augmentent aussi, surtout ceux de métaux, de produits chimiques et de minéraux portent cette évolution. Les biens d'équipement ralentissent leur progression du fait de la baisse des achats de matériel électronique. Toutefois ce recul est compensé par la hausse des importations d'équipements mécaniques et de matériels de transports. La croissance des importations de biens de consommation se maintient (+ 6 %), et concerne tous les produits, en particulier la pharmacie et les meubles. À l'inverse, les importations d'énergie en volume diminuent pour la deuxième année consécutive mais plus sensiblement.

En 2007, en dépit de fortes tensions sur les prix des produits pétroliers en fin d'année, la facture énergétique annuelle se réduit pour s'établir à 45 milliards d'euros. ■

Définitions

Toutes les données du commerce extérieur (produits, pays) sont **CAF-FAB**. Voir rubrique « Pour comprendre ».

Balance commerciale : dans les échanges extérieurs, la balance commerciale ne prend en compte que les biens, les services étant exclus. Voir rubrique « Pour comprendre ».

Exportations de biens : ensemble des biens fournis par des résidents à des non-résidents, à titre onéreux ou gratuit.

Importations de biens : ensemble des biens fournis par des non-résidents à des résidents, à titre onéreux ou gratuit.

Solde du commerce extérieur : différence entre la valeur des exportations et celle des importations entre deux pays (ou deux zones). Il peut être relatif à un produit ou à l'ensemble des échanges.

Taux de couverture : le taux de couverture du commerce extérieur est le rapport entre la valeur des exportations et celle des importations entre deux pays (ou deux zones).

Terme de l'échange : rapport, pour un produit donné, entre l'indice du prix des exportations et celui des importations. Voir rubrique « Pour comprendre ».

Pour en savoir plus

- « L'Économie française », *Insee – Références,* édition 2008.
- « Les comptes de la Nation en 2007 – La progression de l'activité se maintient » *Insee Première* n° 1189, mai 2008.
- « Le commerce extérieur en 2007 », direction générale des Douanes et Droits indirects.

@ Balance commerciale par groupe de biens

en milliards d'euros courants FAB/CAF

	2004	2005 (r)	2006 (r)	2007 (p)
Agriculture, sylviculture, pêche				
Exportations	10,4	10,4	10,8	11,9
Importations	8,7	8,9	9,1	9,8
Solde	1,7	1,6	1,7	2,1
Ind. agricoles et alimentaires				
Exportations	29,8	30,5	32,9	35,2
Importations	23,5	24,2	25,7	28,0
Solde	6,3	6,2	7,1	7,2
Biens de consommation				
Exportations	52,0	55,0	58,8	60,8
Importations	60,0	63,8	67,4	71,2
Solde	– 8,0	– 8,8	– 8,6	– 10,4
Industrie automobile				
Exportations	53,5	52,2	51,0	51,4
Importations	41,3	43,4	45,4	50,4
Solde	12,2	8,8	5,7	0,9
Ind. des biens d'équipement				
Exportations	81,3	84,3	96,2	97,9
Importations	74,2	80,1	88,7	92,2
Solde	7,0	4,1	7,5	5,7
Ind. des biens intermédiaires				
Exportations	103,2	107,8	120,0	126,3
Importations	108,8	115,7	127,4	139,0
Solde	– 5,6	– 7,8	– 7,4	– 12,7
Énergie				
Exportations	12,2	17,2	19,4	18,8
Importations	40,0	54,6	64,9	63,6
Solde	– 27,7	– 37,4	– 45,6	– 44,8
Ensemble				
Exportations de biens (FAB)	**342,3**	**357,4**	**389,1**	**402,2**
Importations de biens (CAF)	**356,4**	**390,7**	**428,6**	**454,2**
Importations de biens (FAB)	**347,4**	**379,0**	**415,7**	**440,6**
Solde (FAB-CAF)	**– 14,1**	**– 33,3**	**– 39,5**	**– 52,0**
Taux de couverture (FAB-CAF)	**96,0**	**91,5**	**90,8**	**88,6**
Solde (FAB-FAB)	**– 5,1**	**– 21,6**	**– 26,6**	**– 38,4**

Source : Insee, comptes nationaux - base 2000.

Termes de l'échange par groupe de produits

indice base 100 en 2000

	2005	2006 (r)	2007
Agriculture, sylviculture, pêche			
Prix des exportations	**98,8**	**103,9**	**119,7**
Prix des importations	**101,6**	**99,6**	**103,6**
Terme de l'échange	**97,2**	**104,3**	**115,5**
Industries agricoles et alimentaires			
Prix des exportations	101,0	102,3	107,2
Prix des importations	98,4	101,4	105,2
Terme de l'échange	102,6	100,9	101,9
Biens de consommation			
Prix des exportations	94,3	94,0	91,6
Prix des importations	86,2	83,0	80,0
Terme de l'échange	109,5	113,3	114,6
Automobile			
Prix des exportations	97,7	97,0	96,1
Prix des importations	105,0	106,1	109,1
Terme de l'échange	93,1	91,5	88,1
Biens d'équipement			
Prix des exportations	89,5	90,6	90,2
Prix des importations	79,3	78,0	76,9
Terme de l'échange	112,8	116,2	117,4
Biens intermédiaires			
Prix des exportations	98,5	102,9	103,7
Prix des importations	100,3	104,1	106,0
Terme de l'échange	98,2	98,8	97,8
Énergie			
Prix des exportations	112,9	127,3	127,2
Prix des importations	137,2	165,7	170,0
Terme de l'échange	82,3	76,8	74,8
Ensemble de l'industrie			
Prix des exportations	**96,1**	**98,2**	**98,3**
Prix des importations	**96,6**	**99,7**	**100,3**
Termes de l'échange	**99,4**	**98,5**	**98,0**

Source : Insee, comptes nationaux - base 2000.

Solde FAB-CAF de la balance commerciale

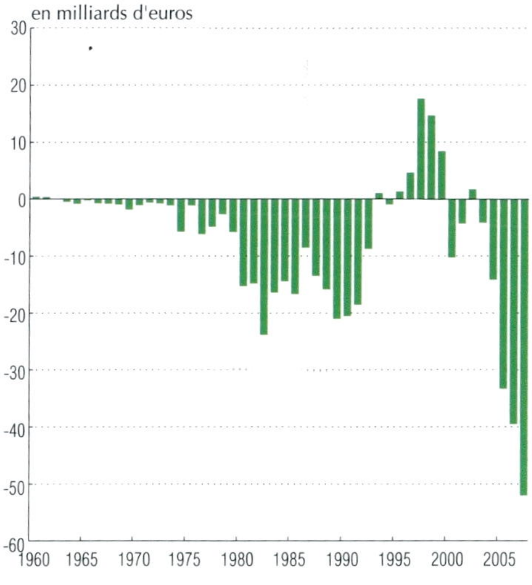

Source : Insee, comptes nationaux - base 2000.

@ Taux de couverture CAF-FAB en valeur par groupe de produits

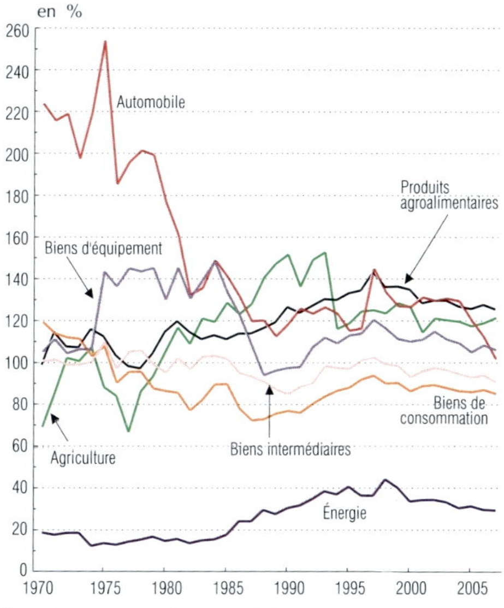

Source : Insee, comptes nationaux - base 2000.

14.3 Clients et fournisseurs

En 2007, la progression des échanges est plus modérée, après une année 2006 très bien orientée, les exportations vers les pays membres de l'Union européenne, ralentissent tandis que les importations restent plus soutenues (respectivement + 2 % et + 5 %). Le déficit du solde des échanges avec l'Union européenne s'aggrave (– 14 milliards d'euros après 7 milliards en 2006).

Au sein de la **zone euro**, la disparité d'évolution des flux est visible avec nos principaux partenaires. Les ventes à l'Allemagne progressent faiblement (+ 2 %) ; en revanche les achats sont très vifs (+ 8 %), principalement dans l'industrie automobile, les biens intermédiaires et les équipements mécaniques. En 2007, l'Espagne redevient le second partenaire de la France avec un excédent de 6 milliards d'euros. Les échanges avec l'Italie suivent les tendances générales de la zone euro et le déficit bilatéral se creuse à 2 milliards d'euros. Hors zone euro, les échanges avec le Royaume-Uni se stabilisent.

Les exportations vers les douze nouveaux États membres ralentissent fortement (+ 4 % après + 29 % en 2006). La Pologne reste notre premier partenaire commercial parmi ces pays. Hors Union européenne, les exportations vers la Russie continuent leur progression (+ 20 %). Les exportations vers la Turquie stagnent cette année tandis que les importations poursuivent leur croissance (+ 13 %) sous l'impulsion d'achats de produits de l'industrie automobile.

En 2007, les échanges avec l'Amérique marquent un net ralentissement (– 1 % à l'exportation et + 2 % à l'importation), notamment avec les États-Unis, car les exportations vers ce pays diminuent (– 5 %).

Les échanges avec l'Asie gardent un rythme de progression élevé : + 7 % à l'exportation et + 8 % à l'importation. La Chine devient le premier fournisseur de la France hors UE, devançant les États-Unis. Les exportations vers ce pays (hors Hong-Kong) ralentissent, tout en conservant une croissance élevée (+ 12 %) grâce à la livraison de matériel ferroviaire et d'Airbus. Les échanges avec l'Inde poursuivent leur progression très forte : + 28 % à l'exportation, notamment avec la livraison d'Airbus, et + 11 % à l'importation, en dépit de la stabilisation des achats d'articles d'habillement.

Les exportations vers l'Afrique poursuivent leur croissance (+ 5 %). En reprise vers les pays du **Maghreb**, elles décélèrent cependant vers l'Afrique subsaharienne et reculent légèrement vers l'Afrique australe. Le solde redevient excédentaire avec l'Algérie. Les exportations vers le Maroc s'accélèrent, celles vers la Tunisie décélèrent. La Tunisie devient le premier fournisseur de la zone, devant l'Algérie.

Les flux d'échanges avec les pays du Proche et **Moyen-Orient** reculent en 2007. Les Importations se replient plus fortement (– 4 %), que les exportations, du fait de livraisons moins importantes d'hydrocarbures naturels.

Pour l'ensemble des pays de l'Union européenne, le marché intracommunautaire représente environ les deux tiers des échanges des pays de l'Union européenne. L'Allemagne reste la première puissance exportatrice, suivie par la France, l'Italie et le Royaume-Uni. La France demeure le cinquième importateur. ■

Définitions

Toutes les données du commerce extérieur (produits, pays) sont **CAF-FAB**. Voir rubrique « Pour comprendre ».

Maghreb : pays d'Afrique du Nord : Algérie, Maroc et Tunisie.

Pays du Moyen-Orient : Chypre, Liban, Syrie, Irak, Iran, Israël, Jordanie, Arabie Saoudite, Koweït, Qatar, Bahreïn, Émirats Arabes Unis, Oman, Yémen.

Solde du commerce extérieur : différence entre la valeur des exportations et celle des importations entre deux pays (ou deux zones). Il peut être relatif à un produit ou à l'ensemble des échanges. Le rapport entre ces deux valeurs est appelé taux de couverture.

Zone euro : les 15 États membres constituant la zone euro sont l'Allemagne, l'Autriche, la Belgique, Chypre, l'Espagne, la Finlande, la France, la Grèce, l'Irlande, l'Italie, le Luxembourg, Malte, les Pays-Bas, le Portugal et la Slovénie. Voir rubrique « Pour comprendre ».

Pour en savoir plus

- « L'Économie française », *Insee – Références*, édition 2008.
- « Les comptes de la Nation en 2007 – La progression de l'activité se maintient », *Insee Première* n° 1189, mai 2008.
- « Les résultats du commerce extérieur 2007 », *Les Notes bleues de Bercy* n° 343, mars 2008.
- « Le commerce extérieur en 2007 », direction générale des Douanes et Droits indirects.

Exportations et importations de la France dans le monde en 2007

en milliards d'euros

Pays	Exportations[1]	Importations[2]	Solde
Allemagne	56,9	74,4	– 17,6
Autriche	3,7	3,9	– 0,3
Belgique	29,7	37,1	– 7,4
Bulgarie	0,6	0,5	0,1
Chypre	0,4	0,0	0,3
Danemark	2,9	3,0	– 0,1
Espagne	37,7	31,3	6,5
Estonie	0,3	0,2	0,0
Finlande	2,0	2,8	– 0,8
Grèce	3,8	0,6	3,1
Hongrie	2,8	3,2	– 0,4
Irlande	2,9	6,5	– 3,6
Italie	36,1	38,3	– 2,2
Lettonie	0,3	0,2	0,1
Lituanie	0,5	0,6	0,0
Luxembourg	1,9	1,8	0,1
Malte	0,7	0,3	0,4
Pays-Bas	16,6	18,4	– 1,7
Pologne	6,3	5,4	0,9
Portugal	5,0	4,1	0,9
République tchèque	3,3	4,5	– 1,2
Roumanie	2,5	2,0	0,5
Royaume-Uni	33,1	24,4	8,6
Slovaquie	1,9	2,6	– 0,7
Slovénie	1,2	1,2	0,1
Suède	5,4	5,8	– 0,5
Union européenne	**258,4**	**273,2**	**– 14,8**
Norvège	1,7	6,3	– 4,7
Russie	5,7	11,2	– 5,5
Suisse	10,5	10,0	0,5
Turquie	5,2	4,8	0,4
Autres pays d'Europe	3,3	5,6	– 2,3
Europe	**284,7**	**311,1**	**– 26,4**
Afrique	**22,2**	**21,0**	**1,2**
dont : Afrique du sud	*1,6*	*1,1*	*0,5*
Algérie	*4,2*	*3,4*	*0,8*
Maroc	*3,5*	*2,7*	*0,8*
Tunisie	*3,2*	*3,8*	*– 0,6*
Amérique	**37,1**	**37,3**	**– 0,2**
dont : Argentine	*1,0*	*0,6*	*0,4*
Brésil	*3,1*	*3,5*	*– 0,4*
Canada	*2,7*	*2,5*	*0,1*
États-Unis	*25,0*	*25,8*	*– 0,8*
Proche et Moyen-Orient	**12,1**	**10,4**	**1,7**
dont : Arabie saoudite	*2,0*	*2,9*	*– 1,0*
Émirats arabes unis	*3,7*	*1,0*	*2,7*
Iran	*1,5*	*2,5*	*– 1,0*
Israël	*1,1*	*1,1*	*0,1*
Asie	**36,3**	**61,8**	**– 25,4**
dont : Australie	*2,3*	*1,3*	*1,0*
Chine	*9,1*	*28,3*	*– 19,2*
Corée du sud	*3,0*	*4,0*	*– 1,0*
Hong Kong	*2,4*	*0,5*	*1,9*
Inde	*3,4*	*2,8*	*0,6*
Indonésie	*0,5*	*1,3*	*– 0,7*
Japon	*5,8*	*10,2*	*– 4,4*
Taïwan	*1,7*	*2,0*	*1,1*
Thaïlande	*1,0*	*1,8*	*– 0,8*
Reste du monde	**2,1**	**5,8**	**– 3,8**
Total monde	**394,5**	**447,3**	**– 52,9**

1. Biens FAB. 2. Biens CAF.
Source : direction générale des Douanes et Droits indirects.

@ Principaux partenaires de la France à l'exportation et à l'importation

en milliards d'euros

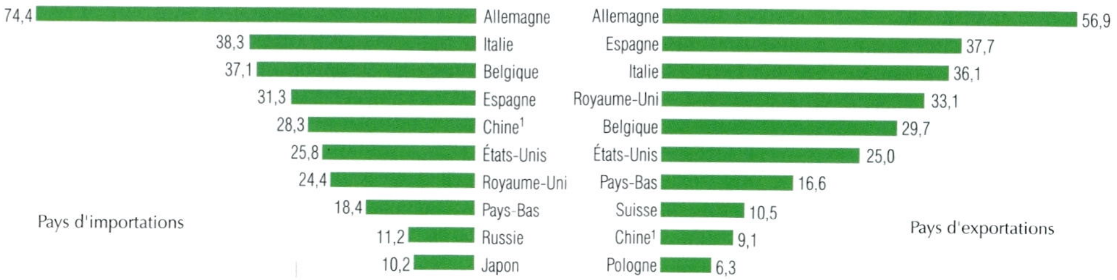

1. Non compris Hong-Kong.
Source : direction générale des Douanes et Droits indirects.

@ Principaux excédents et déficits bilatéraux de la France en 2007

en milliards d'euros

1. Non compris Hong-Kong.
Source : direction générale des Douanes et Droits indirects.

14.4 Investissements internationaux

En 2007, les opérations d'**investissements directs** se soldent par des sorties nettes de 49 milliards d'euros, en progression sensible par rapport à celles enregistrées en 2006 (34 milliards). Portées par la poursuite de l'expansion du mouvement de fusions-acquisitions internationales, les relations transfrontières entre sociétés affiliées s'accroissent fortement en 2007 pour les investissements directs français à l'étranger et les investissements directs étrangers en France.

Les flux d'investissements directs français à l'étranger augmentent fortement à 164 milliards d'euros, après 97 milliards en 2006 et 93 milliards en 2005. Ce niveau, le plus élevé depuis le record historique atteint en 2000, tient essentiellement aux prêts intra-groupe. Les investissements sortants se sont concentrés sur les pays de la **zone euro** qui accueillent deux tiers des flux d'investissements français. Hors zone euro, les États-Unis (avec 14 % des flux) et le Royaume-Uni (10 %) demeurent les principaux pays de destination.

Les flux d'investissements directs étrangers en France progressent fortement en 2007 (115 milliards d'euros), niveau jamais atteint pour des investissements entrants. Comme en 2006, les pays industrialisés sont à l'origine de la quasi-totalité des investissements étrangers en France et proviennent majoritairement d'entreprises de la zone euro (62 %). Le premier investisseur étant les Pays-Bas (18 %), suivi par la Belgique (12 %) et l'Allemagne (11 %). Le Royaume-Uni et les États-Unis sont des investisseurs de même importance (14 %).

Fin 2006, la position nette des investissements directs s'élève à 215 milliards d'euros en valeur comptable, soit 12 % du PIB. Elle s'inscrit en progression de 11,3 milliards d'euros par rapport à fin 2005. Le stock des investissements directs français à l'étranger augmente de 65 milliards d'euros. Cette croissance des avoirs français à l'étranger résulte des flux d'investissements directs sortants. Ce mouvement est atténué par la dépréciation des avoirs français libellés en devises, l'euro s'étant apprécié vis-à-vis de plusieurs devises, notamment le dollar américain. La progression de la valeur comptable du stock d'investissements directs étrangers en France est légèrement moindre et reflète essentiellement de nouveaux investissements directs étrangers. Les faibles montants des engagements en devises des groupes résidents limitent l'impact de la dépréciation des principales devises vis-à-vis de l'euro.

En 2007, selon les premiers résultats, les investissements directs étrangers de l'Union européenne à 27 dans les pays tiers augmentent de 53 %, de 275 milliards d'euros en 2006 à 420 milliards d'euros en 2007. Ceux en provenance du reste du monde progressent de 89 %, de 169 milliards à 319 milliards d'euros. Le Royaume-Uni, l'Allemagne, le Luxembourg et la France sont les principaux acteurs des flux d'investissements directs étrangers extra-UE à 27, tandis que la France, l'Allemagne et l'Italie sont les principaux investisseurs à l'intérieur de l'UE à 27. ■

Définitions

Investissement direct étranger (IDE) : investissement qu'une unité institutionnelle résidente d'une économie effectue dans le but d'acquérir un intérêt durable dans une unité institutionnelle résidente d'une autre économie et d'exercer, dans le cadre d'une relation à long terme, une influence significative sur sa gestion. Par convention, une relation d'investissement direct est établie dès lors qu'un investisseur acquiert au moins 10 % du capital social de l'entreprise investie.

Les investissements directs comprennent non seulement l'opération initiale qui établit la relation entre les deux unités, mais également toutes les opérations en capital ultérieures entre elles et entre les unités institutionnelles apparentées, qu'elles soient ou non constituées en sociétés.

Zone euro : ensemble géographique constitué par les 15 pays de l'Union européenne qui ont adopté l'euro comme monnaie nationale. Voir rubrique « Pour comprendre ».

Pour en savoir plus

- « Balance des paiements et position extérieure de la France », *Rapport annuel* de la Banque de France, juin 2008.
- « Position nette de la France pour les investissements directs au 31 décembre 2006 », *Bulletin de la Banque de France* n° 172, avril 2008.
- « Hausse de 50 % des investissements de l'UE 27 dans le reste du monde en 2007 », *Communiqué de presse*, n° 71, Eurostat, mai 2008.
- « Les flux d'IDE d'UE-25 avec le reste du monde ont continué d'augmenter en 2006 », *Statistiques en bref* Économie et finances n° 115, Eurostat, 2007.

Répartition géographique des flux d'investissements directs étrangers en France

en milliards d'euros

Pays	2006 (r)		2007	
	Flux	en %	Flux	en %
Union européenne à 27	**46,7**	**75,0**	**88,9**	**77,0**
Union économique et monétaire (à 13)	38,0	61,0	70,9	61,4
dont : Allemagne	*0,9*	*1,4*	*13,1*	*11,4*
Belgique	*6,4*	*10,3*	*14,1*	*12,2*
Espagne	*6,5*	*10,4*	*5,7*	*4,9*
Irlande	*1,2*	*1,9*	*3,0*	*2,6*
Italie	*2,0*	*3,2*	*3,7*	*3,2*
Luxembourg	*6,5*	*10,4*	*8,9*	*7,7*
Pays-Bas	*14,3*	*23,0*	*21,2*	*18,4*
Autres pays de l'UE	8,7	14,0	18,0	15,6
dont : Pologne	*0,3*	*0,5*	*0,3*	*0,3*
République tchèque	*0,0*	*0,0*	*0,3*	*0,3*
Roumanie	*0,1*	*0,2*	*– 0,1*	*– 0,1*
Royaume-Uni	*7,5*	*12,0*	*16,1*	*14,0*
Suède	*0,8*	*1,3*	*0,1*	*0,1*
Autres pays	**15,6**	**25,0**	**26,5**	**23,0**
dont : Brésil	*0,1*	*0,2*	*0,0*	*0,0*
Chine	*0,0*	*0,0*	*0,4*	*0,3*
États-Unis	8,7	*14,0*	*16,6*	*14,4*
Inde	*0,0*	*0,0*	*0,0*	*0,0*
Japon	*0,8*	*1,3*	*0,5*	*0,4*
Suisse	*2,1*	*3,4*	*4,0*	*3,5*
Total	**62,3**	**100,0**	**115,4**	**100,0**

Source : Banque de France.

@ Investissements directs étrangers en France et français à l'étranger

	2000	2005 (r)	2006 (p)
Investissements étrangers en France[1]			
Stock[2] (en milliards d'euros)	279,2	532,4	585,8
Entreprises résidentes investies	9 486	11 450	12 051
Investisseurs non résidents	10 629	12 736	12 039
Investissements français à l'étranger[1]			
Stocks[2] (en milliards d'euros)	478,3	736,2	800,9
Entreprises non résidentes investies	9 418	4 687	4 110
Investisseurs résidents	1 939	1 040	949

1. Au 31 décembre.
2. Stocks en valeur comptable.
Source : Banque de France.

@ Flux d'investissements directs entre la France et l'étranger

en milliards d'euros

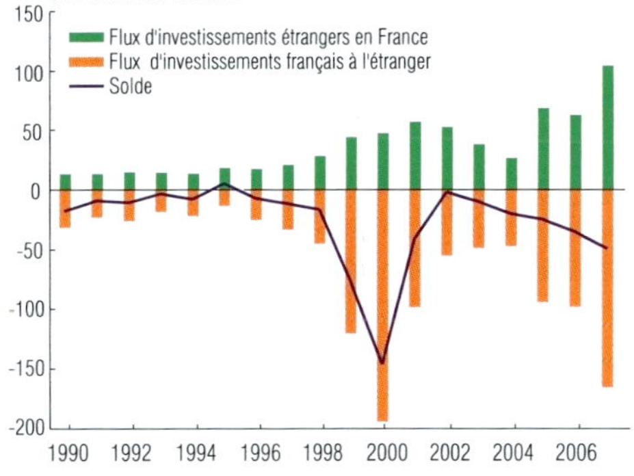

Source : Banque de France.

Répartition géographique des flux d'investissements directs français à l'étranger

en milliards d'euros

Pays	2006		2007	
	Flux	en %	Flux	en %
Union européenne à 27	**– 51,2**	**52,9**	**– 123,9**	**75,5**
Union économique et monétaire (à 13)	– 37,7	39,0	– 102,9	62,7
dont : Allemagne	*– 7,1*	*7,3*	*– 11,0*	*6,7*
Belgique	*– 14,7*	*15,2*	*– 10,1*	*6,2*
Espagne	*2,4*	*– 2,5*	*– 11,4*	*6,9*
Irlande	*1,1*	*– 1,1*	*– 0,9*	*0,5*
Italie	*– 4,1*	*4,2*	*– 19,0*	*11,6*
Luxembourg	*– 3,3*	*3,4*	*– 10,6*	*6,5*
Pays-Bas	*– 6,9*	*7,1*	*– 37,3*	*22,7*
Autres pays de l'UE	– 13,6	14,1	– 21,0	12,8
dont : Pologne	*– 0,2*	*0,2*	*– 1,0*	*0,6*
République tchèque	*– 0,3*	*0,3*	*– 0,5*	*0,3*
Roumanie	*– 0,4*	*0,4*	*– 0,7*	*0,4*
Royaume-Uni	*– 11,6*	*12,0*	*– 16,3*	*9,9*
Suède	*– 0,6*	*0,6*	*– 0,9*	*0,5*
Autres pays	**– 45,5**	**47,1**	**– 40,2**	**24,5**
dont : Brésil	*– 1,6*	*1,7*	*– 1,8*	*1,1*
Chine	– 0,5	*0,5*	*– 1,4*	*0,9*
États-Unis	*– 17,5*	*18,1*	*– 22,9*	*14,0*
Inde	– 0,5	*0,5*	*– 0,4*	*0,2*
Japon	– 1,5	*1,6*	*– 1,6*	*1,0*
Suisse	– 10,3	*10,7*	*– 6,3*	*3,8*
Total	**– 96,7**	**100,0**	**– 164,1**	**100,0**

Source : Banque de France.

Flux d'investissements directs de quelques pays européens en 2007

en milliards d'euros

	Flux sortants à destination de		Flux entrants en provenance de	
	l'UE à 27	Hors UE à 27	l'UE à 27	Hors UE à 27
Allemagne	70,6	51,7	35,8	1,4
Autriche	8,0	15,1	18,6	4,0
Belgique	28,0	9,9	18,1	10,5
Bulgarie	0,1	0,1	5,4	0,7
Chypre	0,6	0,2	1,2	0,3
Danemark	4,8	7,0	5,6	2,7
Espagne	62,2	25,2	36,1	3,0
Estonie	0,9	0,2	1,8	n.s.
Finlande	5,6	0,7	5,4	0,8
France	**124,6**	**34,7**	**86,1**	**23,4**
Grèce	1,4	2,5	1,2	0,2
Hongrie	19,2	6,6	15,6	11,2
Irlande	5,9	6,2	– 2,0	20,9
Italie	63,9	0,2	22,1	0,6
Lettonie	n.s.	0,1	1,3	0,3
Lituanie	0,4	0,1	1,0	0,4
Luxembourg	54,6	78,3	36,6	50,2
Malte	n.s.	n.s.	0,5	0,2
Pays-Bas	29,1	– 6,4	67,4	5,2
Pologne	1,3	1,1	10,9	1,9
Portugal	2,8	1,7	2,8	1,3
Rép. tchèque	0,6	0,3	5,9	0,8
Roumanie	– 0,1	n.s.	6,5	0,8
Royaume-Uni (e)	44,2	121,2	48,7	87,0
Slovaquie	n.s.	0,1	1,8	0,4
Slovénie	0,4	0,8	0,0	0,2
Suède	– 5,2	32,0	3,7	10,0
UE à 27 (e)	**552,0**	**419,9**	**469,2**	**319,2**

Note : le signe moins indique un désinvestissement.
Source : Eurostat.

SYSTÈME PRODUCTIF

Entreprises

Recherche - Innovation

Agriculture - Pêche

Industrie - Construction

Énergie

Commerce - Services

15.1 Démographie d'entreprises

Avec 321 000 entreprises nouvelles en 2007, le nombre de **créations d'entreprises** est en hausse de 13 % par rapport à 2006. Le dénombrement des créations d'entreprises s'appuie sur une nouvelle définition harmonisée avec les concepts européens. Par ailleurs, le champ a été élargi à l'ensemble des activités marchandes hors agriculture.

Selon cette nouvelle approche, le nombre d'entreprises nouvelles, après deux années consécutives de légère hausse en 1999 et 2000, est resté stable en 2001 et 2002. En 2003 et 2004, le nombre de créations d'entreprises a très fortement augmenté. Après une année de stabilisation à ce haut niveau, le nombre de créations d'entreprises progresse de nouveau depuis 2006.

Divers changements ont suscité de nouvelles vocations d'entrepreneur, notamment parmi les chômeurs, et expliquent en partie la hausse du nombre des créations d'entreprises depuis 2003. La loi pour l'initiative économique d'août 2003 comprend ainsi des mesures visant à simplifier la création d'entreprises, à faciliter le financement des entreprises nouvelles ou encore à favoriser la transition entre le statut de salarié et celui d'entrepreneur. Une autre raison peut être le durcissement de l'indemnisation du chômage intervenu début 2004.

Par ailleurs, le nombre de créateurs aidés a fortement augmenté. Ainsi, les bénéficiaires de l'**ACCRE** sont près de quatre fois plus nombreux en 2007 qu'en 2002. Depuis le 1er janvier 2007, les contraintes pour accéder à l'ACCRE se sont allégées avec la suppression du dossier économique lors de la demande.

Les créations d'entreprises sont en hausse dans tous les secteurs d'activité. Ce dynamisme est le plus sensible dans la vente à distance, les professions paramédicales, les activités liées aux soins corporels et au bien-être, les transports routiers, les taxis, les entreprises spécialisées dans la récupération de matières recyclables. En revanche, la hausse ralentit nettement dans l'immobilier. Les créations d'entreprises augmentent dans toutes les régions et particulièrement dans les régions du sud et de l'est de la France. Les créations d'entreprises sous forme de société croissent par rapport à 2006 : en 2007, la moitié des nouvelles entreprises sont des sociétés.

Les nouveaux entrepreneurs de 2006 sont plus nombreux qu'en 2002 à créer leur entreprise pour assurer leur propre emploi et plus de quatre nouvelles entreprises sur cinq n'ont pas de salarié. En 2006, quatre créateurs sur dix sont des chômeurs ; en 2002 ils étaient trois sur dix. Dans le même temps, la part des créateurs aidés a été multipliée par 1,5. Parmi les créateurs antérieurement salariés, un quart sont des cadres ; ils n'étaient qu'un sur six en 2002. Un tiers des créateurs sont des femmes, proportion en légère hausse en quatre ans. Un quart du financement des nouvelles entreprises repose sur l'emprunt bancaire.

Au cours de l'année 2007, le nombre de **défaillances d'entreprises** jugées augmente par rapport à 2006. Le secteur contribuant le plus à cette hausse est la construction. Néanmoins, sur l'ensemble des secteurs d'activité, le taux de défaillance reste stable à environ 1,5 %. ■

Définitions

Aide au chômeur créant ou reprenant une entreprise (ACCRE) : dispositif d'encouragement à la création et à la reprise d'entreprise, il permet de bénéficier d'une exonération des charges sociales, et le cas échéant, d'un maintien du revenu pendant les premiers mois de l'entreprise quelle que soit son activité.

Création d'entreprise : depuis le 1er janvier 2007, la notion de création d'entreprise s'appuie sur un concept harmonisé au niveau européen. Voir rubrique « Pour comprendre ».

Défaillance d'entreprise : une entreprise est en situation de défaillance ou de dépôt de bilan à partir du moment où une procédure de redressement judiciaire est ouverte à son encontre.

Sine (Système d'information sur les nouvelles entreprises) : voir rubrique « Pour comprendre ».

Taux de création : rapport du nombre des créations d'entreprises d'une année au stock d'entreprises au 1er janvier de cette même année.

Taux de survie : voir rubrique « Pour comprendre ».

Pour en savoir plus

- « Les aides aux chômeurs créateurs ou repreneurs d'entreprise en 2006 », *Premières informations* n° 25.2, Dares, juin 2008.
- « Créations et créateurs d'entreprises – Première interrogation 2006, profil du créateur », *Insee Résultats* économie n° 34, février 2008.
- « Un rythme des créations d'entreprises très élevé en 2007 » *Insee Première* n° 1172, janvier 2008.
- « Créer son entreprise : assurer d'abord son propre emploi » *Insee Première* n° 1167, décembre 2007.

@ Créations d'entreprises

	2000	2006	2007
Ensemble (en nombre)	**216 214**	**285 732**	**321 478**
Par secteur (en %)			
IAA	1,1	1,3	1,3
Industrie (hors IAA)	5,6	4,3	4,5
Construction	16,5	17,4	17,3
Commerce	25,2	24,0	24,4
Transports	2,8	2,2	2,4
Activités financières	1,6	1,6	1,6
Activités immobilières	4,7	6,7	6,2
Services aux entreprises	21,5	21,8	21,1
Services aux particuliers	13,2	13,1	13,4
dont hôtels - cafés - restaurants	*6,0*	*5,6*	*5,6*
Éducation, santé, action sociale, administration	7,9	7,7	7,9
Selon la taille (en %)			
Sans salarié[1]	81,9	86,7	86,7
1 à 2 salariés	13,4	9,8	9,8
3 à 9 salariés	3,7	2,6	2,1
10 salariés ou plus	1,0	0,9	1,4
Selon la catégorie juridique (en %)			
Personnes morales	42,0	48,1	49,5
Personnes physiques	58,0	51,9	50,5

1. Y compris les entreprises dont la taille est non déterminée.
Champ : activités marchandes hors agriculture.
Source : Insee, REE (Répertoire des Entreprises et des Établissements - Sirene).

Entreprises créées selon la situation antérieure du créateur et le secteur d'activité de l'entreprise en 2006

en %

	Industrie[1]	Construction	Commerce	Services
Indépendant ou à son compte	5,4	20,4	26,3	48,0
Chef d'entreprise, PDG	6,6	18,4	26,3	48,8
Salarié	5,3	27,8	19,9	47,0
Au chômage depuis moins d'un an	6,5	24,6	24,7	44,2
Au chômage depuis plus d'un an	7,2	20,3	28,7	43,8
En congé pour création d'entreprise ou sans activité pour conv. pers.	7,0	20,1	20,7	52,2
Étudiant, scolaire	3,6	4,3	17,8	74,3
Sans activité professionnelle	4,9	13,8	36,2	45,1
Ensemble	**6,0**	**22,7**	**24,6**	**46,7**

1. Y compris IAA.
Champ : activités marchandes hors agriculture.
Source : Insee, Système d'information sur les nouvelles entreprises (Sine).

@ Défaillances d'entreprises selon l'activité économique

en milliers

	1993 (r)	2005 (r)	2006 (r)	2007 (p)
Industrie	10,0	4,8	4,3	3,9
Construction	11,4	10,0	9,4	11,1
Commerce - Réparation	16,6	11,4	10,3	10,7
Autres services	22,4	17,1	16,3	17,3
Total	**60,4**	**43,2**	**40,3**	**43,0**

Champ : défaillances en date de jugement ; activités hors agriculture.
Sources : Insee ; BODACC.

@ Stock d'entreprises et taux de création par secteur

	2000		2007	
	Stock[1] en milliers	Taux de création en %	Stock[1] en milliers	Taux de création en %
IAA	68,2	3,6	64,3	6,7
Industrie (hors IAA)	186,0	6,5	183,0	7,8
Construction	306,4	11,6	380,6	14,6
Commerce	612,8	8,9	658,3	11,9
Transports	91,5	6,6	88,3	8,7
Activités financières	46,5	7,4	53,3	9,5
Activités immobilières	87,2	11,5	198,8	10,0
Services aux entreprises	366,3	12,7	516,7	13,1
Services aux particuliers	361,7	7,9	416,9	10,3
Éducation, santé, action sociale, administration	317,0	5,4	364,9	6,9
Total	**2 443,7**	**8,8**	**2 925,1**	**11,0**

1. Stock au 1er janvier.
Champ : activités marchandes hors agriculture.
Source : Insee, REE (Répertoire des Entreprises et des Établissements - Sirene).

Entreprises créées selon l'activité préalable du créateur

en %

	2002[1]	2006
En activité	52,9	50,2
Chômeur de moins d'un an	18,1	21,0
Chômeur de plus d'un an	15,1	19,4
Inactif	13,9	9,4
Total	**100,0**	**100,0**

1. Hors secteur financier.
Champ : activités marchandes hors agriculture.
Source : Insee, Système d'information sur les nouvelles entreprises (Sine).

@ Taux de survie des entreprises créées en 2002

en %

	Taux de survie à 3 ans
Par secteur	
Industries agricoles et alimentaires	65,8
Industrie hors Industries agricoles et alimentaires	69,5
Construction	67,6
Commerce et réparation	61,5
Transports	78,5
Services aux entreprises, immobilier, location	69,3
Hôtels, cafés, restaurants	60,3
Autres services	74,1
Par taille[1]	
0 salarié	64,5
1 ou 2 salariés	73,8
3 à 5 salariés	72,9
6 à 9 salariés	69,8
10 salariés et plus	75,1
Selon la catégorie juridique	
Personnes physiques	60,4
Personnes morales	75,8
Ensemble	**67,1**

1. Effectifs au démarrage y compris dirigeant.
Champ : activités marchandes hors agriculture et secteur financier.
Source : Insee, Système d'information sur les nouvelles entreprises (Sine).

15.2 Caractéristiques des entreprises

Au 1er janvier 2007, six **entreprises** sur dix en France n'ont pas de salarié et trois sur dix en ont entre un et neuf. Plus d'une entreprise sur cinq de moins de 10 salariés est dans le commerce. Près d'une entreprise sur trois de plus de 250 salariés est dans l'industrie.

La population des entreprises de moins de 20 salariés s'accroît depuis la fin des années 90. Depuis 1999, il se crée davantage de petites entreprises qu'il n'en disparaît, à la différence de la période 1993-1998 pendant laquelle leur nombre avait stagné. En effet, au dynamisme affiché de la fin des années quatre-vingt avait succédé une baisse marquée en 1993 suivie d'une reprise molle jusqu'en 1997-1998.

Les entreprises individuelles (EI) laissent la place aux sociétés dans quasiment tous les **secteurs**. Entre 1993 et 2006, la forme juridique des entreprises de moins de 20 salariés a beaucoup évolué : le nombre d'EI a diminué de 150 000 et celui des sociétés a progressé de 390 000. Les EI se distinguent des sociétés par leur taille plus modeste : 98 % d'entre elles emploient moins de 10 salariés contre 83 % des sociétés. Depuis 2000, seules les EI sans salarié se développent : + 1,5 % par an.

En 2005, il y a en France plus d'un million d'entreprises individuelles de moins de 20 salariés. Depuis plus de 15 ans, leur nombre ne cesse de baisser, le statut d'entreprise individuelle reculant face aux divers statuts de société. Le revenu moyen des entrepreneurs individuels s'élève en 2005 à 25 900 euros et stagne, en euros constants, depuis 2000. Les entrepreneurs individuels sans salarié, plus nombreux qu'en 2000, connaissent, en moyenne, une légère croissance de leur revenu. Les activités les plus rémunératrices appartiennent aux domaines de la santé (pharmacie, vétérinaires) et des services aux entreprises, en particulier les plus qualifiés (juristes, comptables...). Le revenu de l'entrepreneur individuel croît avec la taille de l'entreprise et l'expérience de l'entrepreneur.

En 2005, l'UE27 comptait près de 20 millions d'entreprises opérant dans l'économie marchande non financière. La quasi-totalité occupe moins de 250 personnes. Leur part varie très peu selon les États membres. Les micro-entreprises (de 1 à 9 personnes) offrent près d'un emploi sur trois et génèrent un cinquième de la valeur ajoutée ; la part des micro-entreprises dans l'emploi total est la plus élevée dans les pays méditerranéens que sont la Grèce, l'Italie, le Portugal et Chypre ; celle des petites (occupant de 10 à 49 personnes) et moyennes (entre 50 et 249 personnes) entreprises est la plus importante dans les pays baltes. Les petites entreprises pèsent pour un cinquième environ dans l'emploi total et la valeur ajoutée totale de l'UE27. Les grandes entreprises, occupant plus de 249 personnes, assurent un tiers de l'emploi total et génèrent 42 % de la valeur ajoutée totale. Leur part dans l'emploi total est la plus forte en Slovaquie et au Royaume-Uni. ■

Définitions

Entreprise : unité économique, juridiquement autonome, organisée pour produire des biens ou des services pour le marché. On distingue l'entreprise individuelle (personne physique), qui ne possède pas de personnalité juridique distincte de celle de la personne physique de son exploitant, et l'entreprise sociétaire, par exemple Société Anonyme (SA), Société à Responsabilité Limitée (SARL).

Secteur d'activité : regroupe des entreprises de fabrication, de commerce ou de service qui ont la même activité principale (au regard de la nomenclature d'activité économique considérée). L'activité d'un secteur n'est donc pas tout à fait homogène et comprend des productions ou services secondaires qui relèveraient d'autres items de la nomenclature que celui du secteur considéré. Au contraire, une branche regroupe des unités de production homogènes.

Pour en savoir plus

- « Mondialisation et compétitivité des entreprises françaises », *Insee Première* n° 1188, mai 2008.
- « Les micro-entreprises employaient 30 % des personnes occupées dans l'économie marchande non financière », *communiqué de presse* n° 47, Eurostat, avril 2008.
- « Images économiques des entreprises et des groupes au 1er janvier 2006 », *Insee Résultats* n° 36 Économie, février 2008.
- « Les revenus des entrepreneurs individuels en 2005 », *Insee Première* n° 1175, février 2008.
- « Les frontières de l'entreprise », *Économie et Statistique* n° 405-406, Insee, février 2008.

@ Entreprises selon le nombre de salariés et l'activité

en milliers

Secteur d'activité	2006 Total	2007 0	1 à 9	10 à 49	50 à 99	100 à 249	250 ou plus	Total
IAA	**63,6**	20,2	36,5	6,2	0,7	0,5	0,3	**64,3**
Industrie (hors IAA)	**179,1**	83,7	64,2	26,8	3,9	2,7	1,7	**183,0**
Construction	**362,0**	182,4	169,0	26,7	1,5	0,7	0,3	**380,6**
Commerce	**633,4**	362,0	251,9	37,9	3,7	1,9	0,9	**658,3**
Transports	**86,4**	50,1	26,2	9,5	1,2	0,8	0,4	**88,3**
Activités financières	**48,3**	33,1	17,2	2,0	0,3	0,3	0,4	**53,3**
Activités immobilières	**110,4**	156,8	38,1	3,3	0,3	0,2	0,1	**198,8**
Services aux entreprises	**471,8**	337,5	147,2	26,7	2,7	1,6	1,1	**516,7**
Services aux particuliers	**396,3**	231,2	167,3	16,8	1,1	0,4	0,2	**416,9**
Education, santé, action sociale, administration	**355,1**	288,7	66,4	7,6	1,5	0,5	0,2	**364,9**
Total	**2 706,4**	**1 745,8**	**984,0**	**163,5**	**16,8**	**9,6**	**5,5**	**2 925,1**

Champ : activités marchandes hors agriculture. Données au 1er janvier.
Source : Insee, REE (Répertoire des Entreprises et des Etablissements - Sirène).

@ Caractéristiques des entreprises industrielles de 20 salariés ou plus en 2006

montants en milliards d'euros

	20 à 49 salariés	50 à 99 salariés	100 à 249 salariés	250 à 499 salariés	500 salariés ou plus	Taille hors tranche[1]	Total
Nombre d'entreprises	10 267	4 048	2 846	1 008	863	418	**19 450**
Effectif employé (en milliers)	332,4	279,7	440,1	345,5	1 472,3	43,8	**2 913,8**
Chiffre d'affaires hors taxes	56,1	48,2	85,2	75,6	533,2	28,1	**826,3**
Exportations	9,6	11,2	26,2	27,0	223,4	10,6	**308,1**
Valeur ajoutée hors taxes	17,7	14,7	23,7	21,4	135,0	5,3	**217,8**
Salaires et traitements	8,7	7,1	11,6	9,9	52,3	1,7	**91,3**
Excédent brut d'exploitation	4,4	3,6	5,6	5,5	40,1	2,4	**61,6**
Investissements corporels totaux	1,7	1,6	2,5	2,7	20,7	0,3	**29,6**

1. Il s'agit principalement d'entreprises donneuses d'ordres. Champ : entreprises industrielles (y compris énergie) en France métropolitaine.
Source : Sessi, Enquête annuelle d'entreprises (EAE).

@ Poids des entreprises selon leur taille en termes de valeur ajoutée en 2005

en %

	0 à 19 salariés	20 à 249 salariés	250 salariés ou plus	Total
IAA	21,3	14,1	64,6	**100,0**
Industrie et énergie	9,3	13,4	77,4	**100,0**
Construction	52,1	22,9	24,9	**100,0**
Commerce	34,6	17,0	48,4	**100,0**
Transports	11,8	12,7	75,5	**100,0**
Services	28,2	12,5	59,2	**100,0**
Éducation, santé, action sociale	72,2	15,0	12,8	**100,0**
Total	**26,9**	**14,6**	**58,5**	**100,0**

Sources : DGI ; Insee ; DCASPL.

@ Évolution du chiffre d'affaires des entreprises

en indice moyen annuel (base 100 en 2000)

	1995	1998	2003	2007 (p)
Industrie	79,0	87,3	103,9	121,8
Construction	80,3	84,7	112,4	152,8
Transports	75,6	85,9	110,1	135,5
Commerce de gros	80,5	89,2	104,9	123,7
Commerce de détail	80,8	89,9	115,0	129,5
Services aux particuliers	87,0	91,9	111,0	125,3
Services aux entreprises	72,0	83,2	116,5	145,4

Source : Insee.

Entreprises par taille dans l'Union européenne en 2005

	Nombre d'entreprises en milliers	Répartition par taille[1] en % 1 à 9 personnes	10 à 49 personnes	50 pers. ou plus
Allemagne	1 665,3	82,5	14,7	2,9
Autriche	273,7	87,4	10,6	2,0
Belgique	396,0	92,4	6,5	1,2
Bulgarie	240,3	89,5	8,5	2,0
Chypre	39,3	92,3	6,6	1,1
Danemark	202,2	87,0	10,8	2,1
Espagne	2 545,1	92,2	6,9	0,9
Estonie	38,2	82,0	14,7	3,4
Finlande	189,5	92,7	6,0	1,3
France	**2 279,3**	**92,3**	**6,5**	**1,2**
Grèce	820,6	97,1	2,6	0,4
Hongrie	557,2	94,7	4,4	0,9
Irlande	84,8	85,3	11,6	3,1
Italie	3 821,7	94,6	4,8	0,6
Lettonie	62,2	83,4	13,7	3,0
Luxembourg	21,6	87,6	10,1	2,3
Pays-Bas	493,6	89,5	8,7	1,8
Pologne	1 407,3	95,9	2,9	1,1
Portugal	850,3	94,5	4,7	0,8
Roumanie	412,3	88,4	9,0	2,6
Royaume-Uni	1 588,8	87,1	10,8	2,1
Slovaquie	42,2	72,7	21,0	6,3
Slovénie	88,6	92,6	5,8	1,6
Suède	523,8	94,2	4,7	1,0

1. Nombre total de personnes occupées, travaillant dans l'unité considérée ou à l'extérieur de l'unité tout en faisant partie de celle-ci et en étant rémunérées par elle. Sont inclus, les propriétaires exploitants, les travailleurs familiaux non rémunérés, les travailleurs à temps partiel, les travailleurs saisonniers, etc.
Champ : économie marchande non financière excluant l'agriculture, les administrations publiques, les services financiers et autres services non marchands.
Source : Eurostat

15.3 Groupes d'entreprises

De plus en plus de sociétés s'organisent sous forme de **groupes** : une société, appelée tête de groupe, contrôle une ou plusieurs sociétés, appelées filiales. Ces acteurs économiques s'organisent ainsi pour des raisons d'efficacité productive, financière et fiscale.

Les groupes occupent une place de plus en plus importante dans l'économie française : on en recense près de 39 000, début 2006, qui emploient près de huit millions de personnes. Les 100 plus grands groupes, comprenant plus de 10 000 salariés, occupent à eux seuls près de 40 % des effectifs des groupes. Toutefois, les grandes unités ne sont pas les seules à s'organiser en groupes : les petites et moyennes entreprises s'approprient aussi ce mode de structuration. Plus de 95 % des groupes emploient moins de 500 salariés, on parle alors de **microgroupes**.

Seulement 5 % des sociétés dépendent d'un groupe. Toutefois ces groupes emploient 57 % des salariés de l'ensemble des entreprises (hors secteur financier) et représentent 63 % des investissements hors apports. Avec l'énergie, l'industrie automobile est le secteur dans lequel les groupes sont les plus présents : plus d'une société sur cinq appartient à un groupe et plus de neuf salariés sur dix sont employés par un groupe.

Les autres activités industrielles « lourdes » (biens d'équipement et biens intermédiaires), bien que moins concentrées, sont, elles aussi, largement dominées par les groupes. À un moindre titre, le poids des grands groupes est également important dans les biens de consommation, les transports et certains services aux entreprises.

À l'inverse, dans l'éducation, les services aux particuliers, l'immobilier et la construction, les entreprises hors groupes sont majoritaires : elles emploient sept salariés sur dix. Dans le commerce, la répartition entre filiales de groupes et les indépendantes est équilibrée (la notion de groupe basée sur les liens financiers entre entreprises exclut notamment les réseaux de type franchise). Les activités de « réseau » (énergie, transports, poste et télécommunications) regroupent l'essentiel des effectifs employés par les groupes publics français.

Une partie des groupes opérant en France est contrôlée par des capitaux étrangers. Ces groupes étrangers emploient près de 2 millions de salariés. Rapportées à l'ensemble des sociétés exerçant leur activité en France, les filiales de groupes étrangers emploient 15 % des effectifs, réalisent 17 % de la **valeur ajoutée** et 16 % des immobilisations corporelles.

Parmi les filiales de groupes étrangers implantés en France, 68 % sont contrôlées par des groupes appartenant à l'Union européenne. Ils emploient 65 % des salariés travaillant dans un groupe étranger. Les filiales de groupes américains emploient également 23 % des salariés travaillant dans un groupe étranger.

Plus des trois quarts des salariés des groupes étrangers travaillent dans quatre grands secteurs : les biens intermédiaires, le commerce, les services aux entreprises et les biens d'équipement. À l'opposé, l'énergie, les activités immobilières et l'éducation sont des secteurs peu investis par les groupes étrangers. ■

Définitions

Chiffre d'affaires hors taxes : montant des affaires (hors taxes) réalisées par l'entreprise avec les tiers dans l'exercice de son activité professionnelle normale et courante. Il correspond à la somme des ventes de marchandises, de produits fabriqués, des prestations de services et des produits des activités annexes.

Groupe de sociétés ou d'entreprises : ensemble de sociétés contrôlées majoritairement, directement ou indirectement, par une même société, elle-même non contrôlée majoritairement par une autre société (directement ou indirectement) ; cette dernière société est appelée société-mère ou tête de groupe. Voir rubrique « Pour comprendre ».

Microgroupe : groupe d'entreprises dont l'effectif total, en France, est inférieur à 500 salariés. Beaucoup de microgroupes étrangers font en fait partie d'un groupe dont l'effectif total, à l'étranger et en France, est très supérieur à 500 salariés.

Secteur d'activité : voir rubrique « Pour comprendre ».

Valeur ajoutée : solde du compte de production. Elle est égale à la valeur de la production diminuée de la consommation intermédiaire.

Pour en savoir plus

- « Les entreprises sous contrôle étranger dans l'UE », *Statistiques en bref* n° 30 Industrie, commerce et services, Eurostat, mars 2008.
- « Images économiques des entreprises et des groupes au 1er janvier 2006 », *Insee Résultats* n° 36 Économie, février 2008.
- « L'État actionnaire », *rapport 2007*, Agence des participations de l'État (www.ape.minefe.gouv.fr), septembre 2007.
- « Les groupes absorbent des sociétés à fort potentiel », *Insee Première* n° 1144, juillet 2007.

@ Principaux résultats des groupes d'entreprises opérant en France au 1er janvier 2006

en milliards d'euros

	Groupes français	Groupes étrangers[2]		Total
		Union européenne	Hors Union européenne	
Nombre d'entreprises[1]	111 061	13 062	6 317	**130 440**
Effectif salarié (en milliers)	5 976	1 277	697	**7 951**
Valeur ajoutée brute au coût des facteurs	361	81	64	**506**
Excédent brut d'exploitation	107	22	16	**145**
Immobilisations corporelles brutes	824	144	89	**1 057**
Investissement en immobilisations corporelles hors apports	68	15	9	**92**

1. Groupes français et étrangers dont les salariés travaillent effectivement en France.
2. Groupes dont la tête de groupe est à l'étranger.
Champ : hors agriculture, activités financières, industrie du tabac et administrations.
Source : Insee, Suse, Lifi, Diane.

Part des entreprises appartenant à un groupe

	Au 1er janvier 2005				Au 1er janvier 2006			
	Entreprises		Effectif salarié		Entreprises		Effectif salarié	
	Nombre en milliers	Part dans les groupes en %	Effectif moyen en milliers	Part dans les groupes en %	Nombre en milliers	Part dans les groupes en %	Effectif moyen en milliers	Part dans les groupes en %
IAA[1]	64,9	4,3	612,6	58,2	61,0	4,9	591,0	57,6
Industries des biens de consommation	67,9	6,6	656,1	68,4	62,6	7,7	631,7	70,7
Industrie automobile	2,0	25,4	279,1	95,9	2,0	26,3	275,2	93,1
Industries des biens d'équipement	41,5	12,0	776,0	73,2	39,9	13,2	772,4	69,6
Industries des biens intermédiaires	61,3	17,5	1 425,4	75,2	58,6	19,3	1 383,8	75,1
Énergie	2,5	25,1	239,1	97,8	2,6	28,0	230,0	96,8
Construction	336,3	1,9	1 366,5	30,8	321,7	2,3	1 373,4	32,0
Commerce	600,7	4,7	3 054,8	54,0	577,3	5,5	3 044,0	56,4
Transports	90,7	6,1	1 076,9	69,5	85,0	7,0	1 071,4	69,3
Activités immobilières	323,1	3,9	256,2	30,8	324,8	4,9	264,6	33,7
Services aux entreprises	417,6	8,0	2 636,2	60,9	422,0	9,0	2 663,9	64,1
Services aux particuliers	463,3	1,3	1 193,9	29,7	456,4	1,6	1 185,6	31,3
Éducation, santé, action sociale	345,2	0,5	574,7	23,2	350,5	0,6	595,4	25,6

1. L'industrie du tabac est exclue des données publiées pour les industries agricoles et alimentaires.
Champ : hors agriculture, activités financières, industrie du tabac et administrations.
Source : Insee, Suse, Lifi, Diane.

Concentration des entreprises au 1er janvier 2006

poids des dix premiers groupes en %

Secteur d'activité des entreprises	Valeur ajoutée brute	Effectif salarié
IAA (hors industries du tabac)	20,4	13,9
Industries des biens de consommation	21,2	14,0
Industrie automobile	78,1	69,9
Industries des biens d'équipement	28,2	19,8
Industries des biens intermédiaires	16,2	12,9
Énergie	94,9	92,1
Construction	16,3	15,5
Commerce	12,6	15,0
Transports	44,0	35,8
Activités immobilières	13,2	16,3
Services aux entreprises	29,5	23,4
Services aux particuliers	14,8	11,8
Éducation, santé, action sociale	5,2	9,6

Champ : hors agriculture, activités financières, industrie du tabac et administrations.
Lecture : dans chaque secteur, les effectifs et les valeurs ajoutées des entreprises d'un même groupe sont additionnés et affectés à ce groupe. Les 10 premiers groupes sont ceux dont les entreprises du secteur les classent en tête. Un groupe ayant des entreprises dans plusieurs secteurs peut apparaître dans plusieurs lignes du tableau.
Source : Insee, Suse, Lifi, Diane.

@ Principaux résultats des groupes selon leur taille

au 1er janvier 2006

	Nombre de groupes[1]	Effectif salarié[1] en milliers	Chiffre d'affaires et produits financier en milliards d'euros
0 à 499 salariés	37 151	2 105	589
500 à 1 999 salariés	1 337	1 201	330
2 000 à 9 999 salariés	410	1 495	461
10 000 salariés ou plus	100	3 151	977
Total	**38 998**	**7 951**	**2 357**

1. Groupes français et étrangers dont les salariés travaillent effectivement en France.
Champ : hors agriculture, activités financières, industrie du tabac et administrations.
Source : Insee, Suse, Lifi, Diane.

15.4 Entreprises publiques

Fin 2006, les entreprises du secteur public employaient 833 500 salariés contre 866 400 un an auparavant. Cette diminution résulte essentiellement de la **privatisation** de cinq entreprises et de la mise en place d'une nouvelle organisation au sein de la Caisse des Dépôts et Consignations.

Le nombre de sociétés appartenant au secteur public continue de baisser. En 1996, l'État contrôlait plus de 2 300 sociétés. Dix années plus tard, environ 800 demeurent sous le contrôle de l'État, directement ou indirectement, et emploient 4 % de l'effectif salarié total contre 6,5 % en 1996. L'influence de l'État est toutefois plus large, puisqu'il est également présent dans le capital d'environ 500 autres sociétés, mais de façon minoritaire.

L'État ne contrôle directement que 90 entreprises dites de premier rang, en détenant plus de la moitié de leur capital. La SNCF, le Commissariat à l'Énergie Atomique et Gaz de France contrôlent chacun près d'une centaine de sociétés.

L'ensemble des entreprises du secteur public est très fortement concentré. Les six premières entreprises rassemblent à elles seules plus de 75 % du total des effectifs. Les trois groupes publics les plus importants en termes d'effectifs, La Poste, la SNCF, EDF et leurs 315 filiales, totalisent à eux seuls 547 100 emplois, soit près des deux tiers de l'ensemble des **entreprises publiques**.

Depuis la privatisation de la Snecma en 2005, le secteur public est très peu présent dans l'industrie. En effet, les entreprises publiques industrielles emploient seulement 2 % des effectifs salariés industriels. L'énergie devient le seul secteur de l'industrie où l'État est significativement présent en 2006. En effet, le secteur public y est prépondérant grâce à EDF, GDF et le CEA qui emploient près de 145 000 salariés dans cette activité.

Le secteur tertiaire concentre plus des trois quarts des effectifs de l'ensemble des entreprises publiques. Dans ce secteur, la présence de l'État reste forte par l'intermédiaire de grands groupes dans les services aux entreprises et dans les transports. Dans le domaine des services rendus aux entreprises, l'État est présent, principalement dans le secteur des postes et télécommunications par l'intermédiaire du groupe La Poste.

Fin 2006, les entreprises du secteur public dans les transports emploient 241 600 salariés contre 268 200 un an auparavant. Cette diminution résulte en partie de la privatisation de cinq entreprises et de leurs filiales. Trois sociétés d'autoroutes font passer à elles seules plus de 15 000 emplois vers le secteur privé (les Autoroutes du Sud de la France, la Société des Autoroutes Paris Rhin Rhône et la Société des Autoroutes du Nord et de l'Est de la France).

Des 21 entreprises privatisables par la loi de 1993, seule la Caisse Centrale de Réassurance reste en 2006 sous la tutelle de l'État. ■

Définitions

Entreprise publique : entreprise sur laquelle l'État peut exercer directement ou indirectement une influence dominante du fait de la propriété ou de la participation financière, en disposant soit de la majorité du capital, soit de la majorité des voix attachées aux parts émises.

Nationalisation, privatisation, respiration : ces termes traduisent les mouvements des entreprises entre le secteur public et le secteur privé. Voir rubrique « Pour comprendre ».

Nomenclature économique de synthèse : nomenclature nationale agrégée pertinente pour l'analyse économique. Voir rubrique « Pour comprendre ».

Répertoire des entreprises contrôlées majoritairement par l'État (RECME) : créé par un décret du 22 octobre 1984, il est géré par l'Insee. Voir rubrique « Pour comprendre ».

Pour en savoir plus

- « Les comptes des administrations publiques en 2007 », *Insee Première* n° 1190, mai 2008.
- « Images économiques des entreprises et des groupes au 1er janvier 2006 », *Insee Résultats* n° 36 Économie, février 2008.
- « Répertoire des entreprises contrôlées majoritairement par l'État au 31 décembre 2006 », *Insee Résultats* n° 33 Économie, janvier 2008.
- « L'État actionnaire », *rapport* 2007, Agence des participations de l'État (www.ape.minefe.gouv.fr), septembre 2007.

Entreprises publiques selon l'activité économique fin 2006

Activité économique (NES)	Nombre d'entreprises[1]	Effectifs salariés[1] en milliers	Principaux groupes présents dans le secteur
Agriculture	**n.s.**	**10,3**	Office national des forêts
Industrie	**135**	**166,9**	
Industries agroalimentaires	n.s.	n.s.	
Industries de biens de consommation	4	0,7	Imprimerie Nationale
Industries de biens d'équipement	28	8,9	Giat-industries, CEA
Industries de biens intermédiaires	31	10,5	Société Nationale des Poudres et Explosifs, CEA
Énergie	71	146,8	CEA, EDF, GDF
Construction	**25**	**8,0**	
Tertiaire	**657**	**648,3**	
Commerce	19	1,3	
Transports	143	241,6	SNCF, RATP, Aéroports de Paris, Ports autonomes...
Activités financières	63	19,0	Banque de France
Activités immobilières	89	2,7	
Services aux entreprises	278	345,5	La Poste, CEA, CNES, ONERA
Services aux particuliers	44	25,3	France Télévision, SNR, Opéra de Paris
Éducation, santé, action sociale	5	8,2	Établissement français du sang
Administration	16	4,7	
Total	**845**	**833,5**	

1. Données provisoires.
Source : Insee, Recme.

Mouvements des entreprises publiques en 2006

	Nombre d'entreprises	Effectifs salariés
Entreprises présentes au 31.12. 2005[1]	**1 144**	**866 400**
Entreprises pérennes	704	– 4 700
+ Entreprises entrantes en 2006	+ 141	+ 5 400
– Entreprises sortantes en 2006	– 440	– 33 600
Entreprises présentes au 31.12.2006[1]	**845**	**833 500**

1. Données révisées pour 2005 et provisoires pour 2006.
Source : Insee, Recme.

Principales entreprises publiques selon le chiffre d'affaires en 2006

		Chiffre d'affaires en millions d'euros	Résultat net[1] en millions d'euros	Effectifs[2] en milliers
1	EDF	58 932	5 777	156,0
2	France Télécom	51 702	4 768	189,0
3	EADS	39 434	115	116,8
4	Gaz de France	27 642	2 323	50,2
5	SNCF	21 874	688	201,7
6	Groupe La Poste	20 100	795	303,4
7	Areva	10 863	672	61,1
8	Safran	10 841	21	57,7
9	Thales	10 264	391	52,2
10	La Française des Jeux	9 473	115	1,2
11	RATP	3 935	43	44,9
12	France Télévisions	2 856	13	11,0
13	DCNS	2 707	222	12,5
14	Réseau Ferré de France	2 700	– 283	0,8
15	Aéroports de Paris (ADP)	2 076	152	10,8
16	GIAT-Industries Nexter	740	122	4,3
17	Groupe SNPE	720	31	4,3
18	Ports autonomes de métropole[3]	674	58	5,4
19	Radio France	552	1	4,1
20	LFB	269	20	1,3

1. Compte consolidé.
2. En moyenne annuelle.
3. Bordeaux, Dunkerque, Le Havre, Marseille, Nantes Saint-Nazaire, Paris et Rouen.
Source : Agence des participations de l'État.

Poids du secteur public dans l'économie

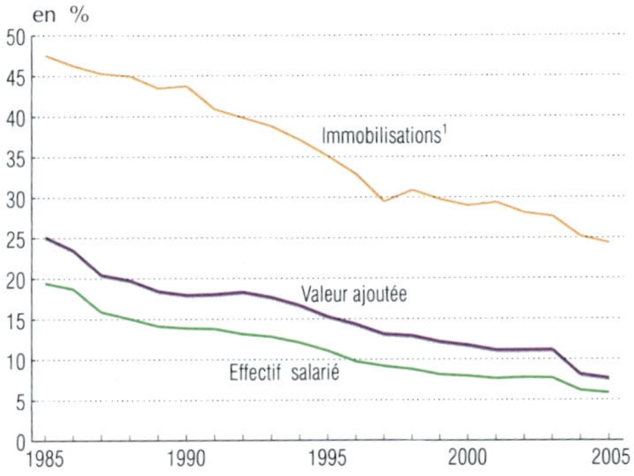

1. Essentiellement les bâtiments et les machines.
Champ : hors entreprises agricoles et financières.
Source : Insee, Recme, Suse.

Entreprises contrôlées majoritairement par l'État

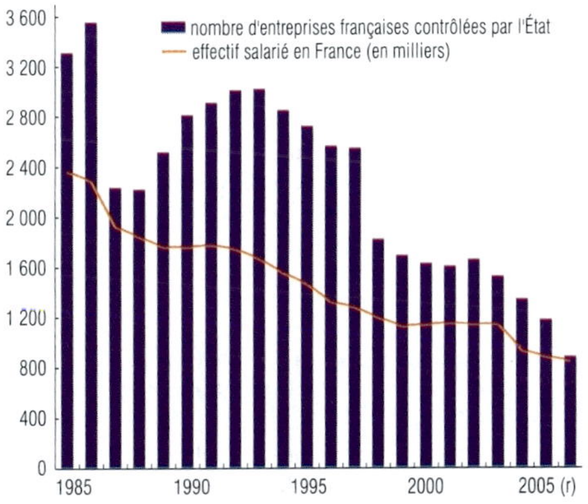

Source : Insee, Recme.

15.5 Artisanat

L'**artisanat** est organisé autour de quatre spécialités : l'alimentation, la production, le bâtiment et les services. Les professionnels de l'alimentation sont présents dans les commerces de proximité (boulangeries-pâtisseries, boucheries-charcuteries, poissonneries,...) mais on trouve aussi dans l'alimentation des métiers de bouche plus spécialisés (traiteurs, chocolatiers, confiseurs, confituriers...). Les activités de production sont des activités spécialisées dans la fabrication de produits non alimentaires. Le bâtiment est un secteur assez large, découpé en corps de métiers bien identifiés, qui recouvre toutes les activités intervenant sur un chantier. Quant aux services, il s'agit essentiellement de services rendus à la personne, mais pas seulement.

Au 1er janvier 2007, l'artisanat compte environ 896 500 entreprises, dont 490 000 sont des entreprises individuelles. Parmi elles, 100 500 sont dirigées par des femmes. Près de 90 000 **entreprises artisanales** ont été créées courant 2007, soit près de 9 % de plus qu'en 2006.

Quatre entreprises artisanales sur dix sont dans les activités du bâtiment, une sur trois dans les services, notamment dans les activités de réparation, blanchisserie, teinture et soins des personnes, et une sur dix dans l'alimentation. Les entreprises individuelles, c'est-à-dire possédées par des personnes physiques, occupent une place prépondérante dans les métiers des transports (80 %), et de la blanchisserie, teinturerie, soins de la personne (71 %). À peine un chef d'entreprise artisanale individuelle sur cinq est une femme en 2007. Mais c'est près de trois sur quatre dans le textile et l'habillement et huit sur dix dans la blanchisserie, teinturerie, soins de la personne.

Les entreprises individuelles ont progressivement laissé la place aux formes sociétaires. En 2000, deux entreprises artisanales sur trois étaient des entreprises individuelles, et une sur trois une SARL. En 2007, les SARL représentent à présent 42 % des entreprises artisanales. Les sociétés par actions simplifiées ont décuplé depuis 2001 en passant de 1 330 unités en 2001 à 14 600 en 2007, et représentent près de 2 % des entreprises artisanales.

Au sein du tissu des petites et moyennes entreprises françaises existe un large ensemble de savoir-faire artisanaux et techniques d'excellence, qui sont souvent transmis de génération en génération au sein d'entreprises étroitement liées à l'histoire de leur région. Le label « Entreprise du patrimoine vivant », créé en 2005, est attribué à des petites et moyennes entreprises reconnues pour l'excellence de leur activité et fondatrices de l'identité économique et culturelle des territoires. En janvier 2008, environ 500 entreprises étaient labellisées, qui offraient plus de 22 000 emplois. La plus petite compte un salarié, la plus grande plus de 2 500. Un quart d'entre elles a été créé avant 1900. La moitié d'entre elles sont des exportateurs confirmés et réalisent plus de 15 % de leur chiffre d'affaires sur les marchés internationaux. Leur présence sur ces marchés est une condition de survie pour une partie de ces entreprises fragiles, car souvent sur des marchés de niche, haut de gamme ou de luxe. ■

Définitions

Création d'entreprise : voir rubrique « Pour comprendre ».

Entreprise artisanale au sens juridique : voir rubrique « Pour comprendre ».

Entreprise artisanale au sens économique : entreprise ayant une activité principale relevant des secteurs de l'artisanat (en NAF 700) et dont l'effectif salarié ne dépasse pas un certain seuil. Compte tenu des évolutions récentes, ce seuil a été porté à 19 salariés, ce qui correspond à celui des « très petites entreprises ». Dans le Répertoire des Entreprises et Établissements (REE, Sirene), une entreprise est considérée comme artisanale si l'une des conditions suivantes est remplie :

– l'entreprise est inscrite à la Chambre des Métiers ;

– le code d'activité principale au Répertoire des Métiers est renseigné.

Nomenclature Artisanale Regroupée (NAR) : composée de trois niveaux 8, 20 ou 80 postes, elle est dérivée de la NAFA.

Nomenclature d'activités française pour l'artisanat (NAFA) : donne la liste détaillée des activités entrant dans le champ de l'artisanat. Voir rubrique « Pour comprendre ».

Pour en savoir plus

- « Le label « Entreprises du Patrimoine Vivant » – Promouvoir les savoir-faire français », *PME/TPE en bref* n° 31, DCASPL, mars 2008.
- « 27 % des entreprises dirigées par des femmes », *PME/TPE en bref* n° 30, DCASPL, février 2008.
- « Les chiffres clefs de l'artisanat », direction du Commerce, de l'Artisanat, des Services et des Professions libérales (DCASPL).

@ Caractéristiques des entreprises artisanales au 1er janvier 2007

Activités en NAR 20	Nombre total d'entreprises artisanales	Entreprises individuelles			
				dont femmes	
		en nombre	en %	*en nombre*	*en %*
0.1 Alimentation	51 295	31 979	62,3	*4 539*	*14,2*
0.2 Viandes et poissons	42 281	23 317	55,1	*4 115*	*17,6*
0 Alimentation	**93 576**	**55 296**	**59,1**	***8 654***	***15,7***
1 Travail des métaux	**42 757**	**13 293**	**31,1**	***488***	***3,7***
2.1 Textile et habillement	12 212	6 067	49,7	*4 417*	*72,8*
2.2 Cuir et chaussures	1 738	973	56,0	*251*	*25,8*
2 Textile, habillement, cuir	**13 950**	**7 040**	**50,5**	***4 668***	***66,3***
3 Bois et ameublement	**28 031**	**17 196**	**61,3**	***2 698***	***15,7***
4.1 Mat. de construction, céramique, verre, chimie	10 988	4 378	39,8	*1 129*	*25,8*
4.2 Papier, imprimerie, repro., arts graphiques	12 633	4 244	33,6	*1 040*	*24,5*
4.3 Fabrication d'articles divers	31 507	12 775	40,5	*2 857*	*22,4*
4 Autres fabrications	**55 128**	**21 397**	**38,8**	***5 026***	***23,5***
5.1 Maçonnerie	91 540	43 490	47,5	*1 117*	*2,6*
5.2 Couverture, plomberie, chauffage	58 377	33 611	57,6	*479*	*1,4*
5.3 Menuiserie, serrurerie	53 004	30 708	57,9	*429*	*1,4*
5.4 Installation d'électricité	43 980	25 903	58,9	*280*	*1,1*
5.5 Aménagement, finitions	80 603	53 488	66,4	*1 581*	*3,0*
5.6 Terrassements, travaux divers	29 291	14 155	48,3	*442*	*3,1*
5 Bâtiment	**356 795**	**201 355**	**56,4**	***4 328***	***2,1***
6.1 Transport	35 288	28 053	79,5	*2 669*	*9,5*
6.2 Réparation	82 426	38 852	47,1	*4 871*	*12,5*
6.3 Blanchisserie, teinturerie, soins de la personne	85 752	60 597	70,7	*49 225*	*81,2*
6.4 Autres services	56 248	32 246	57,3	*14 233*	*44,1*
6 Réparation, transport, autres services	**259 714**	**159 748**	**61,5**	***70 998***	***44,4***
Z Activités non renseignées	**46 526**	**14 275**	**30,7**	***3 627***	***25,4***
Total	**896 477**	**489 600**	**54,6**	***100 487***	***20,5***

Champ : activités marchandes hors agriculture.
Source : Insee, REE (Répertoire des Entreprises et des Établissements - Sirene).

@ Entreprises artisanales selon le nombre de salariés au 1er janvier 2007

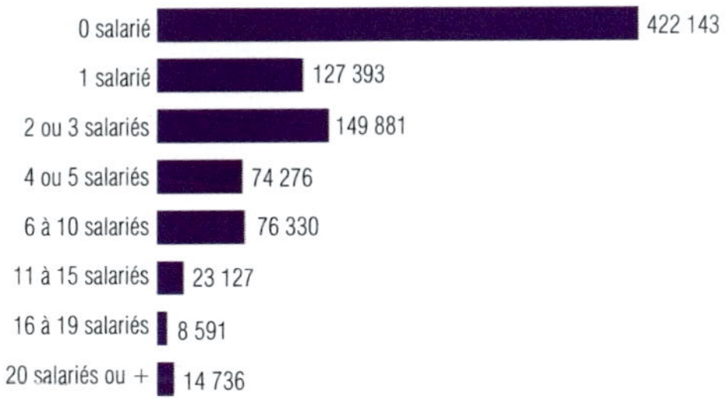

Champ : activités marchandes hors agriculture.
Source : Insee, REE (Répertoire des Entreprises et des Établissements - Sirene).

Créations d'entreprises artisanales selon l'activité économique

Activité en NAR 8	2000	2006	2007
Alimentation	3 862	4 416	5 391
Travail des métaux	2 456	2 443	2 844
Textile, habillement, cuir	1 424	1 024	1 253
Bois et ameublement	1 999	1 931	2 192
Autres fabrications	3 377	3 023	3 600
Bâtiment	32 786	43 790	51 568
Transport, réparation, autres services	13 774	19 366	22 791
Activités non réparties	922	6 525	0
Total	**60 600**	**82 518**	**89 639**

Champ : activités marchandes hors agriculture.
Source : Insee, REE (Répertoire des Entreprises et des Établissements - Sirene).

@ Estimation de l'emploi dans l'artisanat

en milliers

Activité en NAR 8	2000	2005	2006 (p)	2006/05 en %
Alimentation	208	207	206	– 0,7
Travail des métaux	189	182	168	– 7,5
Textile, cuir, habillement	52	38	35	– 6,5
Bois, ameublement	49	46	44	– 3,8
Autres fabrications	220	200	193	– 3,4
Bâtiment	594	657	685	4,2
Réparation, transport, autres services	351	372	379	2,0
Total	**1 663**	**1 702**	**1 712**	**0,6**

Champ : données au 1er janvier selon la définition économique de l'artisanat.
Sources : DCASPL ; Unedic.

@ Statut juridique des entreprises artisanales

en %

	2000	2006	2007
Personnes physiques	63,9	56,5	54,6
Société à responsabilité limitée (SARL)	32,4	40,2	42,2
Société anonyme à conseil d'administration	2,8	1,1	0,9
Société anonyme à directoire	0,0	0,0	0,0
Société par actions simplifiées	0,0	1,6	1,7
Autres	0,9	0,6	0,6
Total	**100,0**	**100,0**	**100,0**

Champ : activités marchandes hors agriculture ; données au 1er janvier.
Source : Insee, REE (Répertoire des Entreprises et des Établissements - Sirene).

16.1 Recherche & Développement

En 2006, la **DNRD** est estimée à 38,5 milliards d'euros. La forte progression du financement global des travaux de **R&D** entre 2005 et 2006 (+ 4,2 %) résulte d'une augmentation du financement des entreprises et un peu moins de celui des administrations. La **dépense intérieure de recherche et développement** s'établit quant à elle à 37,8 milliards d'euros. La DIRD progresse ainsi à un rythme stable depuis trois ans. Cependant, sa part dans le PIB diminue légèrement mais régulièrement depuis 2001 : 2,11 % en 2006 contre 2,13 % en 2005.

Les entreprises, privées ou publiques, contribuent plus que les administrations à l'augmentation de l'exécution des travaux de recherche et surtout à la progression du financement de l'activité de R&D. En 2006, les entreprises réalisent près des deux tiers des travaux de R&D. De 1999 à 2002 la croissance de la DIRD avait été tirée par l'activité de R&D des entreprises mais la contribution relative des entreprises à l'exécution des activités de R&D avait diminué en 2003. Depuis 1995, la contribution des entreprises au financement national de la recherche dépasse celle des administrations, mais la reprise des financements publics à partir de 1999 avait permis de stabiliser la part des administrations dans la DNRD autour de 45 %.

En 2005, l'effectif de R&D (chercheurs et personnels de soutien) représente près de 360 000 équivalents temps plein (ETP), dont plus de la moitié rémunérée par les entreprises. Les effectifs de recherche progressent à un rythme plus faible que ces dernières années, sous l'effet d'une augmentation du nombre de chercheurs ralentie et d'une stabilisation du personnel de soutien à la recherche (153 000 ETP). Au sein des administrations, 43 % des effectifs sont regroupés dans les établissements d'enseignement supérieur, 33 % dans les établissements publics à caractère scientifique et technologique (EPST) et 14 % dans les établissements publics à caractère industriel et commercial (EPIC). Parmi les différentes catégories de chercheurs, ce sont les ingénieurs de recherche qui enregistrent la plus forte croissance (+ 7,7 %) alors que les effectifs de chercheurs titulaires n'augmentent que de 2,1 % et ceux de doctorants financés restent à peu près stables.

En 2005, dans le secteur privé, l'activité de recherche reste concentrée dans quelques branches industrielles (automobile, pharmacie, équipement de communication et aéronautique) qui exécutent plus de la moitié de la dépense intérieure de R&D des entreprises. Près de la moitié des entreprises font appel à un partenaire extérieur pour cette activité. Dans le secteur public, les organismes de recherche (EPST et EPIC) exécutent 53 % de la dépense intérieure de R&D des administrations. La construction aéronautique et spatiale bénéficie à elle seule de plus de 42 % des financements publics. L'activité de recherche progresse dans les organismes publics mais diminue dans les universités.

En termes de niveau de dépenses de R&D, la France se place au cinquième rang mondial derrière les États-Unis, le Japon, la Chine et l'Allemagne. Avec un ratio DIRD/PIB en baisse, l'effort de recherche diminue en France, tout comme en Allemagne et au Canada. ■

Définitions

Dépense intérieure de recherche et de développement (DIRD) : voir rubrique « Pour comprendre ».

Dépense nationale de recherche et de développement (DNRD) : voir rubrique « Pour comprendre ».

Organisation de coopération et de développement économique (OCDE) : voir rubrique « Pour comprendre ».

Recherche et Développement (R&D) : elle comprend les activités de recherche scientifique et technique, qu'il s'agisse de recherche fondamentale, de recherche appliquée ou de développement expérimental. Les travaux de R&D visent, respectivement : le seul progrès des connaissances ; le progrès des connaissances vers un objectif concret ; l'exploitation systématique des connaissances appliquée à une nouvelle réalisation. Les unités pratiquant la recherche peuvent être publiques et souvent non marchandes ou privées et généralement marchandes ou produisant pour elles-mêmes. Pour les entreprises, la R&D est souvent exercée en tant qu'activité secondaire venant renforcer l'activité principale.

Pour en savoir plus

- « Les coopérations public-privé pour innover en France », *Note d'information* n° 08.15, Depp, mars 2008.
- « Les dépenses de R&D de l'UE27 stables à 1,84 % du PIB en 2006 », *communiqué de presse* n° 34, Eurostat, mars 2008.
- « Dépenses de recherche et développement en France en 2005 », *Note d'information* n° 07.40, Depp, novembre 2007.
- « L'état de l'Enseignement supérieur et de la Recherche », n° 1, Depp, novembre 2007.

@ Financement de la DNRD et exécution de la DIRD

en millions d'euros

	1978	1995	2001	2004[2] (r)	2005 (r)	2006 (e)
Dépense nationale de recherche et développement (DNRD)	**5 744**	**27 563**	**33 570**	**35 327**	**36 945**	**38 487**
Financement par les administrations[1]	3 305	13 647	14 673	*16 239*	*16 967*	*17 342*
Financement par les entreprises	2 438	13 916	18 897	*19 088*	*19 978*	*21 145*
Part des entreprises dans la DNRD (en %)	42,5	50,5	56,3	54,0	54,1	54,9
Dépense intérieure de recherche et développement (DIRD)	**5 743**	**27 302**	**32 887**	**35 693**	**36 526**	**37 844**
Exécution par les administrations[1]	2 313	10 653	12 105	*13 169*	*13 725*	*13 902*
Exécution par les entreprises	3 430	16 649	20 782	*22 523*	*22 802*	*23 942*
Part des entreprises dans la DIRD (en %)	59,7	61,0	63,2	63,1	62,4	63,3
Part de la DIRD dans le PIB (en %)	**1,66**	**2,29**	**2,20**	**2,15**	**2,13**	**2,11**

1. Administrations publiques et privées (État, enseignement supérieur et institutions sans but lucratif).
2. Des changements méthodologiques ont été apportés par rapport à l'année 2003, les résultats de 2004 ont donc été révisés.
Source : Depp.

DIRD publique par secteur institutionnel

en millions d'euros

Secteurs institutionnels	2004 (r)	2005 (r)	2006 (e)
État et collectivités locales	6 060	6 437	6 546
Civil	4 985	5 262	5 661
Défense	1 075	1 175	885
Enseignement supérieur	6 651	6 821	6 875
Associations	458	466	480
Total	**13 169**	**13 725**	**13 902**

Source : Depp.

@ Concentration de la R&D en fonction de la taille des entreprises en 2005

en %

Nombre total de salariés	Effectif total de R&D	DIRD	Financements publics
Moins de 500	31	25	15
De 500 à moins de 1 000	8	8	3
De 1 000 à moins de 2 000	11	12	10
De 2 000 à moins de 5 000	16	19	39
5 000 ou plus	34	36	33
Total des entreprises[1]	**198 483**	**22 802**	**2 613**

1. Effectifs de R&D en équivalents temps plein recherche, DIRD et financements publics en millions d'euros.
Source : Depp.

@ Effectifs de chercheurs

en équivalent temps plein

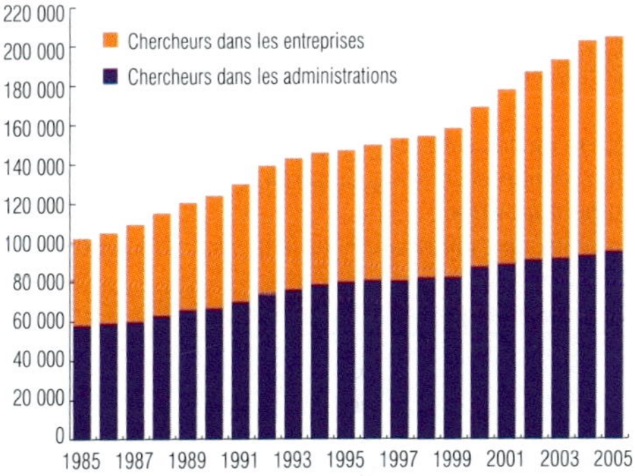

Champ : chercheurs hors Défense. Changement méthodologique en 2000 et 2004.
Source : Depp.

DIRD des entreprises par branche en 2005

	DIRD (p) en millions d'euros	Évolution 2005/2000 en % (1)
Industrie automobile	3 526	6
Ind. pharmaceutique, y c. fabrication de principes actifs	3 128	5
Fabrication d'équipements radio, télé et communication	2 896	2
Construction aéronautique et spatiale	2 624	6
Fabrication d'instr. médicaux, de précision, d'optique	1 339	0
Industrie chimique, y c. fibres artificielles et synthétiques	1 316	2
Fab. de machines et équip., y.c armement et app. dom.	1 077	3
Services informatiques	1 028	16
Fabrication de machines et appareils électriques	842	4
Services de transport et de communications	765	– 5
Autres branches	4 256	1
DIRD des entreprises	**22 797**	**3**

1. Évolution moyenne annuelle sur la période.
Source : Depp.

@ Chercheurs et dépense intérieure de R&D dans quelques pays en 2005

	Chercheurs		DIRD	
	en milliers[1]	pour 1000 emplois	en % du PIB	en % financée par l'État
Allemagne	271,1	7,0	2,5	30,5
Australie	81,7	8,4	1,8	39,8
Brésil	85,0	1,0	0,9	57,9
Canada	125,3	7,7	2,0	32,9
Espagne	109,8	5,7	1,1	41,0
États-Unis	1 394,7	9,7	2,6	30,4
France	**200,1**	**8,0**	**2,1**	**37,6**
Italie	72,0	3,0	1,1	50,8
Japon	704,9	11,0	3,3	16,8
Royaume-Uni	157,7	5,5	1,8	32,8
Russie	464,6	6,8	1,1	62,0
Suède	54,2	12,5	3,9	23,5
Suisse	25,4	6,1	2,9	22,7

1. En équivalents temps plein.
Source : OCDE.

16.2 Innovation

Au second semestre 2007, le nombre de créations d'entreprises dans les **secteurs technologiquement innovants** s'élève à 6 485 unités, contre 5 626 au second semestre 2006, soit une progression de 15,3 %. Toutefois, la part relative des créations dans les secteurs technologiquement innovants reste stable à 4,2 %, alors qu'elle avait légèrement diminué par rapport au niveau atteint (4,6 %) au second semestre 2006. Les trois quarts des créations d'entreprises interviennent dans le secteur des services informatiques. Ceux-ci se partagent en cinq groupes d'activités : la réalisation de logiciels, le conseil en systèmes informatiques, le traitement de données, les activités de banque de données et l'entretien ainsi que la réparation de matériel informatique. Les deux premiers groupes d'activité restent largement dominants.

En fin d'année 2007, les effectifs salariés dans l'ensemble des secteurs technologiquement innovants s'élèvent à 1 577 milliers de salariés, soit des effectifs en progression de 11 900 salariés (+ 0,8 %) par rapport à décembre 2006. C'est la première progression notable des effectifs salariés dans les secteurs technologiquement innovants depuis fin 2001. Les effectifs dans les **TIC** atteignent 1,3 million de salariés ; ils ont augmenté de 13 800 salariés par rapport à décembre 2006 (+ 1 %).

Au second semestre 2007, l'indice de chiffre d'affaires des secteurs technologiquement innovants progresse de 5,9 % en glissement annuel. L'activité reste très dynamique dans le secteur des services informatiques, dont l'indice de chiffre d'affaires augmente de 7,8 %. Le secteur du commerce de gros de matériel informatique se distingue par une nette accélération de son activité (+ 4,2 %).

En 2007, 17 000 **dépôts de brevets** ont été enregistrés par la voie nationale, chiffre relativement stable depuis 2004 (– 0,8 % par rapport à 2006). Cette stabilité est la résultante de deux mouvements opposés : la croissance des personnes morales françaises (entreprises, centres de recherche), la baisse des dépôts des inventeurs indépendants et des personnes morales étrangères. Les demandes des personnes morales françaises par la voie nationale sont depuis 1983 en croissance, celle-ci n'ayant connu que deux interruptions sous l'effet de la conjoncture économique : en 1994 et en 2001-2002. En 2007, le nombre de ces demandes a augmenté de 3,4 % par rapport à 2006.

Avec un total de 6 866 brevets publiés, les 50 premiers déposants (entreprises et organismes de recherche) représentent 45 % des demandes de brevet publiées par l'Inpi en 2007. En 2006, les 50 principaux déposants représentaient 40 % du total des brevets publiés par la voie nationale.

Cinquième pour les dépenses de R&D, la France est au quatrième rang mondial pour le nombre de dépôts de **brevets « triadiques »** ou européens. En 2007, elle est en cinquième position, devancée par la Corée, pour les dépôts par la voie internationale. Le seul pays européen à la devancer est l'Allemagne, le Royaume-Uni se situant derrière la France. Au sein de l'UE, la France représente 15 % des dépôts de brevets européens originaires de l'UE. ■

Définitions

Brevets « triadiques » : familles de brevets déposés simultanément auprès de l'Office européen des brevets (OEB), de l'Office américain des brevets (US PTO) et de l'Office japonais des brevets (JPO). Ils protègent en général des inventions de grande valeur économique.

Dépôt de brevet : il existe trois voies possibles pour déposer un brevet : la demande de brevet français à l'Inpi, la demande de brevet européen à l'Office européen des brevets (OEB) et la demande de brevet international. Voir rubrique « Pour comprendre ».

Innovation : on distingue l'innovation de procédé (mise en œuvre de nouvelles techniques pour la production, que les produits soient innovants ou non) et l'innovation de produit (création d'un nouveau produit ou d'un produit distinct, d'un point de vue technologique, d'un produit précédemment fabriqué).

Secteurs technologiquement innovants : secteurs des technologies de l'information et de la communication, des biotechnologies, des produits pharmaceutiques et des nouveaux matériaux.

Technologies de l'information et de la communication (TIC) : voir rubrique « Pour comprendre ».

Pour en savoir plus

- « Tableau de bord de l'innovation », 19ème édition, Sessi, juin 2008.
- « Brevets – Chiffres clés 2007 », Observatoire de la propriété intellectuelle, juin 2008.
- « Statistiques des brevets », *Statistiques en bref* n° 17 Science et technologie, Eurostat, 2008.
- « Les dépôts de brevets des entreprises industrielles françaises », *Le 4 pages* n° 237, Sessi, septembre 2007.

@ Secteurs technologiquement innovants

	2005		2006		2007	
	1er sem.	2nd sem.	1er sem.	2nd sem.	1er sem.	2nd sem.
Créations d'entreprises[1]						
Ensemble des secteurs innovants	6 451	5 807	6 719	5 626	7 022	6 485
Effectifs salariés (en milliers)	1 575	1 574	1 573	1 565	1 566	1 577
dont secteurs des TIC (en milliers)	*1 313*	*1 316*	*1 316*	*1 310*	*1 312*	*1 323*

1. Y compris, depuis le 1er janvier 2007, les réactivations d'entreprises après un délai d'interruption et les reprises d'entreprises s'il n'y a pas continuité de l'entreprise.
Champ : France métropolitaine.
Sources : Sessi ; Insee.

Dépôts de brevets par la voie nationale selon les déposants

	2004	2005	2006	2007
Personnes morales françaises	11 001	11 319	11 694	12 086
Personnes morales étrangères	2 794	2 671	2 463	2 133
Total personnes morales	**13 795**	**13 990**	**14 157**	**14 219**
Personnes physiques françaises	3 229	3 008	2 834	2 636
Personnes physiques étrangères	267	277	254	252
Total personnes physiques	**3 496**	**3 285**	**3 088**	**2 888**
Total des dépôts	**17 291**	**17 275**	**17 245**	**17 107**

Sources : Inpi ; Opi.

Principaux déposants par la voie nationale selon le nombre de brevets publiés en 2007

	Brevets publiés	Brevets délivrés
1 Groupe PSA (Peugeot Citroën automobiles + Faurecia)[1]	921	623
2 Groupe Renault[1]	865	600
3 L'Oréal[1]	433	427
4 Groupe Valéo[1]	375	307
5 Groupe Safran[1]	334	262
6 Commissariat à l'énergie atomique[1]	326	290
7 EADS (incluant Airbus)[1]	306	219
8 Groupe France Telecom[1]	242	43
9 Thales[1]	200	167
10 CNRS	194	191

1. Les dépôts de brevets ont été effectués au nom de plusieurs entités dont les données ont été agrégées par l'Inpi sur la foi des déclarations des déposants ou tous les brevets ont été déposés au seul nom de la tête de groupe.
Sources : Inpi ; Opi.

Dépôts de brevets par la voie nationale

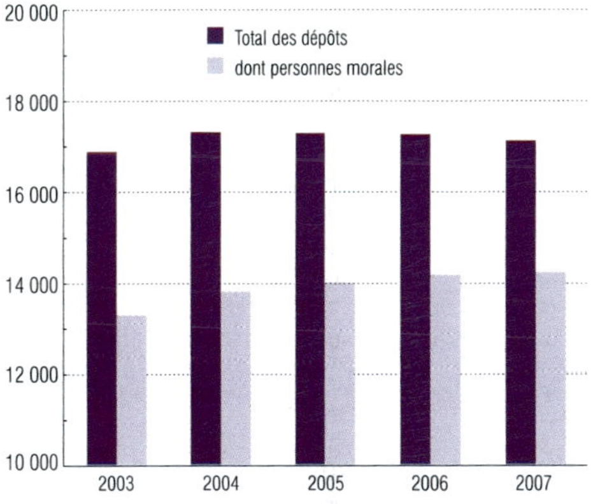

Sources : Inpi ; Opi.

@ Chiffre d'affaires des secteurs technologiquement innovants

indice base 100 en 2000

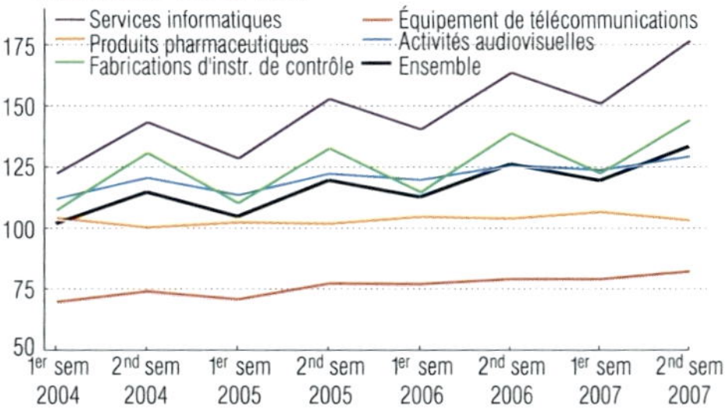

Champ : France métropolitaine.
Sources : Sessi ; Insee.

@ Demandes de brevets déposées dans l'UE en 2005 auprès de l'Office européen des brevets

	Ensemble des brevets		*dont brevets de haute technologie*	
	Nombre	Par million d'habitants	*Nombre*	*Par million d'habitants*
Allemagne	22 219	269	*1 272*	*15*
Autriche	1 477	180	*55*	*7*
Belgique	1 302	125	*159*	*15*
Bulgarie	4	1	*2*	*0*
Chypre	0	0	...	...
Danemark	842	156	*39*	*7*
Espagne	1 135	26	*44*	*1*
Estonie	7	5	*1*	*0*
Finlande	1 169	223	*46*	*9*
France	**7 201**	**115**	***722***	***12***
Grèce	48	4	*7*	*1*
Hongrie	64	6	*2*	*0*
Irlande	237	58	*8*	*2*
Italie	4 197	72	*254*	*4*
Lettonie	12	5	*1*	*0*
Lituanie	2	1	...	...
Luxembourg	86	189	*3*	*7*
Malte	9	22	...	...
Pays-Bas	2 695	165	*133*	*8*
Pologne	108	3	*15*	*0*
Portugal	113	11	*24*	*2*
République tchèque	71	7	*9*	*1*
Roumanie	45	2	*1*	*0*
Royaume-Uni	5 206	87	*287*	*5*
Slovaquie	31	6	*2*	*0*
Slovénie	59	30	*1*	*0*
Suède	1 370	152	*107*	*12*
UE à 27	**49 730**	**101**	***3 192***	***7***

Note : changement dans la production des statistiques sur les brevets. Les données ne sont plus pleinement comparables à celles publiées précédemment.
Source : Eurostat.

17.1 Revenus et productions agricoles

En 2007, la valeur de la production agricole augmente fortement, du fait de l'envolée du prix des céréales, oléagineux et protéagineux (COP). Les coûts de production s'alourdissent, notamment le coût de l'alimentation animale qui répercute le renchérissement des composants (céréales, protéagineux, tourteaux, poudres de lait...). Globalement, la valeur ajoutée de la branche s'améliore très sensiblement (+ 11 % en nominal).
Compte tenu de la baisse de l'emploi (– 1,9 %) et de la hausse du prix du PIB (+ 2,5 %), le **résultat agricole net par actif en termes réels** augmente de 11 % en 2007 (il s'agit du revenu de l'ensemble de la branche, exploitants et salariés) ; le **revenu net d'entreprise agricole** par actif non salarié en termes réels augmente de 17 % (il s'agit du revenu des exploitants). Ces deux indicateurs de revenu se redressent pour la deuxième année consécutive. Après avoir été orientés à la baisse de 1999 à 2005, ils dépassent les niveaux atteints en 1998. L'amélioration de 2007 recouvre cependant de fortes disparités : le revenu des céréaliers double, celui des viticulteurs s'améliore, alors que celui des éleveurs de bovins et porcs recule.
En 2007, alors que le déficit commercial de la France s'aggrave, le solde des échanges extérieurs en produits agroalimentaires s'améliore pour la deuxième année consécutive. Il retrouve un niveau proche de celui de l'année 2000, le plus élevé de la décennie. Cette amélioration repose sur l'augmentation du prix des exportations de céréales et sur la progression des ventes de boissons alcoolisées, avec notamment une excellente performance pour le vin de Bourgogne.
Selon les prévisions établies au 1er novembre 2007, la récolte 2007 de vin connaîtrait une baisse de l'ordre de 10 %. Elle s'élèverait à 47,1 millions d'hectolitres, dont 23,1 en vins d'appellation (VQPRD), 13,9 en vins de pays, 3,5 en autres vins, jus et moûts, et 6,6 pour les vins aptes à l'élaboration du cognac.
Dans l'Union européenne à 27, le résultat agricole net par actif en termes réels augmente de 5,4 % en 2007, après 3,3 % en 2006. Ces deux hausses consécutives permettent de résorber la dégradation de 2005. La valeur de la production agricole progresse grâce à la flambée des cours et, comme en France, en dépit de la baisse des rendements pour plusieurs cultures importantes (blé, maïs). Le résultat s'améliore dans les deux tiers des pays. Les pays céréaliers où les conditions climatiques ont été favorables ou moyennes bénéficient de fortes hausses de revenu (Lituanie, Pologne, Allemagne, Espagne...), alors que les pays davantage spécialisés dans l'élevage (Royaume-Uni, Danemark...) ou d'autres productions (Pays-Bas...) présentent des hausses plus modestes. Les pays où le résultat agricole diminue (Bulgarie, Roumanie, Hongrie, Portugal) ont eu des récoltes particulièrement faibles.
Dans l'Union européenne à 27, le résultat agricole net par actif a augmenté en termes réels de 16 % depuis l'année 2000, selon les données disponibles en janvier 2008. La hausse est modérée en France et en Espagne, forte en Allemagne ; à l'inverse en Italie, la dégradation est quasiment continue depuis 1999. ■

Définitions

Compte spécifique de l'agriculture : ce compte base 2000 suit la méthodologie spécifique européenne, en cohérence avec le Système européen des comptes (SEC95).

Consommation de capital fixe : mesure la dépréciation annuelle liée à l'usure du capital et à son obsolescence. Elle est évaluée pour l'ensemble des biens de capital fixe de la branche agricole (plantations, matériels et bâtiments), à l'exception des animaux.

Évolution mesurée en termes réels : évolution à prix courants déflatée par l'indice de prix du produit intérieur brut.

Prix de base auquel est valorisée la production : voir rubrique « Pour comprendre ».

Résultat agricole net : valeur ajoutée nette au coût des facteurs. Voir rubrique « Pour comprendre ».

Revenu d'entreprise agricole net : voir rubrique « Pour comprendre ».

Pour en savoir plus

- « L'agriculture en 2007 en France et en Europe – Les cours mondiaux font monter les revenus », *Insee Première* n° 1199, juillet 2008.
- « Hausses de revenu mais fortes disparités », *Agreste Primeur* n° 212, Agreste, juillet 2008.
- « Les prix agricoles de l'UE en 2007 », *Statistiques en bref* n° 25 Agriculture et pêche, Eurostat, mars 2008.
- « Revenu agricole dans l'UE + 5,4 % en 2007 », *Statistiques en bref* n° 24 Agriculture et pêche, Eurostat, mars 2008.

Résultat agricole net par actif en termes réels

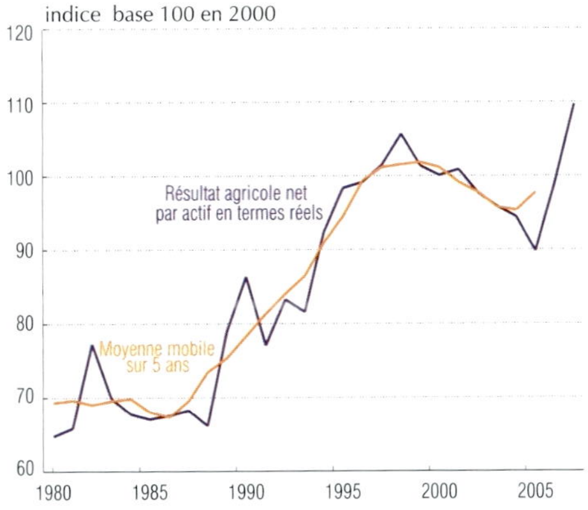

Source : Insee, comptes provisoires de l'agriculture.

@ Production et valeur ajoutée de l'agriculture en 2007

	2007	2007/2006 en %		
	en Mds d'euros	Volume	Prix	Valeur
Produits végétaux	**38,1**	**1,7**	**13,0**	**15,0**
Céréales	11,1	– 3,4	56,8	51,5
Oléagineux, protéagineux	2,2	2,0	39,1	41,9
Betteraves industrielles	0,8	7,1	– 9,1	– 2,6
Autres plantes industrielles[1]	0,4	– 6,2	– 7,8	– 13,5
Fruits, légumes, pommes de terre	7,1	0,1	– 4,2	– 4,1
Vins	9,5	– 0,1	7,9	7,8
Fourrages, plantes, fleurs	7,0	11,2	– 6,8	3,6
Produits animaux	**22,8**	**0,7**	**2,3**	**3,0**
Bétail (bovins, porcins, ovins, caprins, équidés)	10,5	0,2	– 3,9	– 3,7
Volailles, œufs	4,0	3,7	13,5	17,7
Lait et autres produits de l'élevage	8,3	0,0	5,9	5,9
Services[2]	**3,3**	**– 1,1**	**2,9**	**1,7**
Production hors subventions	**64,3**	**1,2**	**8,4**	**9,7**
Subventions sur les produits	2,5	– 2,7	3,9	1,1
Production au prix de base	**66,8**	**1,0**	**8,3**	**9,4**
Consommations intermédiaires[3]	37,6	2,6	4,5	7,2
Valeur ajoutée brute	**29,2**	**– 1,2**	**13,6**	**12,2**
Consommation de capital fixe	9,9	0,5	3,6	4,1
Valeur ajoutée nette	**19,3**	**– 2,1**	**19,5**	**17,0**

1. Tabac, lin textile, houblon, canne à sucre, etc.
2. Production des entreprises de travaux agricoles, des coopératives d'utilisation de matériel agricole, services entre agriculteurs, agri-tourisme...
3. Hors TVA déductible.
Source : Insee, comptes provisoires de l'agriculture.

@ Production de quelques produits agricoles

en millions de tonnes

	1990	2000	2005	2006	2007 (p)
Blé tendre	31,4	35,7	34,8	33,3	30,8
Maïs	9,4	16,0	13,7	12,9	14,4
Betteraves industrielles	31,7	31,1	31,1	29,9	33,2
Pommes de terre	4,7	6,4	6,6	6,4	7,2
Vin[1]	65,3	59,8	53,4	53,1	46,7
dont AOC (en %)	*35,9*	*45,6*	*46,1*	*45,8*	*49,2*
Pommes	2,4	2,5	2,2	2,1	2,1
Roses[2]	266,3	243,7	208,2	199,5	189,4
Fourrages	14,7	19,1	17,4	17,0	18,5
Lait de vache[1]	257,0	242,5	241,6	236,3	236,7

1. En millions d'hectolitres.
2. En millions de fleurs.
Champ : France métropolitaine
Source : Scees.

Production agricole de l'Union européenne

en millions d'euros

	Production végétale		Production animale	
	2000	2007 (e)	2000	2007 (e)
Allemagne	18 425	22 488	19 344	20 627
Autriche	2 159	3 018	2 513	2 765
Belgique	2 931	3 479	3 841	3 772
Bulgarie	1 305	1 517	1 448	1 222
Chypre	...	...	...	...
Danemark	2 602	3 292	4 767	4 838
Espagne	19 539	23 681	11 692	13 831
Estonie	146	270	180	288
Finlande	1 428	1 870	1 689	1 691
France	**30 337**	**35 983**	**22 242**	**21 962**
Grèce	6 525	6 665	2 499	2 759
Hongrie	2 341	3 586	2 078	2 193
Irlande	1 465	1 613	3 780	4 061
Italie	24 234	25 598	13 438	13 868
Lettonie	192	530	220	350
Lituanie	626	881	481	836
Luxembourg	76	98	148	166
Malte	48	44	77	63
Pays-Bas	9 480	11 492	8 548	8 958
Pologne	5 992	9 627	5 886	8 714
Portugal	3 597	3 674	2 178	2 444
Rép. tchèque	1 396	2 339	1 399	1 614
Roumanie	4 887	8 585	2 984	4 090
Royaume-Uni	7 677	8 471	11 452	12 174
Slovaquie	459	897	742	808
Slovénie	444	539	493	507
Suède	1 805	2 198	2 303	2 122
UE à 27	**150 116**	**182 433**	**126 421**	**136 723**

Note : aux prix du producteur (hors subventions).
Source : Eurostat.

Estimation de récolte par vignoble

en milliers d'hectolitres

	Tous vins			Vins AOC
	2006	2007[1]	2007/06 en %	2007
Alsace	1 109	1 243	+12	1 195
Bordelais	6 082	5 557	– 9	5 500
Bourgogne-Beaujolais	2 741	2 626	– 4	2 520
Champagne	3 080	2 909	– 6	2 864
Charentes	9 335	6 791	– 27	...
Corse	380	306	– 19	98
Jura	88	96	+9	90
Languedoc-Roussillon	16 051	14 878	– 7	3 023
Savoie	134	128	– 5	104
Sud-Ouest	3 859	3 089	– 20	1 167
Val de Loire	3 410	3 173	– 7	2 407
Autres vignobles Sud-Est	5 963	5 709	– 4	3 602

1. Estimations au 1er novembre 2007.
Source : Agreste.

17.2 Exploitations agricoles - Pêche

Les exploitations se concentrent : les **exploitations professionnelles**, qui représentent 64 % des exploitations agricoles en 2005, regroupent la majorité de la surface agricole utilisée (SAU). Quelle que soit leur orientation, ces exploitations sont moins nombreuses et de plus grande dimension économique qu'en 1988. Les unités qui conjuguent plusieurs types de production ont tendance à disparaître plus rapidement que les spécialisées. Ce phénomène est particulièrement vrai pour les exploitations ayant des activités de type polyculture, polyélevage ou les deux. Depuis 1988 les exploitations professionnelles diminuent régulièrement. Les exploitations individuelles sont majoritaires, mais leur effectif recule chaque année. La forme sociétaire se renforce, quatre exploitations sur dix ont ce statut et regroupent plus de la moitié de la surface agricole utilisée. L'essor prodigieux des **exploitations agricoles à responsabilité limitée (EARL)** explique cette diffusion des formes sociétaires. Avec leur souplesse, elles apparaissent spécialement adaptées à l'agriculture d'aujourd'hui. Les autres **sociétés civiles (SCEA)** continuent d'augmenter régulièrement. Avec plus de 100 hectares de surface **(SAU)**, les exploitations sous forme sociétaire sont près de deux fois plus étendues que les exploitations individuelles. Elles gardent cependant un caractère familial : le plus souvent, les associés ont des liens de parenté et l'activité agricole est réalisée en famille.

En 2005, l'Union européenne compte un peu plus de 14 millions d'exploitations agricoles, dont près de la moitié se situent en Roumanie et en Pologne. Avec 567 000 exploitations, la France occupe le septième rang. Parmi ces unités, certaines ont une faible taille économique et ne sont pas considérées comme professionnelles. Ce sont des exploitations de subsistance, de retraite, de loisirs ou dirigées par des pluriactifs, exerçant un second métier hors agriculture. À l'opposé, les exploitations dites professionnelles sont bien représentées dans les pays de l'UE à 15. Les Pays-Bas sont en tête avec près de neuf exploitations professionnelles sur dix. La France se classe cinquième avec sept exploitations professionnelles sur dix.

En 2006, les navires français métropolitains ont pêché près de 541 000 tonnes de poissons, crustacés, coquillages et autres produits de la mer. Près des trois quarts des **captures** françaises ont été réalisées en Atlantique Nord-Manche et Mer du nord. Le chiffre d'affaires des pêches métropolitaines atteint 1 027 millions d'euros, soit une baisse de près de 6 % par rapport à 2005.

Entre 2005 et 2006, la production mondiale de la pêche en volume (en millions de tonnes de poids vifs) diminue. La Chine demeure le premier producteur devant le Pérou avec près d'un cinquième des prises totales. La Norvège reste le premier producteur européen suivi par l'Islande. La France est le deuxième producteur en **aquaculture** dans l'Union européenne, après l'Espagne. La **conchyliculture** est l'activité aquacole dominante en métropole. ■

Définitions

Aquaculture : comprend la conchyliculture (élevage d'huîtres, de moules, de palourdes et autres coquillages) ainsi que la pisciculture marine et continentale (élevage en bassins de poissons, crustacés et autres espèces).

Captures : ensemble des débarquements des produits de la pêche (poissons, crustacés, coquillages et autres produits de la mer) exprimés en poids vif ; en sont exclus les rejets en mer.

Exploitation agricole à responsabilité limitée (EARL) : voir rubrique « Pour comprendre ».

Exploitation professionnelle : exploitation d'une taille économique supérieure ou égale à 12 équivalent-hectares de blé (soit 8 UDE) et occupant au moins l'équivalent d'une personne occupée à trois quarts de temps.

Grandes cultures : céréales, plantes industrielles et autres cultures extensives.

Groupement agricole d'exploitation en commun (GAEC) : voir rubrique « Pour comprendre ».

Société civile d'exploitation agricole (SCEA) : voir rubrique « Pour comprendre ».

Superficie agricole utilisée (SAU) : voir rubrique « Pour comprendre ».

Unité de dimension européenne (UDE) : voir rubrique « Pour comprendre ».

Pour en savoir plus

- « Graphagri France 2008 », ministère de l'Agriculture et de la Pêche, Agreste.
- « Bilan annuel de production 2006 des pêches et de l'aquaculture », Ofimer, 2008.
- « Les chiffres de l'agriculture et de la pêche – édition 2008», *Bimagri HS* n° 21, Agreste, janvier 2008.
- « Captures effectuées par l'UE dans l'Atlantique du Nord-Ouest en 2006 », *Données en bref* n° 15, Eurostat, août 2007.
- « Superficies agricoles de l'Union européenne 2007 », *Statistiques en bref* n° 86 Agriculture et pêche, Eurostat, juillet 2007.

@ Production des pêches et de l'aquaculture

	Volume des ventes		Valeur des ventes	
	2006 en milliers de tonnes[1]	2006/05 en %	2006 en millions d'euros	2006/05 en % en euros courants
Poissons	249,6	2,1	756,0	– 0,7
Crustacés	15,1	– 4,7	85,6	– 0,8
Coquillages	50,3	– 11,1	102,1	– 8,5
Céphalopodes et autres invertébrés	20,9	0,0	66,7	8,0
Pêche fraîche	**335,8**	**– 0,5**	**1 010,4**	**– 1,0**
Thon tropical congelé	120,1	– 16,6	131,6	0,1
Autres pêches congelées ou transformées	93,8	20,8	45,0	– 13,4
Pêche congelée ou transformée	**213,8**	**– 3,5**	**176,6**	**1,5**
Total pêche maritime	**549,7**	**– 1,7**	**1 187,1**	**– 0,6**
Pêche continentale[2]	**2,0**	...	**14,5**	...
Aquaculture[2]	**240,0**	...	**532,8**	...
dont conchyliculture[2]	*189,3*	...	*385,5*	...
Total pêches et aquaculture	**791,6**	**– 1,2**	**1 734,4**	**– 0,4**

1. Équivalent poids vif.
2. Données 2005.
Sources : DPMA ; Ofimer.

@ Exploitations agricoles selon la taille

nombre en milliers et SAU en milliers d'hectares

	1979		2005	
	Nombre	SAU	Nombre	SAU
Moins de 5 ha[1]	357	677	132	261
De 5 à moins de 20 ha	410	4 778	105	1 163
De 20 à moins de 50 ha	347	10 962	109	3 714
De 50 à moins de 100 ha	114	7 683	113	8 083
De 100 à moins de 200 ha	29	3 798	70	9 486
De 200 ha ou plus	6	1 598	17	4 762
Total	**1 263**	**29 496**	**545**	**27 470**

1. Y compris les exploitations sans superficie agricole utilisée en 2005.
Source : Scees, enquêtes Structure.

@ Pêche de capture dans le monde

en millions de tonnes de poids vif

	1980 (r)	1990 (r)	2000 (r)	2006 (p)
Chine[1]	3,3	6,9	17,4	17,6
Pérou	2,7	6,9	10,7	7,0
UE à 27	**7,8**	**8,1**	**6,8**	**5,7**
dont : Espagne	*1,2*	*1,1*	*1,1*	*1,0*
Danemark	*2,0*	*1,5*	*1,5*	*0,9*
Royaume-Uni	*0,9*	*0,8*	*0,7*	*0,6*
France	***0,7***	***0,7***	***0,7***	***0,6***
Pays-Bas	*0,3*	*0,4*	*0,5*	*0,4*
Etats-Unis	3,7	5,6	4,8	4,9
Indonésie	1,7	2,6	4,1	4,8
Chili	2,9	5,4	4,5	4,5
Japon	10,0	9,8	5,1	4,3
Total Monde	**68,2**	**86,0**	**96,9**	**93,2**

1. Y compris Hong-Kong et Macao.
Source : FAO.

@ Exploitations agricoles selon l'orientation technico-économique

	1988	2000 (r)	2005	
	en milliers	en milliers	en milliers	en %
Grandes cultures	181,5	134,4	121,4	22,3
Horticulture, maraîchage	29,0	16,0	13,5	2,5
Viticulture d'appellation	123,0	92,1	77,7	14,2
Fruits	34,2	25,3	20,7	3,8
Bovins lait	169,0	74,7	60,7	11,1
Bovins viande	91,2	77,3	65,5	12,0
Autres herbivores	120,1	95,2	73,6	13,5
Porcins, volailles	29,4	22,6	19,4	3,6
Polyculture, polyélevage	239,3	126,2	92,9	17,0
Total	**1 016,7**	**663,7**	**545,3**	**100,0**

Champ : France métropolitaine.
Source : Scees.

Flotte de pêche

en nombre de navires actifs

Longueur	1995	2000	2005	2006
Moins de 12 mètres	4 878	4 380	4 034	3 967
De 12 à moins de 24 mètres	1 434	1 233	1 057	1 006
24 mètres ou plus	281	270	269	259
Total	**6 593**	**5 883**	**5 360**	**5 232**

Champ : flotte en France métropolitaine hors conchyliculture petite pêche.
Sources : DPMA ; Ofimer.

@ Exploitations et SAU dans l'UE

	Nombre d'exploitations en milliers		SAU en milliers d'hectares	
	2000	2005 (r)	2000	2005 (r)
Allemagne	472	390	17 152	17 035
Autriche	200	171	3 388	3 266
Belgique	62	52	1 394	1 386
Bulgarie	...	535	...	2 729
Chypre	...	45	...	152
Danemark	58	52	2 645	2 708
Espagne	1 287	1 079	26 158	24 855
Estonie	...	28	...	829
Finlande	81	71	2 218	2 264
France[1]	**664**	**567**	**27 856**	**27 591**
Grèce	817	834	3 583	3 984
Hongrie	967	715	4 555	4 267
Irlande	142	133	4 444	4 219
Italie	2 154	1 729	13 062	12 708
Lettonie	141	129	1 433	1 702
Lituanie	...	253	...	2 792
Luxembourg	3	2	128	129
Malte	...	11	...	10
Pays-Bas	102	82	2 028	1 958
Pologne	...	2 476	...	14 755
Portugal	416	324	3 863	3 680
Roumanie	...	4 256	...	13 907
Rép. tchèque	...	42	...	3 558
Royaume-Uni	233	287	15 799	15 957
Slovaquie	71	68	2 160	1 879
Slovénie	87	77	486	485
Suède	81	76	3 073	3 192
UE à 27	**...**	**14 482**	**...**	**171 996**

1. France métropolitaine en 2000.
Source : Eurostat, enquêtes Structure.

18.1 Industrie agroalimentaire

En 2007, la croissance de la production des **industries agroalimentaires** (IAA) est soutenue en valeur (+ 5,8 %) en raison d'une forte hausse des prix mais aussi, dans une moindre mesure, des volumes produits (+ 1,5 %). Les évolutions déjà amorcées en 2006 sont confortées et contrastent avec la situation plus étale des années précédentes. Les industries agroalimentaires avaient peu participé à la reprise industrielle de la fin des années 90, et au début des années 2000, elles ont continué à stagner, rejointes alors par l'industrie manufacturière.

Les prix à la production des IAA augmentent fortement (+ 4,2 %) répercutant les hausses des prix agricoles. Les produits à base de céréales sont les premiers concernés (+ 13,8 %) ; la hausse gagne également l'ensemble des boissons (+ 7,5 %) et les produits laitiers (+ 3,5 %) mais épargne la viande.

L'augmentation de la production en volume concerne toutes les **branches** des industries agroalimentaires, sauf les activités transformant les céréales, les industries sucrières et le tabac. La hausse du prix des aliments pour animaux pèse sur les volumes vendus et la production ; la réforme de l'organisation commune de marché du sucre mise en œuvre pour la première fois limite les exportations. En revanche la situation s'améliore nettement pour l'industrie de la viande après la crise aviaire de 2006. Le niveau élevé des cours mondiaux du lait incite les industriels à renforcer leur position sur les marchés extérieurs.

La consommation finale est la principale utilisation des produits des IAA (58 % en valeur). Le reste est soit utilisé pour produire d'autres biens et services (28 %) soit exporté (14 %). Les exportations sont relativement dynamiques avec une croissance de 7 % en valeur, alors que la consommation n'augmente que de 3 %. Le poids de celle-ci étant cependant prépondérant, sa contribution à la croissance des IAA reste plus élevée que celle des exportations.

En 2007, alors que le déficit commercial de la France s'aggrave, le solde des échanges extérieurs en produits agroalimentaires s'améliore pour la deuxième année consécutive. L'excédent commercial qui s'élève à 7,2 milliards reste toutefois en deçà du point haut atteint en 1997 après trois décennies d'amélioration continue. Les vins et champagne qui constituent les plus fortes ventes, les céréales et les produits laitiers sous l'effet de prix mondiaux très élevés, ont dégagé l'essentiel de l'excédent, tandis que les importations, dans un contexte de faiblesse du dollar par rapport à l'euro, se développent sur beaucoup de produits transformés. ■

Définitions

Branches des IAA : elles regroupent les activités industrielles qui transforment les produits (principalement agricoles) en produits destinés à l'alimentation. L'industrie du tabac est rajoutée à ces activités.

Enquête annuelle d'entreprise (EAE) dans les IAA : voir rubrique « Pour comprendre ».

Industries agroalimentaires (IAA) : les industries agricoles et alimentaires (ou agroalimentaires) correspondent à des activités économiques classées EB dans la nomenclature économique de synthèse (NES) : industrie des viandes ; industrie du lait ; industrie des boissons ; travail du grain, fabrication d'aliments pour animaux ; industries alimentaires diverses ; industrie du tabac.

L'activité de production des charcutiers commerçants et des boulangers est une activité agroalimentaire. Par contre, la viticulture n'est pas une activité agroalimentaire, mais une activité agricole bien que sa production, le vin, soit un produit agroalimentaire. Aussi, les statistiques du commerce extérieur, qui sont des statistiques sur les produits échangés, font figurer le vin dans les échanges des produits des IAA.

Les comptes des industries agro-alimentaires évaluent la production des branches au prix de base. Le prix de base est égale au prix de vente des producteurs augmenté des subventions sur les produits perçues par les producteurs et diminué des impôts sur les produits payés par ces derniers (ces impôts sont particulièrement importants dans le cas de l'alcool ou du tabac).

Pour en savoir plus

- « L'agriculture, la forêt et les industries agroalimentaires », *GraphAgri*, Agreste, édition 2008.
- « Bonne tenue de l'activité des IAA en 2007 sur fond de hausse des prix », *Agreste Synthèses* Industries agroalimentaires n° 24, avril 2008.
- « 2007, une année très dynamique pour les échanges agroalimentaires français », *Agreste Conjoncture* Panorama n° 2, mars 2008.
- « Solde agroalimentaire français : bon résultat en 2007 », *Agreste Synthèses* Environnement économique n° 15, mars 2008.
- « L'agriculture, nouveau défis », *Insee – Références*, édition 2007.

@ Principaux résultats des entreprises des IAA selon l'activité en 2006

montants en millions d'euros

	Nombre d'entreprises	Effectif salarié moyen	Chiffre d'affaires		Valeur ajoutée au prix de marché	Résultat courant avant impôts	Investissements corporels
			total	à l'exportation			
Industrie des viandes	952	121 776	31 357	3 067	5 009	341	623
Industrie du poisson	147	13 869	3 406	338	642	86	76
Industrie des fruits et légumes	161	23 849	6 829	1 168	1 296	192	245
Industrie des corps gras	29	2 003	2 125	470	313	146	22
Industrie laitière	302	53 974	23 108	3 869	3 308	494	550
Travail des grains	105	11 746	4 922	2 197	1 123	230	185
Fabrication d'aliments pour animaux	213	19 220	9 798	1 538	1 468	311	180
Autres industries alimentaires	738	91 461	27 294	4 868	6 314	1 584	883
Industrie des boissons	400	37 826	20 216	5 861	5 274	2 000	732
Total IAA	**3 047**	**375 724**	**129 055**	**23 375**	**24 746**	**5 383**	**3 495**

Champ : France métropolitaine, entreprises de 20 salariés ou plus ou réalisant un chiffre d'affaires supérieur à 5 millions d'euros.
Source : Agreste.

@ Production en valeur des IAA

Branche en NAF	2006 en millions d'euros	2007 en millions d'euros	2007/2006 en %
Industrie des viandes	29 224	29 601	1,3
Industrie du lait	21 556	22 601	4,8
Industrie des boissons[1]	15 825	17 180	8,6
Travail du grain et aliments pour animaux	13 243	15 091	14,0
Autres IAA	40 729	43 101	5,8
Conserve, jus de fruits	9 184	9 975	8,6
Huiles, corps gras	2 249	2 384	6,0
Pain et pâtisserie	13 570	14 188	4,6
Sucre	2 863	2 937	2,6
Divers[2]	12 863	13 617	5,9
Industrie du tabac	765	781	2,1
Total IAA	**121 342**	**128 355**	**5,8**

1. Vin non compris.
2. Chocolat, aliments pour enfants, desserts de conserve, soupes, bouillons et potages.
Source : Insee, comptes nationaux - base 2000.

@ Évolutions 2006-2007 de la production en volume, prix et valeur

en %

Branche en NAF	Indice volume	Indice prix	Indice valeur
Industrie des viandes	1,6	– 0,3	1,3
Industrie du lait	1,3	3,5	4,8
Industrie des boissons[1]	1,0	7,5	8,6
Travail du grain et aliments pour animaux	0,1	13,8	14,0
Autres IAA	2,0	3,7	5,8
Conserve, jus de fruits	2,3	6,2	8,6
Huiles, corps gras	2,9	3,0	6,0
Pain et pâtisserie	1,9	2,6	4,6
Sucre	0,0	2,6	2,6
Divers[2]	8,5	– 2,5	5,9
Industrie du tabac	0,0	2,1	2,1
Total IAA	**1,5**	**4,2**	**5,8**

1. Vin non compris.
2. Chocolat, aliments pour enfants, desserts de conserve, soupes, bouillons et potages.
Source : Insee, comptes nationaux - base 2000.

@ Chiffres-clés des entreprises agroalimentaires

en millions d'euros

	2000	2006	2006/05 en %
Nombre d'entreprises	3 106	3 047	– 2,1
Effectif salarié moyen	380 109	375 724	– 1,7
Chiffre d'affaires net H.T.	114 125	129 055	2,8
Chiffre d'affaires à l'exportation	20 647	23 375	4,8
Valeur ajoutée au prix de marché	21 768	24 746	1,5
Résultat courant avant impôts	4 814	5 383	7,3
Investissements corp. hors apports	3 508	3 495	2,5

Champ : France métropolitaine, entreprises de 20 salariés ou plus ou réalisant un chiffre d'affaires supérieur à 5 millions d'euros.
Source : Agreste.

@ Solde du commerce extérieur des produits agroalimentaires

en milliards d'euros

Produits	2005	2006	2007
Industrie des viandes	– 0,1	– 0,2	– 0,3
Industrie du lait	2,4	2,4	2,6
Industrie des boissons	7,7	8,7	9,2
Travail du grain et aliments pour animaux	1,6	1,9	2,1
Autres IAA	– 4,1	– 4,2	– 5,0
Conserve, jus de fruits	– 3,1	– 3,5	– 3,6
Huiles, corps gras	– 1,5	– 1,6	– 1,9
Pain et pâtisserie	– 0,1	– 0,1	– 0,1
Sucre	0,9	1,0	0,8
Divers[1]	– 0,2	– 0,2	– 0,2
Industrie du tabac	– 1,3	– 1,4	– 1,4
Total IAA	**6,2**	**7,1**	**7,2**

1. Chocolat, aliments pour enfants, desserts de conserve, soupes, bouillons et potages.
Source : Insee, comptes nationaux - base 2000.

Commerce extérieur des produits agroalimentaires

en milliards d'euros

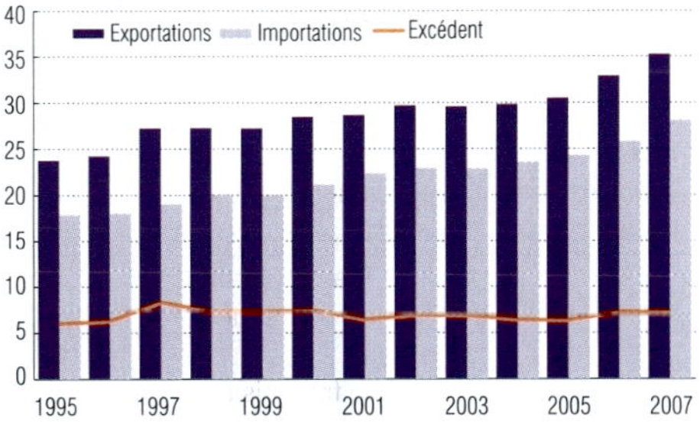

Source : Insee, comptes nationaux - base 2000.

18.2 Production industrielle

En 2007, la production de l'**industrie manufacturière** s'accroît de 1,7 %, confirmant la légère reprise de 2006 après la stagnation de 2005. Son rythme est nettement moindre que celui de la production de services aux entreprises (+ 2,8 %) ou de la construction (+ 3,6 %). Surtout la production industrielle française reste très en retrait de l'industrie allemande (+ 6,9 %), « locomotive » d'une zone euro dont la production industrielle s'élève à + 4 %.
Comme en 2006, la contribution la plus importante à la production de l'industrie manufacturière est celle des biens d'équipement, devant celle des biens intermédiaires. Ils bénéficient encore du redressement de l'investissement des entreprises alors que les exportations marquent une pause. Mais, fait majeur de l'année 2007, le recul de l'automobile semble enrayé. En revanche, la production de biens de consommation est moins allante que les années passées. Cette résistance de l'industrie française en 2007 est cependant fragile, avec l'aggravation du déficit des échanges des produits manufacturés et les perspectives incertaines de la croissance mondiale.
En 2007, avec le ralentissement de la demande mondiale à la France et la détérioration de la compétitivité, les exportations manufacturières s'essoufflent. Cela s'explique principalement par le ralentissement des ventes de biens d'équipement et des biens intermédiaires.
En 2007, les prix de la production industrielle française progressent de 2,5 % en moyenne annuelle. La plus forte progression est enregistrée par les produits des industries alimentaires (+ 4,5 %) sous l'impulsion de la hausse des prix des céréales transformées et des aliments pour animaux (+ 18,2 %). Les prix de la production de biens intermédiaires augmentent quant à eux de 3,6 % par rapport à 2006. En particulier, ceux des produits en bois, papier et carton s'accroissent de 5,7 % et ceux des métaux ou produits métallurgiques de 5,1 %. Les prix des biens d'équipement, qui intègrent pour partie les hausses de prix des produits sidérurgiques, progressent de 2,2 % en moyenne annuelle. L'augmentation des prix des produits énergétiques est plus modérée (+ 1,6 % dont + 2,1 % pour les prix des combustibles et carburants et + 0,9 % pour ceux de l'eau, gaz et électricité). L'évolution des prix des produits de l'industrie automobile (+ 0,8 %) résument deux mouvements contraires : hausse des prix des produits de la construction automobile (+ 1,6 %) et baisse de ceux des équipements pour automobiles (– 1,3 %). En revanche, les prix des biens de consommation sont quasiment stables entre 2006 et 2007 (+ 0,1 %).
En 2007, soutenue par des carnets de commandes encore bien garnis, en particulier pour les biens d'équipement, l'industrie est restée dynamique en Allemagne. À l'inverse, les difficultés du secteur immobilier en Espagne ont pesé sur sa croissance industrielle (+ 2,3 % après + 4,1 %). En Italie, le ralentissement est également très marqué avec une stagnation en 2007 (– 0,3 % après 2,9 %). Au sein de l'UE à 27, l'industrie allemande représente un quart de la production en valeur de l'industrie européenne, précédant la France et l'Italie (15 %) et le Royaume-Uni (11 %). ■

Définitions

CAF (coût, assurance, fret) : prix d'un bien à la frontière du pays importateur ou prix d'un service fourni à un résident avant acquittement de tous les impôts et droits sur les importations et paiements de toutes les marges commerciales et de transport dans le pays.

Chiffre d'affaires : il représente le montant des affaires (hors taxes) réalisées par l'entreprise avec les tiers dans l'exercice de son activité professionnelle normale et courante. Il correspond à la somme des ventes de marchandises, de produits fabriqués, des prestations de services et des produits des activités annexes.

Excédent brut d'exploitation (EBE) : voir rubrique « Pour comprendre ».

FAB (franco à bord) : prix d'un bien à la frontière du pays exportateur ou prix d'un service fourni à un non-résident. Il comprend la valeur des biens ou des services au prix de base, des services de transport et de distribution jusqu'à la frontière, les impôts moins les subventions.

Indices de prix à la production : voir rubrique « Pour comprendre ».

Industrie manufacturière : voir 11.3.

Valeur ajoutée : voir 11.3.

Pour en savoir plus

- « L'Économie française », *Insee – Références*, édition 2008.
- « En 2007, la production industrielle française a légèrement progressé malgré la dégradation des échanges extérieurs », *Le 4 pages* n° 244, Sessi, avril 2008.
- « L'industrie en France », *Insee – Références*, édition 2007.

Principaux agrégats de l'industrie manufacturière en 2007

Branche d'activité	Production en valeur en milliards d'euros	Évolution 2007/2006 en volume en %				
		Production	Valeur ajoutée	Exportations[1]	Importations[1]	Dépense de consommation des ménages
Industries de biens de consommation	124,6	1,8	1,2	6,0	9,6	4,3
Industrie automobile	89,8	2,4	– 6,8	1,7	8,2	3,2
Industries des biens d'équipement	180,3	4,4	4,4	2,1	5,4	14,0
Industries des biens intermédiaires	285,9	1,6	0,6	4,4	7,1	2,2
Total	**680,6**	**2,5**	**1,3**	**3,6**	**7,2**	**4,9**

1. Exportations valorisées FAB (Franco à bord) et importations valorisées CAF (Coûts de l'assurance et du fret inclus) par produit.
Source : Insee, comptes nationaux - base 2000.

Indices des prix à la production

indices en moyenne annuelle (hors TVA) base 100 en 2000

	2002	2003	2004	2005	2006	2007
Produits des IAA	**105,0**	**106,6**	**109,0**	**108,2**	**110,5**	**115,5**
Biens de consommation	**100,9**	**101,1**	**100,9**	**101,1**	**100,7**	**100,8**
Produits de l'industrie automobile	**102,3**	**102,7**	**103,0**	**104,6**	**106,5**	**107,4**
Produits de la construction automobile	103,6	104,8	105,2	107,3	109,7	111,5
Équipements pour automobiles	99,5	98,1	98,1	98,8	99,7	98,4
Biens d'équipement	**100,7**	**100,8**	**101,0**	**102,0**	**103,2**	**105,5**
dont industries des équipements mécaniques	*102,2*	*102,6*	*105,3*	*106,7*	*109,2*	*112,6*
Biens intermédiaires	**100,7**	**101,1**	**103,7**	**106,7**	**111,3**	**115,3**
dont : produits en bois, papier ou carton	*101,5*	*100,6*	*99,4*	*98,9*	*102,0*	*107,8*
produits chimiques, en caoutchouc ou en plastique	*100,4*	*101,9*	*105,4*	*110,0*	*114,0*	*116,3*
métaux ou produits métallurgiques	*99,4*	*99,8*	*104,9*	*110,2*	*117,6*	*123,6*
Produits énergétiques tous usages	**97,1**	**99,6**	**104,7**	**116,7**	**126,1**	**128,1**
Combustibles et carburants	90,8	93,3	102,9	121,6	131,3	134,1
Électricité, eau, gaz	103,1	105,6	106,0	111,9	121,2	122,3
Total de l'industrie	**101,0**	**101,9**	**104,0**	**107,2**	**110,8**	**113,6**

Source : Insee.

Principales caractéristiques des entreprises industrielles par secteur d'activité en 2006

en milliards d'euros

Secteur d'activité	Nombre d'entreprises	Effectifs au 31 décembre en milliers	Chiffre d'affaires HT	Exportations	Valeur ajoutée HT	Excédent brut d'exploitation	Investissements et crédit-bail
Industries des biens de consommation	4 092	478,4	135,5	41,5	39,3	12,6	3,5
Industrie automobile	495	255,5	110,5	62,0	18,2	3,7	3,7
Industries des biens d'équipement	4 780	613,4	158,5	83,9	43,9	9,7	3,7
Industries des biens intermédiaires	9 763	1 096,1	274,4	101,9	74,1	19,5	11,0
Total	**19 130**	**2 443,4**	**678,8**	**289,3**	**175,5**	**45,6**	**22,0**

Champ : entreprises de 20 salariés ou plus.
Source : Sessi, enquête annuelle d'entreprise.

Évolution en volume de la production de l'industrie manufacturière dans le monde

indices base 100 en 2000

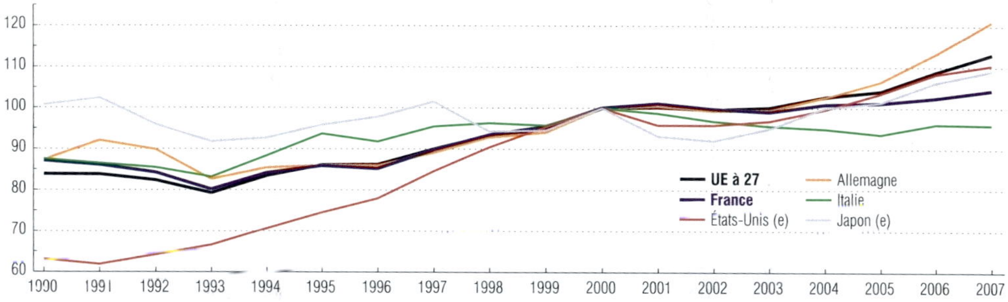

Champ : industrie manufacturière y compris l'industrie agroalimentaire, données corrigées des jours ouvrables.
Source : Eurostat.

18.3 Industrie automobile

En 2007, la production mondiale des constructeurs automobiles français s'élève à plus de six millions de véhicules (+ 4,6 % en volume), dont plus de 2,5 millions d'unités produites sur le territoire français. Si plus de 41 % des véhicules sortent des usines françaises, la production des constructeurs français s'internationalise de plus en plus. Pour les **voitures particulières**, la production hors France augmente de 17,5 %, alors que la production nationale diminue de 9 %.
En 2007, le marché automobile français, avec plus de deux millions d'**immatriculations** de voitures particulières neuves, progresse de 3,2 % en données brutes ; ce niveau situe 2007 comme une année tout à fait convenable, à l'instar des quatre années précédentes. Le marché reste très concurrentiel : les constructeurs étrangers représentent plus de 48 % du marché français contre 23 % en 1980. Avec 461 500 immatriculations, le marché des **véhicules utilitaires** légers neufs bat son record de ventes en 2007, tandis que le marché des véhicules industriels supérieurs à 5 tonnes neufs reste stable par rapport à 2006 (53 000 immatriculations).
Cette année encore, les achats de voitures particulières d'occasion progressent de 1,9 % (plus de 5,5 millions d'unités vendues). Ce marché dépasse en 2007 le haut niveau atteint en 2006. Il bénéficie notamment de la fiabilité croissante des moteurs.
En 2007, plus de 413 000 voitures particulières basses émissions de CO_2 (moins de 120 g de CO_2 par km) sont immatriculées, soit 20 % du marché total. Depuis 2002, en France, les immatriculations de voitures particulières équipées d'un moteur diesel ne cessent d'augmenter, grâce aux nouveaux moteurs diesel plus sobres et plus performants. Les ventes sont supérieures à celles des autres motorisations et représentent en 2007 trois immatriculations sur quatre. Les berlines représentent 58 % des immatriculations de voitures particulières en 2007 contre 61 % en 2006. Le nombre de « tout terrain » et de monospaces compacts immatriculés croît fortement : respectivement un quart et un cinquième de ventes en plus.
L'excédent commercial pour l'industrie automobile se contracte de 5 milliards d'euros par rapport à 2006 et l'excédent devient minime (671 millions d'euros après 6 milliards en 2006). Les exportations (51 milliards d'euros) se stabilisent et représentent 13 % du total des exportations françaises. En revanche les importations augmentent de 11 %. Elles s'élèvent à 50 milliards d'euros et représentent 11 % du total des importations françaises.
En 2007, les immatriculations européennes de voitures neuves progressent seulement de 1,1 %. La hausse du prix des carburants, les changements de fiscalité et la baisse du pouvoir d'achat réduisent la demande de voitures neuves en Europe de l'Ouest, tandis que, dans les nouveaux États membres, où le nombre de véhicules par habitant est encore faible, la croissance du marché automobile atteint 14,5 %. ■

Définitions

Immatriculation d'un véhicule neuf : voir rubrique « Pour comprendre ».

Industrie automobile : l'industrie automobile concerne aussi bien les équipementiers spécialisés que les constructeurs de voitures particulières, de véhicules de loisir ou de véhicules utilitaires et les carrossiers. Cette activité intègre donc la filière complète, y compris moteurs et organes mécaniques en amont, dès lors qu'ils sont principalement destinés à des véhicules automobiles. La construction automobile mêle étroitement des producteurs intégrés, des concepteurs, des assembleurs, des donneurs d'ordre et des sous-traitants, ainsi que des prestataires de services d'aménagement de véhicules automobiles.

Véhicule utilitaire : véhicule servant en principe au transport des marchandises. Les autocars et autobus sont comptés avec les véhicules utilitaires dans les tableaux ci-contre.

Voiture particulière : véhicule à moteur et à 4 roues servant uniquement au transport de personnes. En réalité, la « voiture commerciale » (break dans le langage courant) est comptée comme voiture particulière.

Pour en savoir plus

- « Le commerce extérieur de la France – Année 2007 », *Les Notes Bleues de Bercy*, n° 343, mars 2008.
- « L'industrie automobile française », *Analyse et Statistiques*, édition 2007, CCFA, août 2007.
- « L'industrie automobile française en perte de vitesse en 2006 », *Insee Première* n° 1149, juillet 2007.
- Comité des constructeurs français d'automobiles (www.ccfa.fr).
- Association des constructeurs européens d'automobiles (www.acea.be).

Production des constructeurs français

en milliers

	2007	2007/06 en %	*dont production en France*
Voitures particulières	5 300,6	5,0	*2 165,4*
PSA Peugeot Citroën	3 024,6	2,1	*1 375,3*
Renault[1]	2 276,0	9,1	*790,0*
Véhicules utilitaires légers (– de 5 tonnes)	830,0	2,0	*352,2*
dont : PSA Peugeot Citroën	*432,5*	*9,4*	*129,9*
Renault[1]	*393,0*	*– 3,4*	*217,9*
Véhicules industriels (+ de 5 tonnes)	57,8	2,8	*55,4*
Total	**6 188,4**	**4,6**	***2 573,0***

1. Y compris Dacia et Samsung.
Source : CCFA.

Immatriculations de voitures particulières neuves en France selon le constructeur

	2006	2007	
	en milliers	en milliers	en %
Total marques françaises	**1 086,9**	**1 070,3**	**51,8**
PSA	614,7	626,7	30,4
Peugeot	356,8	349,4	16,9
Citroën	257,9	277,3	13,4
Renault	472,1	443,5	21,5
Total marques étrangères	**913,6**	**994,2**	**48,2**
dont : Volkswagen	*140,7*	*142,6*	*6,9*
Toyota-Lexus	*97,1*	*103,4*	*5,0*
Ford	*96,1*	*103,1*	*5,0*
Opel	*99,3*	*99,7*	*4,8*
Mercedes	*58,7*	*61,6*	*3,0*
Fiat	*50,4*	*53,1*	*2,6*
BMW	*40,7*	*49,5*	*2,4*
Audi	*44,0*	*48,1*	*2,3*
Seat	*35,0*	*38,0*	*1,8*
Dacia	*18,7*	*32,6*	*1,6*
Nissan	*31,0*	*32,3*	*1,6*
Total	**2 000,5**	**2 064,5**	**100,0**
dont diesel	*1 427,7*	*1 525,4*	*73,9*

Source : CCFA.

Densité automobile dans quelques pays du monde

nombre de voitures pour 1 000 habitants

	1985	1990	1995	2000	2005	2006
États-Unis	708	752	759	785	794	813
Italie	412	507	541	618	666	673
Espagne	276	403	430	523	604	600
Allemagne	450	512	529	556	592	597
France	**446**	**495**	**520**	**560**	**597**	**595**
Japon	375	456	527	567	584	593
Canada	559	617	562	589	582	585
Royaume-Uni	379	454	474	512	572	571
Belgique	363	419	463	505	537	538
Pologne	117	160	229	318	377	385
Corée du sud	25	71	177	238	311	322
Argentine	173	180	167	181	184	181
Brésil	86	87	89	114	123	124
Turquie	27	37	65	111	108	115
Chine	3	5	8	11	21	23
Inde	3	5	6	8	10	12

Champ : y compris véhicules utilitaires.
Source : CCFA.

Production des principaux constructeurs de véhicules dans le monde en 2006

	Tous véhicules en milliers	*dont voitures particulières en %*	*dont véhicules utilitaires légers en %*
General Motors (Opel-Vauxhall-GM-Daewoo)	8 926	*63,9*	*35,4*
Toyota	8 036	*84,6*	*13,1*
Ford (Jaguar-Volvo cars)	6 268	*60,6*	*38,1*
Groupe Volkswagen	5 685	*95,5*	*3,9*
DaimlerChrysler (Evobus et Fuso inclus)	4 589	*43,3*	*48,2*
Hyundai-Kia	3 844	*88,8*	*5,2*
Honda	3 670	*96,7*	*3,3*
PSA Peugeot Citroën	**3 357**	***88,2***	***11,8***
Nissan	3 223	*78,0*	*17,7*
Renault-Dacia-Samsung	**2 492**	***83,7***	***16,3***
Fiat-Iveco-Irisbus[1]	2 318	*75,7*	*19,5*
Suzuki-Maruti	2 297	*87,2*	*12,8*
Ensemble	**67 301**	***76,1***	***19,5***
Total Monde	**69 258**	...	...

1. Une partie de la production d'Irisbus.
Source : CCFA.

Production mondiale des constructeurs français

en millions de voitures particulières

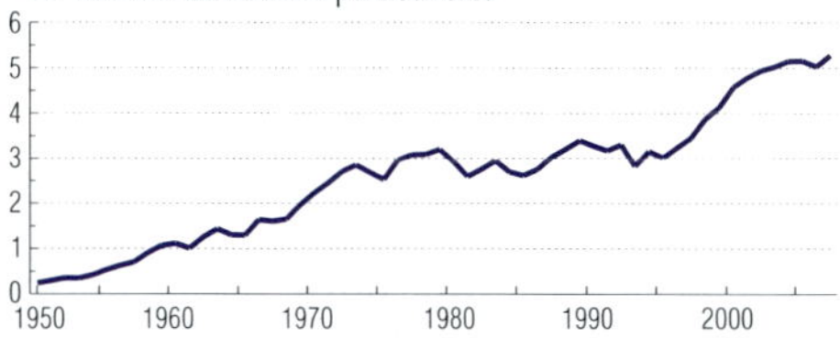

Source : CCFA.

Immatriculations de voitures particulières neuves dans l'Union européenne

	2007		2007/06	*Part du diesel*
	en milliers	en %	en %	*en %*
Allemagne	3 148,2	20,2	– 9,2	*47,8*
Autriche	298,2	1,9	– 3,4	*59,0*
Belgique	524,8	3,4	– 0,3	*77,0*
Bulgarie	41,0	0,3	26,4	...
Danemark	159,3	1,0	3,2	*38,4*
Espagne	1 614,8	10,4	– 1,2	*70,9*
Estonie	30,9	0,2	21,9	...
Finlande	125,7	0,8	– 13,7	*28,4*
France	**2 064,5**	**13,3**	**3,2**	***73,9***
Grèce	279,7	1,8	4,5	*2,9*
Hongrie	171,8	1,1	– 8,5	...
Irlande	186,5	1,2	4,5	*27,1*
Italie	2 492,6	16,0	7,2	*55,8*
Lettonie	32,8	0,2	28,1	...
Lituanie	21,6	0,1	51,8	...
Luxembourg	51,3	0,3	1,0	*77,2*
Pays-Bas	505,7	3,2	4,5	*28,3*
Pologne	293,3	1,9	22,7	...
Portugal	201,8	1,3	3,7	*69,3*
Rép. tchèque	174,5	1,1	11,3	...
Roumanie	315,6	2,0	23,1	...
Royaume-Uni	2 404,0	15,4	2,5	*40,1*
Slovaquie	59,7	0,4	1,0	...
Slovénie	68,7	0,4	15,3	...
Suède	306,8	2,0	8,5	*34,7*
Total UE à 25	**15 573,9**	**100,0**	**1,0**	...

Source : Association des constructeurs européens d'automobiles.

18.4 Construction

En 2007, l'activité de l'ensemble de la **construction** progresse encore de + 4,3 % en volume après + 3,9 % en 2006 et + 4,1 % en 2005.
Si depuis 2004, la bonne santé du **bâtiment** était surtout due au logement, en 2007, les **travaux publics** progressent fortement (+ 6,7 % en volume). Pour la troisième année consécutive, malgré un léger essoufflement, le niveau de mises en chantier reste supérieur à 400 000 logements et 2007 est la meilleure année depuis plus de 26 ans. L'expansion du logement neuf concerne surtout le **logement collectif** qui augmente de 3,8 %. La demande de logements neufs bénéficie encore d'une offre abondante de crédit (+ 10,8 %), même si en fin d'année certaines banques ont été plus sélectives. De plus les dispositifs de soutien à l'investissement locatif (**dispositif « Robien »** et nouveaux **dispositifs « Borloo »**) contribuent majoritairement à la construction de logements collectifs.
En 2007, la production neuve de bâtiments non résidentiels s'accroît encore (+ 6,1 % en volume). La construction de bâtiments non résidentiels atteint en 2007 un niveau record : la construction de bâtiments industriels (+ 12 %) et celle de bâtiments de santé (+ 15 %) sont très dynamiques. Au total, les mises en chantier liées à la commande de l'État et des collectivités locales augmentent de 8 % soit moins vite qu'en 2006 (+ 14 %). Les administrations publiques soutiennent l'activité grâce à la hausse de l'entretien des établissements scolaires, de santé et ceux consacrés à la culture et aux loisirs.
Les travaux publics bénéficient d'une série de grands travaux entrepris ces dernières années. C'est ainsi que le TGV-Est débuté en 2002 a été inauguré en mars 2007. Les dépenses de travaux publics des entreprises publiques augmentent de 9 % en 2007 et la production des travaux publics augmente de 7 % en volume. Réseau Ferré de France poursuit la construction de lignes à grande vitesse (LGV Est Européenne, LGV Rhin-Rhône).
L'investissement qui est majoritairement le fait des entreprises en 2007 augmente à un rythme annuel élevé (+ 7,2 % en volume en 2007). Depuis 2003 (loi relative à l'organisation décentralisée), les collectivités territoriales disposent aujourd'hui d'une plus grande autonomie financière pour investir ; 80 % de l'investissement des administrations se fait dans les travaux publics.
Alors que l'emploi industriel diminue (– 1,1 % en 2007), la construction est un secteur dynamique puisqu'elle a encore été créatrice nette d'emplois, pour la onzième année consécutive : 62 000 emplois ont ainsi été créés (dont 3 400 équivalents temps plein en intérim). La construction emploie le cinquième des intérimaires.
En 2007, seuls les prix des appartements neufs ont encore augmenté. En revanche, les prix des maisons neuves décroissent. Les prix dans l'ancien sont également en repli de 4 %. Néanmoins, les prix demeurent supérieurs à ceux de 2005. De 1998 à 2007, la hausse cumulée des prix est de 83 % pour les maisons neuves et de 70 % pour les appartements. Les prix de vente de l'immobilier neuf intègrent en effet le coût du foncier qui a fortement crû et la forte augmentation des coûts de construction. ■

Définitions

Bâtiment et travaux publics (BTP), au sens des comptes nationaux : ensemble des activités de la branche « Bâtiment, génie civil et agricole » (BGCA), plus communément appelée BTP, y compris production des entreprises du semi-public, des administrations et celle des ménages (y compris la fraude fiscale et le « travail au noir » qui sont estimés). Les services et biens industriels des entreprises liées à la construction, mais dont l'activité principale est autre, sont également incorporés dans le BTP. Les ouvrages réalisés à l'étranger ne sont pas pris en compte.

Construction : concerne aussi bien les travaux neufs que la rénovation, la réparation ou la maintenance.

Dispositifs Borloo et Robien : visent à aider les ménages aux revenus modestes à se loger et à accroître l'offre locative du parc privé existant. Pour en bénéficier, le logement (neuf ou réhabilité) doit être loué nu pendant neuf ans à titre de résidence principale. Le loyer au m^2 est plafonné.

Logement collectif : logement dans un immeuble collectif (appartement).

Logement individuel : construction qui ne comprend qu'un logement (maison).

Pour en savoir plus

- « Construction de logements », *SESP Infos rapides* n° 412, Sesp, janvier 2008.
- « Exportations du BTP français, des majors et des entreprises spécialisées », *SESP en bref* n° 25, Sesp, avril 2008.
- « Activité et emploi dans le BTP », *Chiffres et analyses* n° 54, SG/DAEI/BASP, juin 2008.
- « Plus d'une décennie de statistiques mensuelles sur la construction », *Statistiques en bref Industrie* n° 129, commerce et services, Eurostat, 2007.

@ Production de la construction

	Valeur 2006 en Mds d'euros	Évolution 2007 en volume en %	Évolution 2007 en prix en %	Valeur 2007 en Mds d'euros
Production au prix de base	229,7	4,3	4,1	249,4
TVA	20,9	3,7	3,7	22,5
Autres impôts sur production	0,8	– 0,1	14,2	0,9
Total	**251,5**	**4,3**	**4,1**	**272,8**
Investissement	186,4	4,5	4,1	202,7
dont : sociétés non financières	*51,9*	*9,4*	*5,3*	*59,8*
adm. publiques	*44,8*	*2,2*	*4,4*	*47,8*
ménages	*80,1*	*3,6*	*3,7*	*86,0*
Consommation finale	10,5	1,8	4,2	11,1
Consommations interméd.	54,5	3,3	4,1	58,6
Variations de stock	0,0	n.s	0,0	0,4

Source : Insee, comptes de la construction.

@ Emploi intérieur total dans la construction

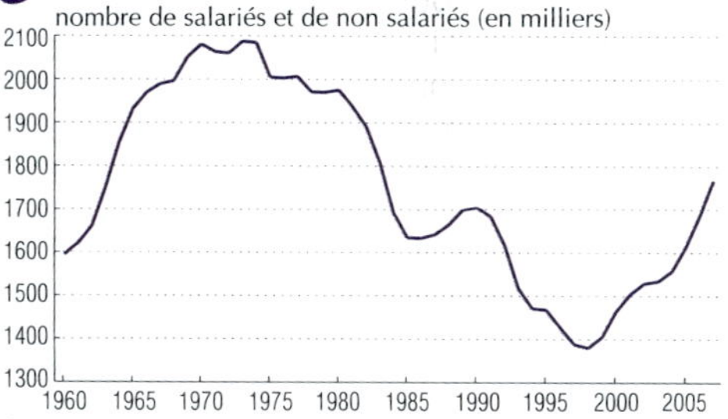

Source : Insee, comptes nationaux - base 2000.

@ Mises en chantier de bâtiments non résidentiels

en millions de m²

	2005	2006	2007	2007/2006 en %
Surfaces agricoles	11,0	11,3	11,3	– 0,3
Industries et stockage non agricole	10,3	10,7	11,9	11,7
Commerces	4,7	4,7	4,7	1,6
Bureaux	3,4	4,2	4,5	7,7
Autres bâtiments[1]	7,4	8,3	9,1	9,3
Total	**36,9**	**39,1**	**41,5**	**6,1**

1. Enseignement, culture, santé, social, hébergement, transport, parking...
Source : Sesp.

@ Investissement en construction

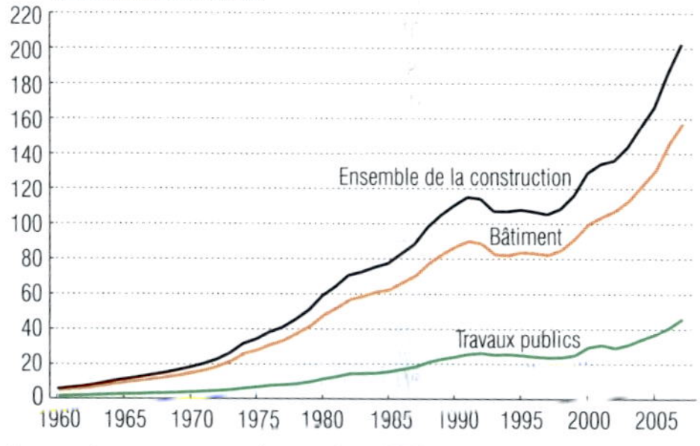

Source : Insee, comptes nationaux - base 2000.

@ Logements mis en chantier

en milliers

	2005	2006	2007	2007/06 en %
Logements individuels	235,0	237,2	232,1	– 2,2
Logements collectifs[1]	185,4	196,4	204,2	4,0
Total	**420,3**	**433,6**	**436,3**	**0,6**

1. Y compris les logements en résidence (cité universitaire, foyer pour personnes âgées, hôtel, motel, etc.).
Source : Sesp.

@ Prix moyens des appartements et maisons neufs

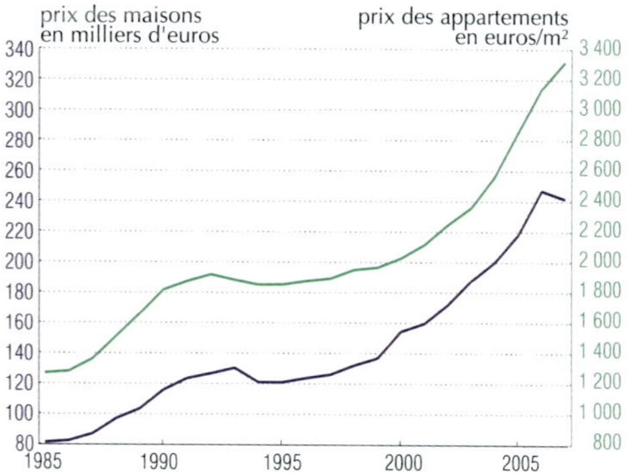

Champ : appartements et maisons neufs en France métropolitaine.
Sources : Insee ; Sesp.

Permis de construire de bâtiments résidentiels dans l'Union européenne

nombre de permis de construire (indice base 100 en 2000)

	1998	2003	2006	2007
Allemagne	157,4	86,5	(e) 71,0	51,8
Autriche	...	103,5	...	...
Belgique	89,8	106,5	(p) 144,1	(p) 129,2
Bulgarie	...	208,8	1052,4	1273,3
Chypre	...	196,4	310,7	336,6
Danemark	97,5	128,3	143,2	(p) 103,1
Espagne	79,4	107,1	167,2	142,0
Estonie	105,3	317,8	1195,5	833,9
Finlande	91,6	97,7	98,5	91,2
France	**100,9**	**105,1**	**(p) 155,1**	**(p) 148,2**
Grèce	108,2	148,5	143,9	116,7
Hongrie	(e) 52,3	(e) 132,0	(e) 104,7	104,4
Irlande	51,9	85,9	86,3	92,5
Italie	...	...	...	...
Lettonie	...	...	...	...
Lituanie	79,2	162,2	436,2	507,9
Luxembourg	99,6	102,1	136,3	150,3
Malte	...	154,4	262,0	285,7
Pays-Bas	111,6	92,2	122,8	111,9
Pologne	...	64,1	110,6	163,1
Portugal	95,3	70,9	58,6	54,4
République tchèque	...	(p) 148,0	165,8	174,5
Roumanie	...	(p) 87,8	(p) 162,2	(p) 179,9
Royaume-Uni	99,5	109,8	122,3	(p) 115,1
Slovaquie	...	...	...	...
Slovénie	105,6	117,1	170,3	208,0
Suède	77,4	(p) 140,4	(p) 275,7	(p) 174,7
UE à 27	**(e) 105,2**	**(e) 106,0**	**129,4**	**116,7**

Source : Eurostat.

19.1 Bilan énergétique

Le contexte de la situation énergétique de la France en 2007 est le suivant : la croissance économique qui résiste, un prix du pétrole brut qui croît tout au long de l'année mais contrebalancé par un taux de change de dollar en euro évoluant en sens inverse, un hiver 2006-2007 particulièrement doux, des énergies renouvelables en plein essor, des centrales nucléaires qui produisent un peu moins que d'habitude, des centrales thermiques au gaz et au charbon un peu plus sollicitées, des transports qui redémarrent, une consommation d'énergie globalement stable et donc une efficacité énergétique en net progrès, des émissions de CO_2 qui stagnent.

En 2007, après le record de 2006, la production d'**énergie primaire** baisse de 1,7 %, à 136 millions de **tep**. Depuis 1990, la croissance moyenne annuelle de l'énergie primaire s'élève à + 1,2 %. Elle a été multipliée par trois depuis 1973, grâce au développement de l'électricité d'origine nucléaire. Celle-ci représente 84 % de la production totale en 2007, contre 9 % en 1973.

En 2007, la production totale brute d'électricité primaire (nucléaire, hydraulique, éolienne et photovoltaïque) et secondaire (d'origine thermique classique) recule pour la deuxième année consécutive à 570 TWh. Cette production est à 77 % d'origine nucléaire, 12 % d'origine hydraulique, éolienne ou photovoltaïque et 11 % d'origine thermique classique.

La production primaire d'énergies renouvelables progresse de 4,2 %, record historique de hausse. Les biocarburants doublent en quantité et l'éolien reste en plein essor (+ 84 % en production), l'hydraulique gagne 3,6 %, le solaire photovoltaïque croît de 70 %. La production d'électricité d'origine renouvelable progresse pour la deuxième année consécutive : + 6,8 % à 68 TWh.

La **consommation** totale **d'énergie** primaire **corrigée des variations climatiques** stagne pour la troisième année consécutive, à 276 millions de tep. La structure de la consommation primaire évolue peu depuis cinq ans : 42 % pour l'électricité primaire, 33 % pour le pétrole, 15 % pour le gaz, 5 % pour les énergies renouvelables et 5 % pour le charbon.

La consommation d'**énergie finale** (corrigée du climat) stagne également dans son ensemble, mais avec des évolutions contrastées selon les secteurs : baisse dans l'industrie, stagnation dans le résidentiel-tertiaire et hausse dans les transports.

Depuis la fin des années 80, le **taux d'indépendance énergétique** avoisine les 50 %, il atteint 50,4 % en 2007.

La facture énergétique s'allège légèrement en 2007 (– 3,5 % après + 19,1 % en 2006 et + 37,3 % en 2005). Elle s'élève à 44,8 milliards d'euros et reste à un niveau élevé. À prix constants, le montant de la facture énergétique reste comme en 2006 presque équivalent à celui de 1981, au plus fort du second choc pétrolier. Elle représente 2,4 % du PIB, à un niveau moindre qu'en 2006, mais nettement inférieur au niveau de 1981 (5 % du PIB). ■

Définitions

Consommation d'énergie corrigée des variations climatiques : voir rubrique « Pour comprendre ».

Consommation totale d'énergie primaire : voir rubrique « Pour comprendre ».

Électricité primaire : électricité d'origine nucléaire, hydraulique, éolienne, solaire, photovoltaïque et géothermique.

Énergie finale : énergie livrée au consommateur pour sa consommation finale (essence à la pompe, électricité au foyer,...).

Énergie primaire : ensemble des produits énergétiques non transformés, exploités directement ou importés. Voir rubrique « Pour comprendre ».

Énergies renouvelables thermiques : principalement composées par le bois, les déchets de bois, les déchets urbains solides et les biocarburants. Voir rubrique « Pour comprendre ».

Taux d'indépendance énergétique : voir rubrique « Pour comprendre ».

Tonnes-équivalent pétrole (tep) : mesure utilisée pour exprimer et comparer des énergies de sources différentes. Exemples : 1 tep = 1000 m^3 de gaz naturel. 1 tep = 11 600 kWh.

Unités de mesure : voir 19.3.

Pour en savoir plus

- « Le taux de dépendance énergétique de l'UE27 était de 54 % en 2006 », *Communication de presse* n° 98, Eurostat, juillet 2008.
- « Bilan énergétique de la France en 2007 » et « Facture énergétique de la France en 2007 », Observatoire de l'énergie, mai 2008.
- « Consommation d'énergie : autant de dépenses en carburants qu'en énergie domestique », *Insee Première* n° 1176, février 2008.

@ Bilan énergétique de la France

en millions de tep

	2005 (r)	2006 (r)	2007 (p)					
	Total	Total	Charbon	Pétrole	Gaz	Électricité[1]	ENRt[2]	Total
Approvisionnement								
Production énergie primaire	138,4	138,6	0,2	1,1	0,9	120,5	13,7	**136,3**
Importations	174,1	173,3	12,4	114,7	37,7	0,9	0,3	**166,1**
Exportations	– 32,1	– 33,0	– 0,7	– 23,9	– 0,8	– 5,8	///	**– 31,1**
Variation de stocks (+)	– 1,2	– 2,4	0,8	1,1	0,4	///	///	**2,3**
Soutes maritimes internationales (-)	– 2,7	– 2,8	///	– 2,9	///	///	///	**– 2,9**
Total des disponibilités	**276,5**	**273,8**	**12,6**	**90,1**	**38,3**	**115,6**	**14,1**	**270,7**
Taux d'indépendance énergétique (en %)	**50,1**	**50,6**	**1,2**	**1,2**	**2,4**	**104,2**	**97,7**	**50,4**
Emplois								
Consommation de la branche énergie	100,8	98,3	6,0	6,5	4,1	78,9	2,7	**98,2**
Consommation finale énergétique[3]	160,6	162,1	6,6	71,0	35,0	37,3	12,2	**162,1**
Agriculture, industrie et sidérurgie	40,5	40,6	6,2	8,1	12,2	11,9	1,5	**39,8**
Résidentiel, tertiaire	69,7	70,7	0,4	13,9	22,8	24,4	9,2	**70,6**
Transports[4]	50,4	50,8	///	49,0	0,1	1,1	1,5	**51,6**
Consommation finale non énergétique	15,3	15,4	0,1	13,9	1,8	///	///	**15,9**
Consommation totale d'énergie primaire[3]	**276,7**	**275,9**	**12,7**	**91,4**	**41,0**	**116,2**	**14,8**	**276,1**
dont corrections climatiques	*0,2*	*2,1*	*0,0*	*1,3*	*2,7*	*0,6*	*0,8*	***5,4***

1. Y compris hydraulique, éolien et photovoltaïque. 2. Énergies renouvelables thermiques (bois, déchets de bois, solaire thermique,...) y compris les pompes à chaleur et les déchets. 3. Corrigée du climat. 4. Hors soutes maritimes internationales.
Champ : France métropolitaine pour la consommation d'énergie.
Source : Observatoire de l'Énergie.

@ Production d'énergie primaire d'origine renouvelable en 2007

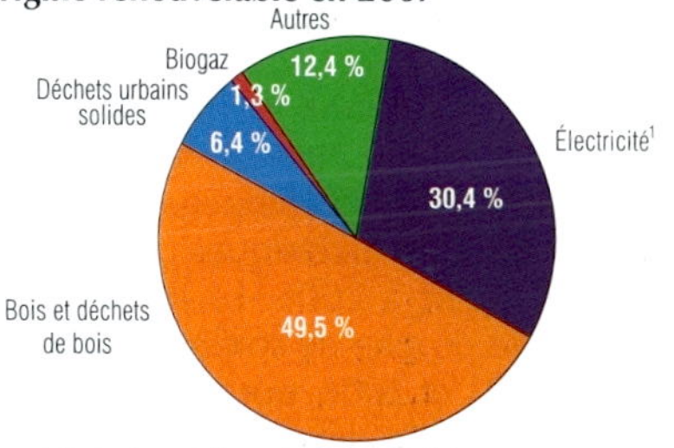

1. Y compris hydraulique, éolien, solaire et photovoltaïque.
Source : Observatoire de l'énergie.

@ Structure de la consommation d'énergie primaire

en %

	1973	1980	1990	2000	2007
Charbon	15,5	16,4	8,4	5,3	4,6
Pétrole	67,6	56,4	38,5	35,3	33,1
Gaz	7,4	11,1	11,5	14,0	14,8
Électricité primaire[1]	4,3	11,7	36,3	40,5	42,1
ENRt et déchets[2]	5,2	4,4	5,3	4,9	5,4
Total	**100,0**	**100,0**	**100,0**	**100,0**	**100,0**

1. Y compris hydraulique, éolien et photovoltaïque.
2. ENRt (bois, déchets de bois, solaire thermique, biogaz, biocarburants...), y compris les pompes à chaleur et les déchets.
Champ : énergie primaire corrigée du climat, en France métropolitaine.
Source : Observatoire de l'Énergie.

Consommation d'énergie primaire dans le monde

en tep par habitant

	1973	1987	1995	2006
Amérique du Nord	6,77	6,29	6,33	6,33
dont : Canada	*7,11*	*7,69*	*7,91*	*8,27*
États-Unis	*8,19*	*7,65*	*7,83*	*7,74*
Mexique	*1,00*	*1,47*	*1,44*	*1,69*
Amérique latine	0,90	0,98	1,01	1,11[1]
Union européenne à 27	**...**	**...**	**3,48**	**3,70[1]**
dont : Allemagne	*4,28*	*4,67*	*4,19*	*4,23*
Espagne	*1,50*	*1,94*	*2,61*	*3,28*
France	***3,41***	***3,75***	***4,06***	***4,31***
Italie	*2,20*	*2,43*	*2,83*	*3,13*
Royaume-Uni	*3,93*	*3,69*	*3,85*	*3,82*
Europe de l'Est	1,78	2,52	1,82	1,94[1]
dont : ex-URSS	*3,48*	*4,78*	*3,34*	*3,44[1]*
Afrique	0,55	0,64	0,63	0,68[1]
Asie	0,53	0,66	0,83	1,05[1]
dont : Chine	*0,49*	*0,70*	*0,88*	*1,32[1]*
Corée	*0,63*	*1,60*	*3,27*	*4,48*
Japon	*2,96*	*3,06*	*3,99*	*4,13*
Moyen-Orient	0,92	1,71	2,14	2,69[1]
Océanie	3,97	4,58	5,04	5,63
Monde	**1,56**	**1,64**	**1,63**	**1,70[1]**

1. Données 2005.
Source : Agence internationale de l'énergie.

@ Taux d'indépendance énergétique de quelques pays du monde

en %

	1973 (r)	1987 (r)	1995 (r)	2006 (p)
Allemagne	50,9	55,0	42,4	39,2
Australie	118,0	185,0	197,8	218,7
Autriche	36,7	33,2	32,2	29,0
Belgique	14,0	30,7	23,6	25,4
Danemark	2,2	40,4	77,7	141,3
Espagne	21,6	37,1	30,6	21,7
États-Unis	83,9	85,6	79,6	71,3
Finlande	23,1	36,1	45,1	48,2
France	**24,3**	**48,3**	**53,3**	**50,3**
Grèce	18,9	43,2	39,5	32,2
Hongrie	59,5	54,4	52,4	37,4
Irlande	15,7	31,6	38,2	10,3
Italie	16,9	17,6	18,3	14,9
Japon	9,2	19,2	19,7	19,2
Norvège	55,4	401,2	774,6	854,5
Pays-Bas	90,4	94,4	90,7	75,9
Pologne	115,4	97,7	99,6	79,7
Portugal	19,5	15,1	16,0	17,0
République tchèque	84,8	86,4	77,5	72,6
Royaume-Uni	49,2	115,7	115,1	80,8
Slovaquie	16,6	24,6	28,3	35,4
Suède	23,7	60,4	62,5	63,9

Sources : Agence internationale de l'énergie ; OCDE.

19.2 Pétrole - Charbon

Après un reflux en fin d'année 2006, les prix internationaux du pétrole n'ont cessé de remonter tout au long de l'année, jusqu'à frôler 100 dollars par baril en fin d'année, niveau qui sera effectivement dépassé au tout début 2008. Cette hausse s'explique par une hausse soutenue de la demande mondiale qui n'est pas suivie des investissements en proportion dans l'amont pétrolier, ni satisfaite par la production retrouvée en Irak ; d'autre part, l'érosion persistante du dollar face à l'euro et au yen incite les investisseurs à se réfugier sur les marchés des matières premières, d'autant que la crise financière tend à les détourner des marchés boursiers d'actions. La demande mondiale de pétrole brut s'élève à 86 millions de barils par jour en 2007, soit une hausse de 1,3 % malgré le choc pétrolier. Dans les pays non OCDE, cette demande croît de 3,8 %, alors qu'elle baisse légèrement dans les pays de l'OCDE.

Corrigée du climat, la consommation primaire de pétrole baisse de – 0,3 % à 91,4 millions de **tep**, son niveau le plus bas depuis 1993 et qui se rapproche du creux des années 80 dû aux deux premiers chocs pétroliers. Depuis le contre-choc pétrolier de 1986 et jusqu'en 1999, la consommation primaire de pétrole avait progressé d'environ + 0,9 % par an, à l'exception d'une courte stagnation en 1995-1996. Depuis 2000, cette tendance a été stoppée pour laisser place à des fluctuations autour d'une légère baisse. La consommation finale de produits raffinés se concentre sur les usages considérés comme non substituables (transports et usages non énergétiques) qui en représentent les trois quarts.

Le secteur résidentiel tertiaire accentue nettement sa chute de consommation (– 5,2 % après – 1,6 %). La tendance de fond est toujours à la baisse, lente globalement, compte tenu de l'inertie du parc installé, mais forte dans la construction neuve qui reste dynamique. En outre 2007 est une année particulière : la douceur des températures au premier semestre et une hausse continue des prix ont pu conduire les particuliers à différer autant qu'ils le pouvaient la reconstitution de leurs stocks.

Malgré des prix élevés, les ventes de carburants routiers croissent de 1,4 % ; celles de gazole progressent de 3,3 % en lien avec la diésélisation persistante du parc automobile alors que celles d'essence ralentissent leur chute (– 4,5 %).

L'Union européenne à 27 importe un tiers de son pétrole depuis la Russie, et exporte un quart de ses produits pétroliers vers les États-Unis. Les deux grands exportateurs sont le Royaume-Uni (70 % des exportations de l'UE) et le Danemark (17 %).

L'extraction du **charbon** étant arrêtée depuis avril 2004, la production se limite désormais aux seuls produits de récupération valorisés dans les centrales électriques, en baisse de 17 % par rapport à 2006. La consommation primaire reste proche de son niveau plancher connu en 2001 et 2006, après une baisse tendancielle depuis le début des années 80. La consommation finale marque une baisse de 3,5 % après une progression de + 3,2 % en 2006. ■

Définitions

Charbon : voir rubrique « Pour comprendre ».

Organisation des pays exportateurs de pétrole (OPEP) : voir rubrique « Pour comprendre ».

Pays de la Mer du Nord : Royaume-Uni, Norvège, Pays-Bas et Danemark.

Pays du Moyen-Orient : Chypre, Liban, Syrie, Irak, Iran, Israël, Jordanie, Arabie Saoudite, Koweït, Qatar, Bahreïn, Émirats Arabes Unis, Oman, Yémen.

Réserves « prouvées » : quantités d'hydrocarbures, de charbon qui, selon les informations géologiques et techniques disponibles, ont une forte probabilité d'être récupérées dans le futur, à partir des gisements connus et dans les conditions technico-économiques existantes. Cette estimation est donc continuellement réévaluée en fonction des nouvelles découvertes et de l'amélioration de la récupération sur les champs existants.

Tonne-équivalent pétrole (tep) : mesure utilisée pour exprimer et comparer des énergies de sources différentes. Exemples : 1 tep = 1 000 m^3 de gaz naturel ou 11 600 kWh.

Pour en savoir plus

- « Pétrole 2007, éléments statistiques », Comité professionnel du pétrole, juillet 2008.
- « Bilan énergétique de la France pour 2007 », Observatoire de l'énergie, avril 2008.
- « Bilan annuel 2007 », bulletin d'information du Bureau exploration-production des hydrocarbures, avril 2008.
- « L'économie pétrolière en 2006 », *Données en bref* n° 13, Eurostat, juillet 2007.

@ Consommation de produits pétroliers

en millions de tonnes

	1973	1985	2007	2007/06 en %
Gazole	6,5	10,9	33,0	3,3
Fioul domestique	37,2	20,7	12,9	– 11,3
Carburants pour automobile	15,8	18,0	9,9	– 4,5
Bases pétrochimie	5,4	7,1	(e) 10,8	(e) 0,1
Fiouls lourds	34,1	8,2	2,8	– 19,0
Carburéacteurs	1,8	2,6	6,6	3,2
Gaz (GPL)	2,7	2,9	2,5	– 4,4
Autres produits	8,3	4,7	6,2	– 1,6
Total marché intérieur	**111,8**	**75,1**	**(e) 84,6**	**(e) – 2,1**

Source : Comité professionnel du pétrole.

Consommation de pétrole dans le monde

en millions de tonnes

	1973	1985	2007 (e)	2007 en %
États-Unis	818	720	943	23,9
Chine	54	90	364	9,2
Japon	269	206	226	5,7
Ex-URSS	326	417	179	4,5
Inde	...	43	124	3,1
Allemagne[1]	150	126	112	2,8
Canada	84	69	102	2,6
France	**127**	**84**	**91**	**2,3**
Italie	104	84	81	2,1
Royaume-Uni	113	77	80	2,0
Reste du monde	754	885	1 644	41,7
Total monde	**2 798**	**2 803**	**3 946**	**100,0**
dont Europe	*738*	*580*	*951*	*24,1*

1. Ex-RFA pour 1973.
Source : Comité professionnel du pétrole.

Production et réserves de pétrole brut dans le monde

en millions de tonnes

	Production en 2007 (p)		Réserves prouvées au 1er janvier 2008	
	en volume	en %	en volume	en %
Amérique du Nord	**387,4**	**10,8**	**27 226**	**15,0**
dont : Canada	*131,7*	*3,7*	*24 365*	*13,4*
États-Unis	*255,7*	*7,1*	*2 861*	*1,6*
Amérique Latine	**463,1**	**12,9**	**16 577**	**9,1**
dont : Mexique	*156,1*	*4,3*	*1 589*	*0,9*
Venezuela	*119,0*	*3,3*	*11 874*	*6,5*
Afrique	**460,3**	**12,8**	**15 667**	**8,6**
dont : Libye	*84,7*	*2,3*	*5 657*	*3,1*
Nigeria	*107,9*	*3,0*	*4 941*	*2,7*
Europe	**828,0**	**23,0**	**15 437**	**8,5**
dont : Norvège	*112,0*	*3,1*	*937*	*0,5*
ex-URSS	*602,6*	*16,7*	*13 491*	*7,4*
Russie	*484,0*	*13,4*	*8 186*	*4,5*
Proche-Orient	**1 097,2**	**30,4**	**102 085**	**56,2**
dont : Arabie saoudite	*433,2*	*12,0*	*36 392*	*20,0*
Irak	*103,6*	*2,9*	*15 689*	*8,6*
Iran	*195,0*	*5,4*	*18 881*	*10,4*
Koweït	*121,3*	*3,4*	*14 188*	*7,8*
Extrême-Orient et Océanie	**367,3**	**10,2**	**4 686**	**2,6**
dont Chine	*186,6*	*5,2*	*2 183*	*1,2*
Total monde	**3 603,2**	**100,0**	**181 678**	**100,0**
dont OPEP	*1 520,9*	*42,2*	*126 532*	*69,6*

Source : Oil and Gas Journal.

@ Consommation primaire de produits pétroliers et coût moyen du pétrole brut importé

	1980	1990	2000	2007
Prix moyen du pétrole brut importé en euros/tonnes	155,3	136,4	227,7	385,1
Consommation intérieure indices base 100 en 1973	88,1	71,3	78,6	75,5

Sources : Observatoire de l'énergie ; Douanes.

@ Provenances du pétrole brut importé en France

en %

	1973	1985	2006	2007[1]
Mer du Nord	0,1	26,0	24,8	22,3
Proche-Orient	71,5	29,9	27,7	25,5
dont Arabie Saoudite	*22,4*	*8,1*	*10,6*	*8,7*
Afrique	24,4	30,7	20,8	21,9
dont Libye	*4,8*	*4,2*	*5,1*	*6,2*
Autres pays	4,0	13,4	26,7	30,4
dont ex-URSS	*2,5*	*5,5*	*24,4*	*29,5*
Total	**100,0**	**100,0**	**100,0**	**100,0**
Ensemble des importations (en millions de tonnes)	**134,9**	**73,9**	**82,1**	**73,9**

1. Onze premiers mois.
Source : Observatoire de l'énergie.

Production et consommation de charbon

en millions de tonnes

	1973	1985	2007	2007/06 en %
Production primaire[1]	**29,1**	**18,9**	**0,4**	**– 15,9**
Importations	16,5	21,3	19,9	– 9,5
Exportations	2,0	1,7	1,0	20,0
Variations de stocks	– 2,6	– 2,2	– 1,2	///
Consommation[2]	**46,2**	**40,7**	**20,6**	**2,2**
Centrales électriques	14,7	18,5	9,3	8,0
Sidérurgie (hors centrales)	14,3	9,6	7,2	– 5,9
Industries (hors centrales)	4,1	5,6	2,4	3,1
Résidentiel - tertiaire	8,7	4,2	0,6	5,3

1. Produits de récupération depuis 2004 suite à l'arrêt définitif de l'extraction du charbon. 2. Corrigée du climat. Champ : France métropolitaine.
Source : Observatoire de l'énergie.

Production de houille et réserves de charbon dans le monde

en millions de tonnes

	Production de houille				Réserves prouvées au 1er janvier 2006
	1973	1980	2006	2006 en %	
Chine	417	620	2 219	44	114 500
États-Unis	530	710	978	19	242 721
Inde	77	105	422	8	56 498
Russie	...	...	210	4	157 010
Australie	55	72	300	6	76 600
Afrique du Sud	62	115	245	5	48 000
Pologne	157	193	94	2	7 502
Allemagne	104	94	24	0	6 708
Royaume-Uni	130	128	18	0	...
France	**26**	**18**	**0**	**0**	**0**
Autres pays	673	733	572	11	137 949
Ensemble monde	**2 231**	**2 790**	**5 083**	**100**	**847 488**

Source : Agence internationale de l'énergie.

19.3 Électricité - Gaz

En 2007, la **production nette** française d'électricité s'élève à 545 TWh ; elle baisse pour la deuxième année consécutive (– 0,8 % après – 0,2 %) alors qu'elle n'avait connu que des hausses de 1999 à 2005. 77 % de la production provient du nucléaire, 12 % de l'hydraulique, de l'éolienne et du photovoltaïque et 11 % du thermique classique. Par filières et en **brut**, les évolutions sont contrastées puisque le nucléaire recule de 2,3 % tandis que les autres filières progressent : + 3,6 % pour l'hydraulique, + 2,7 % pour le thermique classique et surtout + 85 % pour l'éolien et le photovoltaïque qui demeurent en plein essor (après + 127 % en 2006).

Au niveau de l'UE à 27 en 2005, les centrales nucléaires françaises représentent 54 % de la puissance installée totale. La France reste toujours le plus important exportateur d'électricité en 2005 avec plus de 52 300 GWh. En 2007, la France a exporté l'équivalent de 12,4 % de sa production nette, tandis qu'elle a importé l'équivalent de 2,2 % de sa consommation.

La consommation intérieure d'électricité (en données réelles) s'établit à 480 TWh en 2007. Cette consommation, globalement atone en raison des conditions climatiques, poursuit ainsi une tendance amorcée depuis plusieurs années. Depuis 1970, la consommation finale d'électricité a été multipliée par trois et elle s'est accompagnée d'une modification de la structure de la consommation. En 1970, l'industrie consommait plus de la moitié de l'électricité finale tandis que le résidentiel-tertiaire n'en consommait environ que le tiers. En 2007, le résidentiel-tertiaire consomme les deux tiers de l'ensemble. Cette progression est notamment liée au développement du chauffage électrique, une particularité française. La part des transports ne dépasse pas 3 % et celle de l'agriculture 1 %.

Après une embellie en 2006, la production nationale de gaz rechute de plus de 10 % à 12 TWh. La France importe près de 98 % du gaz consommé. Les importations nettes de gaz naturel chutent de – 6,0 % à 480 TWh. En 2007, le gaz importé provient pour 32 % de la Norvège, 19 % des Pays-Bas, 18 % de l'Algérie et 14 % de la Russie.

La **consommation primaire** française de gaz naturel, de 532 TWh corrigée du climat, renoue avec la hausse qu'elle connaît quasiment sans interruption depuis 1985, si ce n'est en 2003 et 2006. La tendance depuis 1990 est une hausse de 2,6 % par an. Les conditions météorologiques sont un facteur déterminant de la consommation de gaz qui, en réel, baisse de 2,9 % (après – 3,5 % en 2006). Le secteur résidentiel-tertiaire en absorbe plus de la moitié : dans le secteur résidentiel, le gaz naturel est l'énergie de chauffage de 42 % des résidences principales. Cependant, depuis 2005, la progression du gaz subit un ralentissement ; l'électricité ayant fortement pénétré le marché de la construction neuve en raison de son faible coût d'installation. Le secteur de l'industrie quant à lui en consomme près du tiers. ■

Définitions

Consommation intérieure d'électricité : ensemble des quantités d'énergie électrique mises à disposition de la consommation française (production nette + importation – exportation – pompage) et qui ont été consommées d'une part par les usagers, d'autre part par les pertes dans les réseaux de transport et de distribution ; elle est également désignée par l'expression « énergie électrique appelée ».

Consommation primaire d'électricité : égale à l'ensemble des consommations d'énergie de l'économie sous forme primaire (c'est-à-dire non transformée après extraction), et marginalement sous forme de dérivés non énergétiques (goudrons, bitume, lubrifiants...).

Pouvoir calorifique : voir rubrique « Pour comprendre ».

Production brute d'électricité : voir rubrique « Pour comprendre ».

Production nette d'électricité : mesurée à la sortie des centrales, c'est-à-dire déduction faite de la consommation des services auxiliaires et des pertes dans les transformateurs des centrales.

Unités de mesure : les statistiques de production et de consommation d'énergie sont généralement exprimées en kWh (kilowattheure : 10^3 Watts), en MWh (mégawattheure ; 10^3 kWh), en GWh (gigawattheure : 10^6 kWh) et en TWh (terawattheure : 10^9 kWh).

Pour en savoir plus

- « L'électricité en France en 2007 : une analyse statistique », *Énergie & Matières premières*, Observatoire de l'énergie, juin 2008.
- « Bilan énergétique de la France pour 2007 », Observatoire de l'énergie, avril 2008.
- Agence internationale de l'énergie (www.iea.org).

Production et consommation d'électricité

en TWh

	2006(r)	2007	2007/06 en %
Thermique nucléaire	428,7	418,6	– 2,3
Hydraulique (y compris pompage)[1]	63,3	67,5	6,4
Thermique classique	56,8	58,4	2,7
Production nette	**548,9**	**544,4**	**– 0,8**
Importations	8,5	10,8	26,5
Exportations	71,9	67,6	– 5,9
Énergie absorbée par le pompage	– 7,5	– 7,7	3,7
Consommation intérieure	**478,1**	**480,0**	**0,4**
dont : haute et moyenne tension	*257,2*	*259,9*	*1,0*
basse tension	*189,1*	*188,4*	*– 0,3*
Pertes de transport et de transformation	31,8	31,6	– 0,6
Consommation intérieure nette	**509,9**	**511,6**	**0,3**
Consommation par habitant en kWh	*7 769*	*7 758*	*– 0,7*

1. Par convention, les productions éoliennes et photovoltaïques.
Champ : France métropolitaine.
Source : Observatoire de l'énergie.

@ Production et consommation d'électricité

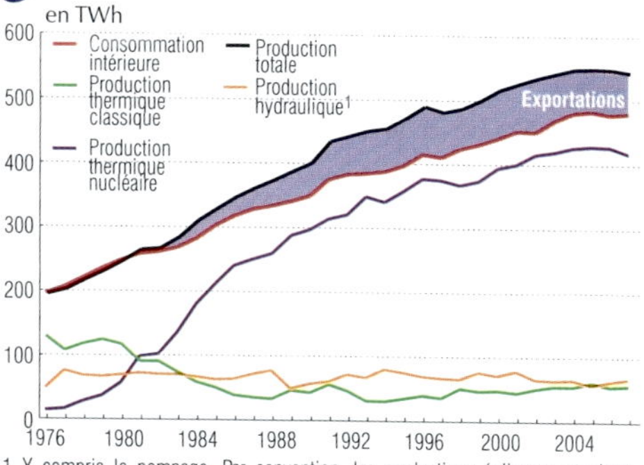

1. Y compris le pompage. Par convention, les productions éoliennes et photovoltaïques sont ajoutées à la production hydraulique.
Champ : France métropolitaine.
Source : Observatoire de l'énergie.

@ Production française et importations de gaz naturel en France

en TWh PCS[1]

	2000	2005 (r)	2006 (r)	2007 (p)
Production française (y compris grisou)	**17,4**	**11,7**	**13,6**	**11,9**
Importations totales	**450,1**	**537,9**	**518,8**	**489,6**
dont : Norvège	*140,3*	*124,2*	*147,0*	*153,2*
Russie	*133,6*	*105,0*	*81,2*	*66,1*
Pays-Bas	*55,5*	*87,3*	*96,2*	*90,2*
Algérie	*112,9*	*86,0*	*81,7*	*86,8*

1. 1 TWh PCS = 1 milliard de kWh pouvoir calorifique supérieur.
Champ : France métropolitaine.
Source : Observatoire de l'énergie.

Consommation de gaz naturel par secteur

en TWh PCS[1]

	1973	1990	2006 (r)	2007	2007/06 en %
Branche énergie	44	14	44	46	5,5
Sidérurgie	9	9	8	8	– 2,4
Industrie	42	117	152	154	1,2
Résidentiel-tertiaire	55	173	295	295	0,0
Agriculture, transports et divers	1	2	5	5	2,2
Total usage énergétique	**151**	**315**	**504**	**508**	**0,8**
Usage non énergétique	19	25	21	24	11,9
Consommation totale	**170**	**339**	**525**	**532**	**1,3**

1. 1 TWh PCS = 1 milliard de kWh pouvoir calorifique supérieur.
Champ : France métropolitaine, consommation corrigée du climat.
Source : Observatoire de l'énergie.

Production et consommation de gaz naturel dans quelques pays du monde en 2007

en milliards de m³

	Production (e)		Consommation (e)	
	2006	2007	2006	2007
Allemagne	19,6	18,0	99,8	96,2
Autriche	1,8	1,8	8,9	8,3
Belgique	15,1	14,7	15,1	14,7
Danemark	10,4	9,2	5,1	4,6
Espagne	0,0	0,0	33,0	34,4
Finlande	0,0	0,0	4,8	4,6
France	**1,2**	**1,1**	**44,5**	**43,5**
Grèce	0,0	0,0	3,3	4,1
Irlande	0,5	0,5	4,6	5,1
Italie	10,9	9,7	84,4	84,9
Luxembourg	0,0	0,0	1,4	1,3
Pays-Bas	77,7	76,6	48,1	46,6
Portugal	0,0	0,0	4,2	4,4
Royaume-Uni	83,4	75,6	94,3	95,6
Suède	0,0	0,0	1,0	1,0
UE à 15	**220,6**	**207,2**	**452,5**	**449,3**
Australie	38,7	40,0	25,0	24,4
Canada	188,4	183,3	96,7	96,0
États-Unis	524,7	547,3	612,8	652,5
Japon	3,3	3,7	86,1	96,0
Mexique	48,5	55,8	50,9	55,6
Suisse	0,0	0,0	3,3	3,2

Source : Agence internationale de l'énergie.

Production et consommation d'électricité dans quelques pays du monde en 2007

en TWh

	Production nette		Consommation intérieure	Consommation/ habitant en MWh
	Totale	*dont nucléaire*		
Allemagne[1]	584,8	*132,3*	568,6	6,9
Autriche	59,7	*0,0*	66,4	8,0
Belgique[1]	85,7	*45,7*	92,5	8,7
Danemark	37,3	*0,0*	36,3	6,6
Espagne[1]	303,8	*53,0*	298,9	6,6
Finlande	77,5	*22,5*	90,1	17,0
France	**545,3**	***419,1***	**488,8**	**7,7**
Grèce[1]	57,0	*0,0*	62,3	5,6
Irlande	27,0	*0,0*	28,5	6,5
Italie[1]	300,2	*0,0*	346,1	5,8
Luxembourg	4,0	*0,0*	7,9	15,8
Pays-Bas	98,8	*4,1*	116,0	7,1
Portugal	45,4	*0,0*	52,9	4,9
Royaume-Uni	379,8	*57,3*	386,9	6,3
Suède	145,0	*63,7*	146,5	16,1
UE à 15[1]	**2 751,8**	***797,9***	**2 788,6**	**7,1**
Australie[1]	237,7	*0,0*	237,7	11,8
Canada[1]	615,9	*87,1*	579,2	17,6
États-Unis	4 179,9	*808,4*	4 211,2	13,9
Japon	1 061,3	*267,7*	1 061,3	8,3
Mexique	250,0	*9,9*	248,8	2,3
Suisse	65,9	*26,3*	65,4	8,7

1. Données estimées.
Source : Agence internationale de l'énergie.

20.1 Commerce

En 2007, la consommation des ménages et l'investissement des entreprises demeurent dynamiques. Dans ce contexte, les trois grands secteurs du **commerce** progressent tous : le **commerce de gros** (hors intermédiaires) repart à la hausse en 2007 (+ 2,8 % en volume) après un ralentissement en 2006 ; l'ensemble du **commerce de détail** et de l'**artisanat commercial** progressent en 2007 (+ 2,9 % en volume) ; le **commerce et réparation automobile** redémarre également en 2007.

Les ventes reprennent dans le commerce de gros. Traditionnellement, les moteurs du commerce de gros sont les biens d'équipement professionnel, en léger ralentissement (+ 5,4 %), et les biens de consommation non alimentaires, dont les ventes sont plus soutenues (+ 5,5 %), notamment celles de produits pharmaceutiques (+ 6,2 %). Les ventes de produits alimentaires progressent, grâce aux ventes de boissons, stimulées par les débouchés extérieurs. Le commerce de gros de produits agricoles bruts stagne en 2007 ; la demande en céréales dépasse l'offre, à cause de récoltes peu dynamiques, générant une hausse de prix importante.

En 2006, les ventes du commerce de détail et de l'artisanat commercial accélèrent de + 2,9 % en volume. Les ventes des pharmacies et des commerces d'articles médicaux progressent (+ 6,0 % en volume). Plus des trois quarts de la croissance en volume des ventes au détail (hors pharmacies) est dû au commerce non alimentaire spécialisé, qui réalise un peu plus d'un tiers des ventes du commerce de détail total. Les magasins spécialisés dans l'équipement du foyer sont particulièrement dynamiques, de même que les **grands magasins** et autres commerces généralistes non alimentaires (bazars). Les magasins spécialisés dans l'aménagement de l'habitat, dans la culture, les sports et les loisirs conservent une croissance plus modérée.

Au sein du commerce hors magasins, la vente à distance (vente par correspondance traditionnelle et e-commerce) se développe, mais son poids dans l'ensemble du commerce reste encore faible. En effet, l'essor du commerce électronique est réel mais diffus ; il concerne d'autres secteurs commerciaux et se développe aussi dans les services, en particulier les voyages.

Les magasins alimentaires continuent de perdre des parts de marché. Les grandes surfaces alimentaires réalisent le tiers des ventes, mais leurs parts de marché s'effritent. Ceci est dû à la moindre progression des produits alimentaires dans la consommation des ménages, et au fléchissement des parts de marché en produits non alimentaires des grandes surfaces. Les ventes reprennent dans le commerce et de la réparation automobile, en particulier celles de véhicules particuliers neufs.

Fin 2007, avec plus de trois millions de salariés, le commerce occupe 19 % de l'ensemble des salariés du secteur marchand. En moyenne annuelle, le commerce emploie 37 000 salariés de plus qu'en 2006, grâce essentiellement au commerce de détail. ■

Définitions

Artisanat commercial : regroupe les entreprises ayant pour activité la charcuterie, la boulangerie, la boulangerie-pâtisserie, la pâtisserie, la cuisson de produits de boulangerie.

Commerce : regroupe les entreprises ou établissements dont l'activité principale est l'achat de produits à des tiers pour la revente en état, sans transformation. Cette activité peut comporter accessoirement des activités de production.

Commerce de détail : voir rubrique « Pour comprendre ».

Commerce de gros : voir rubrique « Pour comprendre ».

Commerce et réparation automobile : voir rubrique « Pour comprendre ».

Grand magasin : établissement de vente au détail qui réalise moins du tiers de ses ventes en alimentation et dont la surface de vente est supérieure ou égale à 2 500 m^2.

Hypermarché : établissement de vente au détail en libre-service qui réalise plus du tiers de ses ventes en alimentation et dont la surface de vente est supérieure ou égale à 2 500 m^2.

Supermarché : établissement de vente au détail en libre-service réalisant plus des deux tiers de son chiffre d'affaires en alimentation et dont la surface de vente est comprise entre 400 et 2 500 m^2.

Pour en savoir plus

- « Le commerce en 2007 : une année dynamique », *Insee Première* n° 1198, juin 2008.
- « Consommation des ménages. Quels lieux d'achat pour quels produits ? », *Insee Première* n° 1165, novembre 2007.
- « Le commerce en France », *Insee – Références*, édition 2007.
- « Enquête sur les réseaux du commerce de détail en 2006 », *Insee Résultats* n° 32 Économie, septembre 2007.

@ Parts de marché du commerce de détail selon la forme de vente

en %

Formes de vente[1]	Produits alimentaires (hors tabac)		Produits non alimentaires	
	1999	2007 (p)	1999	2007 (p)
Alimentation spécialisée[2]	17,7	16,7	0,3	0,3
Boulangeries-pâtisseries	6,7	6,5	///	///
Boucheries-charcuteries	6,3	5,2	///	///
Autres magasins d'alim. spécialisée	4,7	5,0	///	///
Petites surfaces d'alim. générale[3]	8,6	8,3	0,8	0,5
Grandes surfaces d'alim. générale	67,1	67,5	19,9	17,5
dont : supermarchés	*30,8*	*33,1*	*6,1*	*3,8*
hypermarchés	*35,4*	*33,0*	*13,4*	*13,4*
Grands magasins	0,1	0,1	2,2	2,0
Pharmacies et comm. d'articles médicaux	0,2	0,2	9,4	10,4
Magasins non alimentaires spécialisés	0,2	0,3	41,1	42,9
Commerce hors magasin	4,0	3,7	4,6	4,0
Réparation d'articles pers. et domestiques	///	///	0,8	0,6
Commerce de détail et artisanal	**97,9**	**96,8**	**79,0**	**78,3**
Ventes au détail du comm. automobile	0,2	0,7	14,1	15,4
Autres ventes au détail[4]	1,9	2,5	6,9	6,3
Total des ventes au détail	**100,0**	**100,0**	**100,0**	**100,0**

1. L'activité de certaines grandes entreprises relève de deux ou plusieurs formes de vente.
2. Y compris artisanat commercial.
3. Y compris les magasins de produits surgelés.
4. Cafés-tabacs, grossistes, ventes directes de producteurs...
Source : Insee, comptes du commerce.

@ Emploi salarié dans le commerce

en milliers

	2000	2006 (r)	2007(p)
Commerce de détail, réparations	1 485,9	1 627,6	1 662,6
Commerce de gros	975,6	986,1	995,4
Commerce et réparation automobile	419,3	423,5	423,7
Total	**2 880,7**	**3 037,3**	**3 081,6**

Champ : données CVS au 31 décembre.
Sources : Insee ; Dares.

@ Activité commerciale selon la forme de vente en 2007

Formes de vente	Valeur en milliards d'euros	Évolution des ventes en volume en %	
	2007 (p)	2006/05 (r)	2007/06 (p)
Alimentation spécialisée[1]	34,4	− 0,2	− 0,5
Petites surfaces d'alim. générale	15,5	− 2,2	− 0,3
Grandes surfaces d'alim. générale	172,9	0,6	1,2
Grands magasins	7,2	0,8	4,8
Pharmacies et comm. d'articles médicaux	37,8	7,4	6,0
Magasins non alimentaires spécialisés	156,8	4,4	5,4
Habillement-chaussures	30,7	3,0	3,4
Autres équip. de la personne	15,8	2,8	4,1
Culture, loisirs, sports	40,7	5,8	5,7
Équipement du foyer	33,5	6,8	9,7
Aménagement de l'habitat	30,0	3,9	4,7
Autres magasins spécialisés	6,1	− 3,1	− 2,7
Commerce hors magasin	20,6	0,5	1,2
Réparation d'articles personnels et dom.	2,2	1,5	1,8
Commerce de détail[2]	**447,3**	**2,3**	**2,9**
Comm. de véhicules automobiles	95,1	0,6	3,4
Entretien et réparation automobile	21,5	− 0,9	− 1,1
Comm. de gros d'équip. automobiles	0,9	1,9	− 0,2
Comm. de détail d'équip. automobiles	6,0	− 0,7	0,6
Comm. et réparation de motocycles	4,0	2,1	1,5
Commerce de détail de carburants	13,7	− 1,9	− 1,3
Comm. et réparation automobile[1]	**141,3**	**0,1**	**2,0**
Commerce de gros[3]	520,0	2,1	2,8
Intermédiaires de commerce	107,3	2,4	4,2
Comm. de gros et intermédiaires	**627,3**	**2,2**	**3,1**

1. Ventes de marchandises TTC.
2. Ventes de marchandises au détail aux ménages. Y compris ventes de l'artisanat commercial : boulangeries, pâtisseries, charcuteries.
3. Ventes de marchandises H.T., hors intermédiaires.
Source : Insee, comptes du commerce.

@ Parts de marché du commerce de détail selon la forme de vente dans quelques pays de l'Union européenne en 2005

en milliards d'euros

	Magasins non spécialisés	Magasins spécialisés						Chiffre d'affaires total
		Produits alimentaires	Produits vendus en pharmacie	Autres biens neufs	Biens d'occasion	Commerce hors magasin	Réparation d'articles	
Allemagne	143,1	13,4	44,8	115,8	0,8	28,7	1,6	**348,2**
Autriche	15,1	3,2	4,5	19,0	0,1	1,5	0,2	**44,4**
Belgique	26,2	4,1	5,7	26,1	0,3	1,3	0,2	**63,9**
Danemark	16,5	1,1	2,0	13,1	0,1	0,4	0,3	**33,5**
Espagne	72,5	24,0	17,1	74,3	0,1	4,9	0,9	**193,8**
Finlande	15,2	1,3	2,1	8,9	0,1	0,4	0,1	**28,1**
France	**184,1**	**13,8**	**37,6**	**114,5**	**1,9**	**15,3**	**1,6**	**368,8**
Grèce	13,0	6,5	3,3	21,4	0,0	3,7	1,0	**49,0**
Hongrie	9,6	0,8	2,6	6,3	0,1	0,6	0,2	**20,3**
Irlande	12,8	1,2	1,7	9,2	0,0	0,4	0,1	**25,4**
Italie	92,7	20,9	26,2	112,3	0,3	11,4	1,4	**265,3**
Pologne	25,7	5,4	5,3	17,9	0,1	2,9	0,3	**57,4**
Portugal	13,4	2,8	3,7	15,3	0,1	0,6	0,2	**36,1**
Roumanie	7,1	0,9	1,3	4,6	0,1	0,5	0,1	**14,5**
Royaume-Uni	185,3	17,2	17,4	147,6	2,5	16,9	1,8	**388,7**
Suède	19,2	3,5	3,8	20,3	0,1	2,2	0,5	**49,6**

Source : Eurostat.

20.2 Services marchands

En 2007, l'activité des **services marchands non financiers** progresse seulement de 2,6 % en volume, après trois années de forte croissance (entre + 3,1 % et + 3,7 % en moyenne annuelle). Elle est soutenue par la demande finale qui croît de + 2,9 %. La consommation finale des ménages absorbe un tiers des ressources en services marchands et accélère doucement depuis 2005, alors que la consommation des entreprises est en revanche moins dynamique.

En 2007, les **services aux entreprises** restent le principal moteur de la croissance des services marchands mais décélèrent (+ 2,9 % en volume). Les activités d'architecture, d'ingénierie et de contrôle, avec de nombreux chantiers de construction ou de modernisation des secteurs de l'énergie nucléaire et parapétrolière, et celles de location sans opérateur accélèrent, tandis que les autres services aux entreprises ralentissent. Même les activités liées aux technologies de l'information et de la communication décélèrent tout en contribuant largement à la croissance de l'ensemble des services marchands. En effet, avec une baisse des prix moins prononcée que l'année passée, la croissance des télécommunications reste soutenue. Les services informatiques ralentissent plus modérément tout en confirmant le redressement de ce **secteur d'activité**, grâce à la réalisation de logiciels et à la baisse de leurs prix de vente.

En 2007, les **activités immobilières** ralentissent mais résistent à la crise financière (+ 0,5 % après + 5,9 %). La remontée des taux d'intérêts, à cause de la crise des crédits hypothécaires à risques initiée aux États-Unis, freine la croissance de la promotion immobilière de logements (+ 1,5 % après + 6,5 %).

En 2007, la production des **services aux particuliers** (hors services à la personne) bénéficie de l'augmentation du pouvoir d'achat des ménages, la progression atteint + 1,8 % en volume après + 0,3 % en 2006. La restauration, soutenue par une demande importante des ménages et des entreprises, est très dynamique. De même, l'activité des hôtels de tourisme et plus précisément les performances des hôtels haut de gamme participent à l'essor de la branche hôtels-restaurants. La croissance des agences de voyage (+ 2,9 %) repart à la hausse après une année en retrait et devient supérieure à la moyenne des services marchands. Le secteur marchand des activités récréatives, culturelles et sportives non audiovisuelles accélère (+ 2,3 % après + 1,8 %), grâce aux activités de spectacles, à celles des manèges forains et parcs d'attractions et celle des jeux de hasard et d'argent. Avec une progression de + 1,4 %, les activités audiovisuelles renouent avec la croissance, grâce à la vitalité de la production cinématographique. Selon le Centre national de la cinématographie, la France produit en 2007, vingt et un longs-métrages de plus qu'en 2006. ■

Définitions

Activités immobilières : promoteurs, agences immobilières, marchands de biens et administrateurs d'immeubles.

Chiffre d'affaires : montant global des ventes de biens et services.

Enquête annuelle d'entreprise (EAE) : voir rubrique « Pour comprendre ».

Effectif salarié moyen : moyenne des effectifs salariés trimestriels en équivalent temps plein.

Effectif non salarié moyen : nombre moyen d'employés non salariés calculé en équivalent temps plein.

Intérim : voir rubrique « Pour comprendre ».

Secteur d'activité : voir rubrique « Pour comprendre ».

Services marchands non financiers : ces activités de services correspondent aux intitulés et codes de la NES : commerce (EJ), transports (EK), activités financières (EL), activités immobilières (EM), services aux entreprises (EN), services aux particuliers (EP). En toute rigueur, il faudrait parler de services principalement marchands car, pour certaines activités, coexistent des parties marchandes et non-marchandes.

Services aux entreprises : voir « Pour comprendre ».

Services aux particuliers : voir « Pour comprendre ».

Services des postes et télécommunications : voir « Pour comprendre ».

Valeur ajoutée : voir rubrique « Pour comprendre ».

Pour en savoir plus

- « Les services marchands en 2007 : les services aux entreprises ralentissent, les services aux particuliers se redressent », *Insee Première* n° 1197, juin 2008.
- « Les entreprises des services en 2005 », *Insee Résultats* n° 35 Économie, février 2008.
- « Les services en France – Services aux entreprises », *Insee – Références* édition 2007.
- « Les ressorts de l'économie des services : dynamique propre et externalisation », *Insee Première* n° 1163, décembre 2007.

Emploi salarié dans les services marchands

en milliers en moyenne annuelle

	2006 (r)	2007 (p)	2007/06 en %
Services marchands	**5 008,3**	**5 156,3**	**3,0**
Activités immobilières	282,7	290,6	2,8
Services aux entreprises	3 343,9	3 447,4	3,1
dont intérim	*620,0*	*658,0*	*6,1*
Services aux particuliers[1]	1 381,8	1 418,3	2,6
Autres activités tertiaires[2]	**5 487,0**	**5 600,6**	**2,1**
Total des activités tertiaires[2]	**10 495,3**	**10 756,9**	**2,5**
Industrie et construction	5 132,4	5 142,1	0,2
Total de l'économie[3]	**15 627,7**	**15 899,0**	**1,7**

1. Hors services domestiques.
2. Hors administration, éducation, santé et action sociale, y compris services domestiques.
3. Hors agriculture, administration, éducation, santé et action sociale.
Source : Insee, comptes des services.

Évolution de la production des services marchands

en indices de volume au prix de l'année précédente
base 100 en 1995

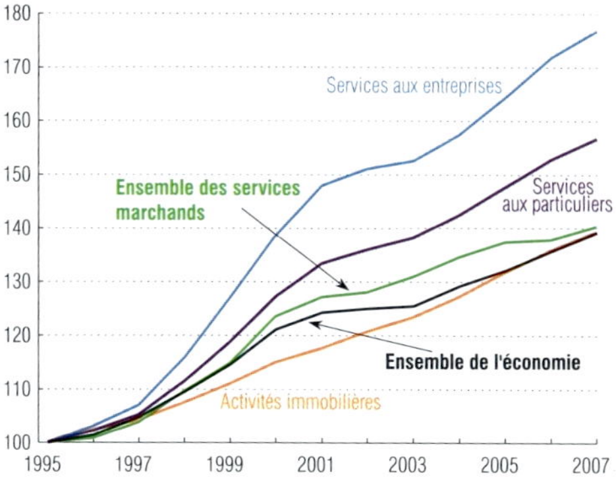

Source : Insee, comptes des services.

Production des services marchands en 2007

taux de variation en volume (en %)

Source : Insee, comptes des services.

Principales caractéristiques des services marchands non financiers en 2005

Secteur d'activité en NAF	Nombre d'entreprises	Personnel occupé[1]	*dont personnel* non salarié	*dont personnel* salarié	Chiffre d'affaires en millions d'euros	Valeur ajoutée en millions d'euros
Services aux entreprises	**412 026**	**3 100 240**	***313 636***	***2 786 614***	**373 456**	**193 717**
Télécommunications et courrier	3 579	156 551	*2 644*	*153 907*	57 021	27 898
Auxiliaires d'assurances	23 202	80 441	*22 432*	*58 009*	8 612	5 818
Locations sans opérateurs	18 539	94 368	*15 020*	*79 348*	21 452	10 510
Activités informatiques	44 237	368 217	*30 853*	*337 363*	49 998	27 474
Services fournis principalement aux entreprises	320 857	2 333 503	*241 949*	*2 091 563*	227 973	118 362
Assainissement, voirie et gestion des déchets	1 612	67 160	*736*	*66 424*	8 400	3 656
Activités immobilières[2]	**94 270**	**320 870**	***61 412***	***259 460***	**70 874**	**34 561**
Services aux particuliers[2]	**321 330**	**1 308 599**	***230 500***	***1 078 099***	**107 428**	**48 286**
Hôtels et restaurants	203 166	909 899	*136 003*	*773 896*	62 436	29 638
Agences de voyage	4 413	40 188	*1 226*	*38 962*	12 186	1 786
Services audiovisuels et agences de presse	12 109	86 480	*10 617*	*75 863*	22 730	10 554
Services personnels	101 642	272 032	*82 653*	*189 379*	10 077	6 307
Total	**827 626**	**4 729 709**	***605 548***	***4 124 173***	**551 758**	**276 564**

1. Personnel annuel moyen en équivalent temps plein.
2. Les données relatives à l'exercice 2005 des petites entreprises du secteur des services aux particuliers et de l'immobilier sont obtenues à partir de sources fiscales.
Champ : France métropolitaine. Hors recherche et développement, autres activités culturelles et récréatives et services domestiques.
Source : Insee, EAE Services.

20.3 Banques - Assurances

En 2006, les **établissements de crédit** français ont affiché une nouvelle progression marquée de leur activité et de leurs résultats (près de 40 milliards d'euros de résultat net) du fait d'une croissance économique internationale vigoureuse et d'une demande de financement soutenue. Les filiales à l'étranger et les activités non-bancaires, en particulier dans le secteur de l'assurance sont dynamiques. La croissance du **produit net bancaire** s'accélère pour atteindre 103 milliards d'euros (+ 15 %). Cependant cette évolution est en partie altérée par une diminution de la marge bancaire globale et un ralentissement dans le marché domestique de la banque de détail. La diversification des sources de profits assure une meilleure stabilité des revenus mais contribue à l'apparition de nouveaux risques. En 2006, la rentabilité des grands groupes bancaires internationaux continue de s'accroître.

En 2006, le Royaume-Uni totalise plus d'un quart des ressources propres détenues par les établissements de crédit européens, devant la France, l'Italie et l'Allemagne (13 %). Le Royaume-Uni compte également pour 27 % du total des bilans, devant l'Allemagne (20 %) et la France (15 %).

Fin 2007, près de neuf Français adultes sur dix disposent d'une carte bancaire (un des taux de détention les plus élevés d'Europe), leur moyen de paiement préféré. Le nombre de CB (56 millions) a presque doublé en 10 ans. Le paiement par carte bancaire continue de progresser contrairement au règlement par chèque. 85 % des porteurs se servent de leur carte au moins une fois par semaine en paiement. En 2007, 7 milliards de transactions ont été effectuées par carte bancaire dont 6 milliards en paiement. L'ensemble des opérations retraits et paiements par carte bancaire représente un montant de 382 milliards d'euros (dont 99 milliards d'euros de retraits).

En 2006, l'activité mondiale de l'assurance française reste soutenue (+ 12 % par rapport à 2005). En France, le **chiffre d'affaires total de l'assurance** et de la **réassurance** s'élève à 197 milliards d'euros.

La croissance des cotisations des assurances de personnes se poursuit à un rythme soutenu en 2006 (+ 15 %), grâce principalement à des mesures législatives qui ont dopé le placement des ménages en assurance-vie. La taxation des Plans Épargne Logement anciens entraîne un transfert massif en 2006 de ces fonds vers des placements d'assurance-vie. Elle bénéficie aussi d'une conjoncture financière favorable (remontée des cours en bourse et des taux d'intérêt). Avec une collecte nette (cotisations – prestations) de 65 milliards d'euros en 2006, l'assurance vie constitue le vecteur le plus dynamique des placements des ménages.

La progression du chiffre d'affaires (43 milliards d'euros) des assurances de biens et de responsabilité ralentit. Ce tassement résulte de la forte concurrence en assurance automobile et aux grands risques d'entreprises.

En 2006, les sociétés françaises d'assurances poursuivent leur internationalisation. La part du chiffre d'affaires réalisé à l'étranger s'élève à 25 %. L'Union européenne reste la première zone d'activité (60 % du chiffre d'affaires étranger) des assureurs français, suivie par l'Amérique du Nord (23 %) et l'Asie (11 %). ■

Définitions

Chiffre d'affaires total de l'assurance : total des cotisations (ou primes) collectées par les sociétés d'assurances françaises et étrangères opérant sur le marché français et par les filiales et succursales des sociétés françaises opérant à l'étranger ainsi que par les sociétés de réassurance.

Établissements de crédit : comprennent les banques commerciales et les établissements mutualistes et coopératifs ; les sociétés financières ; les institutions financières spécialisées.

Produit net bancaire : voir rubrique « Pour comprendre ».

Réassurance : opération par laquelle une compagnie d'assurances, après avoir assuré un client, se couvre de tout ou partie du risque, en se faisant assurer à son tour par une ou plusieurs autres compagnies.

Pour en savoir plus

- « La carte CB en chiffres » *La lettre des Cartes Bancaires CB* n° 4, Groupement des cartes bancaires, mai 2008.
- « L'économie de marché en Europe vue à travers les statistiques », *Communiqué de presse* n° 64, Eurostat, mai 2008.
- « La situation d'ensemble du système bancaire français en 2006 », *Bulletin de la Banque de France* n° 163, juillet 2007.
- « L'assurance française en 2007 », Fédération française des sociétés d'assurances.

@ Chiffres clés de l'assurance française

en milliards d'euros

	2005 (r)	2006	2006/05 en %
Chiffre d'affaires mondial	**265,7**	**297,6**	**12,0**
dont filiales à l'étranger	*61,2*	*68,0*	*11,1*
Marché français de l'assurance			
Chiffre d'affaires	175,9	197,5	12,2
Assurances de personnes	134,0	154,7	15,1
Assurances de biens et de responsabilité	41,9	42,8	2,6
Sommes attribuées aux assurés	152,9	175,0	13,7
Résultat net comptable	8,0	10,6	32,5
Sociétés vie, de capitalisation et mixtes	4,0	5,1	30,8
Sociétés dommages	4,0	5,5	34,1
Actifs gérés par les sociétés d'assurances[1]	1 285,1	1 422,8	10,7
Effectifs employés par l'assurance française	204 600	210 000	2,6

1. Actifs en valeur de marché.
Source : FFSA.

Structure du chiffre d'affaires de l'assurance

en %

	1972	1990	2000	2006
Vie	22,2	42,4	67,0	68,4
Automobile	40,1	18,2	11,1	9,0
Dommages corporels	10,4	9,0	7,1	7,2
Dommages aux biens	14,5	11,9	7,1	6,7
Bons de capitalisation	2,9	10,3	1,9	2,8
Responsabilité civile	5,4	2,2	1,4	1,6
Construction	///	1,0	0,8	1,2
Catastrophes naturelles	///	1,0	0,8	0,7
Transports	3,4	1,8	0,8	0,6
Divers	1,1	2,2	2,0	1,8

Champ : affaires directes sur le marché français.
Source : FFSA.

@ Chiffre d'affaires mondial de l'assurance française

en milliards d'euros

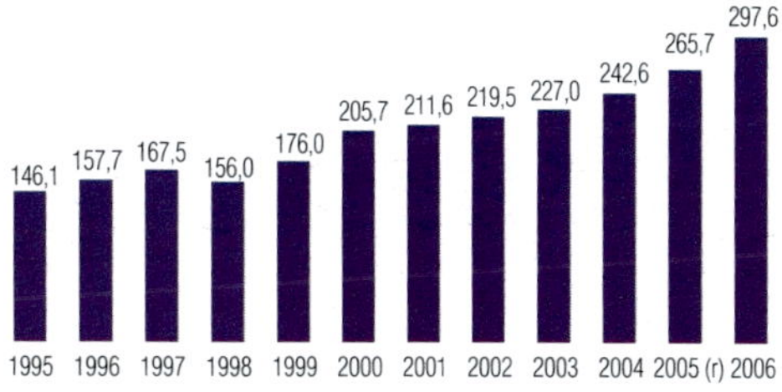

Source : FFSA.

Modes de paiements dans quelques pays de l'UE en 2006

en nombre de paiements par habitant

	Prélèvements et virements	Cartes de paiement	Chèques	Autres modes de paiements[1]
Allemagne	177,6	29,6	1,3	0,5
Belgique	101,7	75,6	1,3	9,1
Espagne	63,3	38,2	3,7	1,7
France	**84,7**	**88,9**	**60,6**	**2,2**
Italie	26,4	21,1	7,7	6,3
Pologne	24,4	9,3	0,0	...
Portugal	25,0	74,6	17,5	0,1
Royaume-Uni	97,7	111,1	29,4	...
Suède	84,7	131,2	0,1	...
UE à 25	**86,9**	**54,2**	**14,5**	**2,1**

1. Y compris porte-monnaie électronique.
Source : Banque centrale européenne.

@ Résultats des établissements de crédit français

en milliards d'euros

	2005 (r)	2006 (p)	Variation en %
Produit net bancaire	**89,5**	**103,3**	**15,4**
Frais de structure[1]	57,6	64,2	11,5
Résultat brut d'exploitation	32,0	39,2	22,5
Dotations nettes aux provisions et pertes sur créances irrécupérables	1,3	1,4	3,2
Résultat d'exploitation	29,5	38,9	31,8
Résultat net	**26,9**	**37,9**	**40,9**

1. Frais généraux et dotations aux amortissements et aux provisions sur immobilisations corporelles et incorporelles.
Source : Banque de France.

Cartes bancaires CB et paiement moyen par transaction

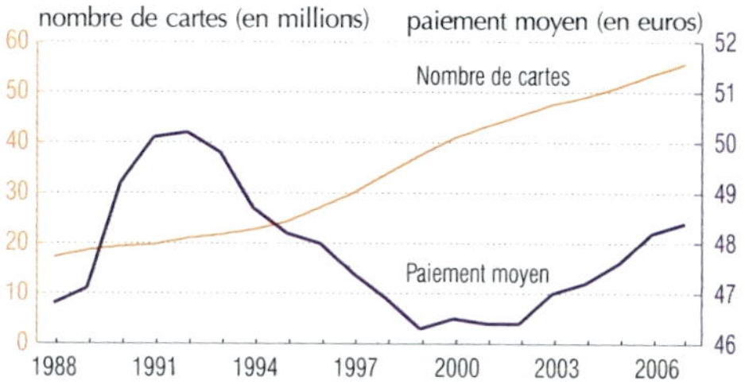

Source : Groupement des Cartes Bancaires.

Établissements de crédit dans l'Union européenne en 2006

	Nombre d'établissements	Ressources propres[3]	Total des bilans[4]	
		en milliards d'euros	en milliards d'euros	en % du PIB
Allemagne	1 966	259,5	7 289,9	314
Autriche	803	56,6	774,1	300
Belgique	109	37,3	1 121,6	354
Bulgarie[1]	34	2,0	16,8	77
Chypre	332	7,4	75,0	513
Danemark	164	45,9	780,6	355
Espagne	352	180,1	2 515,5	256
Estonie	23	1,8	15,3	116
Finlande[1]	363	21,4	234,5	149
France	**842**	**266,0**	**5 415,0**	**302**
Grèce	62	19,6	314,6	147
Hongrie	208	9,2	82,7	92
Irlande[2]	80	44,0	722,5	487
Italie[1]	785	276,6	2 679,9	188
Lettonie	27	2,0	22,7	140
Lituanie	78	1,6	17,2	73
Luxembourg	156	35,2	839,6	2 480
Malte	...	...	...	...
Pays-Bas[1]	91	126,5	1 752,3	344
Pologne	652	18,1	175,2	65
Portugal	183	33,8	398,4	257
Rép. tchèque	54	8,1	107,9	95
Roumanie	171	5,2	49,0	50
Royaume-Uni	394	532,7	9 517,2	498
Slovaquie	24	...	37,8	85
Slovénie	20	3,2	33,8	111
Suède	195	69,0	720,8	230
Ensemble UE à 27	**8 718**	**2 062,9**	**35 709,9**	**307**

1. Données 2005. 2. Données 2004.
3. Les ressources propres correspondent aux capitaux permanents des banques.
4. Total des actifs ou des passifs tels qu'ils figurent dans les bilans.
Source : Eurostat.

20.4 Communication

En 2007, le revenu des **services de communications** électroniques sur le marché de détail représente 43 milliards d'euros et sa croissance est nettement plus soutenue en 2007 (+ 4 %). Les trois segments principaux (le fixe, l'Internet et le mobile) représentent 80 % du revenu des opérateurs sur le marché final. Le revenu des seuls services de communications électroniques atteint 39 milliards d'euros, en hausse de 3,2 %, grâce au développement des services mobiles et de l'accès à Internet, en particulier le haut débit.
Les revenus des services de téléphonie mobile accélèrent leur progression de + 5,7 % et atteignent près de 18 milliards d'euros.
Celui de la téléphonie fixe (11 milliards d'euros) recule sur un rythme un peu moins marqué que les années précédentes, en raison de la croissance du revenu de l'accès au service téléphonique. À contrario, le nombre d'abonnements s'accroît, grâce à la hausse des abonnements à la voix sur IP (+ 4,2 millions) et à la téléphonie par le câble. Lancée en 2006, la vente de l'abonnement téléphonique par un opérateur alternatif à France Télécom prend son essor en 2007 (2,5 % des abonnements bas débit).
L'investissement de 6 milliards des opérateurs baisse d'un milliard, après deux années de hausse soutenues. Les opérateurs emploient 130 000 personnes fin 2007, en baisse de 2,5 % par rapport à 2006. Cette baisse est moins marquée qu'en 2006.
Le marché de l'Internet reste très dynamique grâce à la forte diffusion des accès à haut débit. Son chiffre d'affaires (4,6 milliards d'euros, dont 4,1 milliards pour le haut débit) progresse de 22 % en 2007 et le nombre d'abonnements augmente de 12 % dans le même temps. La structure des revenus entre le bas et le haut débit est semblable à celle des abonnements : 90 % des revenus proviennent des accès à haut débit contre 84 % en 2006 et plus de 54 % en 2003.
Depuis l'ouverture à la concurrence des services de renseignements, le volume d'appels vers ces services a encore fortement reculé (– 21 %). Le revenu des services attributaires a crû en revanche de 6 % en 2007, pour atteindre 162 millions d'euros. Les autres services à valeur ajoutée ont enregistré une baisse de leurs revenus de 7 %.
En 2007, le secteur de la presse se maintient au même niveau que les années précédentes. Les éditeurs de la presse écrite réalisent un chiffre d'affaires de 10,7 milliards d'euros, à peu près le même qu'en 2006. Ce sont les ventes (57 % du chiffre d'affaires total) qui ont légèrement progressé alors que les recettes publicitaires ont diminué. Tous les secteurs de la presse voient le nombre de titres augmenter, mais la presse gratuite (d'annonces et d'information) connaît une baisse de son chiffre d'affaires de 2,0 % après avoir augmenté de 3,8 % en 2006. Les journaux gratuits d'information voient leur chiffre d'affaires grimper de 14 %. ■

Définitions

Services de communications : regroupent les activités permettant la transmission d'informations à distance :
- la téléphonie fixe ;
- la téléphonie mobile ;
- les services avancés : numéros gratuits ou à coûts partagés, audiotel et minitel à revenus partagés ;
- les liaisons louées : location de capacités de transmission entre deux points, réservé à un client par un opérateur, à partir de réseaux terrestres, satellitaires ou sous-marins ;
- le transport de données (y c. SMS) : acheminement de données à la carte ;
- l'interconnexion : services offerts ou achetés à d'autres opérateurs résultant d'accords d'interconnexion entre opérateurs titulaires d'une licence ou prestataires spécialisés ;
- les services d'accès au réseau Internet ;
- les services de diffusion d'émissions de télévision et de radio ;
- autres services : la gestion de réseau privé intégré, les services mobiles privés de radio, les services de location, la vidéoconférence...

Pour en savoir plus

- « Les services marchands en 2007 : les services aux entreprises ralentissent, les services aux particuliers se redressent », *Insee Première* n° 1197, juin 2008.
- « Le marché des services de communications électroniques en France en 2007 », Autorité de régulation des communications électroniques et des postes (Arcep), mai 2008.
- « DigiWorld Yearbook 2008 : les enjeux du monde numérique », Idate, 2008.
- « La presse écrite en 2006 », *Info-Médias* n° 13, direction du développement des médias, juillet 2007.
- « La presse au défi du numérique », *Rapport du ministère de la Culture et de la Communication*, La documentation française, février 2007.

Marché des services de communications électroniques

	2005 (r)	2006 (r)	2007 (p)
Téléphonie fixe			
Nombre d'abonnements (en milliers)	36 498	38 249	39 585
Volume (en millions de minutes)	106 176	105 716	105 241
Revenus (en millions d'euros)	12 072	11 378	11 000
Internet			
Nombre d'abonnements (en milliers)	13 217	15 252	17 058
Bas débit	3 746	2 557	1 508
Haut débit	9 471	12 695	15 550
Revenus (en millions d'euros)	3 145	3 739	4 571
dont accès à haut débit	*2 404*	*3 129*	*4 068*
Téléphonie mobile			
Nombre de clients (en milliers)	48 088	51 662	55 349
Volume (en millions de minutes)	81 711	94 026	99 633
Nombre de SMS émis (en millions d'unités)	12 597	15 050	18 777
Revenus (en milllions d'euros)	16 203	16 853	17 818

Source : Arcep.

@ Chiffre d'affaires et tirage de la presse

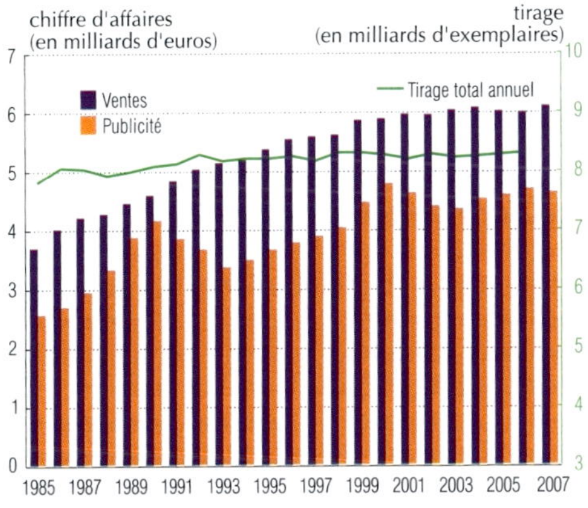

Source : Direction du développement des médias.

Marché mondial des services de télécommunications

en milliards d'euros

	2006	2007	2007/06 en %
Europe	312	322	3,2
dont : Allemagne	*51*	*49*	*– 2,6*
Espagne	*25*	*26*	*6,5*
France	***38***	***39***	***1,8***
Italie	*32*	*32*	*0,6*
Royaume-Uni	*46*	*47*	*1,3*
Amérique du nord	253	265	4,7
dont États-Unis	*232*	*243*	*4,9*
Amérique latine	75	83	10,7
dont Brésil	*30*	*33*	*10,0*
Asie-Pacifique	254	272	7,1
dont : Chine	*65*	*71*	*8,3*
Corée du Sud	*23*	*23*	*3,1*
Japon	*95*	*95*	*0,5*
Afrique et Moyen-Orient	51	62	21,6
Total	**945**	**1 004**	**6,2**

Champ : téléphonie fixe et mobile, transmission de données et d'images.
Source : Idate.

@ Le marché des communications électroniques

en millions d'euros

	2006 (r)	2007 (p)
Services fixes	15 117	15 571
Téléphonie fixe	11 378	11 000
Internet	3 739	4 571
Services mobiles	16 859	17 818
Services à valeur ajoutée[1]	2 632	2 577
Services de capacité[2]	3 391	3 233
Autres services	3 028	3 275
Total des revenus des opérateurs sur le marché final	**41 027**	**42 474**

1. Services avancés et renseignements.
2. Liaisons louées et transport de données.
Source : Arcep.

Chiffres d'affaires par grande catégorie de presse

	Nombre de titres en 2006	Chiffres d'affaires	
		2007 (p) en milliards d'euros	2007/06 en %
Presse nationale d'information générale et politique	80	1,5	1,8
Presse locale d'information générale et politique	468	3,1	0,6
Journaux gratuits d'information	74	0,2	13,9
Presse spécialisée grand public	2 013	4,1	0,0
Presse spécialisée technique et professionnelle	1 499	1,1	0,3
Presse gratuite	620	0,8	– 2,0
Total	**4 754**	**10,7**	**0,4**

Source : Direction du développement des médias.

Dépenses consacrées aux technologies d'information dans l'Union européenne en 2006

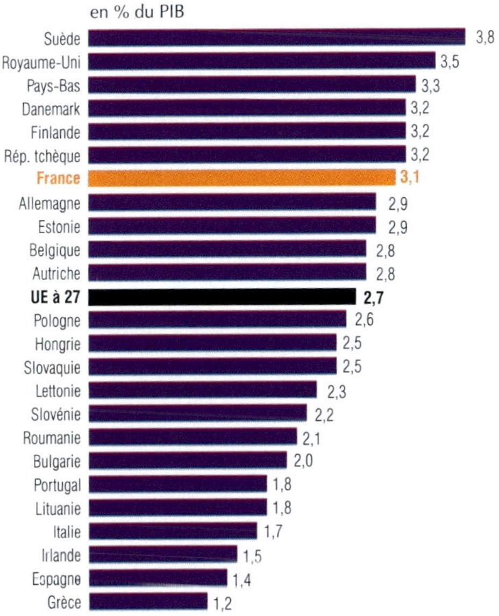

Source : Eurostat.

20.5 Audiovisuel

Au cours de l'année 2007, 228 films de long métrage ont obtenu l'agrément, soit 25 films de plus que l'année précédente. Seule l'année 2005 a connu un niveau de production supérieur (240 films). Cette progression est due à celle des films d'initiative française (+ 21 films) dont le niveau s'établit à 185 films. Le total des capitaux investis dans les films agréés progresse de 4,6 % pour atteindre 1 201 millions d'euros. Les capitaux français investis augmentent de 14 % ; les apports étrangers reculent de 21 % et ne représentent plus qu'un cinquième du financement des films agréés, soit la part la plus faible depuis 2002.

Avec 178 millions de billets vendus en 2007, les entrées en salle reculent de 6 % par rapport à 2006. Ce résultat demeure cependant légèrement supérieur au niveau moyen des dix dernières années. Le tassement de la fréquentation en 2007 s'observe également dans d'autres pays européens, notamment en Allemagne et, dans une moindre mesure, en Espagne. En France, ce recul des entrées s'accompagne d'une baisse des recettes totales (– 5,7 %), conséquence de la stabilité du prix moyen de la place de cinéma.

En 2007, le marché de gros de la musique enregistrée est en baisse de 17 % par rapport à 2006. Le marché physique est en baisse de 19 % alors que le marché numérique est en hausse de 17 %, mais cette hausse ne compense pas la perte de chiffre d'affaires du marché total. Entre 2002, début de la crise, et 2007, le marché de détail physique sera donc passé de 1 302 millions d'euros de chiffre d'affaires à 662 millions. Le nombre de titres téléchargés (internet et mobile) est supérieur au nombre de singles vendus en magasins : 36,3 millions contre 19,5 millions. La progression globale du marché numérique français et de sa part de marché sont plus faibles qu'au niveau mondial. Le classique résiste mieux à la crise.

Après un relatif maintien enregistré entre 2005 et 2006, le **chiffre d'affaires des éditeurs vidéo** est en baisse en 2007, passant de 1 147 millions d'euros à 943 millions d'euros. Le DVD représente toujours l'essentiel du marché de l'édition vidéo avec 98 % du chiffre d'affaires. 2007 marque l'arrivée de la haute définition qui se profile comme une nouvelle source de recettes des éditeurs vidéo, avec plus d'un million de supports vendus. Le marché de la location représente 3 % du chiffre d'affaires total de l'édition. Depuis 2002, ce marché décroît et atteint 30 millions d'euros, soit une baisse de près de 42 % par rapport à 2006. Le marché de la location physique subit de plus en plus le développement croissant de la vidéo à la demande (VoD) qui propose une offre dématérialisée à domicile. En 2007, le marché de la VoD est estimé à 29 millions d'euros, soit une augmentation de 100 % par rapport à 2006. Plus de 8,4 millions d'actes payants sont réalisés sur l'année. L'essentiel des dépenses en VoD consenties par les consommateurs porte sur les films cinématographiques qui font l'objet de deux tiers des actes payants (hors films pour adultes), dont un tiers pour les films américains et un quart pour les films français. Viennent ensuite les séries américaines (8 %), les films pour adultes (5 %) et les documentaires (5 %). ■

Définitions

Chiffre d'affaires des éditeurs vidéo : le syndicat de l'édition vidéo (SEV) mesure les recettes réalisées par les éditeurs de vidéogrammes et non les recettes finales effectuées auprès des consommateurs par les distributeurs (détaillants, hypermarchés...). Les données correspondent aux ventes en gros (hors taxes) des éditeurs, adhérents au SEV, à destination du marché de la vente et de celui de la location. Ces éditeurs réalisent environ 90 % du chiffre d'affaires de l'ensemble du secteur.

Vente de disques : les statistiques élaborées par le Syndicat national de l'édition phonographique (SNEP) sont celles des ventes facturées par les éditeurs à l'ensemble de leurs clients, y compris les grossistes. Elles s'entendent prix de gros hors taxes. Elles ne comprennent pas les importations non effectuées par les éditeurs.

Pour en savoir plus

- « Bilan 2007 », Centre National de la Cinématographie, mai 2008 (www.cnc.fr).
- « Le marché de la vidéo », *les dossiers du CNC* n° 305, mars 2008.
- « Bilan 2007 », *les dossiers du SNEP*, 2008.
- « Les marchés de la musique enregistrée », rapport 2007, Observatoire de la musique.

Production audiovisuelle aidée

	Volume		Devis	
	2007 (p) en heures	2007/06 en %	2007 (p) en millions d'euros	2007/06 en %
Animation	314	– 20,7	176,5	– 17,9
Documentaire	1 832	– 8,3	286,3	– 10,9
Fiction	807	– 3,4	691,9	– 3,1
Magazine culturel	405	2,3	25,4	– 31,9
Spectacle	321	– 26,1	51,4	– 21,4
Total	**3 678**	**– 9,4**	**1 231,5**	**– 9,0**

Source : Centre national de la cinématographie.

Parts de marché selon la nationalité des films en 2007

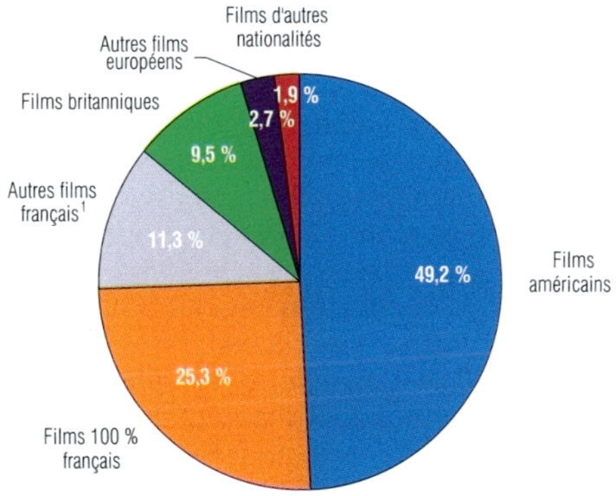

1. Films majoritaires ou minoritaires français.
Source : Centre national de la cinématographie.

@ Marché de la musique

	2006	2007
Ventes de disques (en millions d'unités)[1]		
Albums	73,3	60,9
Singles	17,8	7,7
DVD musical	5,5	4,7
Ventes totales	**96,6**	**73,4**
Chiffres d'affaires (en millions d'euros)[1]		
Albums	700,8	576,9
Singles	46,4	19,5
DVD musical	71,4	65,0
Chiffres d'affaires totaux	**818,6**	**661,4**
Revenus numériques (en millions d'euros)		
Téléchargement internet légal	17,1	21,0
Téléchargement mobile	26,4	29,8
Total des revenus numériques	**43,5**	**50,8**
Diffusions musicales en radio		
Diffusions musicales (en milliers)	3 710,9	3 681,9
dont diffusions de nouveautés[2] (en %)	*50,9*	*49,9*
Diffusions de titres différents	65 588	67 953
dont titres francophones (en %)	*22,9*	*21,4*

1. Ventes en gros H.T. nettes de remises.
2. Titres sortis au cours des 12 derniers mois.
Source : Syndicat national de l'édition phonographique.

Chiffre d'affaires hors taxes des éditeurs vidéo

en millions d'euros

	Location	Vente		**Total**
		Total	*dont DVD en %*	
1998	71,0	502,0	*2,6*	**573,0**
2000	78,0	578,0	*37,4*	**656,0**
2002	87,7	986,2	*72,4*	**1 073,9**
2004	60,5	1 261,3	*94,5*	**1 321,8**
2006	51,4	1 095,5	*99,7*	**1 146,9**
2007	29,9	913,4	*98,3*	**943,3**

Source : Syndicat des éditeurs vidéo.

@ Production et exploitation cinématographique

	1990	1994	1998	2000	2002	2004	2006 (r)	2007 (p)
Production								
Nombre de films agréés par le CNC	146	115	183	171	200	203	203	228
dont films d'initiative française	*106*	*89*	*148*	*145*	*163*	*167*	*164*	*185*
Investissements totaux (en millions d'euros)	501	439	753	803	861	1 049	1 148	1 201
dont investissements français	*350*	*340*	*608*	*665*	*678*	*820*	*834*	*952*
Coût médian des films d'initiative française (en millions d'euros)	2,4	2,7	2,7	3,2	2,8	3,9	2,8	3,1
Exploitation								
Nombre d'établissements	2 300	2 106	2 159	2180	2 153	2 170	2 147	2 122
Nombre d'écrans	4 518	4 291	4 779	5 155	5 264	5 357	5 378	5 398
Entrées (en millions)	122	124	171	166	184	196	189	178
Recettes totales guichets (en millions d'euros)	583	654	917	894	1 030	1 138	1 121	1 056
Part de marché des films français (en % des recettes)	37,5	28,3	27,8	28,5	34,9	38,5	44,6	36,6

Source : Centre national de la cinématographie.

Panorama du cinéma dans quelques pays du monde en 2007

	Allemagne	Espagne	Italie	Royaume-Uni	**UE à 25[4]**	États-Unis	Japon
Longs métrages produits	(1) 129	172	(1) 121	(4) 117	**(e) 883**	453	(1) 407
Nombre d'écrans	4 832	4 296	(3) 3 370	3 514	**(e) 29 024**	40 077	3 221
Recettes guichet (en millions d'euros)	767,9	643,7	(2) 657,0	821,0	**...**	6 100,0	1 238,0
Part du cinéma national (en % des recettes)	(2) 18,9	13,5	31,7	(4) 28,0	///	...	47,7
Part du cinéma français (en % des recettes)	(3) 1,0	1,8	1,0	...	**...**	...	...
Part du cinéma européen (en % des recettes)	(3) 13,8	(3) 12,2	(3) 14,2	(3) 6,9	**(4) 33,0**	(3) 5,5	...
Part du cinéma américain (en % des recettes)	(3) 72,0	67,6	55,4	(3) 77,1	**64,0**	...	...

1. Films nationaux sortis. 2. En termes d'entrées. 3. Données 2006. 4. Y compris les films produits à l'aide d'investissements américains.
Source : Centre national de la cinématographie.

20.6 Tourisme

Le **tourisme** apporte une contribution significative à la création d'emplois dans l'économie nationale. Avec près de 216 000 entreprises et de 880 000 emplois en 2006, il permet à de nombreux jeunes non qualifiés de s'insérer dans la vie professionnelle.

En 2007, avec près de 82 millions de touristes internationaux accueillis, la France conserve sa place de première destination mondiale devant l'Espagne. Toutefois pour 14 millions d'arrivées enregistrées, le séjour en France ne constitue qu'une étape vers une autre destination, ces touristes en transit passant au moins une nuit sur le territoire français. Les recettes touristiques internationales en France s'élèvent à près de 39 milliards d'euros (+ 7 % en un an).

Selon les estimations de l'Organisation mondiale du tourisme, la progression du tourisme mondial est de 6 % en 2007, dépassant la hausse de 2005 et 2006. La fréquentation touristique mondiale affiche un nouveau record, à près de 900 millions d'arrivées internationales comptabilisées. Toujours selon ces estimations, toutes les régions du monde sont concernées par cette croissance. Le Moyen-Orient arrive en tête (+ 13 %). L'Asie et le Pacifique progressent de 10 % et l'Afrique confirme ses bons résultats de 2006 avec une hausse des arrivées qui se situe en moyenne à 7 % par an depuis 2000. La progression sur le continent américain est de 4 % grâce notamment à une hausse du nombre de touristes aux États-Unis. L'Europe (+ 4 %), première région touristique du monde, absorbe plus de la moitié des arrivées de touristes internationaux. La France accueille plus de 14 % de ces touristes. La clientèle européenne reste majoritaire en France : un touriste européen sur deux est allemand, britannique ou belge, un sur six italien, espagnol ou portugais. Parmi les clientèles lointaines, en forte progression, les touristes sont venus nombreux des États-Unis (+ 7 %) et des autres pays d'Amérique, particulièrement du Mexique. Ceux en provenance d'Asie et d'Océanie sont en baisse, tout en étant plus nombreux qu'en 2005, sauf pour le Japon qui en progressant de + 11 %, retrouve son niveau de 2005 malgré un taux de change légèrement moins favorable.

Dans les **hôtels** de tourisme, le nombre de **nuitées** progresse surtout grâce aux touristes étrangers. La plupart de la clientèle européenne qui s'effritait depuis 2003 est de retour, à l'exception des Allemands, et représente les trois quarts des nuitées des visiteurs étrangers. Comme en 2006, les hôtels haut de gamme affichent les meilleures performances. Leur **taux d'occupation** s'établit à 69 % majoritairement par une clientèle étrangère. Par contre, dans l'**hôtellerie de plein air**, le nombre de nuitées diminue en raison de conditions météorologiques peu favorables, sauf sur le littoral méditerranéen. Toutefois la fréquentation augmente très fortement pour les emplacements équipés d'hébergement léger (bungalow ou mobile-home). Avec 42 % des nuitées étrangères, les Néerlandais restent la principale clientèle étrangère fréquentant des campings. Comme en 2006, les campings 3 et 4 étoiles enregistrent les meilleures progressions. ■

Définitions

Hébergement touristique : installation qui, régulièrement ou occasionnellement, pourvoit à l'hébergement de touristes comme les hôtels, campings, résidences de tourisme, centres de villégiature, auberges de jeunesse et refuges.

Hôtellerie de chaîne : voir rubrique « Pour comprendre ».

Hôtellerie homologuée : voir rubrique « Pour comprendre ».

Hôtellerie de plein air (camping) : les campings-caravanings sont homologués par arrêté préfectoral. Voir rubrique « Pour comprendre ».

Nuitées : nombre total de nuits passées par les clients dans l'établissement ; deux personnes séjournant trois nuits dans un hôtel comptent ainsi pour six nuitées.

Taux d'occupation (hôtellerie, hôtellerie de plein air) : rapport entre le nombre de chambres (emplacements) occupées et le nombre de chambres (emplacements) offertes.

Tourisme : voir rubrique « Pour comprendre ».

Valeur ajoutée : solde du compte de production. Elle est égale à la valeur de la production diminuée de la consommation intermédiaire.

Pour en savoir plus

- « Le tourisme international en France en 2007 », *Tourisme infos stat*, n° 2008-5, direction du Tourisme.
- « Une année 2007 excellente pour l'hôtellerie, plus mitigée pour les campings », *Insee Première* n° 1179, février 2008.
- « Les entreprises des services en 2005 », *Insee – Résultats* n° 35 Économie, février 2008.
- « Baromètre OMT du tourimse mondial » n° 1, Organisation mondiale du tourisme, janvier 2008.
- Mémento du tourisme, édition 2007, direction du Tourisme.

@ Offre et capacité d'hébergement

	2006	2007	2008
Hôtels classés[1]	**18 085**	**17 877**	**17 721**
dont : 2 étoiles	*9 752*	*9 620*	*9 468*
3 étoiles	*3 754*	*3 787*	*3 830*
Nombre de chambres	613 798	612 424	614 532
Campings	**8 138**	**8 052**	**7 981**
Nombre d'emplacements	925 958	927 261	922 370
Résidences de tourisme[2]	**1 389**	**1 470**	**1 603**
Nombre de lits	475 874	507 986	559 818
Villages de vacances	**914**	...	...
Nombre de lits	245 169	...	...
Auberges de jeunesse	**177**	**178**	**173**
Nombre de lits	13 995	14 104	13 386
Meublés de tourisme	**164 748**	**169 597**	**169 950**
Nombre de lits	722 496	750 832	752 153
Chambres d'hôtes	**34 848**	**36 879**	**38 021**
Nombre de lits[3]	69 696	73 758	76 042

1. Y compris les hôtels de chaîne non homologués.
2. Y compris hébergements assimilés.
3. Le nombre de lits est estimé en prenant le double du nombre de chambres d'hôtes.
Champ : parc au 1er janvier en France métropolitaine.
Sources : direction du Tourisme ; Insee.

@ Palmarès des sites culturels et récréatifs en 2006

en millions de visiteurs

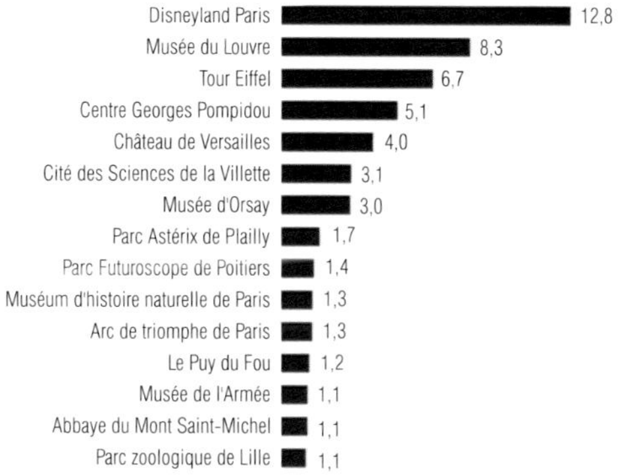

Champ : France métropolitaine.
Sources : direction de l'observation touristique ; ODIT-France.

@ Recettes du tourisme international

en millions de dollars

Rang		1990 (r)	2000 (r)	2006 (p)	Évolution annuelle moyenne en % entre 1990 et 2006
1	États-Unis	43 007	82 400	85 694	4,4
2	Espagne	18 484	29 968	51 115	6,6
3	**France**	**20 185**	**30 757**	**46 342**	**5,3**
4	Italie	16 458	27 493	38 129	5,4
5	Chine	2 218	16 231	33 949	18,6
6	Royaume-Uni	15 375	21 857	33 695	5,0
7	Allemagne	14 245	18 693	32 760	5,3
8	Australie	4 246	9 274	17 840	9,4
9	Turquie	3 225	7 636	16 853	10,9
10	Autriche	13 417	9 931	16 658	1,4
11	Canada	6 339	10 778	14 632	5,4
12	Grèce	2 587	9 219	14 259	11,3
13	Thaïlande	4 326	7 483	13 369	7,3
14	Mexique	5 526	8 294	12 177	5,1
15	Hong-Kong	5 032	5 907	11 630	5,4
16	Belgique	3 721	6 592	11 348	7,2
17	Suisse	7 411	7 777	10 635	2,3
18	Pays-Bas	4 155	7 217	10 424	5,9
19	Malaisie	1 667	5 011	10 226	12,0
20	Suède	2 906	4 064	9 081	7,4
Total des 20 premiers pays		**194 530**	**326 582**	**490 816**	**6,0**
Total Monde		**264 000**	**474 000**	**741 200**	**6,7**

Champ : transport exclu.
Sources : direction du Tourisme ; Organisation mondiale du Tourisme.

@ Arrivées de touristes aux frontières

en milliers

Rang		1990	2000 (r)	2006 (p)	Évolution annuelle moyenne en % entre 1990 et 2006
1	**France**	**52 497**	**77 190**	**79 083**	**2,6**
2	Espagne	34 085	47 898	58 190	3,4
3	États-Unis	39 363	51 238	51 063	1,6
4	Chine	10 484	31 229	49 913	10,2
5	Italie	26 679	41 181	41 058	2,7
6	Royaume-Uni	18 013	23 211	30 654	3,4
7	Allemagne	17 045	18 992	23 569	2,0
8	Mexique	17 172	20 641	21 353	1,4
9	Autriche	19 011	17 982	20 269	0,4
10	Russie	7 204	21 169	20 199	6,7
11	Turquie	4 799	9 586	18 916	9,0
12	Canada	15 209	19 627	18 265	1,2
13	Ukraine	...	6 400	(1) 17 600	...
14	Malaisie	7 446	10 222	17 547	5,5
15	Grèce	8 873	13 096	16 039	3,8
16	Hong-Kong	6 581	8 814	15 822	5,6
17	Pologne	3 400	17 400	15 670	10,0
18	Thaïlande	5 299	9 579	13 882	6,2
19	Portugal	8 020	12 097	11 282	2,2
20	Pays-Bas	5 795	10 003	10 739	3,9
Total des 20 premiers pays		**306 975**	**467 555**	**551 113**	**3,7**
Total Monde		**437 800**	**684 000**	**846 000**	**4,2**

1. Données 2005.
Sources : direction du Tourisme ; Organisation mondiale du Tourisme.

@ Poids économique des entreprises du tourisme en 2006

	Entreprises[1]		Personnes occupées		Chiffre d'affaires		Valeur ajoutée	
	nombre	en %	nombre	en %	en millions d'euros	en %	en millions d'euros	en %
Hôtellerie	25 707	11,9	186 249	21,3	15 908	22,4	8 619	28,2
Exploitation de terrains de camping	4 538	2,1	14 103	1,6	1 458	2,0	733	2,4
Autres hébergements touristiques	8 634	4,0	34 329	3,9	3 477	4,9	1 146	3,8
Restaurants et cafés	153 708	71,3	563 222	64,3	36 158	50,8	17 206	56,3
Agences de voyages	4 263	2,0	40 483	4,6	12 635	17,8	1 966	6,4
Soins de beauté et autres soins corporels	18 618	8,6	32 765	3,7	1 246	1,8	686	2,2
Activités thermales et de thalassothérapie	116	0,1	5 200	0,6	342	0,5	195	0,6
Total	**215 584**	**100,0**	**876 351**	**100,0**	**71 224**	**100,0**	**30 550**	**100,0**

1. Non compris téléphériques et remontées mécaniques.
Source : Insee, EAE services.

20.7 Transports de voyageurs

En 2007, le **transport** intérieur **de voyageurs** repart à la hausse (+ 1,5 %), après deux années de légère décroissance. Ce regain s'explique d'abord par la croissance de l'emploi, entraînant des déplacements domicile-travail plus nombreux et un revenu disponible accru. Les contraintes sur le budget des ménages ont été par ailleurs moins fortes : moindre rigueur climatique, augmentation des prix des carburants évoluant, en moyenne annuelle, à peu près au même rythme que les prix à la consommation en général. La circulation automobile repart à la hausse, particulièrement sur les longs trajets, mais sans remettre en cause la croissance des transports collectifs.

La croissance du transport aérien s'appuie essentiellement sur l'international, avec une fréquentation en hausse de 8 %, particulièrement avec le Moyen-Orient et le Maghreb, et un recentrage de la compagnie nationale sur la longue distance alors que les vols intérieurs sont en légère baisse. La croissance de l'activité intra-européenne est portée par l'offre des compagnies à bas coûts. Les vols intérieurs pâtissent de l'ouverture de la ligne à grande vitesse (LGV) ferroviaire Est. Les liaisons aériennes province-Paris diminuent alors que les liaisons transversales augmentent, notamment Marseille-Nantes et Bordeaux-Marseille. La fréquentation des lignes métropole-DOM reprend nettement (+ 8 % après le recul dû à l'épidémie de chikungunya à La Réunion).

Le transport ferroviaire bénéficie de la mise en service de la ligne LGV Est. Dans les transports collectifs urbains, malgré les grèves d'octobre et novembre, le transilien SNCF est toujours en hausse, et les transports réalisés par la RATP restent, hors grèves, sur une dynamique de croissance. Sur les réseaux TER (transport express régional), la hausse se poursuit. L'accroissement passé de l'offre dans les réseaux urbains de province semble porter ses fruits, puisqu'on constate une hausse de 6,3 % du nombre de voyageurs transportés. La mise en place de systèmes de tarification et de billettique intégrés, ainsi que d'aides des collectivités territoriales aux ménages les plus modestes pour leur transport collectif, a également pu bénéficier à l'ensemble de ces réseaux.

Sur les liaisons Transmanche, le rail progresse et le **transport maritime** reprend. En Méditerranée, en revanche, le bilan est en demi-teinte.

En 2006, pour les déplacements à longue distance ou avec nuitée des plus de 15 ans, les cadres sont les plus mobiles, que ce soit pour les voyages personnels ou les déplacements professionnels ; ils utilisent proportionnellement moins la voiture que les autres catégories sociales et davantage le train et l'avion. Les jeunes retraités sont aussi très mobiles et se déplacent beaucoup en train et davantage en autocar que le reste des plus de 15 ans.

Le nombre total de passagers transportés par voie aérienne dans l'UE27 a augmenté de 4,7 % en un an. Le transport ferroviaire intérieur de voyageurs s'est accru de 1,3 % en 2006, la France y contribuant pour 0,6 point, comme l'Allemagne. En 2004, la part de la route dans le transport terrestre de voyageurs est de 93 % dans l'UE 27. ■

Définitions

Site propre : espace ou voie réservé à l'usage d'une ligne de transport en commun, qui est alors qualifié de transport en commun en site propre (TCSP).

Trafic maritime de passagers : somme des passagers embarqués et des passagers débarqués (trafic international et cabotage national).

Trafic SNCF : il comprend :

– le trafic du Transilien, en Île-de-France, dont les titres de transport sont propres à la zone du syndicat des transports d'Île-de-France (STIF) ;

– le trafic du réseau principal, composé du trafic « grandes lignes » et des services ferroviaires régionaux.

Transport de voyageurs : comprend tout mouvement de voyageurs à bord d'un mode de transport quel qu'il soit (ferroviaire, routier, maritime, aérien...). Il se mesure en voyageurs-kilomètres ou, sur un trajet donné, en nombre de voyageurs.

Voyageur-kilomètre : l'unité de compte est l'équivalent du transport d'un voyageur sur une distance d'un kilomètre.

Voyageur transporté : un voyageur transporté correspond à une personne physique transportée sur tout ou partie d'un trajet. Le personnel affecté au service du mode de transport utilisé n'est pas assimilé à des voyageurs.

Pour en savoir plus

- « Les comptes des transports en 2007 – Premiers résultats », rapport de la commission des Comptes des transports de la Nation, Sesp, mars 2008.
- « En 2006, la mobilité à longue distance des Français diminue », *Sesp en bref* n° 26, Sesp, mai 2008.
- « Mémento statistique des transports », Sesp, février 2008
- « Modal split in the inland transport of the EU », *Statistics in focus* Transport n° 35, Eurostat, mars 2008.

Transports intérieurs de voyageurs en 2007

en milliards de voyageurs-kilomètres

	2007 (p)	Évolution en % 2005	2006	2007 (p)
Voitures particulières	735,3	– 1,3	– 0,5	1,6
Autobus, cars	45,5	– 0,4	2,4	1,4
dont RATP	*2,9*	*– 0,2*	*0,8*	*3,5*
Transports ferrés	92,9	2,7	2,9	1,5
dont : SNCF	*80,3*	*2,9*	*3,0*	*1,9*
dont TGV	*46,6*	*3,1*	*3,0*	*5,8*
RATP	*11,7*	*1,2*	*2,3*	*– 1,4*
Transports aériens	13,1	1,4	2,2	– 0,4
Total	**886,8**	**– 0,8**	**0,0**	**1,5**

Source : Commission des Comptes des transports de la nation, mars 2008.

Transports collectifs urbains en site propre

	Millions de voyageurs 2006	2006/05 en %	Milliards de voyageurs-km 2006	2006/05 en %
RATP	2 865,6	1,9	14,7	2,1
dont : métro	*1 409,5*	*2,7*	*7,0*	*2,9*
RER	*451,9*	*1,7*	*4,9*	*2,1*
bus	*932,9*	*0,3*	*2,6*	*4,0*
tramways	*64,1*	*4,1*	*0,2*	*0,0*
Métros province[1]	383,7	5,8	...	...
Tramways province[2]	328,2	10,3	...	...

1. Métros en service en 2006 : Marseille, Lyon, Lille, Toulouse, Rennes.
2. Tramways en service en 2006 : Bordeaux, Caen, Clermont-Ferrand, Grenoble, Lille, Lyon, Marseille, Montpellier, Mulhouse, Nancy, Nantes, Orléans, Rouen, St-Étienne, Strasbourg, Valenciennes.

Sources : RATP ; Certu.

Fréquentation des lignes aériennes de voyageurs en 2007

en milliers de passagers

	2007 (p)	2007/2006 (p) en %
Métropole - International	94 769	8,0
Paris - International	65 324	6,8
Régions - International	29 445	10,5
Métropole - Métropole	23 217	– 0,4
Paris - Régions	17 452	– 2,3
Régions - Régions	5 765	5,6
Total hors outre-mer	**117 985**	**6,2**
Métropole - Outre-mer	3 390	5,5
Outre-mer - Intérieur	2 255	2,2
Outre-mer - International	2 054	9,7
Total outre-mer	**7 699**	**5,6**
Total France	**125 684**	**6,2**

Source : Commission des Comptes des transports de la Nation, mars 2008.

@ Fréquentation des principaux aéroports européens en nombre de passagers en 2006

	Passagers en millions	2006/2005 en %
1 Londres / Heathrow (UK)	67,3	– 0,5
2 Paris / Charles-de-Gaulle (FR)	**56,4**	**5,7**
3 Francfort-sur-le-Main (DE)	52,4	1,2
4 Amsterdam / Schiphol (NL)	46,0	4,4
5 Madrid / Barajas (ES)	45,1	8,0
6 Londres / Gatwick (UK)	34,1	4,2
7 Munich (DE)	30,6	7,6
8 Barcelone (ES)	29,9	10,7
9 Rome / Fiumicino (IT)	29,0	4,2
10 Paris / Orly (FR)	**25,6**	**3,0**

Source : Eurostat.

@ Transports intérieurs de voyageurs par mode

indice base 100 en 1990

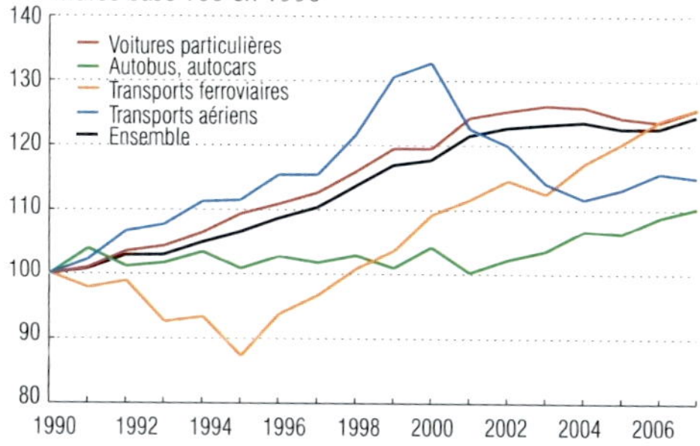

Champ : transports intérieurs en voyageurs-kilomètres.
Source : Commission des Comptes des transports de la Nation, mars 2008.

Fréquentation des principaux ports maritimes européens

en millions de passagers

	2000	2005	2006	2006/05 en %
Douvres (UK)	16,2	13,5	14,0	3,6
Paloukia Salamine (GR)	...	11,7	12,0	2,7
Perama (GR)	...	11,7	12,0	2,7
Le Pirée (GR)	7,3	11,1	11,5	4,2
Calais (FR)	**15,1**	**11,7**	**11,5**	**– 2,0**
Messine (IT)	11,9	9,8	10,8	10,5
Helsingborg (SE)	13,5	11,1	10,8	– 2,9
Helsingor (DK)	13,3	11,0	10,7	– 2,7
Reggio de Calabre (IT)	11,8	9,6	10,7	10,6
Helsinki (FI)	9,3	8,9	8,5	– 3,5
Stockholm (SE)	7,7	8,2	8,1	– 1,9
Naples (IT)	6,7	6,1	6,8	11,8
Rodby (DK)	5,4	6,8	6,8	0,4
Puttgarden (DE)	5,4	6,8	6,8	0,4
Tallin (EE)	...	6,7	6,4	– 3,8

Champ : passagers embarqués et débarqués.
Source : Eurostat.

Voitures particulières

	1990	2006 (r)	2007 (p)
Parc (en millions de voitures)	23,3	30,3	30,6
Parcours moyen (en milliers de km/véhicule)	13,6	13,1	13,2
dont : véhicules essence	*12,1*	*9,8*	*9,6*
véhicules diesel	*22,2*	*16,6*	*16,6*
Nombre de voyageurs-km (en milliards)	585,6	723,8	735,3

Champ : France métropolitaine.
Source : Commission des Comptes des transports de la Nation, mars 2008.

@ Transport terrestre intérieur de voyageurs dans quelques pays européens en 2006

en milliards de voyageurs-kilomètres

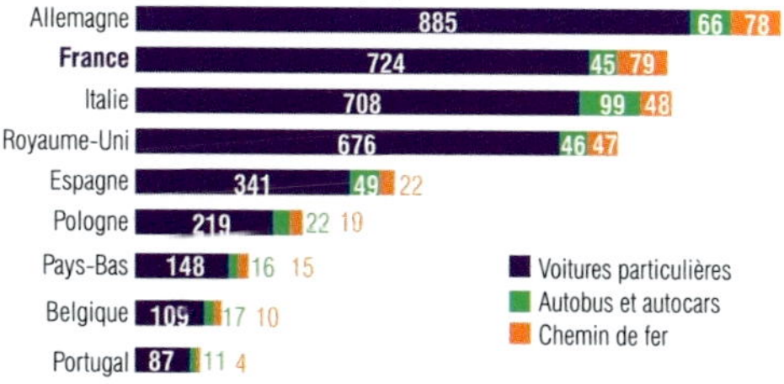

Champ : données estimées.
Source : OCDE.

20.8 Transports de marchandises

L'année 2007 marque une deuxième année consécutive de croissance (+ 3,0 % après + 3,8 % en 2006 et – 1,6 % en 2005) des **transports intérieurs** terrestres **de marchandises** (y compris transit). Malgré une croissance économique en ralentissement, la progression du PIB s'appuie sur une bonne tenue des branches les plus consommatrices de transports de marchandises. Outre les matériaux de construction, ce sont majoritairement les produits manufacturés qui tirent à la hausse l'ensemble.

La route, premier mode de transport terrestre de marchandises, suit la même tendance au niveau national. À l'inverse, le **transport** français routier à l'**international** recule avec l'ensemble des pays, particulièrement avec la Belgique, l'Italie et l'Espagne, tandis qu'il reste stable avec l'Allemagne.

En 2007, l'augmentation globale du transport ferroviaire est assurée par les nouveaux opérateurs qui accroissent leur part de marché et par le transport de conteneurs, tandis que le fret SNCF est stable en moyenne. Le fret conventionnel réalisé par la SNCF, fortement soumis à l'activité de ses clients, recule, en raison de l'importante diminution des transports de produits agricoles et alimentaires et des matériaux de construction (fin de la construction de la LGV Est). Le **transport combiné**, bénéficiant de l'ouverture de nombreuses lignes (Marseille, Le Havre...), et de la bonne tenue de la demande de l'industrie en transports ferroviaires de produits manufacturés (+ 6,2 %) repart en flèche (+ 8,3 % en tonnes-kilomètres pour la SNCF).

Après deux années dynamiques en 2004 et 2005 (respectivement + 6,2 % et + 7,4 %) et un tassement en 2006 (+ 1,2 %), les transports fluviaux reculent nettement (– 5,1 %). La diminution des **tonnes-kilomètres** transportées se ressent au national comme à l'international. Dans un contexte de moindre rigueur climatique, la baisse de la production énergétique fait fortement chuter la demande de transport de produits pétroliers, de charbon et de sel. La baisse du transport fluvial touche aussi les céréales, avec une réorientation géographique vers l'Europe continentale mieux atteinte par la route. À l'inverse, le transport fluvial de conteneurs continue de croître fortement. Il s'affirme sur l'*hinterland* maritime du Havre, où il bénéficie de la mise en service de Port 2000.

Après plusieurs années de forte hausse, une année 2006 forte (+ 2,8 %), le tonnage traité dans les ports se stabilise (+ 0,5 %). Mais il croît de 2,8 % hors pétrole brut et raffiné. Les tonnages de vracs liquides (dont le pétrole) baissent fortement, de même pour les vracs solides (charbon et céréales) tandis que le tonnage de conteneurs traités accélère sa croissance de 2006 (+ 17,1 % après + 1,6 %). Rotterdam, avec 407 millions de tonnes en 2007 et une croissance de 8 %, se maintient à la première place des ports du monde pour le **trafic de marchandises**.

Au 1er janvier 2008, la flotte de commerce sous **pavillon** français est constituée de 211 navires de plus de 100 **tonneaux de jauge brute,** dont 94 affectés au transport de marchandises au long cours ou au cabotage et 54 pétroliers. ■

Définitions

Jauge brute : capacité en volume d'un navire ; elle s'exprime en tonneaux. Un tonneau de jauge brute (TJB) équivaut à 100 pieds cubes, soit 2,83 m^3.

Pavillon : pour les véhicules routiers, pays d'immatriculation ; pour les bateaux, registre d'immatriculation, comparable au registre d'état civil. Voir rubrique « Pour comprendre ».

Tonne-kilomètre : unité de mesure sommable correspondant au transport d'une tonne sur une distance d'un kilomètre. Voir rubrique « Pour comprendre ».

Trafic de marchandises : marchandises embarquées et marchandises débarquées.

Transport combiné : rail et route, rail et mer ou fluviomaritime.

Transports intérieurs : partie sur le territoire français de transports ayant emprunté le territoire français.

Transports internationaux : regroupent les entrées, les sorties et le transit, pour la part réalisée sur le territoire français.

Pour en savoir plus

- « Les transports en 2007 », les rapports de la Commission des Comptes des transports de la Nation, SESP, septembre 2008.
- « Premier bilan de l'année 2008 pour les ports maritimes et la flotte de commerce », direction du transport maritime, des ports et du littoral.
- « Le transport maritime de marchandises à courte distance 2000-2006 », *Statistiques en bref* Transports n° 2, Eurostat, janvier 2008.
- « Transport de marchandises par voies navigables intérieures en Europe en 2006 », *Statistiques en Bref* Transports n° 132, Eurostat, décembre 2007.

Transport intérieur terrestre de marchandises selon le mode de transport

en %

	1990	2000	2006	2007
Transport ferroviaire	19,0	15,8	11,3	11,4
Transport routier	70,1	74,8	79,4	79,9
Navigation fluviale	2,9	2,4	2,5	2,3
Oléoducs	8,0	7,1	6,8	6,5
Total (en Mds de t-km)	**245,1**	**306,8**	**319,8**	**333,5**

Champ : transport hors transit et sur le territoire français.
Source : Commission des Comptes des transports de la Nation, juin 2008.

Activité des principaux ports maritimes européens

en millions de tonnes[1]

	2000	2005	2006	2006/05 en %
Rotterdam (NL)	302,5	345,8	353,6	2,2
Anvers (BE)	116,0	145,8	151,7	4,0
Hambourg (DE)	77,0	108,3	115,5	6,7
Marseille (FR)	**91,3**	**93,3**	**96,5**	**3,4**
Le Havre (FR)	**63,9**	**70,8**	**70,0**	**– 1,2**
Bergen (NO)	...	73,9	67,9	– 8,1
Grimsby & Immingham (UK)	52,5	60,7	64,0	5,5
Algeciras (ES)	...	55,2	60,0	8,8
Amsterdam (NL)	42,0	47,1	56,8	20,5
Tees & Hartlepool (UK)	51,5	55,8	53,3	– 4,4
Londres (UK)	47,9	53,8	51,9	– 3,6
Tarante (IT)	33,1	47,9	50,9	6,3
Dunkerque (FR)	**44,3**	**48,5**	**50,4**	**3,9**
Trieste (IT)	44,0	43,4	44,6	3,0
Gênes (IT)	43,8	42,6	44,4	4,2

1. Tonnages totaux marchandises (poids brut).
Source : Eurostat.

Emploi dans les transports terrestres de marchandises

	Effectifs en milliers[1]			Évolution 2006/05
	2000	2005	2006	en %
Salariés	303,0	324,3	329,5	1,6
Non salariés	27,0	28,5	29,2	2,4
Total	**330,0**	**352,9**	**358,7**	**1,6**

1. Équivalents temps plein.
Champ : y compris par conduites.
Source : Insee, comptes nationaux - base 2000.

Principales flottes de commerce dans le monde

Pavillons	en millions de tjb[1]		Part du trafic en %	
	2005	2006	2005	2006
1 Panama	141,8	155,0	21,0	21,5
2 Libéria	59,6	68,4	8,8	9,5
3 Bahamas	38,4	40,8	5,7	5,7
4 Îles Marshall	29,2	32,8	4,3	4,6
5 Hong-Kong	29,8	32,7	4,4	4,5
6 Singapour	31,0	32,2	4,6	4,5
7 Grèce	30,7	32,0	4,6	4,4
8 Malte	23,0	24,9	3,4	3,4
9 Chine	22,3	23,5	3,3	3,3
10 Royaume-Uni	19,6	20,8	2,9	2,9
11 Chypre	19,0	19,0	2,8	2,6
12 Norvège	17,5	18,2	2,6	2,5
13 Japon	12,8	12,8	1,9	1,8
14 Italie	11,6	12,6	1,7	1,7
15 Allemagne	11,5	11,4	1,7	1,6
26 France	**5,6**	**6,2**	**0,8**	**0,9**

1. Tonneaux de jauge brute.
Champ : données au 31 décembre.
Sources : SESP ; Lloyd's register.

Transports intérieurs terrestres de marchandises par mode

en milliards de tonnes-kilomètres

	2006 (r)	2007 (p)	2007/06 en %
Transports routiers[1]	220,6	228,8	3,7
National	204,5	213,5	4,4
International	15,7	15,1	– 3,6
Transit	0,3	0,3	n.s.
Transports ferroviaires	40,9	42,6	4,1
National	22,9	24,7	8,1
International	13,1	13,2	0,8
Transit	4,9	4,8	– 4,1
Transport fluvial	8,0	7,5	– 5,1
National	4,6	4,4	– 5,8
International	3,4	3,2	– 8,8
Oléoducs	22,2	21,7	– 2,1
Transports terrestres[2]	**264,3**	**274,0**	**3,7**
National	**232,1**	**242,5**	**4,5**
International	**32,2**	**31,5**	**– 2,3**

1. Pavillon français.
2. Hors transit, transports routiers sous pavillon étranger et oléoducs.
Source : SESP.

Évolution du transport intérieur de marchandises selon le mode de transport

indices base 100 en 1985

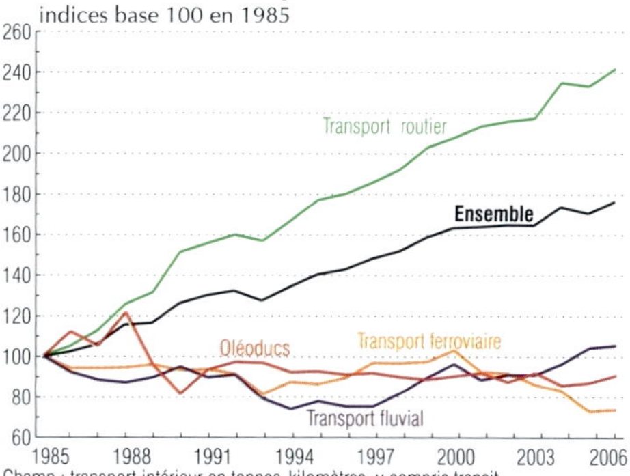

Champ : transport intérieur en tonnes-kilomètres, y compris transit.
Source : SESP.

Principaux aéroports européens selon le volume de fret et de courrier traité en 2006

	en milliers de tonnes	2006/05 en %
1 Francfort-sur-le-Main (DE)	2 178,1	8,2
2 Amsterdam/Schiphol (NL)	1 566,7	4,8
3 Londres/Heathrow (UK)	1 342,6	– 3,4
4 Paris/Charles-de-Gaulle (FR)	**1 340,3**	**10,1**
5 Bruxelles/National (BE)	719,0	3,5
6 Cologne/Bonn (DE)	715,7	6,3
7 Luxembourg (LU)	633,7	1,4
8 Milan/Malpensa (IT)	421,0	9,1
9 Liège/Bierset (BE)	405,9	...
10 Madrid/Barajas (ES)	336,2	– 1,4
11 Nottingham East Midlands (UK)	298,3	2,1
12 Zurich (CH)	265,5	– 1,6
13 Munich (DE)	253,3	9,8
14 Londres/Stansted (UK)	241,3	– 5,3
15 Vienne/Schwechat (AT)	228,0	10,7
16 Londres/Gatwick (UK)	219,9	– 5,3

Source : Eurostat.